BACH ET LE NOMBRE

Portrait de Johann Sebastian Bach par Elias Gottlieb Hausmann

KEES VAN HOUTEN
•
MARINUS KASBERGEN

BACH
ET LE
NOMBRE

Une recherche sur la symbolique des nombres
et les fondements ésotériques de ceux-ci
dans l'œuvre de Johann Sebastian Bach

Traduit du néerlandais par Bernard Vanderheijden

MARDAGA

© 1985 DE WALBURG PERS ZUTPHEN
© 1989 KEES VAN HOUTEN, MARINUS KASBERGEN

© 2003 Pierre Mardaga éditeur
Hayen 11 - B-4140 Sprimont (Belgique)
D. 2003-0024-35
I.S.B.N. 2-87009-441-8

Collection « Musique . Musicologie »
dirigée par Malou Haine

Préface

Les nombres parsèment l'univers de leurs empreintes visibles ou invisibles. Parfois insoupçonnés, parfois très manifestes. Tantôt simples, tantôt complexes, sinon déconcertants.
D'une manière subtile ils tracent notre existence quotidienne et charpentent les arts et les sciences. Ils peuvent mener une vie autonome ou se trouver piégés dans tel contexte particulier. Pendant des siècles, l'homme s'est intéressé aux nombres avec des motivations bien au-delà des besoins commerciaux ou de la simple curiosité. Abstrait et nu, le nombre ne parle pas à l'imagination, mais qu'il y ait le soupçon d'une signification cachée plus profonde et notre sagacité s'en trouve aussitôt titillée.
Les nombres peuvent avoir un effet décoratif, révélateur mais aussi menaçant. Tantôt ils se laissent apprivoiser sans peine, tantôt ils opposent une résistance farouche. Ils invitent au jeu, mais ils peuvent aussi prétendre à une approche plus réservée. Les nombres peuvent garder leurs mystères, tout comme ils peuvent, à d'autres moments, venir à notre rencontre sans créer de problème. Pourtant ce qui ne cesse de nous intriguer, c'est ce côté mystérieux, ésotérique, kabbalistique...
A toutes les époques, des peuples se sont intéressés aux nombres, que ce soit pour les doter d'un contenu symbolique ou pour leur arracher un tel contenu : les Egyptiens, les Babyloniens, les Israélites, les Grecs et les Romains.

Bach et le nombre. Un titre à ne pas «évacuer» dans un haussement d'épaules. La symbolique des nombres chez ce compositeur sort progressivement de l'ombre depuis un demi-siècle environ. Ce phénomène fait suite à une période au cours de laquelle naquit un intérêt pour ce que la musique de Bach recèle d'émotion et de puissance évocatrice apportées au texte.
Tant aux Pays-Bas qu'à l'étranger, le symbolisme des nombres chez Bach est un thème qui se manifeste régulièrement dans les travaux publiés. Dans la plupart des cas cependant, ces études sont de nature telle — les exemples relevés sont arbitraires et fortuits — que le sujet est considéré avec beaucoup de scepticisme, voire complètement ignoré.
L'ampleur et le caractère approfondi de la présente étude *Bach et le nombre* la distinguent de tout ce qui a été publié sur le sujet à ce jour. Depuis de nombreuses années, les deux auteurs ont exercé toute leur force de pensée et leur endurance de limiers sur la présence démontrable, dans l'œuvre de Bach, de certains nombres ainsi que des fondements ésotériques de ceux-ci.
La conviction sincère avec laquelle ce livre a été composé ne se départit jamais d'une saine autocritique. Après avoir rassemblé dans *Bach et le nombre* un matériel incroyablement vaste, les auteurs écrivent : «La symbolique des nombres est une sujet vulnérable du fait que, dans ce domaine, il est en somme impossible de démontrer quoi que ce soit. On peut tout au plus signaler la probabilité d'une chose ou l'autre...».
Pour Bach, était-ce un jeu ou était-il sérieux? Etait-ce un jeu sérieux? Refermerez-vous le livre avec un sourire étonné ou bien le visage empreint d'un profond scepticisme? Les faits ont quelque chose d'impitoyable, mais ils méritent pour le moins qu'on accepte d'en prendre connaissance.

Dr B. Kahmann

La musique, Chartres, portail ouest, XIIe siècle.

Introduction

Le sujet de la présente étude est la symbolique des nombres dans l'œuvre de Johann Sebastian Bach. C'est là un sujet délicat, car la perception de symboles et leur retentissement en nous comportent toujours un moment de spéculation et d'interprétation. Le caractère généralement subjectif de l'interprétation est certainement à l'origine de l'approche parfois inconsistante et peu systématique qui caractérise la plupart des publications dans ce domaine. Les livres et articles traitant de ce sujet sont dès lors très souvent considérés avec une certaine défiance. Par ailleurs, il est difficile de nier que le symbolisme, intentionnel ou non, joue un rôle non négligeable dans l'art.
Le symbolisme se base sur le postulat selon lequel, à côté de ce qui peut être perçu par les sens sur un premier plan, il peut exister une ou plusieurs autres significations cachées. En musique, de tels sens cachés peuvent être perçus effectivement par l'oreille, mais il est possible aussi qu'ils ne deviennent évidents qu'après étude de la notation musicale.
Du temps de Bach, le symbolisme était une composante essentielle du langage musical. Du fait de l'intérêt croissant pour l'antiquité classique, l'enseignement de la rhétorique latine occupa une place importante dans l'éducation dès le XVIIe siècle. Ainsi, par exemple, avait-on recours aux principes de base de la rhétorique pour l'élaboration de sermons et discours. La musique de cette époque révèle, elle aussi, une influence très nette de la rhétorique latine. Une composition musicale était le lieu d'une dialectique capable de mettre en évidence, de manière convaincante, les différents sentiments et pensées. La *Affekten-Lehre* enseignait diverses possibilités et méthodes susceptibles d'éveiller certains états d'âmes (*Affekten*), notamment par le truchement de tonalités, intervalles, figures rythmiques et instrumentations. En outre, on usait de diverses figures de style destinées à rendre l'histoire plus intéressante et plus expressive.
Il est établi que Bach bénéficia, au cours de sa jeunesse, d'un enseignement de la rhétorique au Gymnasium de Lunebourg. Plus tard, à Leipzig, il fut l'ami de Johannes Abraham Birnbaum, professeur de rhétorique à l'université. Une publication de Birnbaum montre de façon probante que la technique de composition de Bach était fortement influencée par des lois de «rhétorique musicale». En effet, lorsque le critique musical Scheibe qualifia la musique de Bach d'ampoulée, pompeuse et affectée, Birnbaum prit son parti en ces termes : «Sa connaissance des éléments et artifices que l'élaboration d'une pièce musicale et la rhétorique possèdent en commun est tellement parfaite que non seulement on l'écoute avec contentement lorsqu'il amène ses discours pénétrants sur les similitudes et les concordances entre les deux disciplines, mais que l'on se prend en plus à admirer l'art accompli avec lequel il les applique dans ses œuvres»[1].
Les procédés de l'art oratoire pouvaient conduire, notamment, à l'introduction de la symbolique à un niveau plus profond de la composition musicale. Les symboles donnent en effet plus de profondeur au propos ou à la manifestation, même lorsqu'ils ne sont pas toujours directement reconnaissables. Il est probable que Bach ait créé un tel niveau plus profond dans ses œuvres. Toutefois les opinions divergent considérablement quant à savoir comment et à quel degré ce symbolisme fut appliqué.
Une «musique programmatique» directement perceptible à l'écoute ne pose en fait de problème pour personne. Ainsi par exemple, la manière dont Bach a écrit la musique sur le texte «Und siehe da, der Vorhang im Tempel zerriss in zwei Stück, von oben an bis unten aus. Und die Erde erbebete...» est évidente à souhait. Le voile qui se déchire du haut en bas de même que la terre qui tremble sont illustrés tant par le chant que par le continuo, comme s'il s'agissait d'un roman-photos musical.

Moins audible, mais encore très acceptable est le symbolisme du mot *Schlange* (serpent) dans l'aria *Blute nur* (*Passion selon saint Matthieu*, n° 8). Sur ce mot, Bach écrit un long mélisme qui adopte, visuellement, la forme d'un serpent. Ce symbole n'est perceptible qu'à l'œil.

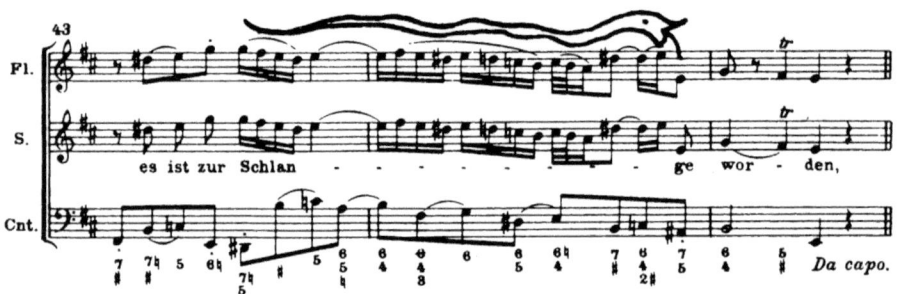

Il est évident que les nombres pouvaient, eux aussi, êtres utilisés comme symboles. Mais il est vrai qu'un tel symbolisme est beaucoup plus difficilement reconnaissable et les risques d'interprétation erronée ne sont pas loin.
La symbolique dans le chœur n° 9 de *La Passion selon saint Matthieu*, *Herr bin ich's* est sans doute plus difficilement recevable pour certains. Dans ce choral, en réponse à la parole de Jésus annonçant qu'un des disciples allait le trahir, nous trouvons onze fois l'invocation *Herr*, alors qu'on aurait pu s'attendre à douze étant donné le nombre des apôtres. Un des disciples se tait, et approuve donc. Un examen un peu plus approfondi révèle en outre un raffinement supplémentaire. Toutes les voix font entendre trois fois l'invocation *Herr*, à l'exception de la basse où la partition n'en porte que deux. Le fait que dans *La Passion selon saint Matthieu* le rôle de Judas est tenu par une voix de basse indique clairement que Judas se tait.
Ainsi pourrait-on, par exemple, reconnaître dans les douze mesures du choral *Das alte Jahr vergangen ist* (*Orgelbüchlein* 16) une allusion symbolique aux douze mois de l'année; ou, peut-être, dans les dix entrées thématiques de la fugue du prélude manualiter *Diess sind die heil'gen zehn Gebot'* (*Clavierübung* III), une évocation des dix commandements.
Toutefois il est évident que nous nous aventurons en terrain extrêmement mouvant lorsque nous prétendons voir dans une mélodie de 49 notes le carré du nombre sacré 7. Ou encore, lorsque le nombre de mesures d'un prélude de choral nous semble vouloir indiquer un texte de la Bible ou un numéro de psaume. Dans la plupart des cas, des observations de cet ordre apparaissent dès lors comme totalement arbitraires et donc peu concluantes.
La symbolique des nombres est également un sujet vulnérable du fait que, dans ce domaine, il est en somme impossible de démontrer quoi que ce soit. On peut tout au plus signaler la probabilité d'une chose ou l'autre. Mais la vraisemblance d'une manière de voir se renforce à mesure qu'augmente le nombre des exemples qui concordent avec l'optique choisie, la méthode d'approche restant, elle, techniquement la même.

Le point de départ de notre étude est une forme de symbolique des nombres qui n'a probablement rien de commun avec la rhétorique. La position des différentes lettres dans l'alphabet confère à chacune un numéro d'ordre, permettant ainsi d'exprimer des noms et des concepts par le biais de chiffres[2].

Il convient néanmoins de tenir compte du fait que Bach utilisait l'alphabet latin, dans lequel i et j sont une même lettre, ce qui vaut aussi pour u et v. Le nombre total de lettres est donc 24 et non pas 26. Cela nous donne :

a	=	1	g	=	7	n	=	13	t	=	19
b	=	2	h	=	8	o	=	14	u, v	=	20
c	=	3	i, j	=	9	p	=	15	w	=	21
d	=	4	k	=	10	q	=	16	x	=	22
e	=	5	l	=	11	r	=	17	y	=	23
f	=	6	m	=	12	s	=	18	z	=	24

Ce principe n'est pas neuf. Friedrich Smend manie la même technique dans son article «J.S. Bach bei seinem Namen gerufen» (1950) ainsi que dans un article publié dans *Johann Sebastian Bach's Kirchen-Kantaten, Heft III*.
Aux Pays-Bas, Henk Dieben s'est déjà employé à la question jadis, comme il ressort d'articles parus dans *Cæcilia en de muziek* (1939/1940) et dans *Musica Sacra* (1954/1955). Autant que nous sachions, c'est le compositeur et chef d'orchestre Piet Ketting qui, avec le professeur J.J.A. Bronkhorst, un mathématicien, développa considérablement le travail de H. Dieben, principalement en ce qui concerne les *Inventions*. Etant donné qu'ils n'ont publié aucun écrit, nous ne disposons que d'informations orales quant aux découvertes essentielles qui furent les leurs. Notre étude peut dès lors être considérée comme la continuation, avec l'esprit critique qui convient, des travaux de MM. Dieben, Ketting et Bronkhorst. Notre propos dans le présent ouvrage, est de montrer que certains nombres jouent un rôle important dans la musique de Bach. Ces nombres sont la figuration symbolique d'un certain nombre de mots et de concepts entre lesquels un rapport étroit existe. En fait, c'est cette relation qui crée une unité de pensée, une idée. Ces concepts se trouvent généralement réunis dans la structure d'une composition et confèrent à l'ensemble de cette dernière un caractère d'équilibre et d'unité.
Le livre est conçu de telle manière que tous les concepts et relations ne sont pas abordés simultanément, pour la bonne raison que cela conduirait le lecteur dans un dédale et le mettrait dans l'impossibilité d'acquérir une vue d'ensemble suffisamment nuancée. Nous commencerons donc par une idée à laquelle nous en ajouterons d'autres, pour aboutir progressivement à une synthèse.
La difficulté d'une telle approche graduelle est que nous devons extraire un idée d'un ensemble plus important, ce qui n'est pas toujours possible. Nous avons néanmoins tenté de donner, dans un premier stade, des exemples, qui, bien que représentant chacun un élément d'un ensemble, n'en constituent pas moins chacun une globalité cohérente. Le choix de cette conception méthodique et didactique a été induit, dans une large mesure, par l'expérience que nous avons acquise lors des cours que nous avons donnés sur le sujet, aux Pays-Bas, en Belgique, en France ainsi qu'en Suisse. Il est dès lors absolument nécessaire, pour une bonne compréhension, que le lecteur suive le cheminement pas à pas et que, dans la mesure du possible, il contrôle et vérifie par lui-même les exemples dans la musique.
Il importe de ne pas perdre de vue que tous les résultats apportés par notre étude sont basés sur une stricte analyse musicale des compositions. Nous estimons que c'est la musique elle-même qui doit laisser apparaître la résolution numérique dans tous les détails et particularités de sa contexture. Nous nous sommes efforcés de ne forcer nulle part et cela nous réjouit que les solutions aient pu être trouvées précisément par une approche critique.
Il va de soi que pour l'analyse des différentes œuvres nous nous sommes basés, autant que possible, sur les fac-similés. Cela nous paraissait nécessaire, par exemple, pour avoir la certitude absolue quant à un nombre de notes donné. A diverses reprises, la solution numérique de certaines structures globales ne peut être découverte qu'à l'aide du manuscrit autographe ; il est en effet apparu que Bach avait noté certaines choses d'une façon spéciale.
Nous sommes bien conscients qu'une étude fondamentale comme celle-ci ne peut être publiée qu'une seule fois et que ce faisant nous livrons nos travaux à l'appréciation du public d'une manière irrévocable. Nous savons également que différents points dans cet ouvrage seront qualifiés d'incroyables voire d'impossibles. Nous nous rendons compte que nous allons peut-être blesser certaines personnes dans leur relation de foi vis-à-vis de la musique du Cantor de Saint-Thomas. Nous comprenons très bien que

le côté sensationnel du sujet peut facilement prendre le large et mener une vie autonome, avec tous les risques que cela comporte. D'un autre côté, nous sommes intimement convaincus d'avoir procédé d'une manière honnête et non tendancieuse et que les conséquences que nous tirons de ce qui paraît vraisemblable s'imposent d'elles-mêmes.

Et enfin, étant donné les rapports professionnels que nous entretenons tous deux avec la musique, il va de soi que le travail gigantesque qu'impliquait notre étude est l'expression d'un grand respect pour la personne de Bach ainsi que d'une profonde affinité avec son art.

NOTE

[1] «Die Theile und Vortheile, welche die Ausarbeitung eines musikalischen Stücks mit der Rednerkunst gemein hat, kennet er so vollkommen, daß man ihn nicht nur mit einem ersättigenden Vergnügen höret, wenn er seine gründlichen Unterredungen auf die Ähnlichkeit und Übereinstimmung beyder lenket, sondern man bewundert auch die geschickte Anwendung derselben in seinen Arbeiten».

[2] Ce procédé emprunté à la kabbale est désigné par le terme «gématrie» ou «gematria» ou d'autres formes voisines (NdT).

Notes du traducteur

- **Le système allemand de notation musicale** désigne les notes par des lettres. Ainsi, *do* = c, *ré* = d, *mi* = e, *fa* = f, *sol* = g, *la* = a, *si* = h et *si* bémol = b. Les dièses sont indiqués par le suffixe «-is», les bémols par «-es» : «fis» = *fa* dièse, «ges» = *sol* bémol. *Si* dièse = «his», *la* dièse = «as», tandis que «ais» désigne *la* bémol. «Es» = *mi* bémol et «eis» = *mi* dièse. Les doubles dièses et bémols sont donnés par redoublement du suffixe : «eses» = *mi* double bémol, «heses» = *si* double bémol... «Moll» signifie «mineur», «Dur» «majeur». La gématrie, dont le principe est abordé à la page 9, lorsqu'elle est appliquée au nom des notes en allemand, convertit toutes les lettres données : «gis» = 34 (7 + 9 + 18).

- Lorsqu'il est question de la **valeur numérique** ou **gématrique** d'un mot, il s'agit bien entendu du mot en allemand et non pas de sa traduction française. S'il est question du nom des notes, il est fait référence au système allemand (voir ci-dessus). Le principe de la gématrie est abordé en page 9.

- Les **points dans les nombres** ne font pas office de séparateurs des milliers mais remplace le signe de multiplication «x» : 2.1.24 = 2 x 1 x 24 = 48.

- **Termes allemands dans un schéma ou tableau.** Pour conserver la clarté de certains schémas ou tableaux, nous avons parfois dû nous résoudre à ne pas faire suivre un terme allemand de sa traduction. Dans ce cas, la version française est donnée dans le paragraphe qui suit le tableau.

- Le **comptage des mesures** inclut toujours les deux chiffres donnés : dans «les mesures 10 à 24», 10 et 24 sont incluses.

- Au **cinquième chapitre de la seconde partie** du présent ouvrage, «... et quatre canons», il est fait usage de parenthèses dans la numérotation des mesures des canons. Le chiffre entre parenthèses désigne le numéro de la mesure de la deuxième voix. Par exemple, si le thème du canon prend 8 mesures à la basse, la seconde voix entrera à la mesure 9, ce qui sera noté 1 (9).

- **Abréviations**. Afin de ne pas alourdir la typographie, nous avons réduit les abréviations au maximum. Leur sens est généralement clair. A toutes fins utiles, voici les plus fréquentes : ACRC (*altarium Christiani Rosencreutz*), R.C. (Rosencreutz), C.R. ou C.R.C. (Christian Rosencreutz), N.N. (Nomen Nescio), C.F. (*cantus firmus*).

CHAPITRE I

Bach : une signature, des indices

Le nom *Bach* constitue pour ainsi dire la couche supérieure de l'ensemble des autres concepts qui se superposent. Nous pouvons le considérer comme une signature et comme une confirmation que toutes les autres idées sont réellement intentionnelles de sa part. L'expérience a montré que Bach représentait son nom sous une des formes suivantes.

1. Le patronyme *Bach*, figuré par les chiffres 2 = B 1 = A 3 = C 8 = H. Cette forme, nous pouvons la rencontrer sous différents aspects.
a. Nous pouvons écrire 2 + 1 + 3 + 8 = 14.
14 est un des nombres *Bach* les plus fréquents. Souvent, ce 14 peut encore être subdivisé en 2, 1, 3 et 8, par une analyse musicale, de telle manière que les quatre lettres soient clairement visibles. L'ordre normal des lettres n'est pas obligatoire.
En outre, la répartition en 2 1 3 8 n'est pas strictement nécessaire pour accepter 14 en tant que symbole pour *Bach*.
b. Lorsque, dans une structure musicale donnée, certains nombres peuvent être mis en rapport et que ces nombres se composent des chiffres 2 1 3 8, il peut s'agir d'une indication du nom *Bach*. Ici non plus l'ordre n'est pas déterminant.

Par exemple : 21 et 38
83 et 12
3 8 et 12
812 et 3

Il va de soi que le choix de ces chiffres doit procéder très naturellement de l'analyse musicale. En outre, les chiffres ne peuvent apparaître qu'une seule fois, donc pas 32 et 118 ou 218 et 38.
c. Des grands nombres tels que 2138, 2318 ou 3128 sont évidemment des nombres *Bach*.
d. Des nombres qui peuvent être décomposés en facteurs formés par les chiffres 2, 1, 3 et 8 représentent le nom *Bach*.

Par exemple : 276 = 2.138 (2 fois 138)
504 = 21.3.8
798 = 21.38

Encore une fois, n'importe quel ordre est possible, donc aussi :
108 = 18.3.2
384 = 3.128

Dans cette forme, il est également toujours possible d'intercaler un A à l'aide d'un 1 placé à part ; en fait la chose est tout à fait logique.

Par exemple : 48 = 2.1.3.8
76 = 2.1.38
246 = 3.1.82
328 = 328.1
832 = 832.1

Il va de soi que, dans ce cas également, les chiffres ne peuvent apparaître qu'une fois.

2 Une deuxième forme est le patronyme *Bach* avec les initiales, donc J.S. Bach = 9 18 14.
Chose curieuse, la somme de ces chiffres, 41, est le palindrome de 14. Souvent, ce 41 peut effectivement être fractionné en 9, 18 et 14, d'après la musique, mais la chose n'est pas nécessaire.

3. Le nom complet : Johann Sebastian Bach = 58 86 14.
Le total en est 158.
Ici non plus le fractionnement n'est pas toujours possible, ni indispensable d'ailleurs.

4. Une autre possibilité est donnée par les initiales J.S.B. = 9 18 2.
En général, cette forme d'indication est très peu fréquente. C'est pourquoi le lecteur n'en rencontrera qu'un exemple occasionnel dans le présent ouvrage.
Les possibilités sont :
a. L'addition 9 + 18 + 2 = 29, que le fractionnement s'y trouve ou non.
b. Lorsque dans une structure musicale, certains nombres peuvent être mis en relation et que ces nombres se composent des chiffres 9, 1, 8, et 2, il peut s'agir d'une allusion à J.S.B. Dans ce cas, il est préférable que le 1 et le 8 puissent être placés l'un près de l'autre, puisque ensemble ils représentent la lettre s = 18.

Par exemple : 18 et 29
18 et 92
189 et 2

c. Des grands nombres tels que 9182, 1829 ou 2918 représentent des indications pour les lettres J.S.B. ; dans certains cas on peut même accepter des combinaisons comme 2819 ou 1928.
d. Des nombres qui peuvent être décomposés en facteurs formés par les chiffres 9, 1, 8 et 2, sont valables, surtout lorsque la séquence est correcte.

Par exemple : 144 = 9.1.8.2
324 = 9.18.8
1456 = 91.8.2

Dans certains cas bien déterminés, un autre ordre peut également apparaître à condition que le 1 et le 8 restent bien l'un à côté de l'autre.

Par exemple : 1512 = 9.21.8
178 = 2.1.89

Une seule fois nous avons été amené à devoir accepter aussi des formes comme 304 = 2.8.19 ou 982 = 982.1, bien que le 1 et le 8 se présentent ici dans l'ordre inverse et se trouvent même séparés. Encore une fois, vous rencontrerez à peine les «techniques J.S.B.» dans ce livre, étant donné que notre étude ne nous a pas montré avec suffisamment d'évidence dans quelle mesure les combinaisons avec 9, 1, 8 et 2 doivent être considérées comme des indications pour le nom *Bach*.

5. La forme Joh. Seb. Bach = 31 25 14. Total : 70.
C'est cette signature que Bach utilisa notamment pour la préface des *Inventions*.
A notre avis, cette forme n'est pas, elle non plus, très fréquente. Dans le présent recueil, le lecteur n'en trouvera aucun exemple traité séparément.

En résumé, nous pouvons constater avec certitude, que les techniques 1, 2 et 3 sont souvent utilisées dans la musique de Bach, tandis que 4 et 5 soulèvent de nombreuses questions. Dans le cadre du présent ouvrage, nous nous contenterons d'exemples des formes 1, 2 et 3.
Dans tous les cas, on peut ajouter un zéro à un nombre sans en annuler la valeur en tant que référence à Bach, puisque le zéro ne correspond à aucune lettre.

Par exemple :   480 = 2.1.3.80 = Bach
2166 = 2.1083

Aperçu des signatures numériques de Bach dans les rubriques 1, 2 et 3

14 = Bach	984 = 123.8	2831
41 = J.S. Bach	996 = 83.12	2884 = 103.28
48 = 2.1.3.8	1056 = 132.8	3084 = 3.1028
76 = 2.1.38	1066 = 82.13	3128
84 = 3.1.28	1080 = 18.2.30	3182
108 = 18.2.3	1238	3218
140 = Bach	1283	3246 = 1082.3
158 = Johann Sebastian Bach	1328	3281
166 = 2.1.83	1382	3456 = 108.32
184 = 23.1.8	1400 = Bach	3606 = 1803.2
208 = 2.13.8	1580 = Johann Sebastian Bach	3624 = 3.1208
238 = 238.1	1606 = 2.1.803	3654 = 203.18
246 = 3.1.82	1624 = 8.203.1	3696 = 308.12
256 = 32.1.8	1626 = 813.2	3812
276 = 2.138	1648 = 2.8.103	3821
283 = 283.1	1660 = 2.1.830	3876 = 102.38
288 = 8.3.12	1662 = 2.831	4806 = 2.3.801
328 = 328.1	1704 = 213.8	4816 = 8.301.2
364 = 28.13	1743 = 21.83	4824 = 201.3.8
366 = 2.183	1823	5406 = 1802.3
382 = 382.1	1832	5436 = 302.18
384 = 3.128	1840 = 8.23.10	6036 = 2.3018
410 = J.S. Bach	1848 = 231.8	6054 = 3.2018
414 = 18.23	1863 = 23.81	6162 = 2.3081
456 = 12.38	2076 = 2.1038	6216 = 2.3108
480 = 2.1.3.80	2138	6243 = 3.2081
486 = 81.2.3	2166 = 2.1083	6324 = 3.2108
496 = 8.31.2	2183	6448 = 31.208
504 = 21.3.8	2318	6468 = 21.308
546 = 182.3	2381	7602 = 2.3801
576 = 32.18	2406 = 3.802.1	7638 = 201.38
616 = 308.1.2	2416 = 8.302.1	8123
636 = 318.2	2436 = 3.812	8132
648 = 2.108.3	2448 = 8.3.102	8184 = 1023.8
654 = 3.218	2463 = 3.821	8213
760 = 2.1.380	2484 = 108.23	8231
762 = 381.2	2496 = 8.312	8312
798 = 21.38	2568 = 321.8	8321
823 = 823.1	2542 = 82.31	8403 = 3.2801
832 = 832.1	2592 = 81.32	8428 = 301.28
840 = 3.1.280	2616 = 1308.2	8466 = 83.102
843 = 281.3	2704 = 208.13	9624 = 1203.8
868 = 31.28	2813	9636 = 803.12

Parmi les nombres de 1 à 500, 28 sont un nombre *Bach*, soit 5,6 %.
Parmi les nombres de 1 à 1000, 45 sont un nombre *Bach*, soit 4,5 %.
Parmi les nombres de 1 à 2000, 67 sont un nombre *Bach*, soit 3,5 %.
Parmi les nombres de 1 à 3000, 88 sont un nombre *Bach*, soit 2,9 %.

Le pourcentage diminue à mesure qu'on prendra des chiffres plus élevés. Les chances de rencontrer des nombres *bachiens* au-delà de 3000 sont, bien entendu, très faibles.

Nous allons à présent donner quelques exemples choisis parmi les différentes formes de signature numérique de Bach selon les rubriques 1, 2 et 3.

Auparavant il convient de noter qu'il est nécessaire de se représenter l'aspect numérique d'une œuvre de Bach comme un cercle. En ce faisant, le début se trouve relié à la fin, et les nombres de mesures peuvent alors se juxtaposer ou se combiner.

Ainsi par exemple, lorsqu'une structure musicale présente une subdivision en groupes de 25, 21 et 13 mesures, dans cet ordre, on peut se représenter la chose sur un cercle :

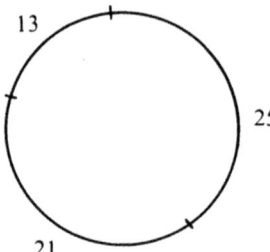

Le 13 et le 25, le dernier et le premier fragment de la composition, se trouvent à présent l'un à côté de l'autre et peuvent être combinés pour donner 38. Ceci permet effectivement de répartir ou fractionner le total de 59 mesures en 21 et 38.

En pratique nous noterons ceci :

```
            25 ⌉
    BA  21
            13 ⌉ 38  CH
```

Nous tenons à rappeler une fois de plus, que l'option didactique choisie pour ce livre nous oblige à nous limiter, au début, à certaines facettes de la composition. Bien que nous nous soyons efforcés de sélectionner, à cet effet, des exemples qui forment un tout, le lecteur ne doit pas perdre de vue que les structures discutées dans les exemples constituent toujours des éléments d'un ensemble plus important.

| 14 | 2138 |

Exemple 1 : les paroles du Christ dans *La Passion selon saint Matthieu*

Le texte chanté par le Christ se compose de 22 fragments. Nous entendons par «fragment», un texte continu, sans intervention de l'Evangéliste.

A plusieurs reprises, Bach a placé deux fragments — et même quatre, une fois — dans un même récitatif. Les 22 fragments se trouvent répartis sur 14 récitatifs. Les choses se présentent comme suit :

	récitatif		*Christ*	
Bärenreiter nº	2 : 1	a	'Ihr wisset'
	4e : 2	a	'Was bekümmert'
	9c : 3	a ⎫	'Gehet hin'
		b ⎭	'Wahrlich'
	11 4	a ⎫	'Der mit'
		b ⎪	'Du sagests'
		c ⎬	'Nehmet'
		d ⎭	'Trinket'
	14 5	a	'In dieser Nacht'
	16 6	a	'Wahrlich'
	18 7	a ⎫	'Setzet'
		b ⎭	'Meine Seele'
	21 8	a	'Mein Vater'

24	9	a ⎫ b ⎭	'Könnet ihr' 'Mein Vater'
26	10	a ⎫ b ⎭	'Ach' 'Mein Freund'
28	11	a ⎫ b ⎭	'Stekke' 'Ihr seid'
36a :	12	a	'Du sagests'
43 :	13	a	'Du sagests'
61a :	14	a	'Eli'

En tout 14 = BACH

Cette subdivision permet de constater que 8 récitatifs se composent d'un seul fragment alors que les 6 autres en comportent plusieurs.

Chronologiquement, nous pouvons classer ces six récitatifs en : 2 consécutifs, 1 isolé et de nouveau 3 consécutifs.

De ce fait, les 14 récitatifs qui interviennent dans les 22 fragments du texte du Christ se composent de :

B 2 récitatifs consécutifs de plus de 1 fragment ⎫
A 1 récitatif de plus de 1 fragment   ⎬ dans l'ordre chronologique.
C 3 récitatifs consécutifs de plus de 1 fragment ⎭
H 8 récitatifs avec un seul fragment

N.B. Il est frappant de constater que les six récitatifs «composés» comportent au total 14 (!) fragments du texte du Christ.

Exemple 2 : Fugue pour orgue en *sol* majeur BWV 541

Cette fugue comporte 14 entrées thématiques. La quatorzième (!) entrée se trouve dans une voix supplémentaire (deuxième ténor).

Par la répartition des entrées dans les différentes voix, le 14 se compose de :

```
soprano       : 3 = C
alto          : 4 ⎤
ténor         : 2 = B ⎬ 8 = H
ténor suppl.  : 1 = A ⎥
basse         : 4 ⎦
```

Exemple 3 : Fugue n° 11 du *Clavier bien tempéré*, vol. 1

Cette fugue se compose de 14 entrées thématiques complètes. La quatorzième est figurée.

La fugue comporte trois voix. Après l'exposé du thème il y a encore deux entrées supplémentaires dans la tonalité principale. Viennent ensuite une strette à deux voix et deux à trois voix. Puis enfin, l'entrée figurée. Ainsi la répartition est clairement :

Exposé	: 3	C
En sus	: 2	B
Strettes (2 + 3 + 3)	: 8	H
Figurée	: 1	A

Exemple 4 : *Orgelbüchlein*, n° 15 *Helft mir Gottes Güte preisen* et
n° 16 *Das alte Jahr vergangen ist*

Das alte Jahr vergangen ist se compose de 12 mesures, ce que l'on peut prendre pour une symbolisation possible des 12 mois de l'année. L'harmonisation du choral est basée sur un motif chromatique marquant :

Lorsque nous prenons ce motif strictement comme six notes chromatiques consécutives (= une quarte saturée), nous le rencontrons 12 fois. Voici donc encore une figuration symbolique des douze mois. Ça et là, la figure rythmique est modifiée. De plus, le motif se présente dans sa forme directe ainsi qu'en mouvement contraire. La sixième entrée occupe une place particulière, dans la mesure où le motif apparaît ici dans le soprano, le *cantus firmus*.

Dans le choral qui précède, *Helft mir Gottes Güte preisen*, lui aussi destiné à la période du Nouvel An, Bach a cité ledit motif par deux fois, et ce à l'endroit précis où le texte du choral donne «Da sich das Jahr tut enden» (alors que l'an va finissant) (mesure 11) et «Die Sonn sich zu uns wenden» (le soleil nous revient)[1] (mesure 13).

Dans ces chorals du Nouvel An, les deux seuls dans l'*Orgelbüchlein* (!), ce motif chromatique intervient donc 14 fois, au total.
Les choses se présentent donc comme suit :

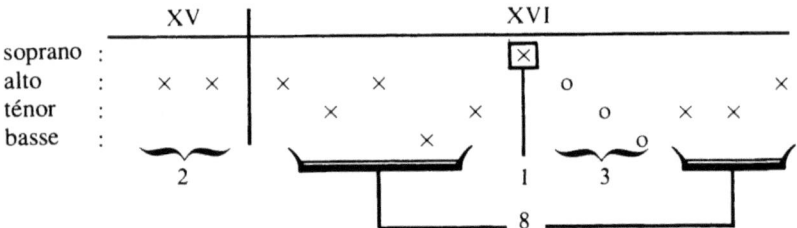

La répartition 2, 1, 3, 8 peut être effectuée très aisément :
Le 2 est formé par les deux entrées dans le n° 15.
Le 1 est constitué par l'entrée tout à fait isolée du soprano, le *cantus firmus*.
Le 3 est composé par les trois renversements dans le n° 16.
Le 8 est donné par les autres entrées normales dans le n° 16.

---

[1] Après le solstice d'hiver, alors qu'il très loin et bas sur l'horizon, le soleil semble «revenir» (NdT).

Exemple 5 : *Invention* n° 8 en *fa* majeur

Les subdivisions de cette *Invention* font apparaître la structure suivante :

11 mesures, modulation de *fa* majeur à *do* majeur ;
14 mesures ;
9 mesures, une reprise des mesures 4 à 11 et une mesure de conclusion. Modulation de *si* bémol majeur à *fa* majeur.

Etant donné la reprise à partir de la quatrième mesure, il est clair que Bach considérait les trois premières mesures comme un thème indépendant. Le premier groupe peut dès lors être fractionné en 3 et 8 mesures.
Le groupe de 14 mesures commence par le thème en *do* majeur, suivi d'une mesure dans laquelle on passe brusquement en *sol* mineur. Vient ensuite une transposition avec permutation des voix. Il y a cependant encore une mesure de résolution à la fin. Bien que cette mesure ressemble à la précédente, elle doit être considérée séparément dès lors qu'elle n'est pas exactement la même.

Pour suivre, il y a une progression à la dominante sur cinq mesures, réparties en 3 et 2 par l'échange des voix. L'ensemble présente l'aspect suivant :

thème *fa* majeur	3	=	c		
	8	=	h	20 =	*Ich*
thème *do* majeur	3				
	1	}	8 =	h	
thème *sol* mineur	3				
	1				14 = Bach
légèrement variée	1	=	a		
progression	3	=	c		
	2	=	b		
reprise plus					
mesure de conclusion	9	=	i		

Les 34 mesures de la VIIIe *Invention* contiennent donc bien la signature cachée *ich Bach*.
La clé pour rendre celle-ci apparente est fournie par l'analyse musicale, ou bien, inversement, la structure musicale de la VIIIe *Invention* est déterminée entre autre par les nombres sous-jacents.
Ceci est le premier exemple d'une structure selon les mesures. Il serait sans doute souhaitable de fournir une brève argumentation à cet égard. Le lecteur admettra sans doute que, dans la cadence en *do* majeur, il est correct de placer la césure musicale non pas après 12 mais après 11 mesures. Il est vrai que l'accord final tombe sur le premier temps de la douzième mesure, mais cette dernière est également le point de départ du groupe thématique en *do* majeur. La mesure 12 est une transposition de la première mesure et appartient donc en réalité à la nouvelle partie.
Cependant, à la fin, il est logique que nous comptions la mesure 34 au nombre de celles qui la précèdent, puisque l'accord final et les silences occupent toute la mesure, et qu'il n'y a plus de nouvelle entrée.
Ce genre de situation est assez courant dans la musique de Bach. Nous pouvons dès lors considérer que lorsqu'on fractionne une composition de Bach en mesures entières, la césure se place toujours sur la barre de mesure précédant la cadence, à l'exception de la mesure finale.

Exemple 6 : *Invention* n° 14 en *si* bémol majeur

La XIVe *Invention*, donc précisément celle dans laquelle on peut s'attendre à trouver le nom de Bach, comporte 20 mesures. Par ces 20 mesures, Bach veut dire *ich*, autrement dit «14 est le chiffre de mon nom». Aussi les lettres sont-elles de nouveau aisément repérables dans la structure musicale.

thème	3 mesures = c
continuation	8 mesures = h
cadence faible en *do* mineur →	
début d'un groupe agogique	
nettement différent	9 mesures = i

Bien que l'ensemble du thème occupe trois mesures, on peut prendre la mélodie de la première mesure comme point de départ.

Ce fragment contient 20 notes = *ich*. Ici également on peut y lire les lettres, car nous pouvons répartir les 20 notes comme suit :

8	= h
3 attachées aux	= c
9 les autres notes	= i

Ce point de départ est utilisé 14 (!) fois. Le tout contiendrait donc 14 fois 20, soit 280 notes, si Bach n'avait raccourci la treizième entrée. Cette dernière comporte 16 notes, au lieu de 20. Le total des notes utilisées pour le thème est donc 276. Ce nombre, nous pouvons le considérer comme 2.138 = Bach. Par toutes sortes de moyens, Bach entend montrer que la XIVe *Invention* se rapporte effectivement à son nom. L'incroyable maîtrise des notes au départ de l'aspect numérique devient encore plus évident lorsqu'on se rend compte que le patronyme du compositeur peut également se trouver caché dans les notes mêmes de cette *Invention*. En effet, la pièce est écrite en «B dur» (désignation allemande pour *si bémol majeur*); de ce fait les notes «b» (= *si bémol*), «a» (= *la*) et «c» (= *do*) seront assez fréquentes. La note «h» (désignation allemande pour la note *si*) intervient, elle aussi, quelques fois, par la modulation en *do* mineur dans la mesure 11. En comptant toutes les notes b-a-c-h, on arrive au total de 240. Ce chiffre en tant que tel n'a aucune signification. Pourtant si nous groupons ces notes d'après l'octave dans laquelle elles figurent, nous découvrons :

	b	a	c	h		
octave 4	5	1	35	–	41	= J.S. Bach
octave 3	34	19	27	–	80 } 158	= Johann Sebastian Bach
octave 2	27	23	27	1	78 }	
octave 1	24	12	3	2	41	= J.S. Bach

Pour finir, relevons encore que ce schéma ne comporte pas 16 mais 14 (!) noms de notes, du fait que la note «h» (*si*) n'est utilisée ni dans la troisième, ni dans la quatrième octave.

62 = 48 et 14

La plupart des compositions de 62 mesures semblent très bien se prêter à une répartition en 48 (soit 2.1.3.8) et 14 mesures (soit 2 + 1 + 3 + 8).

Exemple 7 : Cantate n° 49 *Ich geh' und such' mit Verlangen*

Le récitatif n° 3 comporte 62 mesures. Les subdivisions apparaissent ici clairement grâce aux changements de mesure :

C	6	} 14
3/8	8	
C	2	} 48
3/8	46	

Exemple 8 : *Invention* n° 6 en *mi* majeur

```
         ┌ 20 mesures, avec modulation de mi majeur à si majeur
    48 ──┤
         └  8 mesures, thème en si majeur
    14 ◄── 14 groupe isolé en sol dièse mineur
         ┌ 20 reprise des 20 premières mesures, mais ici sans modulation
         │
```

Musicalement il est parfaitement logique d'ajouter les 8 mesures du thème en *si* majeur aux deux blocs de 20 mesures. Du reste ce groupe est la transposition littérale des 8 premières mesures. Le groupe de 14 mesures est indépendant du fait d'une élaboration tout à fait particulière de la *figura corta* 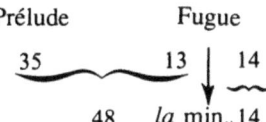 en *sol* dièse mineur.

Dans cette répartition des mesures, il n'est tenu aucun compte des signes de reprise. Nous aurons l'occasion de discuter plus en détail le fait de compter ou non tel ou tel type de reprise, lorsque nous aborderons l'exemple 31.

Exemple 9 : Prélude et fugue n° 1 en *ut* majeur du *Clavier bien tempéré* I

Le prélude	occupe	35 mesures
La fugue	occupe	27 mesures
	en tout	62 mesures

Le prélude ne comporte pas de cadence intermédiaire, alors que la fugue en fait entendre une, en *la* mineur, après 13 mesures. Nous obtenons ainsi la répartition :

Dans cette pièce d'entrée du *Clavier bien tempéré*, Bach a placé sa signature de diverses autres manières, dont voici quelques exemples.
Le prélude totalise 549 notes, la fugue 734. Ensemble elles en contiennent donc 1283 = Bach.
Le thème de la fugue se compose de 14 notes = Bach.

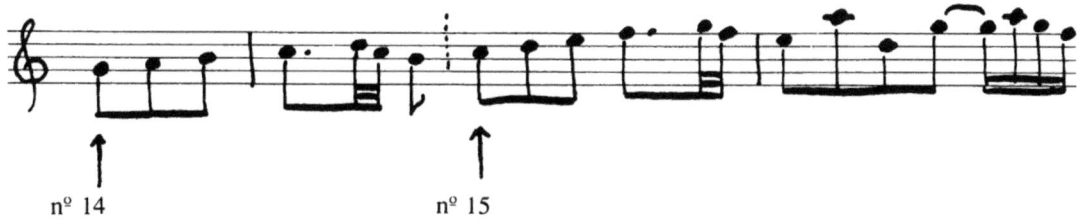

Il y a 24 entrées thématiques. Par la cadence, après 13 mesures, ces entrées sont divisées en un groupe de 10 et un autre de 14. On pourrait donc dire : à la mesure 14 commence un groupe de 14 mesures, dans lequel le thème de la fugue, composé de 14 notes dans sa forme initiale, revient 14 fois !
De plus, Bach attire encore plus spécialement notre attention sur le chiffre-clé de son nom en traitant la quatorzième entrée thématique (à la mesure 15, dans la voix soprano) d'une manière particulière. Cette entrée n'est pas achevée mais enchaînée, dans la même voix, à la quinzième entrée. C'est une occurrence unique dans cette fugue.

n° 14   n° 15

Cette même entrée tronquée constitue l'une de deux clés nécessaires pour diviser les 14 entrées thématiques des 14 dernières mesures en 2, 1, 3 et 8. L'autre clé est donnée par la mesure 23. La fugue est constituée par un enchaînement d'entrées thématiques. La mesure 23 est la première, et la seule dans toute la fugue, qui ne fait pas entendre le thème. C'est donc cette mesure qui sépare les deux dernières entrées (mesures 24 et 25) des douze autres. Sur base de ces deux marques, on obtient le schéma suivant :

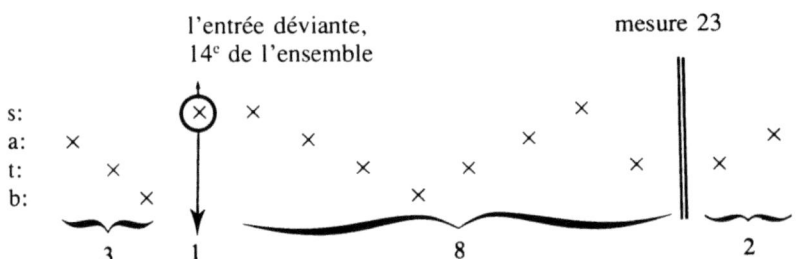

Il y a encore autre chose qui frappe dans la succession des entrées thématiques. Nous pouvons distinguer très nettement deux entrées plus aiguës et deux plus graves. Les deux plus aiguës sont la cinquième (mesure 7) et la quinzième (mesure 16); toutes deux à partir de *do*⁴. Les plus graves sont la huitième (mesure 10) et la treizième (mesure 15), l'une et l'autre partant de *sol*¹.
Les numéros de ces quatre entrées font apparaître :
les plus aiguës : numéros 5 et 15
les plus graves : numéros 8 et 13

```
   ──  ──
   13  28
   ac  bh
```

Exemple 10 : Prélude et fugue n° 5 en *ré* majeur du *Clavier bien tempéré* I

Le prélude se compose de 35 mesures
La fugue compte   27 mesures
                         ─────────
En tout   62 mesures

Le groupe de 14 se trouve à présent au milieu de la fugue, de la mesure 9 jusqu'à la mesure 22. Il est marqué par les cadences en *si* mineur et *ré* majeur. Le groupe de 14 mesures comporte un motif en doubles croches caractéristique.

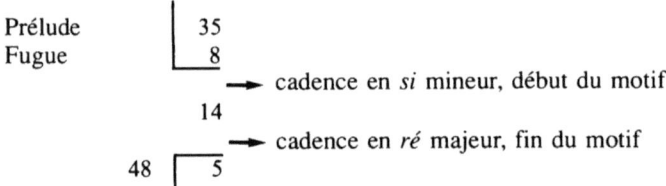

Le début du groupe de 14 mesures a été marqué tout spécialement par Bach. En effet, ici, le motif en doubles croches compte non pas 13, mais 14 notes, du fait de l'appoggiature ajoutée :

Ce motif en doubles croches constitue dès lors la clé permettant de diviser les 14 mesures en 2, 1, 3 et 8. En effet, ce motif occupe successivement 2 mesures (les 9ᵉ et 10ᵉ), 3 mesures (les 17ᵉ, 18ᵉ et 19ᵉ) et 1 mesure (la 21ᵉ). Les huit mesures restantes de ce groupe de 14 ne contiennent pas le motif.

Combinaisons de nombres comportant les chiffres 2, 1, 3 et 8

Exemple 11 : *Les Variations Goldberg* (*Clavierübung* IV)

Les Variations Goldberg comportent 32 pièces. Toutefois, Bach n'en nota que 31, puisqu'il ne transcrivit pas une nouvelle fois l'Aria à la fin de la série. Il se limita à indiquer *Aria da capo*.
Des 31 pièces notées, il y en a 28 en *sol* majeur et 3 en *sol* mineur.
Les Variations Goldberg se composent donc de :

$$
\begin{array}{rcll}
28 & = & b\ h & \text{pièces, écrites en } sol \text{ majeur} \\
3 & = & c & \text{pièces, écrites en } sol \text{ mineur} \\
1 & = & a & \text{pièce, non écrite (n'existe que par } da\ capo)
\end{array}
$$

Exemple 12 : *Invention* n° 3 en *ré* majeur

Cette *Invention* présente la structure de mesures suivante :

```
11      exposé idée principale
 →      cadence en la majeur
12      développement de l'idée principale variée
 →      cadence en si mineur
14      nouveau développement
 →      cadence en la majeur
 5      épisode, retour à ré majeur
 →      cadence sur la dominante
11      reprise de l'idée principale
 →      cadence en ré majeur (conclusion trompeuse)
 6      formule finale
```

Sur base d'une répartition très concise dans l'exposé, l'élaboration et la reprise, on obtient :

```
exposition    11 ⌋
élaboration   31 ⌋   =  ca
reprise       17 ⌉  28  =  bh
```

Exemple 13 : Prélude de choral *Wer nur den lieben Gott lässt walten* (des *Chorals Schübler*) BWV 647

Sur base de la césure principale à la reprise sous les chiffres ⌈1⌉ et ⌈2⌉, donnée par la répartition des phrases du *cantus firmus*, la structure des mesures se présente ainsi :

```
16 ⎫
16 ⎭   32  =  cb

18 — 18  =  ah
```

Il est tout à fait logique de réunir les deux groupes de 16 mesures, puisqu'ils sont identiques musicalement.

Exemple 14 : Prélude de choral *Ach bleib bei uns, Herr Jesu Christ* (des *Chorals Schübler*) BWV 649

Le groupe de mesures d'introduction étant identique à celui de la conclusion, nous obtenons la division suivante :

```
introduction                14 ⌋  28  =  bh
élaboration cantus firmus   31 ⌉      =  ca
conclusion                  14 ⌉
```

Les deux groupes de 14 mesures ne sont pas entièrement identiques. Dans le deuxième, la première mesure, présente dans le premier groupe, fait défaut; en revanche, il possède la mesure finale, ce qui donne malgré tout un total de 14.

41 en tant que somme de 9 18 14 = J.S. Bach

Exemple 15 : Prélude de choral *Vor deinen Thron tret' ich* BWV 668

La mélodie du choral de cette composition très tardive est mieux connue avec le texte *Wenn wir in höchsten Nöthen sein*. Elle comporte les 33 notes de sa forme originale :

Cependant Bach y a ajouté quelques ornements. Le *cantus firmus* compte 41 notes au lieu des 33 de la forme initiale :

La mélodie se compose de quatre strophes. Dans la version de Bach, les 41 notes sont réparties dans les strophes de la manière suivante :

1re strophe	14		= Bach	(initialement 9)
2e strophe	8	} 18 =	S	(initialement 8)
3e strophe	10		= S	(initialement 8)
4e strophe	9		= J	(initialement 8)
	41			

On remarquera que seule la première strophe est largement figurée, ceci dans le but évident d'atteindre le nombre un peu plus élevé, 14. Les trois autres ne réclamaient pas ou peu de changement.

Pour éviter toute équivoque, il nous faut préciser que les notes liées *la* et *sol* dans la dixième mesure ne sont comptées qu'une fois. Ceci ne s'applique pas uniquement à cet endroit : les notes unies par une liaison de durée sont prises pour une seule note. Les ornements ne sont comptés comme notes que lorsque les notes sont effectivement écrites sur la partition. Nous tenons donc compte des appoggiatures mais pas de signes tels que tr. ou ᴡᴡ.

A notre avis, cet exemple possède un caractère convaincant du fait de sa forme claire et directe. Le fait que Bach ait déjà utilisé antérieurement la mélodie *Wenn wir in höchsten Nöthen sein* comme *cantus firmus*, lui confère sans doute encore une dimension supplémentaire.

Dans l'*Orgelbüchlein* nous trouvons une arrangement de choral portant le même titre (n° 43) et qui, dans les voix d'accompagnement, révèle des analogies évidentes avec *Vor deinen Thron*. Toutefois, dans cet arrangement Bach a très richement figuré le *cantus firmus*, de telle sorte que la mélodie qui comportait initialement 33 notes en compte à présent 158 = Johann Sebastian Bach !

Exemple 16 : *Sinfonia* n° 6 en *mi* majeur (*Inventions* à 3 voix)

Cette *Sinfonia* est bâtie sur le motif :

Ce motif est également utilisé dans son renversement et se trouve parfois quelque peu varié. Il engendre une division directe des 41 mesures de la composition en 27 (= J S) et 14 mesures (= Bach), le premier groupe contenant le motif, le second en étant dépourvu. La pièce comporte deux césures très nettes. Après 17 mesures, nous rencontrons une cadence en *si* majeur, et la mesure 34 porte un point d'orgue. En utilisant ces césures, 27 et 14 peuvent être subdivisés en lettres. Avant la cadence il y a 8 mesures sans le motif (les mesures 4, 5, 8, 11, 12, 13, 14 et 15) et 9 mesures avec le motif. Après la cadence, nous trouvons 6 mesures sans et 18 mesures avec le motif. Le point d'orgue répartit les six mesures sans motif comme suit :

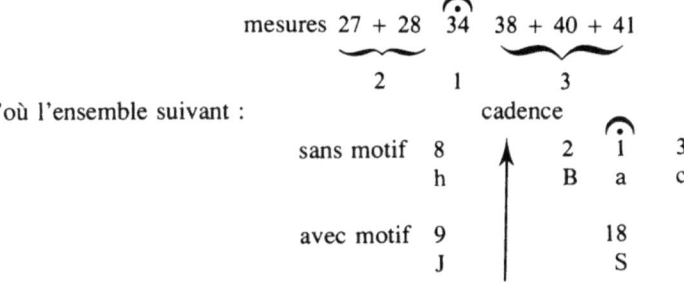

Exemple 17 : *La Passion selon saint Matthieu*

Nous porterons notre attention sur le nombre de pièces indépendantes.

Auparavant, il nous faut apporter une précision à propos de la numérotation, car celle-ci n'est pas toujours traitée de la même façon dans les différentes éditions. Nous attribuons toujours un seul numéro à chacun des ensembles «récitatif et chœur», le texte de la Bible. Ces éléments sont entourés de pièces libres — chœurs, chorals, ariosos et arias — qui comptent également chacune pour une pièce. En fait, nous suivons l'édition Bärenreiter à une exception près. En effet, le duo *So ist mein Jesus nun gefangen* et le chœur suivant, *Sind Blitze, sind Donner* y portent les numéros 27a et 27b, alors que nous les comptons pour deux pièces distinctes et obtenons donc un total de 69 et non pas de 68 morceaux.

En plus du texte de l'Evangile, Bach a composé 41 pièces libres pour *La Passion selon saint Matthieu*. En réalité on peut en entendre 42, mais dans la partition autographe, Bach n'a pas noté la reprise du choral *O Haupt voll Blut und Wunden* (le n° 17 dans la partition). A cet endroit précis il indique «*Ich will hier bey dir vers 2 seq. en Clave Dis*».

Nous nous basons donc sur 41 pièces notées : soit 14 chorals (= Bach) et 27 autres pièces libres (= J + S)
La pièce non transcrite constitue une des clés permettant de répartir les 14 pièces selon les 4 lettres du nom. Il y a 11 «chorals normaux» et 3 «formes divergentes», à savoir :
a. Comme *cantus firmus* dans le chœur d'ouverture ;
b. Comme partie de l'arioso nº 19 *O Schmerz* ;
c. Le grand arrangement *O Mensch, bewein dein' Sünde groß*.

Les 14 chorals se composent donc de :
B 2 chorals faisant partie d'une pièce plus importante (*cantus firmus* du chœur d'ouverture et partie de l'arioso nº 19)
a 1 choral *O Mensch*, comme grand arrangement indépendant
c 3 «choraux harmonisés» avant le choral non renoté
h 8 «choraux harmonisés» après le choral non renoté.

En poursuivant un raisonnement logique, il apparaît que l'on peut répartir les 27 autres pièces, qualifiées de «libres» ci-dessus, en 9 = J et 18 = S. Ces 27 pièces ne comportent ni le chœur d'ouverture, ni l'arioso nº 19, puisque ceux-ci sont déjà comptés parmi les chorals.
En réalité, il existe dix couples arioso-aria dans *La Passion selon saint Matthieu* ; toutefois, du fait que l'arioso nº 19 intervient déjà dans les 14 chorals, il n'en reste plus que 9. Nous pouvons donc répartir les 27 pièces comme ceci :
S 18 pièces formant des couples arioso-aria (soit 9 fois 2) et
J 9 pièces séparées :

aria soprano *Blute nur*	nº 8
aria ténor + chœur *Ich will*	nº 20
duo *So ist mein Jesus*	nº 27a
chœur *Sind Blitze*	nº 27b
aria alto + chœur *Ach nun ist*	nº 30
aria alto *Erbarme dich*	nº 39
aria basse *Gebt mir*	nº 42
arioso a 4 + chœur *Nun ist*	nº 67
chœur final	nº 68

Les 41 pièces libres écrites se composent donc de :
J 9 pièces libres indépendantes
S 18 pièces libres en couples arioso-aria
B 2 chorals faisant partie d'une autre pièce
a 1 choral en grand arrangement indépendant
c 3 chorals harmonisés avant le choral non renoté (*Ich will*)
h 8 chorals harmonisés après le choral non renoté (*Ich will*).

Il est clair qu'une clé essentielle pour découvrir la présente solution réside dans le fait que Bach n'a pas renoté intégralement le choral *Ich will hier* (nº 17), car c'est de cette manière que 15 chorals effectivement exécutés correspondent à 14 (= Bach) notés, de même que 42 pièces libres exécutées, n'en sont en réalité que 41 (= J.S. Bach) sur le papier.

Exemple 18 : *Orgelbüchlein*, n° 38 *Vater unser im Himmelreich*

Dans ce prélude le *cantus firmus* est donné par le soprano. Les trois autres voix développent un motif caractérisé de quatre notes, qui se présente tant dans la disposition normale que dans son renversement. Lorsque nous prenons ce motif d'une manière stricte — c'est-à-dire que la première note est la plus aiguë, la deuxième, la plus grave, la troisième, la plus aiguë à une près, et la quatrième la plus grave à une près (dans le renversement c'est évidemment exactement l'inverse) — nous avons 41 motifs, très précisément.

Schéma :

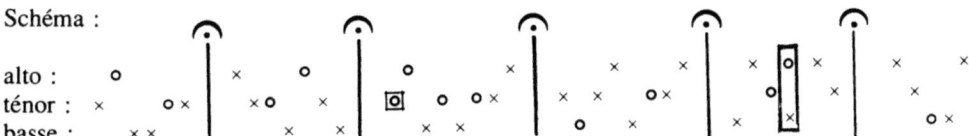

Les 41 motifs se présentent 28 (= b h) fois en mouvement normal (x)
et 13 (= a c) fois en renversement (o).

Il y a deux endroits qui attirent l'attention :
a. Le 14ᵉ (!) motif diffère de tous les autres par le fait qu'il commence non pas avec un intervalle de quinte ou de quarte mais de sixte.

Mesure 4, ténor :

b. Une fois, les deux motifs (x et o) sont simultanés (mesure 9).
Ces deux endroits marquent la répartition des 41 motifs, à savoir :

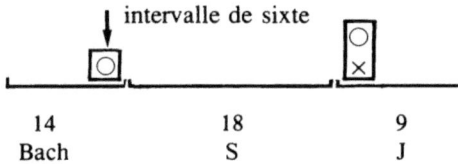

| 14 | 18 | 9 |
| Bach | S | J |

Cette répartition paraît encore plus convaincante lorsque l'on conçoit qu'elle est obtenue en scindant les 41 motifs de la manière suivante :

    B   2 motifs, le double
    a   1 motif, le 14ᵉ, avec l'intervalle de sixte
    ch 38 motifs, le reste.

Bach a donc glissé trois fois sa signature dans ces 41 motifs :

— 28 = b h normal
   13 = a c renversement
— 14 + 18 + 9 = Bach S J
— 2 + 1 + 38
   B a   ch

Exemple 19 : *La Passion selon saint Jean*, nº 54 : chœur *Lasset uns den nicht zerteilen*

Le chœur est basé sur :

La structure imitative de ce thème répartit les mesures comme suit :

- 7 mesures, exposition du thème en *do* majeur, par toutes les voix ;
- 7 mesures, exposition du thème en *la* mineur, par toutes les voix ;
- 9 mesures, exposition du thème en *do* majeur, avec développement, modulation et cadence en *mi* mineur ;
- 14 mesures, exposition du thème en forme de progression, par toutes les voix, et cadence en *ré* mineur ;
- 14 mesures, exposition du thème en forme de progression, par toutes les voix, et cadence en *do* majeur ;
- 4 mesures supplémentaires et conclusion en *do* majeur.

Les 55 mesures présentent donc la structure suivante :

```
            ┌  7  ┐
            │  7  │── 18   S
        41  │  9  ── 9     J
            │ 14  ──14     Bach
            ┌ 14  ──14     Bach
            │  4  ┘
```

Ces 55 mesures se composent de 41 mesures = J.S. Bach, et 14 = Bach. Etant donné que les deux groupes de 14 mesures ont le même contenu (le deuxième groupe de 14 est une transposition du premier), il importe peu de savoir lequel il convient de considérer comme faisant partie de l'ensemble de 41 mesures.

Il ne serait pas illogique d'ajouter les 4 mesures finales aux deux premiers groupes de 7 mesures, pour obtenir ainsi la lettre S, puisqu'il s'agit en fait des groupes d'exposition du thème et du groupe de conclusion, avec les tonalités voisines, *do* majeur, *la* mineur et *do* majeur. Les autres groupes présentent davantage un caractère d'élaboration et modulent de *do* majeur à *mi* mineur avec retour à *do* majeur en passant par *ré* mineur.

Le motif de *Lasset uns* commence généralement par des croches, mais en quelques endroits, Bach transforme ce rythme en :

♫♫ ♪♪♪♪ (donc d'abord deux ♫)

Cela se produit dans les deux groupes de 14 mesures ainsi que dans celui de 4, en commençant à la mesure nº 24, dans le soprano. Il y a 14 (!) entrées qui débutent par deux doubles croches. En considérant l'ensemble, on aperçoit clairement qu'il convient de les diviser en 2, 1, 3 et 8 :

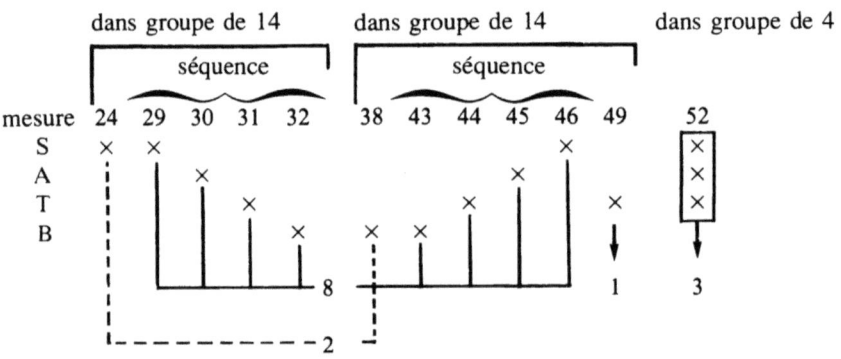

8 entrées (dans les mesures 29 à 32 et 43 à 46) sont bâties en séquences et se retrouvent, comme de petits blocs, chaque fois au-dessus des mêmes passages musicaux dans les groupes de 14 mesures.
2 entrées (mesures 24 et 38) se trouvent être en correspondance réciproque étant donné qu'elles surviennent toutes deux au début d'un groupe de 14 mesures.
1 entrée (mesure 49) est placée en sus dans le deuxième groupe de 14 (par rapport au premier) et doit donc être prise à part.
3 entrées se situent dans le groupe de 4; elles se distinguent des autres du fait qu'elles sont simultanées.

Le mot *losen* occupe toujours 10 notes :

p. ex. mesure 4, à la basse :

Dans la mesure n° 14 (!) Bach fait toutefois une exception en écrivant 14 (!) notes cette fois :

Et le souci de perfection va très loin, puisque ces 14 notes peuvent être fractionnées en 2, 1, 3 et 8 notes. En effet, lorsqu'on regroupe les notes selon leurs fréquences respectives, nous constatons :

2 fois *mi* = 2
1 fois *la* = 1
3 fois *si* = 3
4 fois *do* ⎫
4 fois *ré* ⎬ = 8

158 = Johann Sebastian Bach
58   86   14

Exemple 20 : *Orgelbüchlein*, n° 17 *In dir ist Freude*

Cet arrangement de choral, dans lequel la mélodie principale est disséminée par fragments dans toute l'œuvre, repose sur un remarquable motif au pédalier :

Ce motif *Freude* (joie), revient 20 fois. Normalement le nombre total des notes jouées dans ce cas devrait comporter 160 notes (20 fois 8). Mais Bach y a apporté une modification intentionnelle.
La 14e entrée arrive trop tôt et se trouve donc liée à la 13e. Ces deux entrées totalisent à présent non plus 16 notes mais 14 (!). Cela se situe aux mesures 37 à 39 :

De cette manière, le total des notes du motif devient 158 = Johann Sebastian Bach

$$
\left.\begin{array}{rl}
\text{12 motifs :} & \text{96 notes} \\
\text{n}^{\text{os}} \text{ 13 et 14 :} & \text{14 notes} \\
\text{6 motifs :} & \text{48 notes}
\end{array}\right| \begin{array}{l} 144 = \text{Johann Sebastian} \\ 14 = \text{Bach} \end{array}
$$

Exemple 21 : *Sinfonia* **n° 3 en** *ré* **majeur (*Inventions* à 3 voix)**

Le thème de cette *Sinfonia* se compose de 23 notes :

Il apparaît successivement en *ré* majeur (mesure 1), en *la* majeur (mesure 3), en *ré* majeur (mesure 6), en *si* mineur (mesure 10), en *sol* majeur (mesure 19), en *ré* majeur (mesure 21) et en *ré* majeur (mesure 23). Toutefois cette dernière entrée est modifiée par la cadence terminale, le thème ne comptant plus que 20 notes dans ce cas :

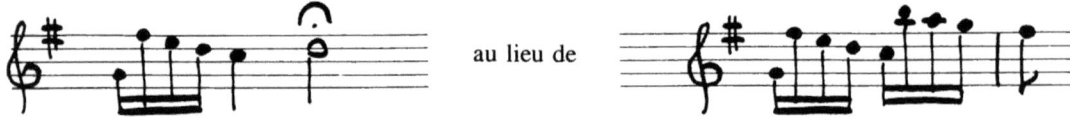

De ce fait, la somme des notes servant pour le thème n'est pas 161 (7 fois 23), mais bien 158 = Johann Sebastian Bach.

A première vue, il ne paraît pas possible, ici, d'opérer un partage en 144 = Johann Sebastian et 14 = Bach. Une telle répartition ne peut devenir évidente que si l'on se reporte au magnifique manuscrit des *Inventions*. Bach y a noté les sept entrées du thème de la manière suivante (par commodité, nous avons remplacé la clé d'ut première ligne par une clé de sol) :

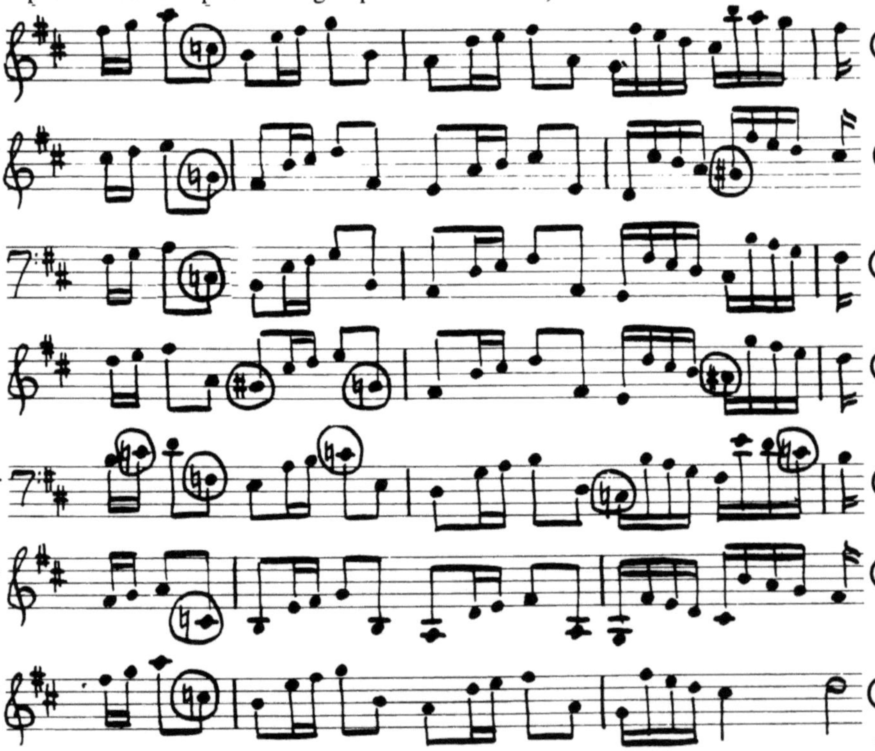

Ré maj. ① + 22

La maj. ② + 21

Ré maj. ① + 22

Si min. ③ + 20

Sol maj. ⑤ + 18

Ré maj. ① + 22

Ré maj. ① + 19

⑭ + 144 !

Dans plusieurs éditions modernes, l'entrée en *si* mineur comporte un bécarre de précaution devant la quatrième note (*la*), tandis que dans l'entrée en *sol* majeur le bécarre indiqué par Bach devant la note *do* sur le quatrième temps, jugé superflu, a été supprimé. Il va de soi que nous devons partir de ce que Bach a noté dans son manuscrit.

Nous pouvons à présent répartir les notes en un groupe de 144 (= Johann Sebastian Bach) sans signe d'altération et un autre groupe de 14 notes (= Bach) avec signe d'altération. Mais nous pouvons encore aller plus loin. Parmi les 14 notes précédées d'un signe, 3 suivent un dièse et 11 un bécarre. Les bécarres se rapportent 8 fois à la note *do*, 2 fois la note *sol* et 1 fois la note *fa* :

- B   2 fois la note *sol* avec bécarre
- A   1 fois la note *fa* avec bécarre
- C   3 fois des notes avec un dièse
- H   8 fois la note *do* avec bécarre

Pour terminer, nous aimerions faire remarquer de quelle façon sublime Bach établit la justesse de la mise en évidence des 14 notes précédées d'une altération. En effet, lorsque nous convertissons le nom des notes en chiffres[2], cela donne :

```
8 fois c   = 8 fois 3              =  24
2 fois g   = 2 fois 7              =  14
1 fois f   = 1 fois 6              =   6
2 fois gis = 2 fois 34 (7 + 9 + 18) =  68
1 fois ais = 1 fois 28 (1 + 9 + 18) =  28
                                     ─────
                                     140 !
```

En résumé, par la modification de la dernière entrée thématique, le total des notes utilisées pour le thème n'est pas de 161 mais 158 notes = Johann Sebastian Bach. La subdivision en 144 = Johann Sebastian et 14 = Bach est obtenue en isolant les notes pourvues, par Bach, d'un signe d'altération superflu. Ces 14 notes se décomposent tout à fait clairement en 2, 1, 3 et 8 notes, tandis que la somme de la valeur numérique des 14 notes est 140.

Exemple 22 : Prélude de choral *Vater unser im Himmelreich*, le grand arrangement dans *Clavierübung* III

Dans cet arrangement de choral, le *cantus firmus* est donné en canon entre le soprano 1 et le ténor. Tandis que la basse (le pédalier) progresse posément en croches, les autres voix aux claviers (soprano 2 et alto) élaborent un motif aux accents plaintifs[3]. Ce dispositif n'est interrompu qu'un bref moment par l'apparition du motif «plaintif» dans la voix de basse, le temps d'une mesure... précisément la mesure 41 = J.S. Bach.

---

[2] Il s'agit du système allemand de notation musicale dont l'essentiel est rappelé dans l'encadré de la page 10 (NdT).

[3] *Seufze*r : littéralement «soupir», «gémissement» (NdT).

De nouveau, si nous convertissons le nom[4] de ces dix notes particulières en chiffres, nous obtenons le total :

e	=	5
dis	=	31
fis	=	33
e	=	5
g	=	7
fis	=	33
a	=	1
g	=	7
h	=	8
ais	=	28

158 = Johann Sebastian Bach

Exemple 23 : Les *Sinfoniae* ou *Inventions* à trois voix

Bach composa 15 pièces avec les tonalités[5] et les nombres de mesures correspondants suivants :

n°			
1	C	dur	21 mesures
2	c	moll	32
3	D	dur	25
4	d	moll	23
5	Es	dur	38
6	E	dur	41
7	e	moll	44
8	F	dur	23
9	f	moll	35
10	G	dur	33
11	g	moll	72
12	A	dur	31
13	a	moll	64
14	B	dur	24
15	h	moll	38

Il apparaît tout d'abord que Bach introduisit sa signature à l'aide du nombre de mesures de la première et de la dernière œuvre. Les *Sinfoniae* sont encadrées par 21 = B a et 38 = c h.
Mais le nom de Bach est également donné dans la série des tonalités : B, A, a, C, c et h. Du fait qu'on y trouve à la fois A et C (dur) et a et c (moll), on peut écrire le nom de quatre façons : BACh, BaCh, BAch et Bach.
La forme Bach est évidemment la plus belle car elle ne comporte que la majuscule B. Les nombres de mesures correspondant à ces pièces donnent le total suivant :

B	dur	24
a	moll	64
c	moll	32
h	moll	38

158 = Johann Sebastian Bach

Les autres formes, peu ou pas heureuses, ne permettent d'aboutir à aucun résultat. Ainsi la constatation «Pièces B a c h = 158 = Johann Sebastian Bach», déjà sublime en soi, devient-elle sans doute encore plus convaincante.
Plus loin dans cet ouvrage nous reviendrons sur ce sujet à propos de l'autre série de 15 pièces écrites dans les mêmes tonalités, les *Inventions* à deux voix.

---

[4] Il sagit du système allemand de notation musicale dont l'essentiel est rappelé dans l'encadré de la page 10 (NdT).

[5] Voir note 4 (NdT).

| Nombres donnant les chiffres 2, 1, 3 et 8 après décomposition en facteurs. |

Des exemples fortuits de ce type ont déjà été donnés, comme par exemple l'occurrence de 2.1.3.8 dans les exemples 7 à 10 ainsi que le nombre 276 sous la forme 2.138 dans l'exemple 6. Il est difficile de dégager des nombres *Bach* de ce genre dans des ensembles plus importants. C'est pourquoi nous n'en donnerons ici que deux de cette catégorie, mais ils ont l'avantage d'être clairs et convaincants.

Exemple 24 : *Quelques Variations canoniques sur le cantique de Noël Vom Himmel hoch da komm ich her*

Cette œuvre se compose de quelque 5 variations sur ce célèbre noël, dans lesquelles Bach développe toutes sortes de techniques canoniques.

```
variation 1 cantus firmus au pédalier 18 mesures
          2 cantus firmus au pédalier 23 mesures
          3                            56 mesures
          4                            27 mesures
          5 cantus firmus au pédalier 42 mesures
                                     ─────────────
                              166 = 83.1.2 = hcab
```

En y regardant de plus près, on s'aperçoit que ces 166 mesures se divisent en fait en deux groupes de 83 mesures : les trois variations avec le *cantus firmus* au pédalier, totalisent 83 mesures, de même que les deux variations dans lesquelles le *cantus firmus* n'est pas joué au pédalier. Nous avons donc très clairement 83.1.2 mesures.

Nous avons adopté la séquence des variations telle qu'elle est notée dans le manuscrit autographe. Chose curieuse, Bach a modifié l'ordre des variations dans la version imprimée de l'œuvre :

```
variation 1 cantus firmus au pédalier  18
variation 2 cantus firmus au pédalier  23
variation 3                            27
variation 4 cantus firmus au pédalier  42
variation 5                            56
```

Bien entendu, cette séquence contient également le 83.1.2. Il est frappant que, dans les deux versions, Bach place les 18 et 23 en tête, faisant de nouveau référence à son nom. Ces deux pièces sont les seules qui occupent les mêmes positions dans les deux versions.

Exemple 25 : Chœur n° 67 *Ruht wohl* de *La Passion selon saint Jean*

Pour conclure ce chapitre, au cours duquel nous avons traité des signatures numériques de Bach opérant comme des signaux à travers l'ensemble de son œuvre, nous analyserons la structure globale des notes du chœur final de *La Passion selon saint Jean*. La pièce est bâtie d'une manière évidente et simple.

```
Mesures   1 à  12   introduction orchestrale                                    A'
         13 à  48   chœur et orchestre Ruht wohl                                 B'
         49 à  60   reprise de l'introduction orchestrale                        A''
         61 à  72   chœur et orchestre Das Grab                                  C'
         73 à  76   reprise des 4 premières mesures de l'introduction orchestrale A'''
         77 à 112   chœur et orchestre Ruht wohl                                 B''
        113 à 124   chœur et orchestre Das Grab                                  C''
        125 à 160   chœur et orchestre Ruht wohl                                 B'''
        161 à 172   reprise de l'introduction orchestrale                        A''''
```

Lors de la répartition des notes, la césure se placera toujours après le deuxième temps, c'est-à-dire juste avant le temps levé. La partition couvre huit portées :

1. *Flautos traversos* 1 et 2, hautbois 1 et 2 et violon 1 (nous le désignons par vl.1)
2. Violon 2 (vl.2)
3. Violon alto (vl.a.)
4. Soprano (S)
5. Alto (A)
6. Ténor (T)
7. Basse (B)
8. *Continuo* (*cont.*)

Comparons les pièces identiques et de même genre :
D'abord les pièces orchestrales indépendantes, à savoir A', A'', A''' et A''''

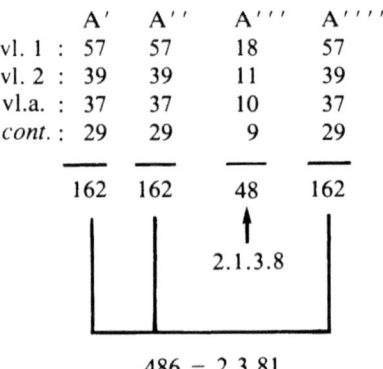

Il est absolument logique de regrouper A', A'' et A'''' et de mettre A''' à part, puisque cette pièce ne comporte que les quatre premières mesures de l'introduction orchestrale.

Prenons à présent les pièces pour chœur et orchestre sur le texte *Das Grab*, donc C :

	C'	C''
vl.1 :	22	34
vl.2 :	22	34
vl.a. :	22	34
S. :	42	39
A. :	33	40
T. :	42	42
B. :	34	—
cont. :	34	12

$$251 + 235 = 486 = 2.3.81$$

Et pour terminer, examinons les trois pièces absolument identiques pour chœur et orchestre sur le texte *Ruht wohl*, donc B :

	B′	B′′	B′′′
vl.1 :	121	121	121
vl.2 :	92	92	92
vl.a. :	82	82	82
S. :	125	125	125
A. :	97	97	97
T. :	92	92	92
B. :	101	101	101
cont. :	102	102	102
	812 + 812 + 812 = 2436 = littéralement 812.3

Le chœur n° 67 de *La Passion selon saint Jean* est donc constitué par trois types d'ensembles. A chaque fois, les notes de ces ensembles forment des signatures numériques de Bach :

$$\begin{array}{ll}
\text{Ensemble A} & 486 = 81.3.2 = \text{Bach} \\
& 48 = 2.1.3.8 = \text{Bach} \\
\text{Ensemble B} & 2436 = 812.3 = \text{Bach} \\
\text{Ensemble C} & 486 = 81.3.2 = \text{Bach}
\end{array}$$

En outre, le total des notes de ce chœur final est 3456 = 108.32, une signature de plus.

Parmi l'abondant matériel musical que nous avons rassemblé au fil des ans, nous avons sélectionné 25 exemples afin de montrer que Bach a incorporé son nom dans ses œuvres, sous des formes numériques, et ce d'une manière parfaitement intentionnelle et de diverses façons subtiles. Nous pensons pouvoir établir dès à présent qu'il n'est pas possible de balayer les indices que nous avons mis en évidence comme simples fruits du hasard.

CHAPITRE II

Bach et les Rose-Croix

Au premier abord, le titre du présent chapitre pourra sembler plutôt étrange au lecteur. Il est vrai que le rapprochement Bach-Rosicruciens peut apparaître comme un saut surprenant. Pour beaucoup de personnes ce sera sans doute un saut dans les ténèbres, du fait qu'elles n'ont qu'une idée vague du concept «Rose-Croix».
Pourtant il est fort probable que Bach eut, d'une façon ou d'une autre, des rapports avec les Rose-Croix, étant donné que la structure musicale de ses œuvres permet d'établir clairement des liens, à partir du symbolisme numérique qui s'y trouve intégré. En même temps cela nous fera faire un pas important qui nous rapprochera des couches plus profondes de la symbolique des nombres chez Bach.
Il nous paraît utile de situer brièvement le contexte général dans lequel le phénomène Rose-Croix peut être abordé. Après quoi, nous donnerons un aperçu historique de cette association sur base des principaux documents publiés.
Les Rose-Croix forment un courant spirituel ésotérique. Par ésotérisme, on entend un enseignement, jadis secret et aux mains d'une élite spirituelle, qui s'attache à donner une interprétation cohérente et globale du système cosmique. Des courants ésotériques, il y en a eu à toutes les époques, et il en existe encore de nos jours : pythagoriciens, kabbalistes, alchimistes, Rose-Croix, Francs-Maçons et théosophes. Les principes fondamentaux de tous ces courants sont à peu près semblables. Ils se basent sur le postulat qu'il existe un univers visible, celui de la manifestation et de la création, ainsi qu'un univers invisible, celui des principes, Dieu étant le principe premier. L'univers invisible, le facteur positif, est le noyau qui possède, en puissance, la vie et la matérialité, de même que le pouvoir d'engendrer celles-ci. Par la mise en mouvement de ce pouvoir, la création, le facteur négatif, c'est-à-dire récepteur, est devenue réalité. Etroitement liées à cette opposition originelle, il y a par exemple les polarités esprit-matière et éternité-temps.
Les rapports de l'homme avec le monde spirituel invisible et le monde matériel visible constituent l'objet de l'ésotérisme. Voies et formes des différentes orientations de la pensée ésotérique varient, mais le but est identique : atteindre un plus haut niveau de conscience pour acquérir une meilleure connaissance des rapports entre l'homme, le microcosme, et l'absolu, le macrocosme. Les sources primitives de l'ésotérisme ne peuvent être définies avec certitude. Les différentes formes adoptées par la pensée ésotérique à travers les âges reposent toutes sur une sagesse ancestrale transmise par la Tradition. Pratiquement chaque courant ésotérique a eu un grand précurseur spirituel, une espèce de visionnaire qui était en possession de cette sapience ancienne. Il avait comme faculté particulière de pouvoir contempler les mondes spirituels invisibles, ce qui lui permettait d'accéder aux sources les plus essentielles de la vie, de la création et de l'existence de l'homme.
Selon l'étymologie grecque du mot, ésotérisme indique une enseignement qui fait «pénétrer», aller «à l'intérieur» (*esos* = à l'intérieur). Celui qui pénètre dans quelque chose peut prendre connaissance de ce qui est à l'intérieur et qui n'est pas visible pour ceux qui restent à l'extérieur. L'ésotérisme ouvre une porte qui donne accès à l'inconnu. Elle rend visibles les liens entre les mondes visible et invisible, ce qui nous amènera à considérer ceux-ci comme deux moitiés d'un tout plus vaste encore. Il était difficile d'approcher les différents mouvements ésotériques. Pour accéder à l'initiation il fallait être élu et parrainé. Il était possible de gravir les différents degrés de conscience en se soumettant à un entraînement spirituel déterminé. Celui-ci consistait, entre autres choses, en la pratique des «beaux-arts», tels l'astrologie et la théorie des nombres (l'arithmétique), qui étaient considérés comme des clés importantes pour pénétrer les mystères cosmiques. Rares étaient ceux à qui il était donné d'accéder à la contemplation et la compréhension de la sagesse totale.

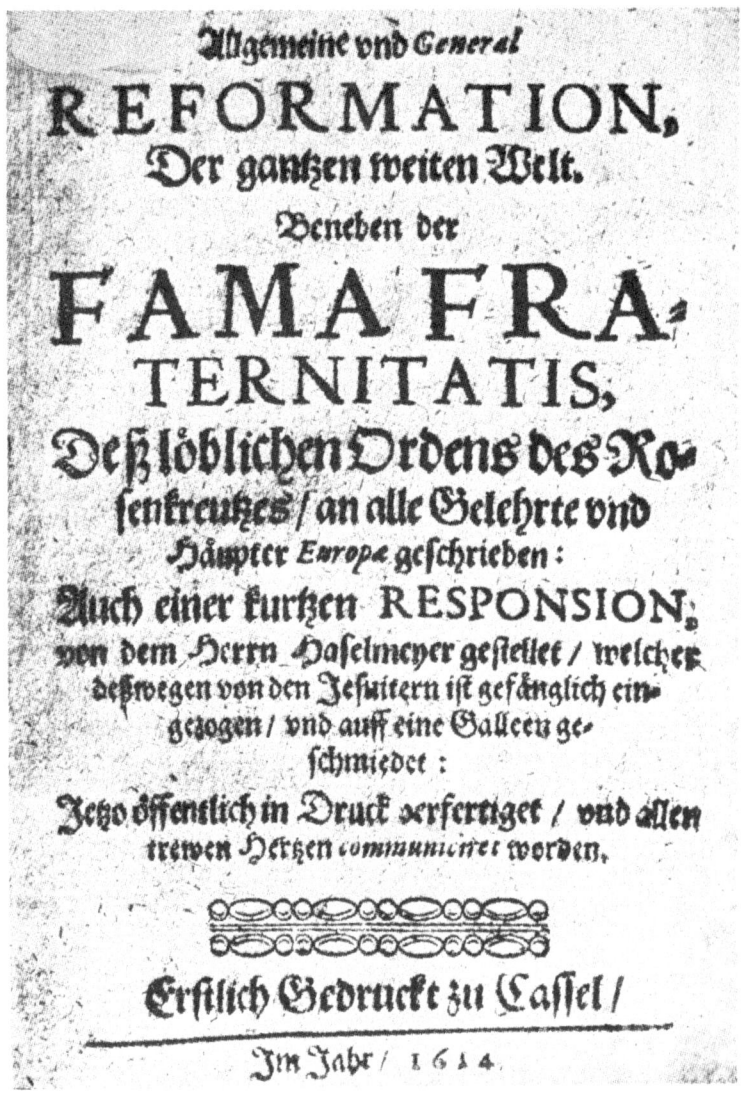

Frontispice de l'*Editio princeps*.

Revenons-en aux Rose-Croix. En 1614 et 1615, la Fraternité se manifesta officiellement, pour la première et aussi dernière fois, par la publication de deux manifestes :
1614 *Fama Fraternitatis des löblichen Ordens des Rosencreutzes*;
1615 *Confessio Fraternitatis R. C.*
Les deux écrits sont un appel aux savants afin qu'ils œuvrent ensemble et recherchent les fondements de leurs connaissances, de telle sorte que toutes les sciences puissent s'établir enfin sur une philosophie commune.

La Fraternité prétendait détenir une telle philosophie. Grâce à celle-ci, elle pouvait appliquer une méthode d'investigation dans laquelle les savants découvriraient des choses totalement différentes de celles qui leur étaient familières.

La *Fama Fraternitatis* décrit la vie et les œuvres de C.R., un Allemand de souche aristocratique. Les signes C.R. ou C.R.C. sont généralement pris pour les initiales de Christian Rosencreutz. Le nom complet n'apparaît dans aucun des deux manifestes. Selon l'*Assertio Fraternitatis R.C.* — une brève confirmation de l'existence de la Fraternité, publiée elle aussi en 1614 — Christian Rosencreutz serait un pseudonyme sous lequel la véritable identité du fondateur reste dissimulée.

C.R., adolescent, aurait pris le chemin de Jérusalem en compagnie d'un moine. Lorsque ce dernier mourut inopinément sur l'île de Chypre, le jeune homme changea sa route et partit pour l'Arabie. Dans la ville de Damcar, les «sages» l'appelèrent par son nom et il fut accueilli en hôte attendu de longue date. Pendant trois ans ils lui enseignèrent l'arabe, la physique et les mathématiques. Après avoir traduit «le livre M» (*Liber Mundi*, le Livre du Monde?), C.R. quitta Damcar pour se rendre à Fez en passant par l'Egypte. Là il étudia la kabbale et la magie. Un certain nombre d'érudits de Damcar et de Fez avaient coutume de se réunir chaque année pour échanger les résulats de leurs études. C.R., inspiré par cela, voulut partager son expérience avec d'autres savants en Espagne, où il était arrivé entretemps; mais la chose ne fut pas appréciée. Découragé, il rentra en Allemagne où il se consacra pendant cinq années à consigner son expérience et sa philosophie.

Il se résolut ensuite à partager sa connaissance avec trois moines affidés. Le groupe s'élargit par la suite à huit. Après avoir parfait leur étude, les frères allaient leur propre chemin après avoir fait vœux de fidélité et de silence. Chaque frère était tenu de rechercher un successeur apte, de telle manière qu'au fil des ans un deuxième cercle de frères se créa.

Entretemps, le fondateur C.R. était mort sans qu'aucun des successeurs ne connaisse son lieu de sépulture. Lorsque le dernier frère de ce second cercle décéda en Gaule narbonnaise, son successeur revint à la maison mère de la Fraternité pour y commencer son initiation. Au cours de travaux de réfection, il découvrit un plaque de laiton qui masquait une porte et portait le texte suivant «Post CXX Annos Patebo» (Après cent vingt ans je m'ouvrirai).

La porte donnait accès à une chambre heptagonale dont le sol et le plafond étaient l'un comme l'autre divisés en sept triangles. La chambre était éclairée par une lampe perpétuelle. Le centre était occupé par un autel circulaire portant une plaque de laiton avec l'inscription «ACRC Hoc Universi Compendium Vivus Mihi Sepulchrum Feci» (Autel CRC De mon vivant je me suis fait pour tombeau ce résumé de l'Univers).

Outre cette épitaphe, l'autel portait encore cinq autres sentences :

>«Jesus Mihi Omnia» (Jésus est tout pour moi).
>«Nequaquam Vacuum» (nullement oisif).
>«Legis Jugum» (le joug de la loi).
>«Libertas Evangelii» (la liberté de l'Evangile).
>«Dei Gloria Intacta» (la gloire intacte de Dieu).

Les murs de la chambre étaient pourvus de portes, derrière lesquelles se trouvaient tous les livres et instruments essentiels de la Fraternité. L'ouverture de l'autel révéla le corps de C.R. intact, tenant dans ses mains «le plus grand des trésors» : le *Testamentum* tracé en lettres d'or sur parchemin. Depuis lors, il constitue le bien le plus précieux de l'ordre.

L'invention du tombeau et du Testament constitue le point culminant de la *Fama Fraternitatis* et justifia l'édition du manifeste dans le but d'inciter les savants à exprimer leur jugement par rapport au contenu.

La *Confessio Fraternitatis* R.C., écrite en latin, était davantage conçue comme moyen de propagande. Ce manifeste nous apprend que la Fraternité est de caractère réformateur et anti-catholique. La *Confessio* donne 37 raisons pour lesquelles l'existence de la Fraternité fut rendue publique. Il nous est précisé également que R.C. naquit en 1378 et atteignit l'âge de 106 ans. Nous pouvons en déduire que C.R. mourut en 1484 et que le tombeau fut découvert 120 ans plus tard, soit en 1604.

L'attitude la plus sensée serait de considérer l'histoire de Christian Rosencreutz comme une légende chargée d'un symbolisme à la fois clair et occulte. La chambre funéraire est, comme l'indique l'épitaphe, un résumé de l'univers (*compendium universi*). La conception de A.A. Santing, consignée dans *De historische Rozenkruisers*[1] (Schors, Amsterdam), un ouvrage sérieux, nous paraît très judicieuse. Il croit reconnaître dans le caveau un échantillonnage de symboles chrétiens et kabbalistiques : «Les trois mondes de la kabbale, *assiah*, *yetsirah* et *briah*», qui représentent respectivement le domaine du mouvement, des sens et de la pensée de l'homme, sont symbolisés ici, à l'exclusion du quatrième monde, *atsiluth*, où Dieu seul opère. Le langage symbolique utilisé montre qu'il ne s'agit pas des conceptions

---

[1] «Les Rose-Croix historiques» (NdT).

de la kabbale juive mais plutôt de celles de la cabale[2] chrétienne, dont les protagonistes furent Reuchlin et Agrippa von Nettesheim.

Selon cette vision, le monde du milieu représente notre terre, espace où tant le monde d'en bas que le monde d'en haut exercent leurs influences, tandis qu'ils se touchent dans la figure centrale de ce monde du milieu, l'homme, symbolisé par la colonne tronquée ou autel. Que chacun de ces trois mondes soit divisé en sept parties ne surprendra pas les lecteurs familiarisés avec la littérature occulte. La lampe perpétuelle, qui du centre de la voûte éclaire la chambre, figure la lumière divine jaillissant du monde d'*atsiluth* pour se répandre dans les trois autres mondes. C'est *kether* (la Couronne), la première *sephira*. La surface de l'autel, située à l'aplomb de la lampe et réfléchissant la lumière dans sa plaque de laiton, représente la *sephira tiphereth* (la Beauté), tandis que la tombe, dans laquelle fut découvert «le plus précieux trésor», savoir le Testament, symbolise la *sephira malchuth* (le Royaume), le monde matériel[3]. Considérant la question sous notre angle, nous compléterons l'hypothèse d'une interprétation de la symbolique en signalant la possibilité de convertir les inscriptions tombales en nombres, c'est-à-dire par la technique bien connue du numéro d'ordre des lettres dans l'alphabet[4]. Si nous lisons effectivement 120 pour les caractères CXX dans l'épigraphe de la porte, nous obtenons le résultat suivant avec l'ensemble des inscriptions :

Post	CXX	Annos	Patebo						
66	120	59	56						: 301
ACRC	Hoc	Universi	Compendium	Vivus	Mihi	Sepulchrum	Feci		
24	25	111	107	87	38	129	23		: 544
Jesus	Mihi	Omnia							
70	38	49							: 157
Nequaquam	Vacuum								
104	76								: 180
Libertas	Evangelii								
82	80								: 162
Legis	Jugum								
50	68								: 118
Dei	Gloria	Intacta							
18	59	65							: 142

Si nous additionnons tous ces nombres, nous arrivons à un total de 1604. La valeur numérique totale de l'épigraphe et des épitaphes indique donc l'année de l'ouverture annoncée de la sépulture, savoir 1604.

L'appel lancé par la *Fama* et la *Confessio* allait provoquer un flot de publications entre 1614 et 1630. La qualité de ces réactions était presque toujours d'un niveau assez inquiétant, et il n'est donc pas illogique que cela amena la Fraternité à ne plus se manifester officiellement. Quoi qu'il en soit, l'histoire vérifiable de la Fraternité prend fin vers 1630.

En 1710 et 1714 furent publiés des ouvrages à propos des *Fratres Roseae et Aureae Crucis*, et vers 1750 sur les *Gold- und Rosenkreutzer des alten Systems*. Toutefois ces publications font apparaître que nous avons affaire à d'autres groupes. Les *Fratres Roseae et Aureae Crucis*[5] sont une confrérie d'alchimistes qui se sont assigné comme objectif la fabrication de la «poudre de projection rouge», la pierre philosophale. Les *Gold- und Rosenkreutzer des alten Systems* se sont même ouvertement démarqués contre toute assimilation à la Fraternité de 1614. L'esprit réactionnaire qui caractérise la direction du groupe de 1750 est, du reste, totalement étranger au désir de recherche et de renouvellement qui émane de la *Fama Fraternitatis*. Les Fraternités de la Rose-Croix contemporaines, dont il existe plusieurs orientations, remontent à un peu moins d'un siècle et n'ont, à notre connaissance, aucun lien historique effectif avec les groupes de 1614, 1710 et 1750.

Pour en revenir à Bach et les Rose-Croix, nous pensons pouvoir montrer qu'il est probable sinon certain que Johann Sebastian Bach devait être au courant de l'existence de la *Fama Fraternitatis R.C.*, étant

---

[2] La distinction orthographique est faite par de nombreux auteurs modernes (NdT).
[3] *Op. cit.*, p. 116.
[4] Technique (souvent désignée par le terme «gématrie» ou «gematria» et autres graphies similaires) empruntée à la kabbale dès le Moyen Age. Voir aussi p. 9 (NdT).
[5] Frères de la Croix d'Or et de la Rose-Croix (NdT).

donné qu'il a incorporé, en tout état de cause, le nom de Christian Rosencreutz et l'épitaphe essentielle *ACRC Hoc Universi Compendium Vivus Mihi Sepulchrum Feci* dans ses œuvres. Tout ceci nonobstant le fait que, pour autant que nous sachions, il ne se trouve aucune indication directe, ni dans les manuscrits ni dans la bibliothèque de Bach, établissant un lien quelconque avec la Fraternité de la Rose-Croix. Par ailleurs, outre quelques «plaisanteries» dans certains canons énigmatiques, il n'existe pas non plus d'indications montrant qu'il eut recours à la gématrie pour inclure son nom dans bon nombre de ses compositions. Néanmoins, les exemples du chapitre précédent tendent à démontrer qu'il utilisa effectivement cette technique. Plus loin dans cet ouvrage, nous exposerons en détail notre point de vue quant à la relation entre Bach et les Rose-Croix. Pour l'heure, il nous paraît nécessaire de constater que, quelle qu'ait pu être cette relation, Bach ne la considérait pas comme contraire à la profondeur de sa foi luthérienne.

A. LE NOM «CHRISTIAN ROSENCREUTZ»

Comme nous l'avons déjà signalé, Christian Rosencreutz est, selon l'*Assertio Fraternitatis*, un pseudonyme destiné à masquer la véritable identité du fondateur. Il n'est pas improbable que l'importance du nom soit aussi et avant tout liée au symbolisme utilisé dans le tombeau. En tout cas ce rapport semble presque toujours exister chez Bach. Aussi, lorsque nous aurons pu montrer de quelle manière le compositeur introduisit l'épitaphe principale dans ses œuvres, il ne pourra pour ainsi dire plus subsister de doute quant au recours, par Bach, à la symbolique rosicrucienne. Que le lecteur veuille d'ores et déjà apprécier les différents exemples relatifs au nom «Christian Rosencreutz» dans le cadre de cette «certitude».

Le nom apparaît sous les formes suivantes :
1. En entier :   Christian   Rosencreutz
                         97   155   total   252
       parfois Christianus Rosencreutz
                        135   155   total   290

Il arrive aussi que le nom soit combiné avec le nombre 65 = Frater.
       317 est donc Frater Christian   Rosencreutz
                           65   97   155
       355   est   Frater Christianus Rosencreutz
                           65   135   155

2. Les initiales   **a.** C   R   C
                              3 17   3   produits possibles :   153 = 3.17.3
                                                                   951 = 317.3
                                                                   519 = 3.173
                                                                   651 = 31.7.3
                                                                   219 = 3.1.73
                                                                    63 = 3.1.7.3

                    b. C   R   ou R   C
                              3 17   17 3
                                        produits possibles :   51 = 17.3
                                                               73 = 1.73
                                                               21 = 1.7.3
                                                              217 = 31.7

N.B. Le nom complet «Frater Christian Rosencreutz» = 317 comporte donc les mêmes chiffres que les initiales C.R. = 3 17.

Exemple 26 : *Orgelbüchlein*, n° 23 *Da Jesus an dem Kreuze stund*

Voici le seul prélude de choral de l'*Orgelbüchlein* qui comporte le mot *Kreuze*[6] dans le titre. Le nombre total de notes, réparties selon les voix, est le suivant :

           cantus firmus   48   = 2.1.3.8 = Bach
           alto   109 ⎫
           ténor   143 ⎬ 252 = Christian Rosencreutz
           pédalier   65   = Frater

---
[6] *Kreuz* = croix. Le «e» est facultatif au datif (NdT).

Nous reviendrons à cet exemple de prélude quand nous serons un peu plus avancés dans notre propos. A ce moment il n'en sera que plus convaincant.

Exemple 27 : Variation n° 14 (!) des *Variations Goldberg*

Cette variation est construite symétriquement. La seconde moitié est fort semblable à la première, avec échange des voix. La basse de la deuxième moitié comporte trois notes supplémentaires par rapport à la voix de soprano de la première partie (mesure 23 *ré* dièse, mesures 24 *ré* dièse et 31 *fa* dièse). Voici la structure qui en résulte, sur base des notes :

```
              partie 1 | partie 2
              
    voix 1      130    |  187      : 317 = C.R.
    voix 2      187    |  130 + 3: 317 + 3
                                    C.R.   C
              ─────    ─────
                317    | 317 + 3
               C.R.     C.R.   C
```

Exemple 28 : *Invention* n° 8 en *fa* majeur

La structure commentée dans l'exemple 5 peut encore être interprétée d'une autre manière.

```
        C  ┌ 3 ┐  = c ┐
           └ 8 ┘  = h ┘  20 = ich
           ┌ 3 ┐
           │ 1 │
           │ 3 │  } 8 = h
    17     │ 1 │
     R     │ 1 │  = a
           │ 3 │  = c       14 = Bach
           │ 2 │  = b
           └ 9 ┘  = i
```

En réunissant le groupe de 8 mesures et celui de 9, le mot *ich* devient C.R. Cette réunion est tout à fait logique musicalement, puisque le groupe de 9 est une transposition du groupe de 8 mesures.

Exemple 29 : *Invention* n° 14 en *si* bémol majeur

La répartition des mesures de cette *Invention* en 3 = c, 8 = h et 9 = i (voir exemple 6) peut, elle aussi, être lue ce cette façon : 3 = C + 17 = R.
Cet éclairage fait ressortir un élément étonnant : le groupe de 3 mesures totalise 73 notes, soit 1.73 = R.C., tandis que le groupe de 17 mesures en compte 519 = 3.173 = C.R.C.

Exemple 30 : *Invention* n° 6 en *mi* majeur

La structure discutée dans le huitième exemple acquiert à présent une dimension nouvelle. Il est clair en effet que le groupe de 20 mesures est constitué par 17 mesures avec cadence terminale et 3 mesures de prolongation.
Nous obtenons donc :

```
                    R   17 ┐
                    C    3 │
                         8 │ 48 (2.1.3.8)
        Christos 22 {    ──
                        14   Bach

                    R   17 ┐
                    C    3 │
```

Le 17 se compose à son tour de 8 et 9 mesures. De ce fait, au lieu de 17 3 = R.C., nous pouvons lire aussi 8 = h, 9 = i, 3 = c, c'est-à-dire *ich*. Ainsi, les 64 mesures de cette *Invention* recèlent deux niveaux symboliques :

– 14 = Bach enclavé dans 48 = Bach;
– 22 = X, le symbole bien connu pour *Christos*, enclavé entre 20 et 20, le 20 pouvant être pris soit pour *ich*, soit pour R.C.

Exemple 31 : *Chorals Schübler* BWV 645-650

Avant d'aborder la discussion du nom *Rosencreutz* dans les *Chorals Schübler*, il est utile d'apporter quelques précisions quant au fait d'inclure ou non les reprises dans le comptage des mesures. L'expérience nous a appris que, dans la plupart des cas, il ne fallait tenir compte des reprises que lorsque la reprise est quelque peu différente, soit le cas ⌐1⌐ ⌐2⌐ . Pour ce qui est des reprises indiquées par *da capo* ou *dal segno*, nous ne pouvons établir aucune règle générale. Dans certains cas, cette manière de noter constitue précisément la clé du décryptage (par exemple dans les *Concertos brandebourgeois* que nous aborderons plus loin). Dans d'autres cas, l'éloquence des résultats semble justement indiquer qu'il convient d'inclure les *da capo* dans le comptage. Il va de soi, que, dans un même cycle d'œuvres, la technique choisie dans un cas devra être appliquée partout.

Dans le cas des *Chorals Schübler*, les signes de reprises sont du type ⌐1⌐ ⌐2⌐ et sont donc pris en considération lors du comptage. Il en va de même pour le *dal segno* de la cinquième harmonisation de choral ainsi que pour le *da capo* de la sixième. Nous nous basons donc sur ce qui est effectivement joué. Dès lors le total obtenu est :

Wachet auf	74
Wo soll ich fliehen hin	33
Wer nur den lieben Gott	50
Meine Seele erhebt den Herren	35
Ach bleib bei uns	59
Kommst du nun	66
	317 = Frater Christian Rosencreutz.

Wer nur den lieben Gott läßt walten peut être décomposé en :

      16   16   18   (voir exemple 13)
       ⌣
      32
      c b   a h

En procédant ainsi, le 317 se compose de :

      74 ⌉
      33 |
c b 32 | } 65 Frater
a h 18 ⌉
      35 |
      59 | 252 Christian Rosencreutz
      66 |

Il est frappant de constater que la séparation entre 65 = Frater et 252 = Christian Rosencreutz est le résultat de la division du troisième prélude de choral en 32 et 18 mesures = Bach.

Exemple 32 : Les Sonates pour orgue IV et V

La première partie de la cinquième sonate comporte 155 mesures = Rosencreutz. La décomposition de la structure fait également apparaître les syllabes du nom :

```
  ⑯ ⎤
  15 ⎫
  19 ⎪
  21 ⎬ creutz
  12 ⎪
  21 ⎭

  ⑯ ⎫ Ro-
  15 ⎭

  20 ⎤ -sen
```

Il est curieux que *Rosen* commence et se termine par le même groupe musical de 16 mesures.

La dernière partie de la quatrième sonate se compose de 97 mesures = Christian. La décomposition en syllabes peut se faire ici également. Au départ des groupes thématiques de cette pièce fuguée nous obtenons :

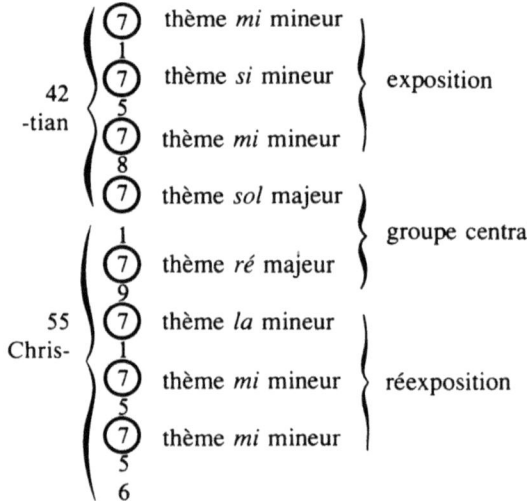

Bizarrement, la césure nécessaire à la division en syllabes se situe au centre musical de l'œuvre bien que les nombres qui correspondent à la somme des valeurs numériques des lettres formant les syllabes soient plutôt inégaux. Peut-être Bach a-t-il étendu le groupe final (trois cadences en *mi* mineur aux mesures 87, 92 et 97) afin d'atteindre le nombre plus élevé 55.

Du fait que «Christian» apparaît dans la troisième partie de la quatrième sonate et «Rosencreutz» dans la première de la cinquième, le nom «Christian Rosencreutz» forme un ensemble continu.

A ce point de notre étude, nous ne pouvons développer davantage l'exemple des Sonates pour orgue. La quatrième et sixième sonate seront considérées lorsque nous discuterons l'épitaphe. Après avoir atteint les couches les plus profondes de la numérologie de Bach, nous serons en mesure d'éclairer la totalité du tableau des six Sonates pour orgue.

Exemple 33 : Les 15 *Sinfoniae*

Pour conclure la série des exemples ayant trait au nom *Rosencreutz* et en guise de prélude à l'épitaphe principale, nous aimerions faire remarquer que les 544 mesures que comptent les *Sinfoniae* sont divisées en deux groupes par le point d'orgue à la 34ᵉ mesure de la sixième *Sinfonia* :

$$173 \quad \frown \quad \text{et} \quad 371$$
$$\text{RC} \qquad\qquad\qquad \text{CR}$$

Si nous nous remettons un instant en mémoire l'exemple 23 et considérons que Bach commence et termine les 544 mesures avec 21 = B a et 38 = c h, et que les pièces dans les tonalités *B-a-c-h*[7] forment un total de 158 mesures = Johann Sebastian Bach, il deviendra évident que cette série de quinze pièces constituent un ensemble essentiel pour approfondir notre connaissance dans le domaine de la symbolique des nombres chez Bach.

Le caractère fondamental de cette série de quinze nombres ne devient parfaitement évident que lorsque nous nous rappelons que le total des mesures (544) correspond à la valeur numérique de l'épitaphe essentielle *ACRC Hoc Universi Compendium Vivus Mihi Sepulchrum Feci* (= 544).

B. L'ÉPITAPHE

En soi il est bien sûr tout à fait possible que la coïncidence du nombre total des mesures des *Inventions* à trois voix, les *Sinfoniae*, et de la valeur numérique de l'inscription tombale soit le fruit du hasard. Comment pourrions-nous montrer, ou plutôt, comment Bach aurait-il pu indiquer que les 544 mesures sont effectivement une allusion intentionnelle à l'épitaphe ? Le fait de pouvoir dégager les huit mots des quinze «termes» (pièces) des *Sinfoniae*, à l'aide de certaines combinaisons, réduit déjà fortement le caractère fortuit. Lorsque, en outre, il apparaît que Bach nous montre sciemment que cette lecture n'est possible que d'une façon très particulière, alors nous pouvons sans crainte considérer que la part due au hasard est pour ainsi dire nulle.

Comparons les quinze termes avec les huit mots de l'inscription :

Sinfoniae:	21		
	32		
	25		
	23		
	38		
	41		
	44		
	23	ACRC	24
	35	Hoc	25
	33	Universi	111
	72	Compendium	107
	31	Vivus	87
	64	Mihi	38
	24	Sepulchrum	129
	38	Feci	23
	544		**544**

Le plus petit terme des *Sinfoniae* est 21. Si nous voulons trouver les mots *ACRC* (24), *Hoc* (25), *Mihi* (38) et *Feci* (23) dans la suite des *Sinfoniae*, ils devront y apparaître tels quels, étant donné qu'une combinaison de deux des quinze nombres fournit toujours une somme plus élevée.

Le terme le plus grand est 72. Les quatre longs mots *Universi* (111), *Compendium* (107), *Vivus* (87) et *Sepulchrum* (129) ne se trouvent donc pas tels quels dans la série, et devront dès lors pouvoir être obtenus par combinaison de deux ou plusieurs nombres parmi les onze termes restants. Le lecteur sera sans doute conscient du fait que les chances sont minimes de remplir ces deux conditions avec quinze chiffres quelconques pris entre 20 et 73 et donnant un total de 544, surtout en ce qui concerne l'existence des quatre petits nombres.

Dans la série des *Sinfoniae* on rencontre effectivement les quatre petits chiffres, de même qu'il est possible de former les quatre longs mots en combinant certains nombres. L'épitaphe peut donc être

---

[7] Il s'agit du système allemand de notation musicale dont l'essentiel est rappelé dans l'encadré de la page 10 (NdT).

placée dans sa totalité et, qui plus est, de plus d'une façon. 23 et 38 se rencontrent deux fois dans la série, de telle sorte qu'il y aura deux possibilités de choix pour *Feci* et *Mihi*. 24 et 25 ne s'y trouvent qu'une fois. De ce fait *ACRC* et *Hoc* s'imposent d'emblée comme seules possibilités. Il est remarquable que ce soient précisément les deux premiers mots de l'inscription. De plus, *ACRC* se trouve être le quatorzième terme : l'épitaphe commence donc au n° 14 = Bach. Tout cela indique que nous sommes sur la bonne route.

Considérons à présent les deux longs termes qui émergent du lot : 72 et 64. Peu de possibilités sont offertes pour former un des longs mots en combinant ces termes avec un autre nombre. De ce fait nous arrivons rapidement à une vision claire des choses. Il n'y a qu'une seule possibilité de combinaison avec 72 permettant d'obtenir un mot : 72 + 35 (11e et 9e terme) = 107. Il nous faudra donc utiliser cette combinaison et définir ainsi le mot *Compendium*.

Soixante-quatre offre deux possibilités de combinaison :
64 (13e terme) + 23 (4e ou 8e terme) = 87 = *Vivus*
64 (13e terme) + 21 (1er terme) + 44 (7e terme) = 129 = *Sepulchrum*.

De plus, 64 peut encore être obtenu en combinant 33 (10e terme) et 31 (12e terme). De telle sorte que, en dehors des trois mots déjà déterminés, nous pouvons former les autres de différentes manières.

Vivus (87) offre quatre possibilités :

23 (4e terme)	23 (4e terme)	23 (8e terme)	23 (8e terme)
64 (13e terme)	33 (10e terme)	64 (13e terme)	33 (10e terme)
	31 (12e terme)		31 (12e terme)
87	87	87	87

Sepulchrum (129) donne deux possibilités :

21 (1er terme)	21 (1er terme)
44 (7e terme)	44 (7e terme)
64 (13e terme)	33 (10e terme)
	31 (12e terme)
129	129

Universi (111) présente deux possibilités :

32 (2e terme)	32 (2e terme)
38 (5e terme)	41 (6e terme)
41 (6e terme)	38 (15e terme)
111	111

Comme nous l'avons déjà constaté, *Feci* (23) et *Mihi* aussi pouvaient être obtenus de deux manières. *Feci* peut être le 4e ou le 8e terme, *Mihi* le 5e ou le 15e.

Nous disposons donc en tout de huit façons différentes d'introduire l'épitaphe :

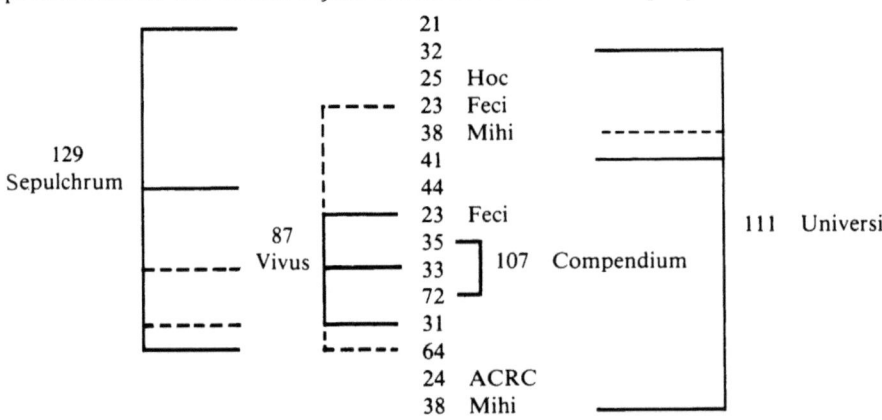

Le fait qu'il y ait huit possibilités différentes est en soi très particulier, en effet. Et pourtant, l'ensemble produit une impression peu satisfaisante. Pourquoi Bach n'a-t-il pas fait en sorte que l'inscription funéraire ne puisse être placée que d'une seule manière ? Nous faut-il accepter sans plus les huit possibilités, ou bien y a-t-il éventuellement une indication spéciale qui désignerait l'une d'elles comme la seule convenable ? Bach donne la réponse à ce dilemme d'une façon simple et géniale.

Les quinze *Sinfoniae* constituent la deuxième moitié d'un ensemble de trente *Inventions*. A côté des quinze compositions à trois voix, il y a une série de quinze pièces à deux voix, dans les mêmes tonalités.

	INVENTIONES	
Inventiones		**Sinfoniae**
22	do maj.	21
27	do min.	32
59	ré maj.	25
52	ré min.	23
32	mi bémol maj.	38
62	mi maj.	41
23	mi min.	44
34	fa maj.	23
34	fa min.	35
32	sol maj.	33
23	sol min.	72
21	la maj.	31
25	la min.	64
20	si bémol maj.	24
22	si min.	38
488		**544**

L'ensemble *I.* (les *Inventions*) remplit avant tout une fonction de révélateur par rapport à l'ensemble *S.* (les *Sinfoniae*). Cela devient évident dès que nous rappelons en mémoire l'exemple 23. En face du premier et du dernier morceau des *Sinfoniae* (21 et 38 = Ba ch) nous trouvons 22 et 22 = X, *Christos*, dans les *Inventions*. Les pièces dans les tonalités *B-a-c-h*[8] comportent un total de 158 mesures, soit Johann Sebastian Bach. Lorsque nous isolons les pièces correspondantes dans la série I., nous obtenons :

I		S	
20	B	24	
25	a	64	
27	c	32	
22	h	38	
94		158	= Johann Sebastian Bach

Le nombre 94 n'est pas éloquent en soi, mais, combiné à 158, il constitue la clé du nombre 252 = Christian Rosencreutz (158 + 94 = 252). Autrement dit, le 158 = Johann Sebastian Bach des *Sinfoniae* est transformé en 252 = Christian Rosencreutz grâce au 94 des *Inventions*.

De même, pour ce qui est de la solution du problème lié aux possibilités de placement de l'épitaphe, c'est encore la série I. qui nous en donne la clé. Lorsque nous comparons les nombres de toutes les possibilités de formation de mots dans l'ensemble S. avec leur correspondant dans l'ensemble I., il s'avère que les nombres sont toujours différents, sauf en deux endroits :

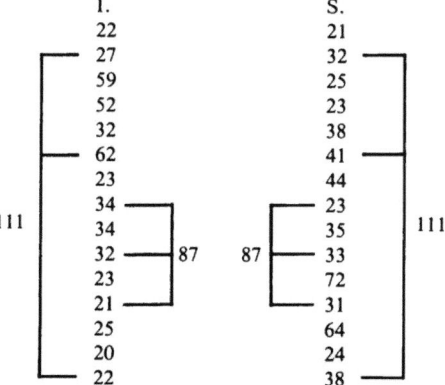

---
[8] Il s'agit du système allemand de notation musicale dont l'essentiel est rappelé dans l'encadré de la page 10 (NdT).

Une des quatre combinaisons possibles pour 87 et une des deux combinaisons offertes pour 111 se retrouvent symétriquement dans les *Inventions* et les *Sinfoniae*. Cela semblerait indiquer, que Bach a voulu désigner, par ce moyen, les alternatives correctes pour 87 et 111. Les autres chiffres correspondants ne donnent effectivement aucun résultat.

En effet, si nous prenons ce 87 pour *Vivus* et 111 pour *Universi*, nous déterminons automatiquement *Feci* (23) et *Mihi* (38) et résolvons en même temps le problème du 64 ainsi que de *Sepulchrum* (129). En procédant ainsi, il ne reste qu'une seule possibilité pour placer l'inscription funéraire :

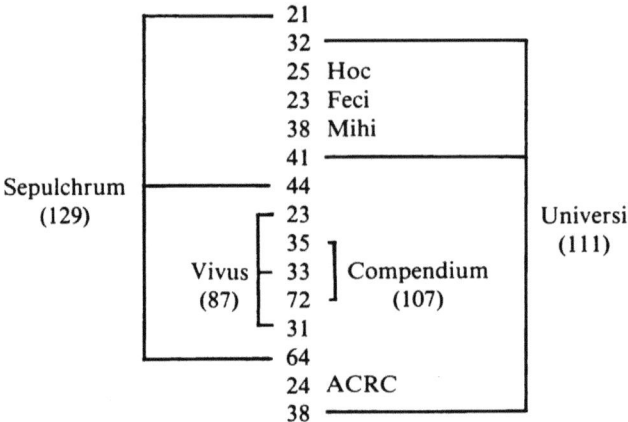

Peut-être Bach aurait-il pu faire en sorte que l'unique façon de placer l'épitaphe dans les *Sinfoniae* soit donnée par des moyens plus directs. Mais dans ce cas on aurait encore pu invoquer le hasard. Par la manœuvre décrite ci-dessus, l'ensemble acquiert un tel caractère délibéré qu'il nous semble exclu de songer un seul instant à une coïncidence.

A notre connaissance, les quinze *Sinfoniae* constituent la seule œuvre de Bach comptant 544 mesures et présentant des termes assez petits pour pouvoir y adapter l'épitaphe sans être contraint de diviser de plus grands termes sur la base d'une analyse musicale. Même l'analyse musicale la plus fine comporte la notion de choix et ne constitue donc pas un donnée certaine. C'est pourquoi il est d'une importance fondamentale que Bach nous montre de façon non équivoque, à l'aide des *Sinfoniae*, que 544 désigne bien l'épitaphe principale.

Quand on réfléchit encore une fois au résultat final de l'insertion de l'inscription tombale, une question surgit aussitôt : pourquoi tout cela doit-il être apparemment si embrouillé, si peu systématique ? En premier lieu, il convient de se rappeler que les quinze nombres de l'ensemble S. doivent également servir à former d'autres constructions. Que l'on songe simplement au fait que la série commence par 21 = b a et s'achève avec 38 = c h. De plus, il fallait que les tonalités *B-a-c-h*[9] permettent un total de 158 = Johann Sebastian Bach avec les totaux des mesures des 14e, 13e, 2e et 15e termes. Nous verrons plus tard que les *Sinfoniae* recèlent d'autres constructions encore, rendant dès lors impossible toute autre séquence des nombres. Vu ainsi, il est d'autant plus étonnant de découvrir, cachée, une réelle symétrie, et il apparaît alors comme évident que l'impression de complexité et de désordre qui émane du résultat final de l'insertion de l'épitaphe est tout extérieure. Pour comprendre cela, il est nécessaire de se rendre compte des numéros d'ordre des termes qui forment les mots.

Le début de la phrase *ACRC* donne déjà une indication, car, comme nous l'avons vu, ce mot est formé par le 14e terme. Du reste ce dernier constitue également le début des pièces *B-a-c-h*, puisque la tonalité est « B-Dur »[10] ! Les numéros d'ordre de tous les termes formant les mots de l'épitaphe sont les suivants :

ACRC		14
Hoc		3
Universi	2 ⎫	
	6 ⎬	23
	15 ⎭	
Compendium	9 ⎫	20
	11 ⎭	

---

[9] Il s'agit du système allemand de notation musicale dont l'essentiel est rappelé dans l'encadré de la page 10 (NdT).
[10] Voir note 9.

$$
\begin{array}{lrl}
\text{Vivus} & \left.\begin{array}{r}8\\10\\12\end{array}\right\} & 30 \\
\text{Mihi} & & 5 \\
\text{Sepulchrum} & \left.\begin{array}{r}1\\7\\13\end{array}\right\} & 21 \\
\text{Feci} & & 4 \\
\hline
& & 120
\end{array}
$$

La symétrie apparaît clairement lorsque nous scindons, d'une manière parfaitement naturelle, l'épitaphe en deux parties : *ACRC Hoc Universi Compendium /// Vivus Mihi Sepulchrum Feci* (ACRC Ce résumé de l'Univers, /// de mon vivant, je me le suis fait pour tombeau)

$$
\begin{array}{llcl}
\text{ACRC} & 14 & & \\
\text{Hoc} & \left[\begin{array}{r}3\\23\end{array}\right] & 34 \quad 26 & \\
\text{Universi} & & & \\
\text{Compendium} & 20 & & \\
\hline
& 60 &
\end{array}
\qquad
\begin{array}{llcl}
\text{Vivus} & 30 & & \\
\text{Mihi} & \left[\begin{array}{r}5\\21\end{array}\right] & 34 \quad 26 & \\
\text{Sepulchrum} & & & \\
\text{Feci} & 4 & & \\
\hline
& 60 &
\end{array}
$$

Les deux parties de l'inscription funéraire révèlent une parfaite symétrie, et il est dès lors évident que l'aspect extérieur désordonné n'est qu'une apparence nécessaire. Mais il y a plus. Il convient en effet de noter ce qui suit et qui est une manière de confirmation sublime de la manœuvre avec le 87 et le 111 pour arriver à placer l'épitaphe :

a. *ACRC*, le début de l'inscription, est le quatorzième terme, en *B-Dur* (*si* majeur), donc également le premier des termes *B-a-c-h*, qui totalisent 158 mesures = Johann Sebastian Bach.
b. Les numéros d'ordre des termes «particuliers» 87 et 111 forment un total de :

$$
\left.\begin{array}{rl}
87: & \left[\begin{array}{r}8\\10\\12\end{array}\right. \\
111: & \left[\begin{array}{r}2\\6\\15\end{array}\right.
\end{array}\right\} 53
$$

c. Le total des numéros d'ordre des autres termes (*Hoc*, *Compendium*, *Mihi*, *Sepulchrum* et *Feci*) est donc également 53, puisque le total général des numéros d'ordre s'élève à 120.
La somme des numéros d'ordre se compose dès lors de :
1. L'épitaphe en deux parties : 60 (34 + 26) et 60 (34 + 26) ;
2. a) *ACRC* = 14ᵉ terme ;
   b) 87 et 111, dont les numéros d'ordre additionnés donnent 53 ;
   c) Les autres, dont le total des numéros d'ordre égale 53 aussi.

Nous avons déjà fait remarquer que nous accordons une importance fondamentale au fait que Bach nous montre, sans équivoque possible, que le nombre 544 dans les *Sinfoniae* se rapporte bien à l'épitaphe. Dès lors, confortés par ces confirmations, nous pensons qu'il nous est permis de nous baser sur cette «certitude» dans les exemples que nous allons traiter dans la suite.
Que le lecteur sache, que dans le cas d'autres exemples présentant des groupes de 544 mesures, nous avons toujours tenté d'introduire l'épitaphe d'une manière logique. Cela c'est avéré possible dans pratiquement tous les cas. Toutefois nous avons remarqué aussi que les groupes de 544 appartenaient presque toujours à un ensemble plus important, ce qui exige de commencer par isoler le 544 dans une structure plus grande, avec pour conséquence le fait que nous obtenons à chaque fois 544 *plus* autre chose. Nous avons appris également, que cet autre nombre concerne toujours le même sujet. Lequel sujet nous mène vers une couche encore plus profonde dans la symbolique bachienne des nombres.

Avant de pouvoir passer à la discussion de cette couche, il est utile de commenter encore deux autres exemples de groupes de 544 mesures. Les «nombres additionnels» seront abordés au stade suivant de notre ouvrage.

Exemple 34 : Le *Magnificat* (version en *ré* majeur)

Le *Magnificat* comprend onze parties :

1. Chœur *Magnificat*	90	*ré* majeur
2. Aria soprano *Et exultavit*	92	*ré* majeur
3. Aria soprano *Quia respexit* + Chœur *Omnes generationes*	51	
4. Aria basse *Quia fecit*	34	
5. Duo *Et misericordia*	35	
6. Chœur *Fecit potentiam*	35	*sol* majeur → *ré* majeur
7. Aria ténor *Deposuit*	67	
8. Aria alto *Esurientes*	43	
9. Trio alto + 2 sopranos *Suscepit*	37	
10. Chœur *Sicut locutus*	53	*ré* majeur
11. Chœur *Gloria patri*	42	*ré* majeur
	579	

Les tonalités révèlent une composition symétrique : les deux pièces initiales et les deux finales sont écrites dans la tonalité principale de *ré* majeur, tandis que la pièce centrale, le chœur *Fecit potentiam*, commence en *sol* majeur et se termine en *ré* majeur. Les autres parties sont écrites dans des tonalités voisines.

La pièce centrale comporte 35 mesures, lesquelles cependant se décomposent en 28 mesures au tempo rapide sur le texte « Fecit potentiam in bracchio suo, dispersit superbos » d'une part, et 7 mesures *adagio* sur le texte « mente cordis sui ». Ces nombres ont une signification particulière que nous expliquerons au chapitre suivant.

De part et d'autre de cet élément central 35 = 28 + 7, nous trouvons les autres parties dont le nombre total de mesures est 544, c'est-à-dire l'épitaphe (du reste 579 est la somme de 35 et 544).

Lorsque nous soumettons cette série de dix nombres qui forment le groupe de 544 à un premier examen, il n'est pas possible d'en dégager l'épitaphe directement. Les petits mots tels que *ACRC* = 24, *Feci* = 23, *Hoc* = 25 et *Mihi* = 38 ne s'y trouvent du reste pas, de sorte qu'il nous faudra continuer à chercher par analyse musicale.

Un examen plus attentif d'après les tonalités révèle que la série de dix nombres est en soi quelque peu particulière. Le nombre de mesures de chacune des pièces dans la tonalité principale — les deux pièces initiales et les deux pièces finales — fournit le total suivant :

$$\left.\begin{array}{r} 90 \\ 92 \\ 53 \\ 42 \end{array}\right\} 277$$

Cette somme correspond au total des valeurs numériques des quatre derniers mots de l'épitaphe :

$$\left.\begin{array}{lr} \text{Vivus} & 87 \\ \text{Mihi} & 38 \\ \text{Sepulchrum} & 129 \\ \text{Feci} & 23 \end{array}\right\} 277$$

Il s'ensuit bien évidemment que le nombre total de mesures de l'ensemble des pièces écrites en des tonalités voisines, savoir 267, est égal à la somme des valeurs numériques des quatre premiers mots de l'inscription funéraire :

$$\left.\begin{array}{lr} \text{Aria + chœur} & 51 \\ \text{Aria} & 34 \\ \text{Duo} & 35 \\ \text{Aria ténor} & 67 \\ \text{Aria alto} & 43 \\ \text{Trio} & 37 \end{array}\right\} 267 \qquad \left.\begin{array}{lr} \text{ACRC} & 24 \\ \text{Hoc} & 25 \\ \text{Universi} & 111 \\ \text{Compendium} & 107 \end{array}\right\} 267$$

Voilà une jolie base de départ musicale pour pousser nos investigations un peu plus loin. Si ce point de départ est effectivement correct, les mots *ACRC*, *Hoc*, *Universi* et *Compendium* devraient se trouver cachés dans les pièces écrites dans les tonalités voisines. De même, les mots *Vivus*, *Mihi*, *Sepulchrum* et *Feci* habiteraient les compositions en *ré* majeur.

Un repérage ultérieur révèle que Bach ne s'est pas contenté de scinder en deux, par un changement de tempo, la seule pièce centrale — le chœur *Fecit potentiam* — non comprise dans les 544 mesures, mais qu'il a procédé de la sorte dans deux autres pièces encore. En effet, les 51 mesures du numéro 3 se composent en fait de 24 mesures de l'aria pour soprano *Quia respexit* et de 27 mesures du chœur *Omnes generationes*. Le chœur n° 11 (42 mesures) comporte, lui aussi, deux parties. Après 19 mesures, dans lesquelles retentit le «Gloria», nous avons une répétition partielle du chœur d'ouverture. Le chœur final est donc constitué par 19 et 23 mesures.

L'ensemble se présente donc comme ceci :

1.	Chœur	90	ré maj.	
2.	Aria	92	ré maj.	
3.	Aria	24		
4.	Chœur	27		
5.	Aria	34		
6.	Duo	35		
7.	Chœur	28		
8.	*Adagio*	7		
9.	Aria	67		
10.	Aria	43		
11.	Trio	37		544
12.	Chœur	53	ré maj.	
13.	Chœur	19	ré maj.	
14.	Chœur	23	ré maj.	

Nous en venons à constater que le *Magnificat* se compose en fait non pas de 11 mais de 14 (!) parties. Le 28 7, extérieur au 544, reste au centre. En outre, nous découvrons que nous disposons à présent déjà de deux termes pour l'inclusion de l'épitaphe :
24 *ACRC* (Aria n° 3), le premier mot de l'épitaphe;
23 *Feci* (Chœur n° 14), le dernier mot de l'épitaphe.
ACRC se trouve effectivement dans le groupe des tonalités voisines, tandis que *Feci* apparaît dans celui en *ré* majeur. Que 23 est bien le bon choix pour *Feci* (j'ai fait) est sans doute confirmé sur un mode symbolique par le fait qu'il s'agit ici, d'une part, de la répétition musicale du chœur d'ouverture, c'est-à-dire l'encadrement du *Magnificat*, et, d'autre part, du terme numéro 14, par lequel Bach se désigne lui-même comme étant «celui qui a fait».
Les deux autres petits termes, *Hoc* = 25 et *Mihi* = 28, ne sont pas présents tels quels et devront donc être recherchés par analyse musicale. Le *Magnificat* ne contient qu'un seul groupe dans lequel il est possible de dégager 25 mesures. Il s'agit de l'aria pour basse numéro 5 :

prélude instrumental   4
«l'aria»   25 = Hoc
postlude instrumental   5

De même, il n'y a qu'un seul groupe comportant 38 mesures clairement isolables. Il nous faut pour cela examiner l'aria pour soprano n° 2 d'un peu plus près :

prélude   12 ⎫
début du chant   4 ⎬ 20
interlude   4 ⎭

première élaboration du chant 30 ⎫ 38 = Mihi
terminaison   8 ⎭

deuxième élaboration du chant 22 ⎫ 34
postlude   12 ⎭

Bien que les groupes de 25 et 38 mesures mis au jour soient les seuls possibilités logiques dans le *Magnificat,* Bach confirme, ici encore, le bon choix. L'aria n° 2 possède 92 mesures, tandis que l'aria n° 5 en contient 34. Ensemble, elles totalisent 126 mesures, soit deux fois 25 + 38. Cela signifie qu'en isolant les groupes de 25 et de 38 nous obtenons un reste égal à la somme de 25 + 38. Mais, ce qui est singulier, c'est que les quatre nombres restants de ces 63 mesures peuvent, à leur tour, être combinés pour former un groupe de 25 mesures et un autre de 38 :

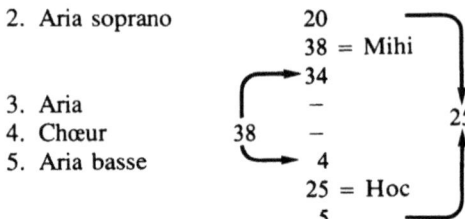

Dans ce cas-ci encore, nous voyons que *Hoc* = 25 se trouve dans l'ensemble des tons voisins alors que *Mihi* = 38 apparaît dans l'ensemble en *ré* majeur.

Nous pouvons à présent placer toute l'épitaphe puisque les mots avec une valeur numérique élevée (*Universi* = 111, *Compendium* = 107, *Vivus* = 87 et *Sepulchrum* = 129) peuvent être dégagés sans qu'il soit nécessaire de recourir à l'analyse musicale.

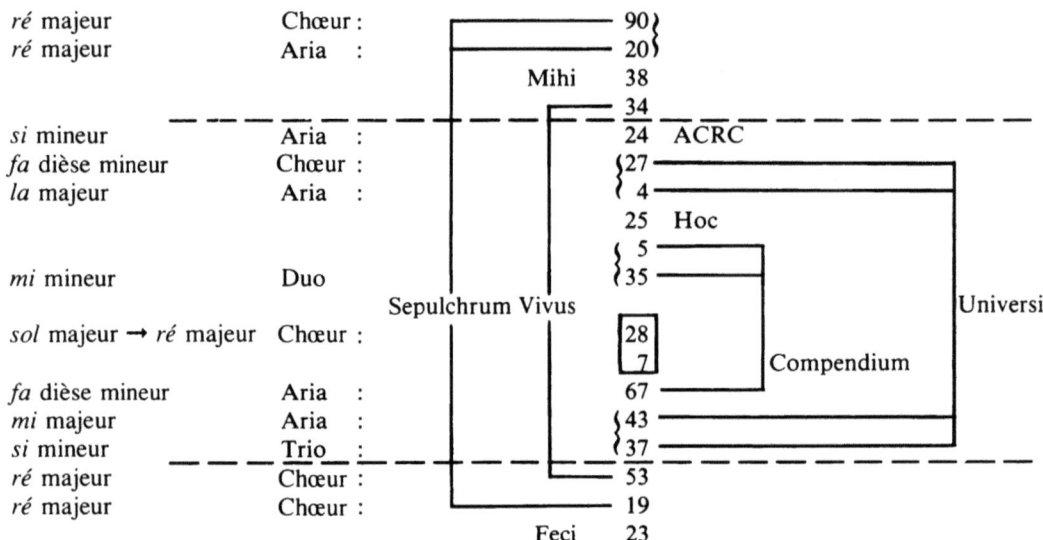

Nous pouvons constater que les quatre premiers mots se trouvent bien dans le groupe des tons voisins, tandis que les pièces en *ré* majeur contiennent les quatre derniers mots.

La série initiale de 14 nombres est à présent devenue une série de 18, du fait qu'il nous a fallu scinder deux pièces musicales en trois parties. Toutefois nous remarquons qu'en plaçant l'inscription funéraire, huit nombres sont utilisés par paires : 90 et 20 sont pris ensemble, de même que 27 et 4, 5 et 35, 43 et 37.

Ainsi, la série se compose malgré tout, quoique de manière inapparente, de 14 (!) nombres, dont certains sont nouveaux puisqu'ils ont étés obtenus par combinaison. Cette nouvelle série constitue en quelque sorte l'épine dorsale numérique du *Magnificat* :

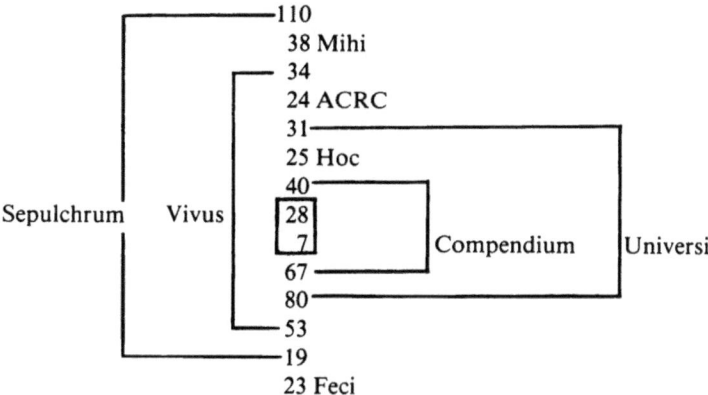

L'aspect symétrique de l'ensemble n'apparaît clairement que lorsque nous plaçons les nombres sur un cercle, avec *ACRC*, le début de l'épitaphe, en haut :

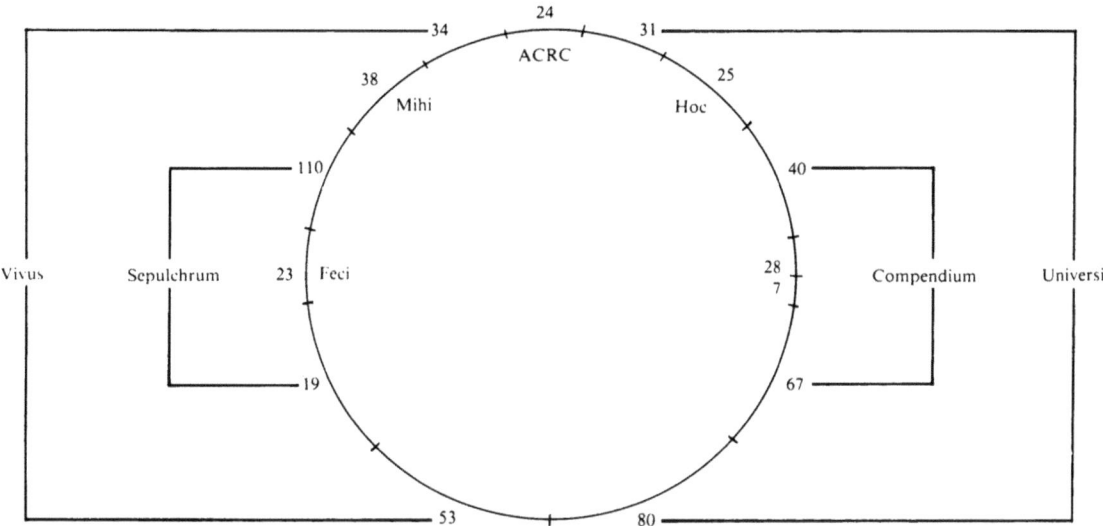

— *ACRC* occupe une position centrale, en haut sur le cercle.
— Les trois mots suivants de l'inscription se trouvent à droite, entourant 28 7. Les pièces dans les tons voisins se situent donc à droite.
— La deuxième partie de l'épitaphe, dont les mots sont contenus dans les pièces en *ré* majeur, occupe la partie gauche du cercle.
— *Mihi* se trouve en face de *Hoc*.
— *Feci* fait face à 28 7. Dans le prochain chapitre nous reviendrons sur l'éventualité d'un sens plus profond à ceci.
— Les quatre grands mots sont constitués par deux nombres chacun et sont disposés symétriquement.

Finalement, la série définitive de 14 termes se compose effectivement de 2 1 3 8 :

B 2 = 28 et 7
a 1 = *ACRC*, isolé, comme début de l'épitaphe
c 3 = les autres termes simples
h 8 = les huit termes qui par combinaison fournissent les quatre grands mots.

Continuant à construire sur ces résultats obtenus au départ des 544 mesures des *Sinfoniae*, nous estimons pouvoir établir avec certitude, que l'intention de Bach était de désigner, par ce 544 + 28 et 7, l'épitaphe *plus* autre chose.

Exemple 35 : Les Sonates pour orgue IV, V et VI

Lorsque nous soumettons les nombres de mesures des six Sonates pour orgue à un examen approfondi, nous sommes aussitôt frappés par quelques détails, notamment dans les trois dernières sonates.

$$\text{IV}^e \text{ sonate en } mi \text{ mineur} \quad \left.\begin{matrix} 65 \\ 45 \\ 97 \end{matrix}\right\} 207$$

$$\text{V}^e \text{ sonate en } do \text{ majeur} \quad \left.\begin{matrix} 155 \\ 54 \\ 163 \end{matrix}\right\} 372$$

$$\text{VI}^e \text{ sonate en } sol \text{ majeur} \quad \left.\begin{matrix} 180 \\ 80 \\ 77 \end{matrix}\right\} 337$$

La quatrième et la sixième sonate sont en parallèle et totalisent 544 mesures. Ce nombre 544 englobe le 372 de la cinquième sonate, ainsi qu'il le faisait avec le 28 + 7 du *Magnificat*. Nous traiterons de la signification de ce nombre 372 dans le chapitre suivant. Comme nous l'avons déjà vu dans l'exemple 32, la dernière partie de la quatrième sonate et la première partie de la cinquième forment le nom *Christian* (97) *Rosencreutz* (155). Ce nom fait pour ainsi dire la soudure entre 544 et 372.

Pour 544 nous disposons de six grands chiffres. Avec ceux-ci, il n'y a aucune possibilité de former un mot de l'inscription tombale. Néanmoins, en soumettant la musique à un examen global, nous remarquons immédiatement que la première partie de la quatrième sonate occupe une position exceptionnelle du fait qu'il y a quatre mesures *adagio* comme introduction à la partie rapide. Les choses se présentent donc comme suit :

IV:	adagio	4
	vivace	61
	andante	45
	un poco allegro	97
VI:	(rapide)	180
	lente	80
	allegro	77
		544

Grâce à cette petite intervention, il est tout à coup possible de former le mot *Sepulchrum* (129) à partir des nombres fournis par les parties lentes (*adagio* 4 + *andante* 45 + *lente* 80 = 129). Voici sans doute une bonne base de départ pour aller plus loin, d'autant plus qu'il y a un certain symbolisme dans le choix de la musique de ces parties lentes par rapport au mot *Sepulchrum*.

Nous devons donc pouvoir trouver les autres mots de la sentence dans les quatre parties rapides restantes. La solution devra venir d'une analyse musicale, bien plus encore que dans le *Magnificat*. Sur base d'une telle analyse, de grands ensembles pourront être décomposés en plusieurs parties, grâce à quoi nous pourrons obtenir des nombres plus petits. Sans doute le lecteur aura-t-il compris que d'une part il n'est pas indispensable d'utiliser toutes les césures présentes dans la musique pour arriver à placer le 544, alors que d'autre part il n'est pas question de choisir ces césures de manière arbitraire, mais plutôt selon un raisonnement particulier. Il est effectivement possible de trouver les autres mots dans les quatre parties rapides, les césures nécessaires étant déterminées par la logique suivante :

a. Dans le mouvement I de la quatrième et de la sixième sonate, nous plaçons les césures aux endroits où une structure régulière est interrompue par une structure irrégulière.

b. Dans le mouvement III de ces deux sonates, nous les plaçons en deux endroits identiques, en nous basant donc sur l'aspect de régularité.

Sonate IV, mouvement I, *vivace* :

Dans les 36 premières mesures (ce sont donc les mesures 5 à 40 incluse!), nous trouvons une élaboration régulière du thème principal de cinq mesures :

Il y a d'abord deux entrées thématiques complètes dans la tonalité principale de *mi* mineur (mesure 5 à la main gauche, mesure 9 à la main droite). Ensuite nous rencontrons deux entrées à la dominante *si* mineur (mesure 16 à la main droite, mesure 20 à la main gauche), et un peu plus loin deux autres entrées à la sous-dominante *la* mineur (mesure 31 à la main gauche, mesure 35 à la main droite). Chose étrange, après la cadence de la mesure 41, Bach ne reprend plus nulle part le thème complet. Il se limite à citer des motifs de tête. La mesure 41 constitue donc un point de rupture dans la composition, dans la mesure où la régularité de la construction fait place à l'irrégularité. Les 61 mesures du *vivace* se décomposent dès lors en 36 et 25.
Le chiffre 25 offre bien sûr d'emblée la possibilité d'un rattachement au mot *Hoc*. Un examen plus approfondi confirmera que le présent groupe de 25 mesures est le seul possible dans lesdits quatre mouvements rapides des Sonates pour orgue IV et VI. De plus, Bach donne encore une petite confirmation. Cinq mesures avant la fin, il introduit en effet une cadence dans la tonalité principale *mi* mineur, ce qui permet de scinder le groupe de 25 en 20 et 5, donc effectivement vingt-cinq.

Sonate IV, mouvement III, *un poco allegro*

Dans cette pièce, nous nous servons de deux endroits identiques pour obtenir une division. Il s'agit des cadences terminales en *mi* mineur à la mesure 28 et 87, après l'exposition et après la réexposition (le lecteur voudra bien se reporter à la structure donnée dans l'exemple 32). Dans les deux cas, la basse termine avec le thème en *mi* mineur; les deux voix de dessus sont permutées la deuxième fois, mais cependant parfaitement identiques par rapport à la première fois. L'une et l'autre mesure commence par le même triolet complémentaire.

Il en résulte :

$$\text{cadence } mi \text{ mineur} \xrightarrow{27} \text{début triolet}$$

$$\text{cadence } mi \text{ mineur} \xrightarrow{\frac{59}{11}} \text{début triolet}$$

Dans cette composition, nous sommes en présence de deux niveaux de symbolisme numérique. D'une part, le chiffre 97 forme le nom *Christian* avec une possibilité de décomposition en syllabes. D'autre part, par une autre répartition des éléments, le nombre constitue une partie de l'épitaphe.

Sonate VI, mouvement I

Structure :	A groupe thématique en *sol* majeur	⓴
	B deuxième idée sur pédale de *sol* et *ré*	16
	C divertissement	16
	A groupe thématique *mi* mineur → *ré* majeur	⓴
	D strette	12
	C divertissement	16
	A' modification et développement du groupe thématique en *si* mineur	㉔
	D strette	12
	C divertissement	16
	B' retour deuxième idée avec pédale sur la dominante	8
	A groupe thématique en *sol* majeur	⓴

B' (retour deuxième idée) et A (groupe thématique en *sol* maj.)

La régularité de la structure, avec retour constant des groupes thématiques A, des divertissements C et des strettes D, est interrompue en deux endroits :

a. Le groupe thématique principal est varié intérieurement et prolongé à 24 mesures (mesures 101 à 124 comprise);

b. Le groupe B ne revient qu'une seule fois, juste avant la fin, mais sous une forme fortement variée et réduite à 8 mesures.

Lorsque nous nous servons de ces césures qui signalent clairement les changements de régularité en irrégularité, nous obtenons :

> 100 régulier ;
> 24 irrégulier ;
> 28 régulier ;
> 8 irrégulier ;
> 20 régulier.

Dans le cadre de l'épitaphe, 24, qui est le nombre de mesures isolées du fait de la variation interne, indique d'emblée le mot *ACRC*, bien entendu. Après examen approfondi, ce groupe de 24 apparaît aussi comme étant la seule possibilité dans les quatre mouvements rapides. Dès lors il nous faut sans aucun doute prendre ce 24 pour *ACRC*.

Sonate VI, mouvement III, *allegro*

Dans cette œuvre, nous nous servirons de nouveau de deux endroits identiques, les deux entrées de la deuxième idée.

Ce thème apparaît dans :
a. La mesure 19 (avec le temps levé) en *mi* mineur (à gauche) avec réponse en *si* mineur ;
b. La mesure 42 (avec le temps levé) en *si* mineur (à droite) avec réponse en *mi* mineur.

Ces deux endroits nous permettent de décomposer la pièce comme ceci :

> 18
> entrée deuxième idée
> 23
> entrée deuxième idée
> 36

Le groupe de 23 mesures désigne aussitôt *Feci* évidemment, d'autant qu'il s'avère être le seul groupe de 23 dans les quatre mouvements rapides.
Maintenant que nous avons dégagé les structures des Sonates IV et VI, il semble possible de mettre en place tous les mots de l'épitaphe.

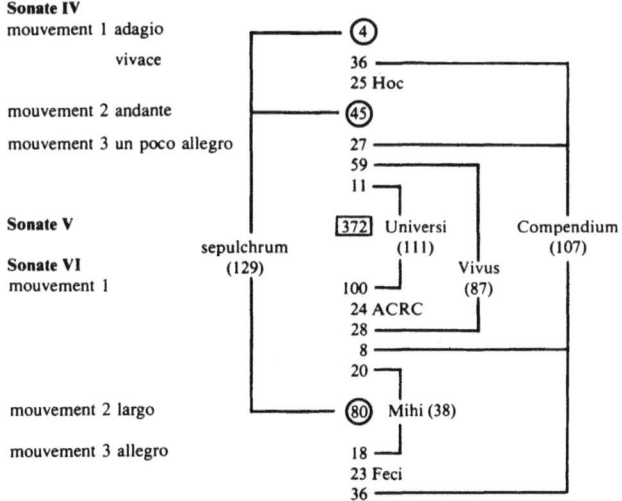

– Le 111 se compose littéralement de 100 et 11 et relie pour ainsi dire les deux sonates par-dessus la cinquième. La signification du mot *Universi* (de l'Univers) nous incline à attribuer un sens quasi symbolique à cette réunion.
– Le 107 est le seul nombre constitué à partir de fragments des quatre mouvements rapides. En outre, le premier et le dernier de ces quatre nombres correspondent aux pièces d'ouverture et de conclusion des mouvements rapides. Peut-être faut-il reconnaître ici encore un fondement symbolique (*Compendium* = résumé).
– Pour l'éventualité où, en dépit de l'insertion logique de l'épitaphe, il subsisterait encore un doute quant à l'exactitude des césures, Bach a prévu une sublime confirmation afin de mettre un terme à toute incertitude. Lorsque nous considérons la numérotation des mesures dans la répartition que nous avons effectuée — nous prenons à chaque fois le numéro de la mesure sur laquelle tombe la césure — nous découvrons que la somme de ces chiffres nous livre un résultat éloquent. Dans ce schéma il convient évidemment d'inclure la première mesure du *vivace* de la IVe sonate, soit la cinquième mesure du premier mouvement. Du reste nous avions commencé par isoler les quatre mesures *adagio* et avions donc placé une césure sur la cinquième mesure.

Sonate IV	mouvement 1	5
		41
	mouvement 3	28
		87
Sonate VI	mouvement 1	101
		125
		153
		161
	mouvement 3	19
		42
		762 = 381.2 = cha b

Avec cette confirmation nous estimons avoir de bonnes raisons de croire que notre manière de décomposer les Sonates est bien correcte. Dès lors nous n'avons aucun doute quant à la justesse de notre base de départ : avec les 544 mesures des IVe et VIe Sonates, Bach entendait effectivement faire référence à l'épitaphe.

Pythagore, Chartres, portail occidental, XIIe siècle.

CHAPITRE III

Johann Sebastian Bach : 21 3 1685 - 28 7 1750

Au chapitre précédent nous avons déjà tenté de donner au lecteur une idée succincte du concept «ésotérisme» ainsi que des fondements des différents courants ésotériques, qui, dans le cours de l'histoire, n'ont cessé de rechercher les lois cosmiques de la création. Au début du présent chapitre, nous voudrions tout d'abord approfondir cette question. Parmi les sciences pratiquées dans les antiques «religions à mystère» et sociétés occultes — dont les Rose-Croix — pour atteindre un niveau de conscience plus élevé et plus harmonieux, les plus importantes étaient la cosmologie — qui englobait tant l'astronomie que l'astrologie — la théorie des nombres (mathématiques) et la musique. C'est sur ces trois piliers que reposait la *Philosophia*.

La cosmologie enseignait que la création est soumise à des champs de forces invisibles créés par les trajectoires des planètes autour du soleil, trajectoires régulières quoique animées de certains rythmes. Ces champs de forces macrocosmiques se reflètent dans toute vie terrestre, végétale, animale et humaine, le microcosme, soumis lui aussi, de ce fait, à des cycles et rythmes périodiques. Le Livre de la sagesse chinois *Yi-King* désigne ceci par la loi des correspondances. Les alchimistes le décrivent par «ce qui est en haut est comme ce qui est en bas». L'astrologie moderne parle de la loi de l'analogie. Pour pénétrer les lois du cosmos et les concrétiser, l'homme se sert des nombres. Le texte biblique de la Sagesse de Salomon «... Tu as tout réglé avec nombre, poids et mesure» est devenu la devise des Pythagoriciens : «L'essence des choses est le nombre. L'ordre cosmique est basé sur des rapports numériques et peut être exprimé par ceux-ci». Platon et Aristote regardaient le nombre comme le maître des formes et des idées, la mesure et esprit artistique d'une divinité créatrice de l'univers. Ils considéraient le nombre comme l'entité qui se trouve à l'origine de la diversité des phénomènes. Les nombres sont l'expression de vibrations produites par des forces qui émanent d'une force originelle unique : Dieu. Diverses forces et puissances contribuent à la création de formes matérielles, et les nombres expriment le rapport mutuel dans lequel elles se situent. Dans la vie, tout est une question de rapports spatio-temporels, lesquels ne peuvent être mesurés sans l'aide des nombres.

Les Pythagoriciens ajoutaient aux nombres des significations symboliques qui avaient trait à certains principes originels. Le caractère infini de la série des nombres symbolisait l'éternité. Les nombres pairs étaient assimilés à tout ce qui est passif, féminin et réceptif, tandis que les nombres impairs figuraient tout ce qui est actif, masculin et générateur. En outre, les douze premiers nombres remplissaient des fonctions symboliques essentielles.

Dans l'ancien alphabet hébraïque, les 22 lettres possèdent une signification magique, transcendante, de même qu'une valeur numérique liée à leurs places respectives. Ce symbolisme des lettres et des nombres constitue un des piliers de l'enseignement ésotérique de la tradition juive, la kabbale.

Toutes les traditions ésotériques insistent sur l'importance de la pratique musicale ainsi que sur la connaissance des niveaux profonds du système musical, du fait que l'action des forces et lois cosmiques s'y trouve réflétée. Déjà Pythagore enseignait que l'essence de la musique est un jeu de rapports numériques et que dès lors la musique, plus que tout autre art, est en rapport d'affinité avec le cosmos. Il appelait l'univers un ensemble harmonieux, dans lequel les corps célestes engendrent des vibrations (tons) et des rythmes, la célèbre *Harmonie des sphères*. Tous ces mouvements macrocosmiques sont reflétés dans autant de mouvements terrestres, qui sont à la base du phénomène musical. Nombreux furent dès lors les grands esprits de l'histoire qui considéraient la musique comme une manifestation de la force créatrice divine, une expérience mystique de l'âme, permettant d'accéder aux secrets du mystère sur lequel repose le système de l'univers. A leurs yeux, la musique était en corrélation mystérieuse et intrinsèque avec les cycles inhérents à toute vie. Ils assimilaient les tons musicaux à des rapports dont l'ordonnance est identique à celle qui préside à la création, par les forces et puissances cosmiques, d'un univers parfait.

La conception de l'*Ars Musica* au haut Moyen Age distinguait trois sortes de musiques : *musica mundana*, *musica humana* et *musica instrumentalis*. La *musica mundana* concernait l'harmonie de l'univers, le macrocosme, l'harmonie de la mesure, du poids et du nombre, de l'alternance du jour et de la nuit, de la succession des saisons. La *musica humana* comprenait l'harmonie de l'homme, du microcosme en tant que reflet du macrocosme. La *musica instrumentalis* constituait la musique proprement dite, reflet de la *musica mundana* et *humana* rendu audible par la création humaine. Ici encore, l'accent était mis sur la base arithmétique de la musique, justement parce que, grâce à sa structure numérique, la musique se prêtait le mieux à une représentation symbolique de la création divine, du cosmos et de la terre, eux aussi ordonnés numériquement.

Au cours des siècles suivants, la relation entre la musique et le cosmos resteront une caractéristique importante d'une conception de l'univers qui cherchait à établir un rapport entre tous les phénomènes. Robert Fludd (1574-1637) et Jean Kepler (1571-1630) considéraient toute musique terrestre comme une imitation d'événements cosmiques. Célèbre avant tout dans le domaine de l'astronomie, Kepler s'exprime de la manière suivante à ce sujet :

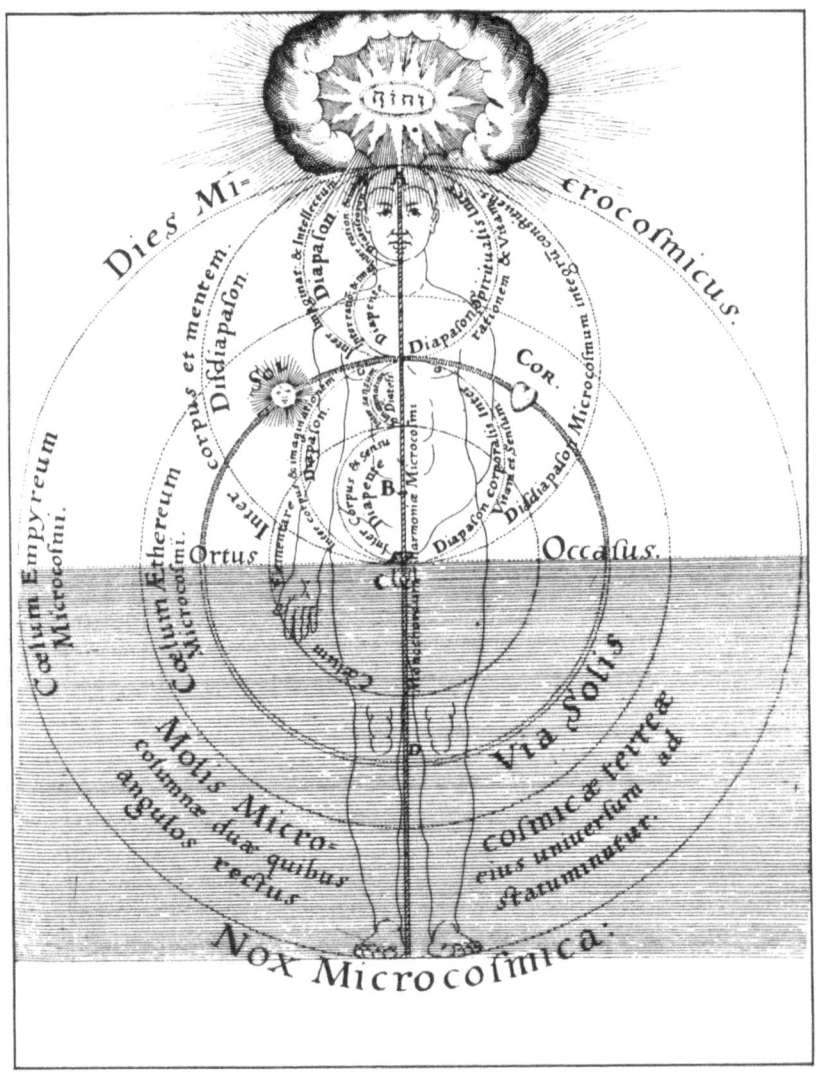

L'homme microcosme (Robert Fludd : *Utriusque Cosmi Historia*, 1617).

«Etant donné que, par rapport aux autres, chaque planète peut être considérée comme tantôt s'approchant, tantôt s'éloignant du soleil, il est possible d'établir toute une série de rapprochements, sur la base desquels on peut composer une échelle sonore où seul l'intervalle de seconde fait défaut. Même la gamme mineure a son équivalent céleste. Il ne faut dès lors plus s'étonner que l'homme ait pu trouver la belle et utile ordonnance des tons dans les modes musicaux, quand on constate qu'il n'a fait que se conformer à l'œuvre de Dieu et pour ainsi dire traduire en musique le spectacle du mouvement des corps célestes.»

Cette manière de voir les choses avait encore cours à l'époque de Bach. Dans son livre *Musicalische Paradoxal-Discourse* (1707), Andreas Werckmeister appelle les nombres des harmoniques 1, 2, 3, 4, 5, 6 et 8 «Die wahren Radical-Proportiones der Harmoniae» (les véritables proportions fondamentales de l'harmonie) qui peuvent être retrouvées dans le mouvement des planètes. Ces nombres «Können uns Schatten-Weise das Wesen des Almächtigen Gottes abbilden, wie er von Ewigkeit in seiner ewigen Natur, ehe des Welt-Grund geleget war, gewesen ist. Denn er ist das einige und ewige Wesen, welches durch die Unität bezeichnet wird, aus welcher alles Harmonia ihren Uhrsprung hat und die wahre Einigkeit herflieszet» (peuvent nous donner une image approchée de la nature du Dieu Tout Puissant, tel qu'il fut depuis toute éternité, avant que ne soit posée la base de l'univers. Car il est l'être un et éternel désigné par l'unité, dans laquelle toute harmonie prend sa source et d'où coule la véritable union).

Quoique la relation directe entre la musique et le cosmos ait été perdue de vue au cours des deux derniers siècles, il nous semble que l'idée explicite d'une source cosmique de la musique n'a pas perdu tout intérêt à notre époque. En général nous croyons que toute authentique œuvre d'art porte bien entendu l'empreinte de l'époque où elle fut créée, mais qu'elle possède en même temps une qualité par laquelle elle s'élève au-dessus des manifestations caractéristiques d'une période et revêt dès lors une signification essentielle et supra-historique tant pour l'homme d'aujourd'hui que pour l'homme de demain. Ainsi, elle acquiert un caractère intemporel qui assure à un motet de Josquin Des Prés, un chapiteau de Vézelay, une peinture de Rembrandt ou un poème de Goethe la même actualité de nos jours qu'au moment de sa création. Cette valeur d'intemporalité pourrait être interprétée comme étant une relation avec une sagesse et une beauté cosmiques. C'est comme si, de temps à autres, naissaient ici bas des êtres qui, dans leur champs d'action microcosmique, sont amenés à poser des actes créateurs qui laissent entrevoir une lueur de cette harmonie divine, la sagesse macrocosmique. Johann Sebastian Bach appartient, lui aussi, à ce petit groupe exceptionnel. Au cours des trois siècles écoulés, plusieurs millions de personnes se sont rendu compte que la musique du Cantor de Leipzig possède une telle force de conviction, qu'elle peut offrir à l'homme des moments de plaisir accompli, de paix et d'harmonie; des moments pendant lesquels il arrive parfois que le niveau de conscience soit transcendé à un tel point que l'on a le sentiment plus ou moins net ou confus d'entrer en contact avec quelque chose de plus élevé. Ce n'est pas sans raison que Goethe écrivait, en parlant de la musique de Bach : «Als wenn die ewige Harmonie sich mit sich selbst unterhielte, wie sich's etwa in Gottes Busen kurz vor der Welt-Schöpfung möchte zugetragen haben» (C'est comme si l'harmonie éternelle s'entretenait avec elle-même, comme cela devait probablement se passer dans le sein de Dieu peu avant la création de l'univers). Nietzsche aussi s'exprime dans ce sens : «Bei Bach's Musik ist uns zumute, alsob wir dabei wären, wie Gott die Welt erschuf» (Avec la musique de Bach, nous avons le sentiment d'assister au moment où Dieu créa le monde).

Un contemporain de Bach, le philosophe Leibniz (1646-1716) donne dans une de ses lettres (1712) cette étonnante définition de la musique : «Musica est exercitium arithmeticae occultum, nescientis se numerare animi» (La musique est l'exercice secret de l'arithmétique par l'esprit qui n'a pas conscience de compter). Bien que ceci ne se rapporte pas directement à la symbolique des nombres, on peut imaginer que l'utilisation de nombres — et donc aussi de proportions en tant que symboles — puisse être un des aspects de cette arithmétique inconsciente.

Les deux chapitres précédents ont montré que Bach éprouvait également le besoin de créer «consciemment» selon le nombre et la mesure. Ceci vaut tant pour les petits détails, tel que le nombre de notes dans un thème, que pour de grands ensembles, tel que la structure globale des *Inventions* ou des *Concertos brandebourgeois*. Lorsqu'on y songe, on s'aperçoit que la manière dont Bach composait se prêtait éminemment bien à une construction numérique. En général, le même tempo est utilisé d'un bout à l'autre d'un même mouvement, de telle sorte que le nombre de mesures représente une durée mesurable musicalement. L'harmonie cadentielle sous le tissu des voix fournit les césures distinctes là où Bach en a besoin. La construction mélodique procède presque toujours par addition. Elle n'est donc pas pensée en phrases, mais filée au départ d'un motif choisi. De cette façon il est possible de composer des ensembles musicaux logiques, de n'importe quelle longueur, sans produire une impression d'irrégularité.

Il ne faut pas aller s'imaginer que lorsqu'il composait, Bach passait son temps à calculer et compter pour arriver à boucler ses structures numériques. Sa maestria était trop parfaite pour cela, du petit détail aux énormes ensembles de notes. Il nous faut accepter qu'il était un génie capable de tout embrasser d'un même regard, qu'il possédait la faculté surhumaine d'appréhender la conception musicale complète d'une composition dans un éclair visionnaire, tout en fixant déjà sa forme. A cela s'ajoutait encore une dimension supplémentaire du fait qu'il y incorporait une texture numérique. Avec un dévouement infini, des architectes créèrent, au Moyen Age, les cathédrales, imposants et magiques symboles d'une conception de la vie totalement tournée vers Dieu. Toutes les proportions et détails, visibles ou non, y ont une signification symbolique liée au but poursuivi : la communication avec l'absolu. Nous pensons que les créations de Bach sont le fruit d'une mentalité analogue. Ainsi, il réalisait des édifices musicaux et symboliques dans lesquels les facettes musicales et symboliques ont été soumises à une relation indissoluble.

Quelqu'un qui est en mesure d'écrire une musique d'une telle valeur d'éternité et avec un contenu quasi «ésotérique» est sans aucun doute, de par sa vie intérieure, très proche des valeurs les plus profondes et les plus fondamentales de la création; et probablement en est-il également conscient. Etant donné la conscience extrême de Bach quant à la relation entre les nombres et son art, il n'est pas impensable que son esprit ait été en rapport pleinement conscient avec des sagesses cosmiques. De même a-t-il pu prendre connaissance ainsi des lois du cosmos, des mystères de la vie et plus particulièrement des lois régissant sa propre vie. Aussi est-ce sous cet angle qu'il convient de considérer, selon nous, les rapports de Bach avec la symbolique rosicrucienne. En effet, comme nous l'avons déjà signalé, ce courant ésotérique s'attachait fortement à la recherche des lois cosmiques régissant l'ensemble de la création, en général, et l'existence de l'homme, en particulier.
L'attitude de Bach vis-à-vis de la symbolique rosicrucienne, nous ne la connaîtrons probablement jamais. Toujours est-il qu'il y a manifestement puisé le matériel numérique nécessaire à l'expression de ce qui devait, selon lui, prendre forme. Nous avons vu que le nom *Christian Rosencreutz* et l'épitaphe de la *Fama Fraternitatis R.C.* appartiennent à ce matériel.
En fait, c'est l'épitaphe elle-même qui indique le chemin vers la dernière idée, le dernier pas, qui fermera la boucle et permettra d'aboutir à cette synthèse dont nous parlions au début de cet ouvrage. En effet, une épitaphe amène involontairement des pensées au sujet de la vie et de la mort. De même que l'ère chrétienne commence à la naissance du Christ, on peut imaginer que la symbolique rosicrucienne comprend la notion d'une ère débutant avec la naissance de Christian Rosencreutz. L'année 1378, l'année de la naissance de Rosencreutz, est l'an zéro de l'ère rosicrucienne. Dès lors, dans les écrits des Rose-Croix, 1378 est la seule année désignée selon l'ère chrétienne. Quand nous lisons dans la *Confessio Fraternitatis R.C.* que Rosencreutz a atteint l'âge de 106 ans, cela signifie qu'il est mort en l'an 1484 de notre ère (1378 + 106 = 1484). Cent vingt années plus tard, donc en l'an 226 = 1604, le frère NN ouvrit le tombeau.
Johann Sebastian Bach naquit le 21 mars 1685. Dans l'ère rosicrucienne cette date devient 21 3 307 (1685 - 1378 = 307). Il mourut le 28 juillet 1750. Traduit en datation Rose-Croix cela donne donc 28 7 372.

Lorsque nous nous remémorons à présent les exemples relatifs à l'épitaphe (exemples 33, 34 et 35), une conclusion très singulière mais néanmoins inéluctable s'impose.
– Dans les *Sinfoniae*, Bach a très clairement donné à entendre que par le nombre 544 il faisait référence à l'inscription funéraire. Dans le *Magnificat*, 544 englobe un chœur de 35 mesures placé au centre de l'œuvre (*Fecit potentiam*) et composé, sans doute possible, de 28 mesures rapides et de 7 mesures *adagio*.
– Dans les Sonates pour orgue, le 544 des quatrième et sixième sonates entoure le 372 de la cinquième. En liaison avec l'épitaphe nous lisons donc dans un cas 28-7, la date, et dans l'autre 372, l'année de la mort de Bach dans l'ère des Rose-Croix. Le *Magnificat* est daté de 1730, les Sonates pour orgue probablement de 1727.
La conclusion mène irrévocablement au fait, incroyable sans doute, que vingt ans avant sa mort, Bach avait une connaissance précise de la date et de l'année de sa mort, et qu'il utilisa ces nombres en combinaison avec l'épitaphe.

Nous sommes là en présence d'un mystère, un prodige devant lequel la seule attitude juste est en fait un profond silence. Par ailleurs nous avons tenté d'apporter, dans ce qui précède, les éléments nécessaires pour former la toile de fond la plus convenable, selon nous, à cette donnée pour le moins insolite; ce qui ne signifie pas que nous ayons la prétention de pouvoir la comprendre. Si nous voulons malgré tout essayer de creuser quelque peu encore ce mystère afin que la cohérence parfaite de la mystique des nombres chez Bach puisse mieux prendre corps, alors il faut nous concentrer sur les termes de l'épitaphe : *ACRC Hoc Universi Compendium Vivus Mihi Sepulchrum Feci*. (Autel CRC De mon vivant je me suis fait pour tombeau ce résumé de l'Univers).

Pourquoi Bach a-t-il choisi précisément ce texte pour indiquer la voie vers le niveau symbolique le plus profond de ses nombres? Bien que nous ne serons jamais en mesure de saisir totalement la signification ésotérique profonde, nous ne pensons pas aller trop loin en affirmant que Bach a pris pour soi-même les termes *vivus mihi sepulchrum feci* afin de témoigner de l'accession, de son vivant, à la connaissance de son heure dernière. A ce propos, lorsque nous examinons de nouveau la structure du *Magnificat* disposée sur un cercle, nous constatons que 28-7 se trouve exactement en face de *feci* (j'ai fait). Personnellement, nous estimons qu'il ne faut pas affirmer que Bach prédit la date de sa mort. Cela va beaucoup plus loin. Son esprit avait connaissance de lois cosmiques et il en donne un reflet dans sa musique. De ce fait, il avait aussi une intelligence des lois de sa propre vie et, par conséquent, conscience de l'heure de sa propre mort. Le *choix* du 28 juillet 1750 comme point final est l'accomplissement du cercle microcosmique relativement au macrocosme, l'absolu. Ainsi sa vie devenait, elle aussi, une œuvre d'art parfaitement construite par rapport à ce qu'il attendait au-delà de la mort. Les nombres liés à cela se rapportent intrinsèquement à sa personne et possèdent un sens symbolique fondamental. Ce qui nous manque, c'est la capacité de percer cette signification à jour. Nous ignorons les voies d'accès pour atteindre et saisir ce niveau encore plus profond de sa symbolique des nombres. Sans doute cela restera-t-il pour toujours une énigme et pourrons-nous dire avec raison : «Dieu sait l'étendue insoupçonnée de la sagesse cachée dans ce réseau de nombres».

Il va de soi que chacun est libre de traiter à sa manière les informations que nous donnons. Nous pouvons très bien comprendre que pour un certain nombre de lecteurs, le rapprochement «Bach – Rose-Croix – date de décès» est totalement incompatible avec leur propre conception de l'existence et de la foi religieuse. Et pourtant nous sommes profondément convaincus que Bach lui-même ne regardait pas tout ceci comme contradictoire avec sa foi chrétienne et la vision luthérienne de celle-ci. Il nous paraît impossible que le Cantor de Saint-Thomas se soit comporté en luthérien convaincu pendant des années, jour après jour, tout en s'occupant intérieurement de choses qui auraient été en contradiction totale avec sa foi. En outre, faut-il songer, à ce sujet, que les nombres rattachés à Rosencreutz, à l'épitaphe et à la date de décès ne sont pas réservés aux seules compositions profanes. Ainsi, dans des témoins d'une foi chrétienne inébranlable, dans des monuments tels que notamment les Passions, les Cantates et les Préludes de chorals, le lien symbolique profond avec le moment de sa propre mort est, là aussi, établi jusque dans les détails.

La suite du présent ouvrage sera principalement constituée d'autres exemples dans lesquels le rapport entre «Bach – Rose-Croix – date de décès» apparaît constamment et de manière convaincante. Avant de commencer avec cette série d'exemples, il nous paraît judicieux de donner un aperçu des possibilités numériques des dates et années relatives à la naissance et à la mort de Bach.

a. L'année 1750

Dans l'ère rosicrucienne, ce nombre correspond à l'année 372.
On rencontre parfois le renversement 273.
Ensuite il y a les produits, avec les facteurs dans le bon ordre, sauf dans quelques cas, où ils sont pris à l'envers :

$$42 = 3.7.2$$
$$74 = 37.2$$
$$216 = 3.72$$
$$146 = 2.73$$
$$81 = 27.3$$

L'année 1750 de l'ère chrétienne est donnée telle quelle ou encore 175(0).

En plus de cela, il y a les produits tels que :
$$75 = 1.75(0)$$
$$85 = 17.5(0)$$
$$350 = 1.7.50$$
$$750 = 1.750$$
$$850 = 17.50$$

En outre, on rencontre parfois une référence à 372 ou 1750 au départ de la valeur gématrique de ces nombres exprimés en toutes lettres en allemand :

Drei	Hundert	Zwei	und	Siebzig		(trois cent soixante-douze)
35	+ 86	+ 59	+ 37	+ 74	= 291	
Siebzehn	Hundert	Fünfzig				(dix-sept cent cinquante)
84	+ 86	+ 85			= 255	

b. L'année 1685

Dans l'ère rosicrucienne, ce nombre correspond à l'année 307.
Il n'y a qu'un seul produit 210 = 30.7.
Dans l'ère chrétienne, nous avons le nombre 1685.
Ensuite les produits :
$$240 = 1.6.8.5$$
$$340 = 1.68.5$$
$$510 = 1.6.85$$
$$640 = 16.8.5$$
$$685 = 1.685$$
$$1360 = 16.85$$
$$840 = 168.5$$

Ecrit en toutes lettres :

Sechzehn	Hundert	Fünf	und	Achtzig		(seize cent quatre-vingt-cinq)
84	+ 86	+ 45	+ 37	+ 71	= 323	

c. La date 28 7

Le nombre 287.
Les produits tels que :
$$112 = 2.8.7$$
$$174 = 2.87$$
$$196 = 28.7$$

En toutes lettres :	Acht und Zwanzig	Juli		(vingt-huit juillet)
	167	+49	= 216	
	Acht und Zwanzig	Sieben		(vingt-huit sept)
	167	+ 52	= 219	
	28 Juli = 28 + 49 = 77			(28 juillet)

Le 28 juillet était le 209ᵉ jour de l'année 1750. Dès lors le nombre 209 (le 209ᵉ jour) peut-il apparaître en tant que référence au 28 juillet 1750.

d. La date 21 3

Le nombre 213.
Les produits tels que :
$$6 = 2.1.3$$
$$26 = 2.13$$
$$63 = 21.3$$

En toutes lettres :	Ein und Zwanzig	März		(vingt et un mars)
	163	+ 54	= 217	
	Ein und Zwanzig	Drei		(vingt et un trois)
	163	+ 35	= 198	
	21 März = 21 + 54 = 75			(21 mars)

Le 21 mars était le 80ᵉ jour en 1685. Dès lors le nombre 80 (le 80ᵉ jour) peut-il apparaître en tant que référence au 21 mars 1685.

e. Années ayant un rapport avec Christian Rosencreutz

L'année de sa naissance, 1378.
Les produits des chiffres formant ce nombre :   168 = 1.3.7.8
                                                                            296 = 1.37.8
                                                                            etc.

L'année de sa mort, 1484.
Les produits des chiffres formant ce nombre :   128 = 1.4.8.4
                                                                            192 = 1.48.4
                                                                            336 = 1.4.84
                                                                            etc.

Dans l'ère des Rose-Croix, 106.
Ouverture du tombeau, 1604.
Eventuellement 1.604.
Dans l'ère des Rose-Croix, 226.

f. Notions complémentaires

Le nombre 365 est utilisé en référence à «année» (les 365 jours de l'année). C'est le cas notamment en combinaison avec le nombre d'une année. Les produits des chiffres formant ce nombre :
90 = 3.6.5
180 = 36.5
195 = 3.65
La somme gématrique des lettres de mots tels que :

Monat (= mois)	=	59
Datum (= date)	=	56
Jahr (= année)	=	35
Tag (= jour)	=	27 (apparaît aussi en tant que produit de 19.1.7 = 133)
Todestag (= jour du décès)	=	87
Todesdatum (= date du décès)	=	116
Todesjahr (= année du décès)	=	95

A propos d'effets du hasard

Le lecteur dispose à présent d'un aperçu assez complet des principaux nombres qui, sous notre angle d'approche, sont porteurs d'une signification dans la symbolique des nombres chez Bach. Dès lors que d'autres nombres vont jouer un rôle aux côtés des nombres «Bach – Rosencreutz», il va de soi que les chances de rencontrer un nombre avec une signification possible sont quelque peu plus grandes, en comparaison des pourcentages relevés pour les nombres relatifs au nom de Bach. Il faut bien se dire que lors de l'examen d'une œuvre, il ne s'agit pas de trouver *un* chiffre, mais plutôt une série de chiffres; des chiffres qui, émanant de la structure musicale, présentent un rapport logique sous l'angle Bach — Rosencreutz — date et année du décès (avec éventuellement des données complémentaires telles que la date et l'année de la naissance,...).
Dans la suite de ce livre, nous allons montrer, avec de nombreux exemples à l'appui, que le nombre total de mesures et/ou de notes d'une composition de Bach peut être divisé, par simple analyse musicale, en unités plus petites dans lesquelles un tel complexe de corrélations est présent. Les nombres rattachés à ces petites unités se rapportent chaque fois à l'une ou l'autre rubrique de ce complexe. Ensemble ils correspondent toujours au nombre total de mesures ou de notes de l'œuvre concernée. Il ne reste donc jamais le moindre chiffre sans interprétation signifiante. Dans cette manière de procéder, il n'y a jamais multiplication, ni division ni soustraction, pas plus que de décomposition en facteurs... Il n'est jamais question que de subdivision !
En fait, nous avons déjà eu recours à ce procédé dans les exemples précédents également, mais il s'agissait alors généralement de parties constituantes d'une composition. A ce stade-là, en effet, nous ne pouvions montrer que le côté extérieur de l'ensemble de notre sujet.

Selon nous, une étude de la dimension de celle-ci n'a jamais été réalisée auparavant. Pratiquement tout ce qui a été publié à ce jour dans ce domaine ne dépasse guère la constatation fortuite d'une possibilité de symbolisme numérique dans une partie ou facette d'une composition donnée, sans qu'il soit dès lors jamais question d'un ensemble cohérent. C'est pourquoi la méthode d'approche et les «résultats» obtenus sont presque toujours complètement arbitraires. Dans notre façon d'aborder le sujet, nous ne dérogeons jamais à la discipline d'une interprétation complète de tous les éléments impliqués dans un même ensemble cohérent d'idées. C'est précisément pour cette raison qu'il est possible de dire quelques mots au sujet de l'éventualité d'effets dus au hasard.

Les exemples que nous avons à examiner présentent un nombre total de mesures ou de notes d'environ 1800, en moyenne. C'est pourquoi nous prendrons ce chiffre comme point de départ d'un exemple type. Afin d'obtenir des résultats, il nous faut décomposer ce nombre en unités plus petites et selon les rubriques traitées.

Entre 1 à 1800 nous trouvons :
a. 62 nombres relatifs à Bach.
b. 44 nombres relatifs aux Rose-Croix (nom, épitaphe et dates).
c. 33 nombres relatifs à la date et à l'année du décès de Bach.
d. 23 nombres relatifs à la date et à l'année de naissance de Bach.
e. 10 nombres avec des notions complémentaires.

Bien entendu, chaque solution doit comporter la rubrique c, puisque c'est là que se trouve l'essence même du symbolisme numérique de Bach. En outre, il faut aussi que des nombres d'autres rubriques soient représentés, et ce de telle manière qu'il devienne évident que les nombres rattachés à la date du décès se rapportent bien à Bach et tirent leur signification plus profonde par le biais des Rose-Croix.

Le nombre d'éléments qu'il convient d'obtenir par subdivision n'est pas déterminé d'avance. Toutefois, par expérience nous savons qu'il varie entre 3 et 10 ou 11.

Joop et Sietze Kaldeway ont examiné, à l'aide d'un ordinateur, de combien de manières différentes il est possible d'arriver à un total de 1800 en additionnant 3 ou 4 ou 5 ou 6 (... jusqu'à 11) nombres appartenant aux rubriques énumérées ci-dessus, tout en respectant les conditions suivantes :
1. La rubrique c est toujours représentée avec 1, 2 ou 3 nombres.
2. Les rubriques a, b, d et e sont représentées avec 0, 1 ou 2 nombres.

Il en est ressorti un total de 6 416 241 742 combinaisons possibles.

Le nombre de combinaisons permettant d'obtenir un total de 1800 par addition de 3 ou 4 ou 5 ou 6 (... jusqu'à 11) nombres, mais d'une manière quelconque cette fois, c'est-à-dire sans respecter les limites des rubriques ci-dessus, s'élève à 2 954 340 901 197 087 390.

Il en résulte que, dans le cas d'une décomposition de 1800 en 3 ou 4 ou 5 ou 6 (... jusqu'à 11) nombres, la probabilité d'arriver à un résultat remplissant toutes nos conditions est de :

$$\frac{6\ 416\ 241\ 742}{2\ 954\ 340\ 901\ 197\ 087\ 390}$$

En d'autres termes cela représente 1 chance sur 460 447 256.

Ce modèle, qui est représentatif de tous nos exemples, démontre de manière irréfutable que la probabilité est quasi nulle.

Lorsque nous cherchons à subdiviser une œuvre de, disons, 1800 mesures ou notes, il ne nous est pas loisible de choisir à notre gré, que du contraire. En effet, nous manions le critère très strict de l'analyse musicale, parce que nous estimons qu'une solution n'a de sens et de valeur que si elle est obtenue selon une raisonnement logique basé sur la cohésion musicale de la structure d'une composition et qu'elle rend justice aux particularités de cette dernière. Le lecteur comprendra qu'une manière d'approche aussi sévère limite considérablement les possibilités de choix dans la décomposition sensée d'un nombre de mesures ou de notes.

Néanmoins, nous sommes en mesure de sélectionner, parmi l'abondant matériel que nous avons accumulé au cours de plusieurs années d'étude, une longue série d'exemples dans lesquels la relation «Bach – Rose-Croix – date du décès» est à chaque fois présente. Notamment la date ou l'année du décès de Bach apparaît constamment à un endroit très marquant de l'œuvre. Dans plus de la moitié des cas, il s'agit du nombre 372!

Tous ces exemples nous paraissent tellement convaincants qu'ils ne peuvent que mener à une prise de conscience progressive excluant toute éventualité d'effets du hasard.

Exemple 36 : Les *Inventions*

Il a été dit, dans l'exemple 23, que les *Sinfoniae* dans les tonalités B a c h[1] totalisent, ensemble, 158 mesures = Johann Sebastian Bach. Plus tard, les *Inventions* à deux voix portèrent ce nombre à 252 mesures = Christian Rosencreutz, par 94 mesures complémentaires. A présent, sur base des tonalités B a c h, nous pouvons proposer un schéma complet de toutes les *Inventions* :

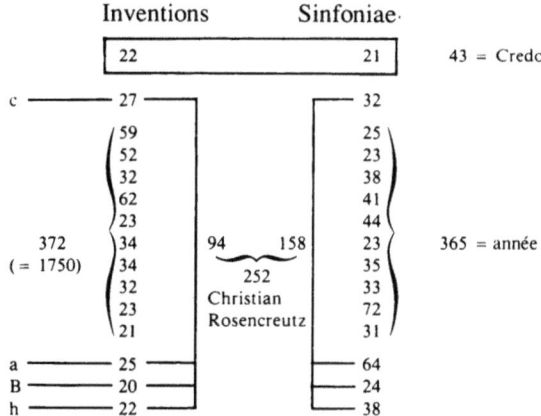

Le total des dix *Sinfoniae* encadrées par les pièces B a c h s'élève à 365. Il s'agit là d'une référence par association au mot «année», 365 étant en effet le nombre de jours d'une année normale.

Les dix *Inventions* à deux voix correspondantes fournissent de nouveau la précision nécessaire à l'interprétation correcte de la notion «année», en indiquant l'année 372. La clé qui permet de traduire 372 par 1750 est donnée par le nombre 252 = Christian Rosencreutz, 372 étant effectivement 1750 dans l'ère de Rosencreutz.

De sorte que ce schéma nous place devant un ensemble cohérent et logique. Les tonalités B a c h en sont la voie d'accès. Elles se projettent en outre dans les *Sinfoniae* par la formation du nom complet *Johann Sebastian Bach* avec, y inclus, le concept «année». Les *Inventions* à deux voix prolongent ce nom en *Christian Rosencreutz*, et par là offrent la clé pour reconnaître en 372 un nombre faisant référence à une «année». 372 une fois retranscrit en 1750, nous obtenons le terme essentiel pour Bach; terme qui nous ramène au point de départ. En tête de cet ensemble sublime nous trouvons :

| 22 | 21 | = 43 |

Le nombre 43 figure le mot «credo» (3 + 17 + 5 + 4 + 14).

Le concept «credo» (je crois) est en soi déjà un titre convaincant dans le présent contexte. Pourtant, d'autres exemples encore nous ont appris qu'avec le nombre 43 Bach fait référence au mot «credo». La forme la plus directe nous est fournie dans la *Messe en si mineur*. Bach y a en effet noté 43 fois le mot «credo» dans le premier chœur du Credo ! Par une investigation un peu plus poussée il est même possible de dégager de ce nombre 43 les deux syllabes du mot. Afin de rendre la chose apparente, il faut regrouper les 43 exclamations «credo» selon leur répartition dans les cinq voix :

```
        soprano 1   10 ⎫
        soprano 2    7 ⎬  25 = cre-
        alto         8 ⎭

        ténor       10 ⎫  18 = -do
        basse        8 ⎭
                   ―――
                    43
```

En outre, Bach a indiqué, d'une façon particulière, que ce «credo», «je crois», s'applique aussi tout spécialement à lui-même. Sur les 43 mots inscrits, seul 41 (= J.S. Bach) sont audibles effectivement. Les entrées du soprano 2 et de l'alto à la mesure 34 sont en effet simultanées, de même que celles du soprano 1 et du ténor à la 42ᵉ mesure. Il y a donc 43 entrées notées («credo») et 41 entrées «sonores» (= J.S. Bach). Un examen encore plus approfondi nous révèle que les 41 «credo» se répartissent impeccablement en 9 18 2 1 3 8
                                          J   S B a c h

---

[1] Il s'agit du système allemand de notation musicale dont l'essentiel est rappelé dans l'encadré de la page 10 (NdT).

Afin de montrer ceci, il nous faut donner un aperçu complet des entrées. Nous prendrons les données musicales suivantes comme point de départ :

1. Certaines entrées de «credo» appartiennent au *cantus firmus*.

Les autres entrées sont libres.

2. La 28e entrée de «credo» dans la basse, à la mesure 33, est spéciale en ce qu'elle constitue le début du *cantus firmus* dans l'augmentation, la seule augmentation de toute la composition.

3. Les entrées simultanées, dont question plus haut, qui transforment les 43 entrées *écrites* en 41 entrées *chantées* («sonores») distinctes.

Aperçu d'ensemble

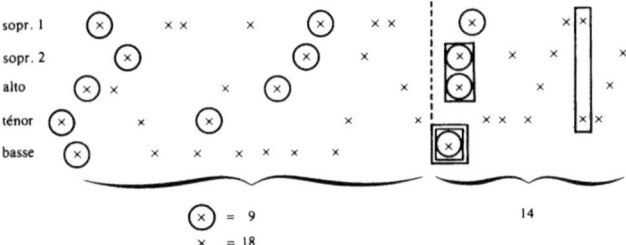

Jusqu'à l'entrée du «credo» dans l'augmentation, on peut entendre 27 «credo». En répartissant ces derniers selon qu'ils sont libres ou liés au *cantus firmus*, nous nous apercevons que le nombre 27 se compose ici de 9 entrées (= J) faisant partie du *cantus firmus* et 18 (= S) entrées libres.

A partir de l'entrée du «credo» dans l'augmentation, le mot «credo» est prononcé 14 fois. La répartition 2 1 3 8 est obtenue en prenant comme repères les entrées simultanées en plus de celle de l'augmentation :

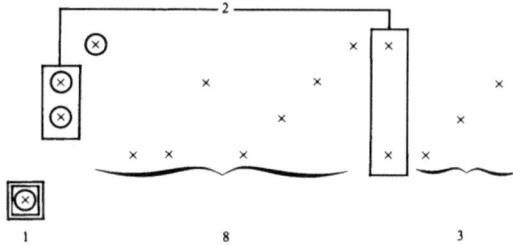

Le 2 est formé par les deux entrées simultanées de deux voix.
Le 1 est l'entrée qui dans l'augmentation précède la première simultanée.
Le 3 suit la deuxième simultanée.
Le 8 est situé entre les entrées simultanées.

Exemple 37 : *Quelques Variations canoniques sur le cantique de Noël Vom Himmel hoch da komm' ich her* (Version éditée BWV 769)

Trois versions de cette œuvre sont parvenues jusqu'à nous.
1. Une ébauche, probablement uniquement des quatre premières variations.
2. Un autographe (BWV 769a) dans le manuscrit des Chorals de Leipzig.
3. Une version imprimée (BWV 769). Cette version diffère de la version autographe à plus d'un égard. La séquence des pièces n'est pas la même et, de plus, certains passages comportent des élaborations de détails (par ex. la variation 3). En outre, dans les variations 1, 2 et 3, quelques notes seulement de la deuxième voix du canon sont imprimées, alors que dans la version autographe, cette résolution est inscrite en toutes notes.

On sait que Bach présenta une version des *Variations canoniques* comme démonstration de savoir-faire lorsqu'il adhéra, en 1747, à la *Societät der Musicalischen Wissenschaften* (Société des sciences musicales), devenant son 14e (!) membres. Il est indiscutable que les variations sur le noël *Vom Himmel hoch* peuvent en effet être considérées comme la preuve d'une exceptionnelle habileté musicale. L'aisance avec laquelle une musique chaleureuse et quasi sans difficultés se développe au sein de techniques canoniques très complexes est le produit d'une parfaite maîtrise de l'art.

Laquelle de ces versions Bach présenta à la *Societät* constitue encore un sujet de discussion pour beaucoup de musicologues. Dans le nécrologe (C.Ph.E. Bach et J.F. Agricola), nous pouvons lire à ce propos : «Zur Societät hat er den Choral geliefert : *Vom Himmel hoch da komm' ich her*, vollständig ausgearbeitet, der hernach in Kupfer gestochen worden» (A la *Societät* il a fourni le choral *Vom Himmel hoch da komm' ich her*, complètement élaboré, qui fut, par la suite, gravé sur cuivre).

Selon Smend et l'apparat critique de la *Neue Bach Ausgabe*, cette phrase signifie que Bach présenta une version dans laquelle toutes les voix étaient notées au complet. Si cette hypothèse est exacte, la version éditée est automatiquement écartée puisque, comme nous l'avons déjà signalé, la deuxième voix du canon n'est pas complète dans les trois premières variations.

Quant à Spitta, il trouve la phrase citée plus haut tellement maladroite, qu'il suppose qu'elle fut ajoutée plus tard par un amateur sur base d'une tradition mal comprise. Klotz, en revanche, adopte une position plus nuancée en considérant que le texte se rapporte à l'ajout de la cinquième variation.

Pour notre part, nous nous demandons pour quelle raison le nécrologe mentionnerait que toutes les voix sont complètes, d'autant plus, comme le fait remarquer Spitta à juste titre, qu'il n'est question que du *choral* et non pas, par exemple, de *variations sur le choral*. N'est-il pas plus simple et plus logique de comprendre le membre de phrase «vollständig ausgearbeitet» comme «dont l'élaboration a été parachevée en faisant appel aux diverses techniques de la composition musicale»? Ce qui clarifie aussi la mention *den Choral* (le choral; à l'accusatif). Nous sommes même d'avis que le texte «der hernach in Kupfer gestochen worden» (qui fut, par la suite, gravé sur cuivre) donne plutôt à penser que la version présentée par Bach est précisément celle de la version éditée. Il paraît du reste plus plausible que la *Societät* ait reçu une version dans laquelle quelques voix du canon n'étaient pas notées intégralement. Etant donné la nature de cette société scientifique musicale, la résolution des canons était précisément le genre d'exercice recherché. Ce fut encore le cas avec le triple canon que Bach proposa également et avec lequel il est représenté dans le portrait réalisé par Hausmann. A ce sujet, le nécrologe mentionne ce qui suit : «Er hat auch den Tab.IV.f.16 abgestochenen Canon, solcher gleichfalls vorgelegt...» (Il leur a aussi présenté le Canon gravé à la Table IV, p. 16...).

Nous allons discuter la version imprimée et montrer, à l'aide de la structure «numérique», que cette version est identique à celle que Bach présenta lors de son adhésion à la *Societät*.

La succession des pièces s'y présente comme suit :

Variation 1 : Canon à l'octave dans les voix du clavier manuel avec le choral *Vom Himmel hoch* comme *cantus firmus* au clavier de pédale : 18 mesures.
Variation 2 : Canon à la quinte dans les voix au clavier manuel avec le choral comme *cantus firmus* au clavier de pédale : 23 mesures.
Variation 3 : Canon à la septième avec, par-dessus, le *cantus firmus* et une voix libre : 27 mesures.
Variation 4 : Canon à l'octave en augmentation, avec le *cantus firmus* au clavier de pédale et une voix libre au milieu : 42 mesures.
Variation 5 : Canons avec le *cantus firmus* même : 56 mesures
    a) Canon en miroir à la sixte;
    b) Canon en miroir à la tierce;
    c) Canon en miroir à la seconde;
    d) Canon en miroir à la neuvième;
    e) Reprise de la dernière phrase du *cantus firmus* au clavier de pédale avec, par-dessus, la tête du *cantus firmus* en diminutions et, pour finir, le *cantus firmus* complet en forme de strette.

Nous avons déjà donné la structure d'ensemble des mesures dans l'exemple 24 :

$$
\begin{array}{l}
\textit{Cantus firmus} \text{ au pédalier} \\
\textit{Cantus firmus} \text{ au pédalier} \\
\\
\textit{Cantus firmus} \text{ au pédalier}
\end{array}
\quad 83
\begin{array}{l}
18 \\
23 \\
27 \\
42 \\
56
\end{array}
\Big] 83
$$

$$166 = 83.1.2 = \text{Bach}$$

La division de 166 en 83.1.2 est donnée de manière explicite du fait que trois variations, avec le *cantus firmus* au pédalier, totalisent 83 mesures. Bien que cette structure des mesures est en soi très caractéristique et directe, le point essentiel se trouve caché dans le groupement et la corrélation des notes. Bach a en effet considéré les *Variations canoniques* comme une œuvre de maîtrise tant du point de vue musical que sur le plan de la numérologie.

Il a composé 4436 notes «sonores» (les voix non notées du canon sont évidemment incluses intégralement). Afin de comprendre le contenu de ce nombre, il nous faut suivre de près la technique de composition de Bach, et regrouper les notes par genre. Nous pouvons ainsi effectuer la répartition suivante :

a. Le *cantus firmus*, divisé en mouvement direct et renversement.
b. Les canons répartis en voix 1, voix 2 et notes supplémentaires. Par notes supplémentaires, nous entendons celles qui restent dans la voix de la première entrée après que le vrai canon s'est arrêté. Ainsi,

par exemple, la deuxième variation comporte, à la mesure 23 de la voix de dessus, 8 notes supplémentaires. Dans la variation n° 4, nous avons un grand nombre de notes supplémentaires du fait qu'il s'agit ici d'un canon en augmentation. Les notes du canon dans la forme initiale (soprano) s'arrêtent à la mesure 21. Il faut encore 21 mesures à l'augmentation pour arriver au même stade, de sorte que toutes les notes de la voix soprano à partir de la deuxième moitié de la 21e mesure doivent être considérées comme notes supplémentaires (non canoniques).

c. Les voix libres.

Avant de donner un aperçu des 4463 notes sur la base de cette répartition, nous aimerions faire deux remarques.
– Les canons du *cantus firmus* même (variation 5) peuvent en principe être rangés soit dans la rubrique «cantus firmus» soit dans celle des canons. Le résultat final nous montre que Bach les classait dans le *cantus firmus*.
– Dans cette même cinquième variation, il reste, après les quatre canons du *cantus firmus*, un excédent de dix notes du *cantus firmus* au clavier de pédale (mesures 52 à 56 comprise). Sur ces notes supplémentaires, Bach place sept diminutions (de huit notes chacune) de la tête du *cantus firmus*, et il les désigne par «diminutio». Il y a quatre entrées diminuées dans le mouvement direct (32 notes) et trois dans le renversement (24 notes). Finalement, le *cantus firmus* apparaît en strette, sur la note finale *do* au clavier de pédale, réparti dans les voix au clavier manuel (mesures 54 à 56 comprise), où Bach inscrit *Alla stretta*.

XXVIII.

Aperçu des notes

	Cantus Firmus		Canons			voix libres
	rectus	inversus	voix 1	voix 2	supplémentaire	
var. 1 :	34		334	334		
var. 2 :	33		266	266	8	
var. 3 :	36		192	192	2	349
var. 4 :	38		294	291	359	295
var. 5 :	38	38				734
	39	39	Canons			
	37	37	cantus firmus			
	37	37				
	10		– pédalier			
	32	24	– diminutions			
	38		– strette			
	372	175	1086	1083	369	1378

Nous obtenons d'emblée quelques résultats très frappants :
- Le mouvement direct du *cantus firmus* comporte 372 notes. C'est l'année 1750 dans l'ère rosicrucienne.
- Le renversement du *cantus firmus* compte 175 notes. Ce nombre fait référence à 175(0) = 1750 de l'ère chrétienne.
- Les voix libres totalisent 1378. C'est l'année de la naissance de Christian Rosencreutz.
- Les notes supplémentaires forment le nombre 369. C'est, dans l'ère Rose-Croix, ce qui correspond à 1747, savoir l'année où Bach adhéra à la *Sociétät*.
Lorsque nous additionnons 369 et 1378 — ce qui n'est pas illogique, puisque ces 369 notes sont également, en quelque sorte, des «voix libres» — nous obtenons la confirmation étonnante «1747» (de l'ère chrétienne).

Dans les canons, la solution est dissimulée. Les voix canoniques contiennent toutes le même nombre de notes, à l'exception de la quatrième variation. La première voix (le soprano) comporte trois notes d'ornementation qui ne sont pas utilisées dans l'augmentation : à la mesure 2, la note *fa* (cf. augmentation, mesure 4); à la mesure 10, la note *ré* (cf. mesure 19); à la mesure 21, la note f*a* (cf. mesure 41). Si nous prenons ces trois notes pour des «notes supplémentaires» — ce qui est, au fond, une manière de voir parfaitement logique, car ce sont effectivement des notes supplémentaires, si ce n'est qu'elles ne se trouvent pas à la fin — alors tout a l'air de tomber à sa place.
Les canons proprement dits comportent donc 2166 notes divisées de cette façon :

> voix 1 : 1083 }
> voix 2 : 1083 } donc littéralement 2.1083 = Bach

De cette façon, les notes supplémentaires sont augmentées de trois :
369
3 +
―――
372 = 1750

Il va de soi qu'on peut aussi réunir les 372 notes supplémentaires et les 1378 notes des voix libres et obtenir ainsi un total de 1750.

> Le résultat final est le suivant :

Mouvement direct du *cantus firmus*	372
Renversement du *cantus firmus*	175(0)
Canons	2.1083
Notes supplémentaires	372 }
Voix libres	1378 } 1750

En isolant les trois petites notes supplémentaires dissimulées dans le soprano de la quatrième variation, nous sommes pour ainsi dire confrontés au rapprochement de l'année 369 = 1747 avec l'année 372 = 1750. Lorsque nous nous rendons compte des numéros d'ordre de ces trois notes dans la séquence des notes de la voix soprano, nous devenons témoins de la gradation vers l'apothéose finale. La première appoggiature, à la mesure 2, qui transforme 369 en 370, est la seizième note du soprano. Cela ne nous dit rien encore. La deuxième appoggiature, à la mesure 10, est la 119e note dans le soprano. Ce chiffre 119, nous le connaissons en tant que valeur numérique des mots *Nomen Nescio*. Ces derniers désignent le frère qui ouvrit le tombeau en 1604. Par la 119e note de la voix soprano (= Nomen Nescio) 369 devient (en passant par 370) 371 = C.R. La 119e note (= Nomen Nescio) ouvre donc la porte vers 371 = C.R. La troisième appoggiature, à la mesure 21, par laquelle 369 est définitivement changé en 372 se trouve être la 287e note du soprano! Ainsi la date du décès est présente aussi, quoique cachée davantage. La 287e note du soprano (= 28 7 = 28 juillet) constitue le dernier maillon pour passer de 1747 à 1750!

Lorsque Bach présenta cette œuvre de maîtrise en 1747, il occulta les réponses en ne notant pas intégralement tous les canons. Dans l'édition originale, la voix imitative des variations 1, 2 et 3 n'est donnée que par quelques notes.

Avant de comprendre les *Variations canoniques*, aussi bien musicalement que selon la numérologie de Bach, il convient donc d'abord d'élaborer les canons. La solution proposée plus haut est du reste basée sur la forme «sonore» de l'œuvre, c'est-à-dire telle qu'elle est jouée.

Par ailleurs, la forme notée, occultée, a, elle aussi, une signification tout à fait particulière. En examinant la question, il apparaît aussitôt que la différence par rapport à la forme «sonore» se situe uniquement dans la deuxième voix des canons. Au lieu de 1083 notes, Bach n'en a noté que 310 :

Voix 2

variation 1	5	au lieu de 334
variation 2	3	au lieu de 266
variation 3	11	au lieu de 192
variation 4	291	
total voix 2 :	310	

Sous cette forme, les canons n'offrent aucun résultat, étant donné que les 1083 notes de la voix 1 ajoutées aux 310 notes de la voix 2 donnent un nombre dont la signification nous est encore inconnue (1393). Il n'est dès lors pas utile, pour la forme notée, de procéder au groupement par genre de notes, mais tout simplement de faire le compte des notes par variation. Nous voyons alors :

variation 1 :		373
variation 2 :	1960	310
variation 3 :		590
variation 4 :		1277 — 1730
variation 5 :		1140
		3690

L'accouplement des variations 1, 2 et 4, d'une part, et des variations 3 et 5, d'autre part, correspond très exactement à l'accouplement des mesures 83.1.2 (selon que le *cantus firmus* donné ou non au pédalier)! 1730 représente 173 = R.C., avec un zéro additionnel. 1960 peut être pris pour 196, également avec un zéro additionnel. Deux significations sont possibles : soit une référence au nom de Bach (196 = 14.14), soit à la date de son décès (196 = 28.7). Le total de notes écrites est de 3690. Il est évident qu'il s'agit là du nombre 369 avec un zéro additionnel. Comme nous l'avons vu, ce nombre représente l'année 1747 dans l'ère rosicrucienne.

Pour boucler le cercle, il faut se rappeler que, lors de son entrée dans la *Societät*, Bach présenta, outre les *Variations canoniques*, un canon énigmatique. C'était la coutume de réaliser un portrait de chaque membre. Celui de Bach fut peint par Elias Gottlieb Hausmann. Nous y voyons Bach tenant une partition sur laquelle le canon énigmatique est noté. Ce *Canon triplex a 6 voci* comporte 30 notes écrites.

A l'occasion de son entrée dans la *Societät*, Bach écrivit donc non pas 3690 notes, mais bien 3690 + 30 = 3720 (soit 372 avec un zéro additionnel)!

De même que, dans la forme complètement élaborée des canons, les trois petites notes supplémentaires opèrent une liaison de 369 = 1747 vers 372 = 1750, ainsi les trente notes du Triple canon rendent possible la liaison entre les 3690 notes (= 1747) et 3720 (= 1750). Il y a un zéro additionnel partout. Les résultats des *Variations canoniques* sont tellement évidents et inéluctables — tant pour ce qui est du groupement des notes par genre dans la forme «sonore» que pour la forme écrite, en liaison avec le Triple canon — qu'on pourrait sans doute en déduire un argument de poids allant dans le sens de ce nous pensons, à savoir que la version imprimée correspond effectivement à la version présentée par Bach à la *Societät*.

Exemple 38 : les *Concertos brandebourgeois*

Les six *Concertos brandebourgeois* sont composés comme un cycle. Cela apparaît notamment dans la symétrie des tonalités. Les deux premiers concertos sont en *fa* majeur, les deux suivants en *sol* majeur. Le cinquième concerto présente la dominante de *sol* majeur (*ré* majeur) et, enfin, le sixième, la sous-dominante de *fa* majeur (*si* bémol majeur).

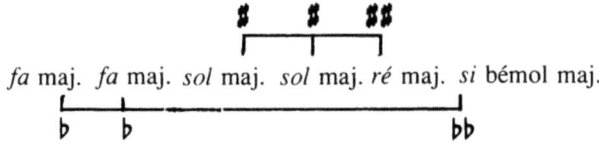

Dans la partition autographe, Bach n'a pas noté l'intégralité des différents *da capo*. Ainsi par exemple, dans la première partie du quatrième concerto, il n'a pas écrit 427 mesures, mais 352. Au lieu de la mesure 353, Bach écrit *D.C al segno*.

Dans les éditions modernes la plupart des *da capo* sont effectivement donnés intégralement. Pour l'analyse de la structure d'ensemble des mesures, il nous faut cependant partir de la forme telle que Bach l'a lui-même notée (lorsqu'il y a reprise, il n'est tenu compte que de la configuration $\overline{1}\,\overline{|2}$)

I.	---	84		n°	1
	adagio	39			2
	allegro	107	da capo (+ 17)		3
	menuet	48			4
	trio	56			5
			menuet da capo (+ 24)		
	poloinesse	64			6
			menuet da capo (+ 24)		
	trio	32			7
			menuet da capo (+ 24)		
II.	---	118			8
	andante	65			9
	allegro assai	139			10
III.	---	136			11
	adagio	1			12
	allegro	48			13
IV.	allegro	352	da capo (+ 75)		14
	andante	71			15
	presto	244			16
V.	allegro	153			17
	solo	65	da capo (+ 9)		18
	affettuoso	49			19
	allegro	232	da capo (+ 78)		20
VI.	---	130			21
	adagio ma non tanto	62			22
	allegro	65	da capo (+ 45)		23
Total version notée		2360	avec da capo + 296		

Lorsque nous partons du fait que, dans les *da capo* du menuet du premier concerto, la reprise interne de ce menuet ne doit plus être jouée — en quoi nous suivons la pratique musicale habituelle — nous constatons une différence de 296 mesures entre la forme avec et la forme sans *da capo*. Ce nombre indique d'emblée 1378, car 296 = 1.37.8.

Le nombre total de mesures dans la forme notée (2360) se compose de :

1. Les mouvements lents :

	I	adagio	39
	II	andante	65
	III	adagio	1
	IV	andante	71
	V	affettuoso	49
	VI	adagio ma non tanto	62
			287 = 28 7

2. Les mouvements rapides : 2073

Dans un premier temps, on pourrait prendre ce nombre comme une référence à l'année du décès, car on peut effectivement le lire à l'écrevisse, soit 37(0)2 (= 1750 dans l'ère rosicrucienne).

Mais le fait que ce total des mouvements rapides se prête parfaitement à une décomposition en différents éléments nous paraît plus important.

a. La structuration des mouvements des concertos est identique : rapide–lent–rapide. Chaque concerto possède donc, habituellement, deux parties rapides. Cette constante, Bach l'a interrompue en deux endroits. Le premier concerto se termine par deux mouvements rapides, au lieu d'un seul, du fait de l'ajout de la suite de danses. Ces deux mouvements finaux donnent :

$$
\begin{array}{l}
\text{I : mouvement 3 : } 107 \\
\phantom{\text{I : }}\text{mouvement 4 : } 48 \\
\phantom{\text{I : mouvement 4 : }00}56 \\
\phantom{\text{I : mouvement 4 : }00}64 \\
\phantom{\text{I : mouvement 4 : }00}\underline{32} \\
\phantom{\text{I : mouvement 4 : }}307 = 1685 \text{ dans l'ère Rose-Croix}
\end{array}
$$

Dans le cinquième concerto, la régularité est également rompue par une prolongation (une «coda») : le premier mouvement est en effet augmenté d'une cadence pour clavecin seul. Il en résulte :

$$
\begin{array}{l}
\text{V : mouvement I : } 153 = 3.17.3 = \text{C.R.C.} \\
\phantom{\text{V : }}\text{solo : } 65 = \text{âge de Bach}
\end{array}
$$

Lorsque nous prenons 65 (nombre de mesures du solo) pour 65 ans — soit l'âge de Bach au moment de sa mort — nous voyons aussitôt la cohérence de l'image :

$$
\begin{array}{lll}
\text{Concerto I} & \text{mouvement } 3 \atop 4 \Big\} & 307 = 1685 \\
\text{Concerto V} & \text{cadence} & 65 = 65 \text{ ans} \\
& & \overline{372 = 1750} \\
\text{Concerto V} & \text{début} & 153 = 3.17.3 = \text{C.R.C.}
\end{array}
$$

3.17.3 est une jolie manière de compléter 307 et 372, puisqu'il s'agit ici de l'année de la naissance et de l'année du décès de Bach dans l'ère rosicrucienne.

b. Parmi les autres mouvements rapides, nous prenons ceux du deuxième et du troisième concerto ainsi que le dernier mouvement du quatrième :

$$
\begin{array}{ll}
\text{Concerto II} \text{mouvement 1 : } & 118 \\
\phantom{\text{Concerto II}}\text{mouvement 3 : } & 139 \\
\text{Concerto III} \text{ mouvement 1 : } & 136 \\
\phantom{\text{Concerto III}}\text{ mouvement 3 : } & 48 \\
\text{Concerto IV} \text{ mouvement 3 : } & 244 \\
& \overline{} \\
\text{Total :} & 685 = 1.685
\end{array}
$$

Outre la cadence dans le cinquième concerto, le dernier mouvement du sixième concerto compte lui aussi 65 mesures. Si nous ajoutons ces 65 à 685, nous obtenons, de la même manière que sous le point **a.**, la transformation de l'année de naissance en année du décès, mais dans l'ère chrétienne cette fois.

$$
\begin{array}{ll}
\begin{array}{l}
\text{Concerto II} \text{mouvement 1} \\
\phantom{\text{Concerto II mouvement }}3 \\
\phantom{\text{Concerto }}\text{III} \text{mouvement 1} \\
\phantom{\text{Concerto III mouvement }}3 \\
\phantom{\text{Concerto }}\text{IV} \text{mouvement 3}
\end{array} \Bigg\} & 1.685 = 1685 \\
\text{Concerto IV} \text{mouvement 3} & 65 = 65 \text{ ans} \\
& \overline{1.750 = 1750}
\end{array}
$$

Le choix des pièces donnant le total 1.685, ainsi que l'ajout des 65 mesures du dernier mouvement du sixième concerto, semble relever de l'arbitraire. Toutefois, un examen plus attentif montre que l'ensemble est disposé d'une manière logique et équilibrée. 307 et 1.685 sont donnés par tous les mouvements rapides des concertos en *fa* et *sol* majeur, à l'exception du premier mouvement du premier et du quatrième concerto. Ces deux pièces sont situées exactement au début et à mi-parcours de la structure complète et constituent donc, en quelque sorte, l'axe de l'ensemble. Que 307 ne contienne que des éléments du premier concerto, et 1.685 des éléments des deuxième, troisième et quatrième concertos, n'est qu'une apparente perturbation de l'équilibre. En effet, les cinq mouvements des Concertos II, III et IV intervenant dans le total 1.685 sont contrebalancés par les cinq éléments qui forment 307, ceci du fait de l'ajout des quatre danses :

Concerto II	mouvement 1 :	118	Concerto I	mouvement 3 :	107
	mouvement 3 :	139		mouvement 4 :	48 Menuet
Concerto III	mouvement 1 :	136			56 Trio
	mouvement 3 :	48			64 Poloinesse
Concerto VI	mouvement 3 :	244			32 Trio
		1.685			307

Le lien avec 372 et 1.750 est obtenu en rattachant les groupes 307 et 1.685 des concertos en *fa* et *sol* majeur aux groupes de 65 des concertos en *ré* et *si* bémol majeur. Ces deux derniers groupes sont disposés symétriquement au début et à la fin du groupe en *ré* et *si* bémol majeur. L'un se trouve dans le premier mouvement du cinquième concerto, tandis que l'autre se situe dans le dernier mouvement du sixième. Nous pouvons, en outre, observer une nette similitude dans les motifs, si nous comparons le début du solo de clavecin avec la mesure 46 du troisième mouvement du sixième concerto.

Début du solo de clavecin :

Mesure 46 du troisième mouvement du sixième concerto :

L'un et l'autre fragment présente la même figure, un mouvement descendant avec pédale harmonique sur la dominante et un contrechant en tierces et sixtes.

c. Il nous reste encore quatre mouvements rapides, dont deux dans l'ensemble «*fa* et *sol* majeur» et les deux autres dans l'ensemble «*ré* et *si* bémol majeur». Ces quatre mouvements totalisent 798 mesures :

Concerto I	mouvement 1 :	84
Concerto IV	mouvement 1 :	352
Concerto V	mouvement 3 :	232
Concerto VI	mouvement 1 :	130

$$798 = 21.38 = Bach$$

A présent, nous avons, outre le 287 (date de la mort de Bach) des mouvements lents, l'année de la naissance et celle du décès dans les deux supputations rosicrucienne et chrétienne, avec, en compléments logiques, les noms de Bach (21.38) et Rosencreutz (3.17.3). Ces deux noms peuvent éventuellement encore être combinés :

$$
\begin{array}{rl}
153 = 3.17.3 & = \text{C.R.C.} \\
798 = 21.38 & = \text{Bach} \\
\hline
\text{total} \quad 951 = 317.3 & = \text{C.R.C.}
\end{array}
$$

Pour avoir une vue d'ensemble bien claire, il est bon de se représenter les mouvements rapides sur un cercle. Il y a 2360 mesures sur la partition, qui se répartissent d'emblée en 287 mesures (= 28 juillet) pour les mouvements lents et 2073 mesures (= 372) pour les mouvements rapides.

2073 sur un cercle :

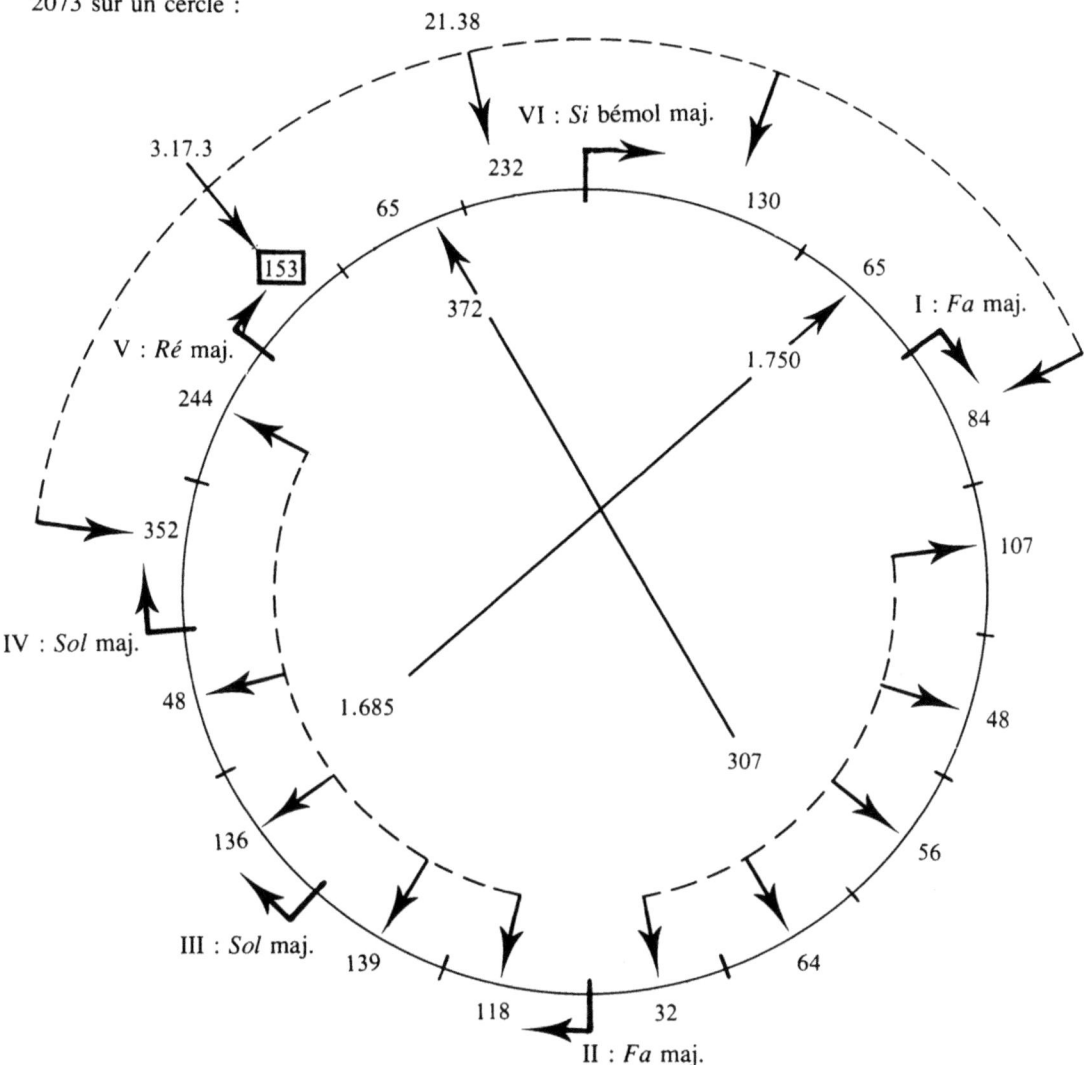

Un examen plus détaillé de ce cercle entraîne quelques remarques.
1. Il y a nette symétrie dans l'arrangement des pièces. 307 est en face de 1.685 et les groupes de 65 sont parfaitement opposés. L'un des groupes de 65 forme, avec 153, le début de l'ensemble en *ré* et *si* bémol majeur, tandis que l'autre en constitue la fin. En outre, le 65 de la cadence du cinquième concerto est diamétralement opposé à 307, et le 65 du sixième concerto est dans la même situation par rapport à 1.685. Enfin, le groupe «Bach» (798 = 21.38) se compose des deux pièces centrales du groupe en *ré* et *si* bémol majeur ainsi que de l'axe de l'ensemble, du premier mouvement du premier et du quatrième concerto.

En matière de symétrie, nous voudrions encore attirer l'attention sur deux groupes de 48 mesures qui se trouvent à l'opposite l'un de l'autre. Il s'agit du groupe de 48 mesures dans le premier concerto qui est situé en face de celui dans le troisième concerto. L'un est une partie des 1.685, tandis que l'autre, le menuet du premier concerto, constitue la première rupture de la structuration tripartite des concertos et, de ce fait, ouvre l'accès au 307. Peut-être ces 48 sont-ils une sorte de signature (48 = 2.1.3.8) qui confirme que le choix et la position de 307 et 1.685 sont effectivement corrects.

2. La partition comporte 23 mouvements. 372, 1.750 et 287 renferment chacun six mouvements, tandis que les deux noms comptent, ensemble, cinq mouvements. La répartition des 23 mouvements sur les différents concepts est donc très équilibrée. Nous pouvons néanmoins aller beaucoup plus loin et pourvoir les 23 mouvements d'un numéro d'ordre. La somme de ces numéros (1 + 2 + 3 jusque et y compris 23) est 276 = 2.138, nombre bachien s'il en est. Lorsque nous introduisons notre répartition dans les numéros d'ordre, nous obtenons un résultat étonnant (voir aperçu des mouvements plus haut) :

287 est formé par le 2e, 9e, 12e, 15e, 19e et 22e terme. Additionnés ces nombres donnent 79 = *sterben* (mourir). 372 se compose du 3e, 4e, 5e, 6e, 7e et 18e terme. Le total en est 43 = *credo*. 1.750 est constitué par le 8e, 10e, 11e, 13e, 16e et 23e terme. Ce qui nous donne 81 = 27.3 = 372. Les noms (798 + 153 = 951) se composent du 1er, 14e, 17e, 20e et 21e terme. La somme en est 73 = 1.73 = RC. La répartition de l'ensemble des mesures portées sur la partition en 287, 372, 1.750 et 951 (= 317.3) se projette donc dans les numéros d'ordre en donnant 79 = *sterben* (mourir), 43 = *credo*, 81 = 27.3 = 372 et 1.73 = C.R. Mais ceci ne semble pas encore être suffisant, puisque nous constatons également que :

$$\begin{array}{r}
287 \text{ commence en } 2 = B \\
951 \text{ commence en } 1 = a \\
372 \text{ commence en } 3 = c \\
1.750 \text{ commence en } 8 = h \\
\hline
14 = \text{Bach}
\end{array}$$

Le début des groupes contient donc une confirmation magnifique.
En outre, le 18e (ah) et le 23e (bc) terme occupent une place très particulière, puisqu'ils forment les deux groupes de 65 qui changent 307 et 1.685 respectivement en 372 et 1.750.

Pour terminer, nous voulons encore signaler que la somme des mesures notées des quatre premiers concertos est 1604. Les quatre premiers concertos, réunis par leurs tonalités respectives (*fa* majeur, *fa* majeur, *sol* majeur, *sol* majeur), font apparaître l'année où, selon la *Fama Fraternitatis R.C.*, la tombe de Christian Rosencreutz fut ouverte par Frère Nomen Nescio. Ces quatre concertos recèlent 307 et 1.685 : références claires et patentes à l'année de la naissance de Bach. Pour pouvoir comprendre le reste, pour faire de 307 et 1.685 l'année du décès 372 et 1.750, pour obtenir 287, 21.38 et 3.17.3, pour, enfin, percer à jour les points de liaison que constituent les termes de 65, il faut aller au-delà de 1604, l'année symbolique de l'ouverture du tombeau, il faut franchir la limite des quatre concertos. Sans doute est-ce là la raison pour laquelle les cinquième et sixième concertos sont dans des tonalités différentes. Ils se trouvent, pour ainsi dire, symboliquement «derrière» la porte du tombeau. Il va de soi que nous avons scruté ces deux derniers concertos en profondeur, mais il n'est pas possible, dans le cadre du présent ouvrage, de nous étendre sur cette question.

Nous aimerions cependant, à ce propos, signaler une particularité dans la partition autographe. Sans doute le lecteur n'ignore-t-il pas que le manuscrit calligraphié de l'œuvre, que Bach dédia au margrave de Brandebourg, a été conservé. Le soin avec lequel Bach réalisa cet exemplaire apparaît d'emblée. Il utilisa des feuilles pliées, obtenant ainsi quatre pages pour chaque feuille. Une page sur quatre est foliotée avec des lettres : d'abord l'alphabet en lettres majuscules, ensuite en lettres minuscules. Les quatre premiers concertos comptent exactement 28 feuilles ou 112 pages. Les deux derniers s'étendent sur 14 feuilles ou 56 pages. Les quatre premiers concertos, soit deux tiers de l'ensemble, occupent aussi deux tiers des feuilles.

	pages		feuilles	
Concerto I	25		6¼	
Concerto II	24	112	6	28
Concerto III	23		5¾	
Concerto IV	40		10	
Concerto V	40	56	10	14
Concerto VI	16		4	
	168		42	

Un sixième du total serait 28 feuilles. Le cas ne se présente pas, pas plus que cinq sixièmes. Trois sixièmes ou la moitié de l'ensemble serait 84 feuilles, mais cette répartition n'existe pas non plus. Seuls deux sixièmes ou un tiers (56 pages) se présentent, et dès lors aussi quatre sixièmes ou deux tiers (112 pages), la coupure tombant exactement entre le quatrième et le cinquième concerto. Tout semble indiquer que même la forme extérieure de cette « mise au net de la partition » joue un rôle dans le tissu des nombres symboliques chez Bach.

Exemple 39 : L'*Oratorio de Noël*

L'*Oratorio de Noël* date de 1734. C'est ce qui est indiqué tant sur la partition autographe que dans le livret imprimé. Dans ce dernier il est effectivement question d'un oratorio. La partition autographe ne porte aucune mention précisant que les six cantates constituent un oratorio. Chacune des cantates porte la mention de l'année 1734, exception faite de la quatrième. Toutefois le titre du texte imprimé ainsi que l'action continue indiquent clairement que les six cantates furent effectivement conçues comme un tout. L'action et le texte de l'Evangile sont extraits de saint Luc II, versets 1 à 21 compris, pour les quatre premières cantates et de saint Matthieu II, versets 1 à 12 compris, pour les deux dernières. Le texte d'Evangile cité est utilisé intégralement, et sans interruption, dans l'œuvre.

Pour pénétrer dans la structure numérique de l'*Oratorio de Noël*, il convient de mettre à part, dès l'abord, tous les récitatifs. Bach n'a pas numéroté les différentes parties, pas plus qu'il n'a signalé partout les récitatifs en tant que tels. Pourtant aucun doute n'est possible. Nous numéroterons donc sur la base de l'alternance chœur, *sinfonia*, choral, aria et récitatif. Dans l'aperçu, nous placerons d'emblée les récitatifs à part. Trois mélodies de chorals reviennent plusieurs fois, mais avec des textes différents. Il s'agit de :
Herzlich tut mich verlangen;
Gelobet seist du, Jesu Christ;
Vom Himmel hoch, da komm ich her.
Dans l'aperçu, nous indiquerons ces chorals sous le nom de la mélodie initiale.

Cantate I (premier jour de Noël)   récitatif

1. Chœur	201	
2. Evangéliste		18½
3. Récitatif alto		10½
4. Aria alto	138	
5. Choral *Herzlich*	12	
6. Evangéliste		5
7. Choral *Gelobet*	16	
8. Récitatif basse		2
9. Choral *Gelobet*	10	
10. Récitatif basse		2
11. Choral *Gelobet*	11	
12. Récitatif basse		2
13. Choral *Gelobet*	9	
14. Récitatif basse		2
15. Choral *Gelobet*	12	
16. Aria basse	120	
17. Choral *Vom Himmel hoch*	15	

Cantate II (deuxième jour de Noël)

18. *Sinfonia*	63	
19. Evangéliste		10
20. Choral	12	
21. Evangéliste + Ange		8
22. Récitatif basse		9
23. Aria ténor	131	
24. Evangéliste		4
25. Choral *Vom Himmel hoch*	8	
26. Récitatif basse		9
27. Aria alto	152	
28. Evangéliste		4
29. Chœur	65	
30. Récitatif basse		6
31. Choral *Vom Himmel hoch*	14	

Cantate III (troisième jour de Noël)

32. Chœur	96	
33. Evangéliste		3
34. Chœur	27	
35. Récitatif basse		8
36. Choral *Gelobet*	10	
37. Duo soprano + basse	166	
38. Evangéliste		15
39. Aria alto	146	
40. Récitatif alto		5
41. Choral	13	
42. Evangéliste		6
43. Choral	11	
(reprise du chœur 32)		

Cantate IV (Nouvel An)

44. Chœur	240	
45. Evangéliste		7
46. Récitatif basse		9
47. Duo soprano + basse	8	
48. Récitatif basse		11
49. Aria soprano	138	
50. Récitatif basse		1
51. Duo soprano + basse	4	
52. Récitatif basse		1
53. Duo soprano + basse	2	
54. Récitatif basse		1
55. Duo soprano + basse	2	
56. Récitatif basse		1
57. Duo soprano + basse	6	
58. Aria ténor	70	
59. Choral 1 ⎟⎟ 2	53	

Cantate V (dimanche après Nouvel An)

60. Chœur	126	
61. Evangéliste		6½
62. Chœur	5	

63. Récitatif alto		2½
64. Chœur	11	
65. Récitatif alto		10
66. Choral	12	
67. Aria basse	144	
68. Evangéliste		3
69. Récitatif alto		8
70. Evangéliste		19
71. Trio	189	
72. Récitatif alto		5
73. Choral	8	

Cantate VI (Epiphanie)

74. Chœur	240	
75. Evangéliste + Hérode		11
76. Récitatif soprano		11
77. Aria soprano	96	
78. Evangéliste		16
79. Choral	10	
80. Evangéliste		5
81. Récitatif ténor		21
82. Aria ténor	176	
83. Récitatif a 4		9
84. Choral *Herzlich*	50	

Nous partons de la forme notée. Ni les *da capo*, ni les reprises dans les chorals ne sont comptés, à l'exception des reprises avec $\boxed{1}\,\boxed{2}$, dans le choral 59. La reprise, non notée au long, du chœur 32 après le choral n° 43 n'est pas comptée non plus.
En résumé, voici l'aperçu global que nous obtenons :

	récitatifs	autres
Cantate I	42	544
Cantate II	50	445
Cantate III	37	469
Cantate IV	31	523
Cantate V	54	495
Cantate VI	73	572
total	287	3048 = 508.6.1

Par la division en «récitatifs» et «autres», nous pouvons tout de suite lire la date du décès 287 et éventuellement une référence, bien que vague, à l'année de la naissance 3048 = 508.6.1 (cf. résultats analogues dans la première division des *Concertos brandebourgeois*).
En outre, il devient clair que l'ensemble de la première cantate, 586 = 586.1 = 1685 — ce qui représente une référence un peu plus claire à l'année de la naissance — se décompose en 42 = 3.7.2, pour les récitatifs, et 544, le nombre de l'épitaphe, pour les «autres». Autrement dit, lorsque nous avons compris que le 586 (= 1685 de la première cantate) se compose de 42 = 3.7.2 = 1750 et de 544 = l'épitaphe, nous nous apercevons qu'en appliquant cette division à travers tout l'*Oratorio*, le 42 se développe jusqu'au 287 final (= 28 juillet) et le 544, jusqu'à 3048 (= 508.6.1 = 1685).
C'est pourquoi nous isolons, en plus des récitatifs (= 287), 544, les «autres» de la première cantate. La mise à part de ce singulier 544 est en soi déjà évidente. De plus, il est possible, ici également, de dégager l'épitaphe de la structure d'ensemble des mesures, mais nous laisserons cette question de détail de côté afin de ne pas trop perturber le cours de notre discussion.
Après avoir réuni d'une part les mesures des récitatifs (287) et celles des «autres» de la première cantate (544), nous avons encore les «autres» des Cantates II, III, IV, V et VI. Comme nous l'avons signalé au début, le texte utilisé dans les Cantates V et VI n'est plus celui de l'Evangile selon saint Luc, mais

celui de l'Evangile selon saint Matthieu. De ce fait il n'est pas illogique d'isoler les «autres» de ces deux cantates.

Autres Cantate V   : 495
Autres Cantate VI : 572

Lorsque ensuite nous faisons une distinction, dans ces cantates, entre les trois composantes «chœur, choral et aria», un solution se dégage aussitôt :

	chœur	aria	choral
Cantate V :	126	144	12
	5	189	8
	11		
Cantate VI:	240	96	10
		176	50
	382.1	1.605	80
	chba	seize cent quatre-vingt-cinq (1.685)	

Les chœurs forment le nom de Bach (382.1). Les arias (605 lu 1.605) peuvent être réunis aux chorals (80) pour donner à lire «littéralement» *seize cent quatre-vingt — cinq*.
De cette façon, nous avons à présent :

— récitatifs   287
— «autres» Cantate I   544
— «autres» des Cantates V et VI   382.1
                                  1.685

Il nous faut à présent chercher une solution pour les restes des Cantates II, III et IV. Nous les reprenons encore une fois, pour plus de clarté :

Cantate II	*Sinfonia*	63
	Choral	12
	Aria ténor	131
	Choral *Vom Himmel hoch*	8
	Aria alto	152
	Chœur	65
	Choral *Vom Himmel hoch*	14
Cantate III	Chœur	96
	Chœur	27
	Choral *Gelobet*	10
	Duo	166
	Aria alto	146
	Choral	13
	Choral	11
Cantate IV	Chœur	240
	Duo	8
	Aria soprano	138
	Duo	4
		2
		2
		6
	Aria ténor	70
	Choral	53

La *Sinfonia* de la deuxième cantate constitue le premier point de départ. Elle est la seule pièce instrumentale de tout l'*Oratorio de Noël*, et compte 63 mesures. Ce nombre, écrit 21.3, complète à merveille le nombre 1.685 des Cantates V et VI ainsi que le 287 des récitatifs. Qui plus est, la *Sinfonia* contient la clé pour résoudre le reste de l'œuvre. Les deux principaux motifs de cette *Sinfonia* constituent aussi le matériaux entrant dans l'arrangement de *Vom Himmel hoch*, le choral final de la deuxième cantate. La mélodie de ce choral est déjà utilisée dans les pièces portant les numéros 17 et 25... Tout ceci semble insister sur l'idée de «reprise» en tant que clé à utiliser ici.

Dans les Cantates II, III et IV, huit pièces sont concernées, de près ou de loin, par l'idée de «reprise». Etant donné que nous partons de la forme écrite, les arias *da capo* de même que les chorals pourvus de signes de reprise ne sont pas pris en considération. Seul le choral final de la quatrième cantate appartient au «groupe des reprises», parce que nous avons compté la reprise notée (1|2) depuis le début. Puisque la clé (l'idée de «reprise») est d'abord donnée dans une pièce d'ouverture et une pièce finale, il va de soi que la relation entre pièce d'ouverture et pièce finale sera un deuxième point de départ pour des investigations plus poussées.

Le chœur d'ouverture de la troisième cantate (96) doit être répété à la fin. Cette reprise n'est toutefois pas notée intégralement, mais plutôt indiquée par les termes *Chorus I ab initio repetatur et claudat*. La

pièce finale de la quatrième cantate est la seule qui comporte une reprise notée, que nous devons dès lors compter dans la forme notée (‖). Le chœur d'ouverture de cette cantate a, lui aussi, un rapport avec l'idée de «reprise». Tout comme dans la Cantate II, il y a un lien mélodique avec le choral final.

Chœur d'ouverture :

Choral final :

Il y a, de plus, une relation indirecte avec la notion de «reprise». Outre ce chœur d'ouverture de 240 mesures, nous rencontrons un autre chœur de 240 mesures dans l'*Oratorio de Noël* : le chœur d'ouverture de la sixième cantate. Ces deux chœurs d'ouverture présentent du reste l'un et l'autre deux césures, et aux mêmes endroits :

Cantate IV :	120 mesures	40 mesures	80 mesures
Cantate VI :	120 mesures	40 mesures	80 mesures
		cadence	reprise

Ensuite nous porterons toute notre attention sur les chorals. Dans la deuxième cantate la mélodie *Vom Himmel hoch* n'est pas seulement utilisée dans le chœur final, mais aussi dans la pièce n° 25. De plus, elle apparaît dès la fin de la première cantate. Le choral sur la mélodie *Gelobet* dans la première cantate revient dans la troisième cantate (numéro 36). Enfin, l'idée «reprise» apparaît, sous une autre forme encore, dans la quatrième cantate, à savoir par «l'écho» répétant les exclamations *nein* et *ja* dans l'aria pour soprano (numéro 49).

Nous avons donc à présent huit pièces dont le commun dénominateur est le principe de «reprise» :

Cantate II :	Sinfonia	63
	Choral *Vom Himmel hoch*	8
	Choral *Vom Himmel hoch*	14
Cantate III:	Chœur	96
	Choral *Gelobet*	10
Cantate IV:	Chœur	240
	Aria *Echo*	138
	Choral ‖	53

Nous relions les pièces d'ouverture et de clôture des Cantates II et IV, du fait qu'elles présentent des analogies de motifs et de mélodie.

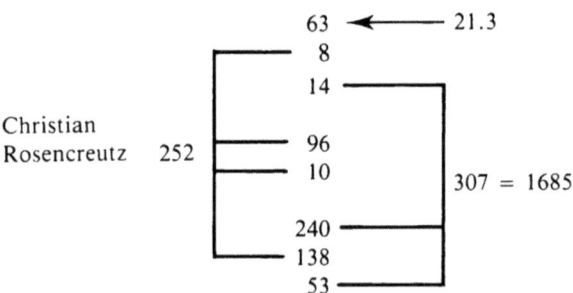

Le couplage est symétrique et fournit une solution absolument logique : 21.3 = 21 mars et 307 = 1685. Les pièces restantes comptent 252 mesures, soit *Christian Rosencreutz*, un complément attendu pour le nombre 307. La réunion de trois pièces, dont résulte ce nombre 307, par rapport à la pièce d'ouverture isolée de la deuxième cantate est justifiée par le fait qu'il s'agit de trois pièces vocales et d'une pièce instrumentale.

Les quinze autres éléments des Cantates II, III et IV totalisent 815 mesures écrites. Le chœur n° 29 (65 mesures) en est une partie. Un examen minutieux révèle que cette composition doit également être comptée au nombre des «pièces à reprises». Le fait que le morceau d'ouverture de la deuxième cantate n'est pas un chœur mais une *Sinfonia*, confère d'emblée un accent particulier au chœur n° 29, puisqu'il est le seul chœur de la deuxième cantate. Dans notre numérotage, ce chœur porte le numéro 29 = J S B et le texte est le verset 14 (!) de l'évangile selon saint Luc II. Ce texte dit : «Ehre sei Gott in der Höhe, und Friede auf Erden und den Menschen ein Wohlgefallen» (Gloire à Dieu au plus haut des cieux et paix sur la terre aux hommes qu'il aime)[2]. Ensuite, la basse récite : «So recht, ihr Engel, jauchzt und singet, dass es uns heut so schön gelinget. Auf denn! Wir stimmen mit euch ein, uns kann es, so wie euch, erfreun'» (Exultez et chantez sans retenue, vous les anges, pour le bonheur qui nous arrive aujourd'hui. Allons-y! Nous entonnons avec vous, cela peut nous réjouir autant qu'à vous). Pour suivre il y a l'assentiment humain donné par le choral final sur la mélodie *Vom Himmel hoch*, avec le texte : «Wir singen dir, in deinem Heer aus aller Kraft, Lob, Preis und Ehr', daß du, o lang gewünschter Gast, dich nunmehr eingestellet hast» (Nous te chantons, nous ton peuple, de toutes nos forces, louange, honneur et gloire, puisque désormais te voilà, ô hôte tant attendu).

Cet acquiescement, Bach l'a aussi exprimé musicalement. L'entrée de la flûte traversière dans le chœur n° 29 révèle une remarquable concordance avec la mélodie du choral numéro 31 :

Il devient dès lors clair que nous avons raison de compter le chœur 29 parmi les «pièces à reprises». Vu le rapport avec le choral final, il nous faut insérer les 65 mesures de ce chœur à droite dans notre schéma des «pièces à reprises» des deuxième, troisième et quatrième cantates, schéma qui se présente à présent de la manière suivante :

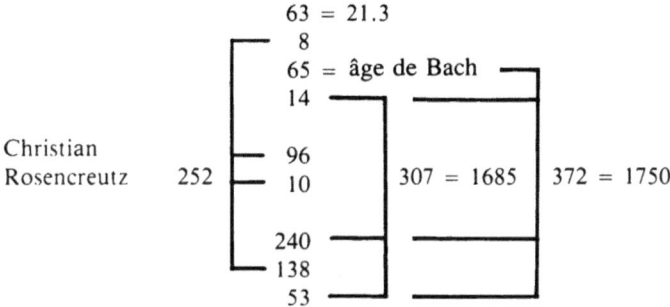

La position particulière du chœur n° 29 accentue la tension entre l'année de la naissance 307 et celle du décès 372.

Maintenant que les «pièces à reprises» sont isolées, il nous reste encore 14 (!) morceaux dans les Cantates II, III et IV, au total 750 = 1.750 mesures!

Cantate II :	Choral	12
	Aria ténor	131
	Aria alto	152
Cantate III:	Chœur	27
	Duo	166
	Aria alto	146
	Choral	13
	Choral	11
Cantate IV :	Duo	8
	Duo	4
	Duo	2

---

[2] Littéralement, selon l'Ecole biblique de Jérusalem : «aux hommes objet de la bienveillance divine» (NdT).

Duo	2
Duo	6
Aria ténor	70

$$750 = 1.750 = 1750$$

La structure d'ensemble de l'*Oratorio de Noël* nous apparaît comme un exemple typique de la façon dont une image globale peut se dégager petit à petit et devenir claire, par la seule voie du raisonnement logique combiné à une analyse musicale pertinente.
Le résultat final montre un schéma tout à fait cohérent :

Les récitatifs	: 287
Le reste de la Cantate I	: 544
Le reste des Cantates V et VI	: 685 = 1.685 en 382.1 = chba
Les «pièces à reprises» dans les Cantates II, III et IV :	63 = 21.3
	65 = âge de Bach
	307 = 1685
	252 = Christian Rosencreutz
Les pièces restantes dans les Cantates II, III et IV	750 = 1.750

$372 = 1750$ (accolade pour 65 et 307)

Le patronyme de Bach est indiqué par 382.1. Plus loin nous trouvons ses dates de naissance et de décès, de même que les années se rapportant à ces deux événements, et ce, tant dans l'ère chrétienne que rosicrucienne. L'épitaphe (544) et le nom *Christian Rosencreutz* (252) forment ensemble la clé nécessaire pour reconnaître en 307 et 372 respectivement 1685 et 1750.

Exemple 40 : *Clavierübung* **III («Messe d'orgue»)**

Contenu :

1. Praeludium pro organo pleno	205
2. Kyrie cantus firmus in soprano	42
3. Christe cantus firmus in tenore	61
4. Kyrie cantus firmus in basso. Con organo pleno	60
5. Kyrie alio modo Manualiter	32
6. Christe	30
7. Kyrie	34
8. 'Allein Gott' cantus firmus in alto	66
9. 'Allein Gott' a 2 clav.e ped.	126
10. 'Allein Gott' Fughetta manualiter	20
11. 'Dies sind' cantus firmus in Canone	60
12. 'Dies sind' Fughetta manualiter	35
13. 'Wir glauben' in organo pleno	100
14. 'Wir glauben' Fughetta manualiter	15
15. 'Vater unser' cantus firmus in Canone	91
16. 'Vater unser' alio modo manualiter	24
17. 'Christ unser Herr' cantus firmus in Pedale	81
18. 'Christ unser Herr' alio modo manualiter	27
19. 'Aus tiefer Noth' in organo pleno con Pedale doppio	75
20. 'Aus tiefer Noth' alio modo manualiter	102
21. 'Jesus Christus' cantus firmus in Pedale	118
22. 'Jesus Christus' Fuga manualiter	67
23. Duetto I	73
24. Duetto II	149
25. Duetto III	39
26. Duetto IV	108
27. Fuga pro organo pleno	117
	1957

NB. Pour le deuxième duo, Bach nota non pas 149 mais 116 mesures. Il n'a pas écrit intégralement le *da capo*. Dans le cas de la présente structure, nous partirons toutefois de la forme «sonore», soit 149 mesures pour ce duo. Les reprises ⏋⎡2 dans les pièces n° 8, 17, 19 et 20 sont évidemment comptées elles aussi.

Dans cette suite d'œuvres, les six Chorals du catéchisme de Luther (les *Chorals du Dogme*) occupent une place centrale. Ces textes ont trait à des dogmes fondamentaux de la foi chrétienne.
– *Dies sind die heil'gen zehn Gebot'* ;
– *Wir glauben all an einen Gott* ;
– *Vater unser im Himmelreich* ;
– *Christ unser Herr zum Jordan kam* ;
– *Aus tiefer Noth schrei' ich zu dir* ;
– *Jesus Christus unser Heiland*.

Pour chacun de ces cantiques, Bach réalisa un grand et un petit arrangement, soit au total douze compositions (n°s 11 à 22 compris). Il les fit précéder d'un grand et d'un petit arrangement du triptyque *Kyrie Christe Kyrie*, soit six compositions (n°s 2 à 7 compris) ainsi que de trois arrangements du Gloria *Allein Gott in der Höh' sei Ehr'*. L'ensemble est pris entre un prélude initial et une fugue finale.

Dans cet ensemble logique, Bach a introduit un élément «d'irrégularité» assez étonnant à première vue, notamment en intercalant, entre les douze chorals luthériens et la fugue, quatre pièces purement instrumentales : les quatre duos. Ces derniers n'ont en définitive rien à voir avec le culte. Un examen plus attentif révèle toutefois qu'ils constituent une partie essentielle d'une symétrie cachée, qu'une disposition en cercle fera apparaître :

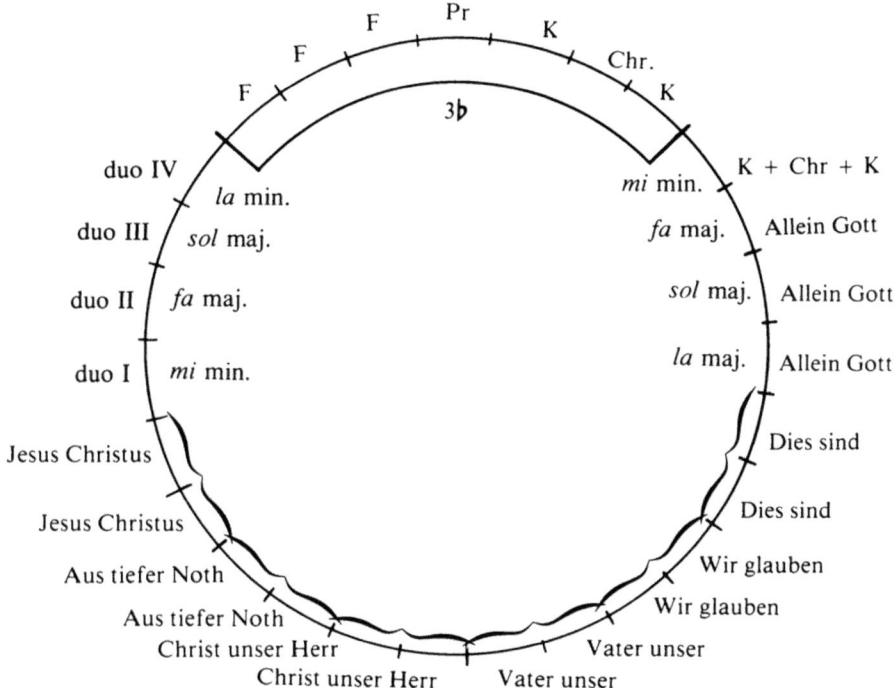

Il y a trois composantes principales qui montrent bien clairement la construction symétrique :

a. Le groupe des trois bémols

Par la disposition en cercle, le prélude vient à tomber à côté de la fugue. Ce prélude occupe une position centrale, non seulement dans le groupe des trois bémols mais aussi dans la structure globale.

Tout le groupe est placé sous le signe du chiffre 3, un symbole de la Trinité.
1. Toutes les pièces, le prélude, les grands *Kyrie* et la fugue, ont trois bémols à la clé.
2. Le prélude est construit à partir de trois idées :

3. Au-dessus des trois pièces *Kyrie-Christe-Kyrie* Bach écrit : «Kyrie, Gott Vater in Ewigkeit» (Kyrie, Dieu Père éternel), «Christe, aller Welt Trost» (Christ, Consolation de tout le monde), «Kyrie, Gott Heiliger Geist» (Kyrie, Dieu Esprit-Saint).

4. La fugue est triple et comporte donc trois parties, chacune avec son propre thème. Afin de saisir la symétrie, il nous faut dès lors considérer la fugue comme trois pièces distinctes. Ces trois fugues font face au triptyque *Kyrie-Christe-Kyrie*.

Le groupe des trois bémols recèle une autre symbolique encore. Examiné de près, le prélude révèle huit sections, dans lesquelles sont élaborées les trois idées. Schématiquement cela donne :

A	en	*mi* bémol majeur
B	en	*si* bémol majeur
A'	en	*do* mineur
C	en	*do* mineur
A''	en	*la* bémol majeur
B'	en	*mi* bémol majeur
C'	en	*mi* bémol majeur
A'''	en	*mi* bémol majeur

Vu ainsi, le groupe des trois bémols s'avère contenir au total 14 (!) parties. La répartition en 2 1 3 8 est obtenue aisément. Pour ce faire, il convient de remarquer que Bach inscrivit tant au-dessus du prélude que de la fugue «pro organo pleno». Il fit de même au-dessus du *Kyrie, Gott Heiliger Geist*, de telle sorte que le *Kyrie, Gott Vater in Ewigkeit* et le *Christe, aller Welt Trost* sont les seules pièces du groupe des trois bémols à ne pas être prévues en *plenum*.

Les 14 parties se composent donc comme suit :

Kyrie + Christe	2 sections, pas d'*organo pleno*
Kyrie	1 section, *organo pleno*
Fuga	3 sections, *organo pleno*
Praeludium	8 sections, *organo pleno*

Le groupe des trois bémols se situe dans le haut du cercle. Par la répartition en 2 1 3 8, Bach place pour ainsi dire sa signature au sommet de la structure.

b. Les douze chorals luthériens

Ceux-ci occupent la partie inférieure du cercle où ils sont disposés de façon symétrique; ceci se retrouve aussi dans la technique d'arrangement. Pour plus de clarté, nous donnerons ici les grands et les petits arrangements sur des demi-cercles distincts.

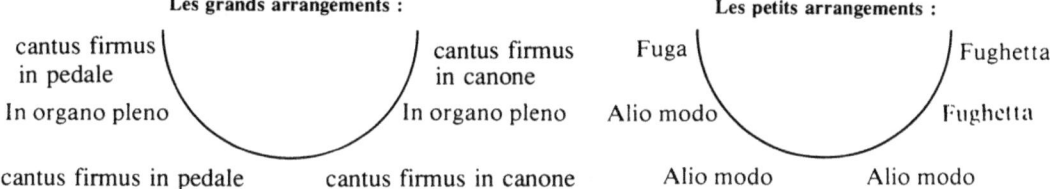

c. Le groupe «*mi-fa-sol-la*»

Il reste encore un groupe central qui comporte les petits arrangements de *Kyrie-Christe-Kyrie*, les trois arrangements de *Allein Gott in der Höh'* et les quatre duos. Les tonalités de ces pièces révèlent clairement une rapport entre elles. Les *Kyrie* sont tous trois en *mi* phrygien, les arrangements de *Allein Gott* sont écrits en *fa*, *sol* et *la* majeur. Les duos leur font face avec *mi* mineur, *fa* et *sol* majeur et *la* mineur. Nous avons donc deux groupes avec les toniques *mi*, *fa*, *sol* et *la*. Les pièces centrales de chaque groupe sont écrites dans les mêmes tonalités (*fa* et *sol* majeur). En manière de confirmation, ces pièces révèlent une similitude dans les motifs.

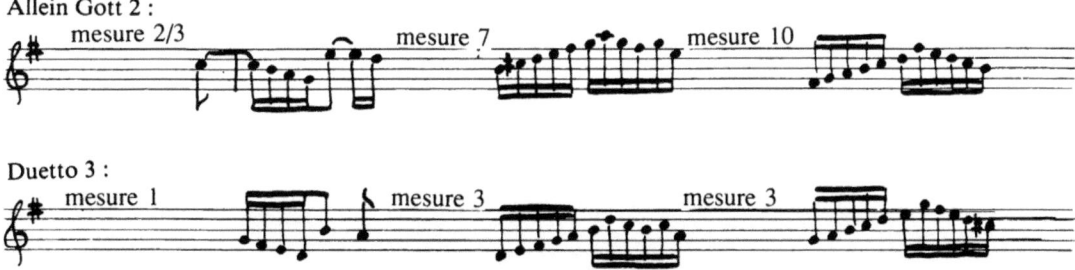

Les duos sont comme le reflet des arrangements des «petits *Kyrie*» et de *Allein Gott*. Si nous voulons saisir la symétrie, il nous faut regarder les trois «petits *Kyrie*» comme un tout, de la même façon que nous devons prendre la fugue pour «trois fugues».

En résumé, nous pouvons dire qu'un certain nombre de pièces occupent des positions très symétriques sur le cercle alors qu'à première vue elles ne paraissent pas être disposées d'une façon très évidente, malgré tout ce qui les associe entre entre elles. Toutefois, Bach a occulté cette symétrie d'une manière géniale. Elle ne devient claire, en effet, que lorsque, d'une part, on prend la triple fugue pour trois pièces distinctes par rapport aux grands arrangements du *Kyrie*, et que, d'autre part, on place les trois «petits *Kyrie*» comme un tout, une unité, en face du premier duo. En d'autres termes, le 1 devient 3 et le 3 devient 1. Que ce soit précisément ceci qui révèle la symétrie nous apparaît comme un très beau symbolisme pour l'idée de Trinité.

Nous allons à présent porter notre attention sur les armatures. Lorsque nous prenons de nouveau les trois parties de la triple fugue comme des pièces distinctes, la somme de toutes les altérations à la clé dans cette «Messe d'orgue» est de 41 (= J.S. Bach) au lieu de 35. La subtilité réside dans le fait qu'en réunissant les trois «petits *Kyrie*» en une seule pièce, l'insoluble problème de la réduction du nombre d'altérations ne se pose pas, dans la mesure où ces pièces ne comportent pas d'altérations à la clé.

La décomposition des 41 altérations en 9 18 2 1 3 8 peut se déchiffrer sans trop peine sur le cercle.

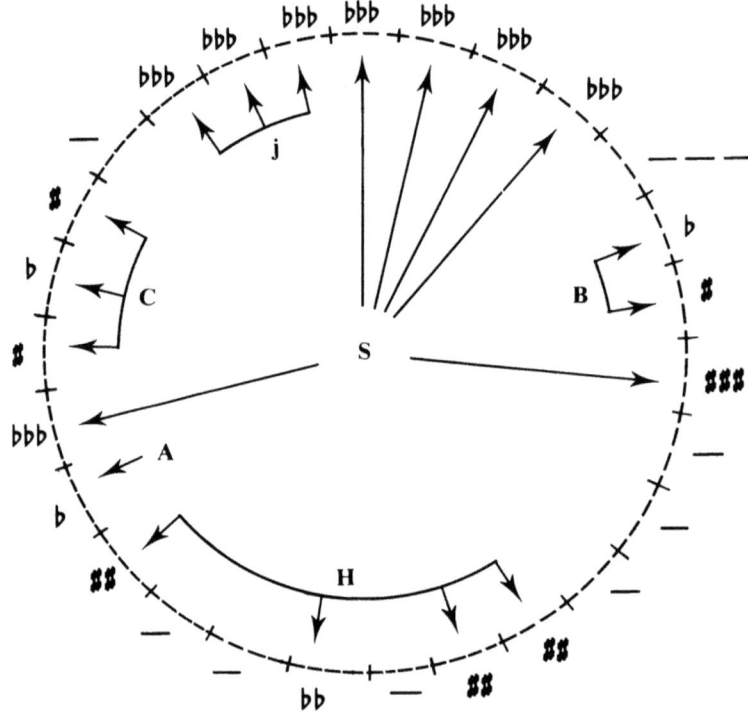

a. Nous prendrons la transformation caractéristique de 1 fugue en 3 parties de fugue (soit le symbolisme trinitaire) comme point de départ : les trois bémols deviennent 9 = J; six des pièces restantes portent chacune 3 (!) altérations, soit au total 18 = S.
b. Ensuite il reste les pièces avec une ou deux altérations. Ensemble, elles en comptent 14. La répartition en 2 1 3 8 est transparente. Il y a quatre pièces avec deux altérations, ce qui donne 8. Les six pièces avec une altération sont divisées en trois groupes :

> 2 dans le groupe *Kyrie-Gloria*
> 1 dans le groupe des chorals luthériens
> 3 dans le groupes des duos

Le groupage des 41 altérations offrent encore divers autres aspects.
Ainsi, on peut partir de la pièce centrale, le prélude, qui porte trois altérations à la clé. La moitié droite du cercle présente 18 altérations, la gauche, 20.

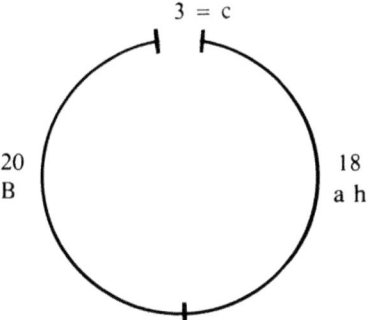

Par ailleurs, quand on considère les altérations selon les trois grands groupes, on obtient une projection remarquable :

le groupe des trois bémols	21 altérations
le groupe *mi-fa-sol-la*	8 altérations
le groupe «Luther»	12 altérations

Pour finir, notons que :
— L'ensemble supérieur comporte uniquement des pièces avec trois bémols.
— L'ensemble médian présente la structure suivante :

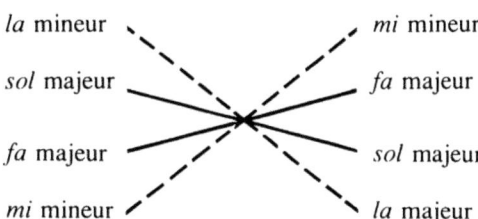

— Dans l'ensemble inférieur, celui des chorals luthériens, les altérations sont disposées de telle sorte qu'à chaque morceau avec altérations à la clé fait face un morceau sans altérations.

Tout semble indiquer que cette structure circulaire — avec toutes ses subtilités — était voulue par Bach. Dans l'élaboration de la structure d'ensemble des mesures qui va suivre, cette base symétrique recevra, par les chiffres des mesures, un développement supplémentaire parfaitement raisonné et logique.

Pour avoir une vision plus claire et plus détaillée de cette structure d'ensemble de la «Messe d'orgue», il est utile d'ajouter aux éléments de bases déjà mentionnés une clé importante.
Cinq compositions ont été écrites comme pièces pour le *plenum (pro organo pleno)*. Le groupe des trois bémols en compte trois :

Praeludium pro organo pleno	205
Kyrie Gott heiliger Geist, pro organo pleno	60
Fuga pro organo pleno	117
	382.1 = Bach

Dans les chorals luthériens il y a :

Wir glauben all an einen Gott, pro organo pleno	100
Aus tiefer Noth schrei' ich zu dir, pro organo pleno	75
	175(0)

Les pièces en *plenum* forment donc : 382.1 = Bach
$$175(0) = 1750$$
Les autres pièces, non prévues pour le *plenum*, totalisent 1400 mesures : = Bach.

Après cette première division globale, et pourtant déjà très singulière, de l'ensemble des 1957 mesures, nous pouvons réaliser trois élaborations plus détaillées sur base des points suivants :
A. 1. Les chorals luthériens (la moitié inférieure du cercle), répartis en «pièces en *plenum*» et «autres pièces».
   2. La moitié supérieure du cercle, divisée en «pièces en *plenum*» et «autres pièces».
C'est là une élaboration un peu plus poussée de la division globale en «pièces en *plenum*» et «autres pièces».
B. 1. Les chorals luthériens (comme en A1).
   2. Le groupe des trois bémols.
   3. Le groupe *mi-fa-sol-la*.
Il s'agit là d'une élaboration, selon les mesures, de la structure de base discutée en premier lieu.
C. 1. Les chorals luthériens (comme en A1).
   2. La fugue et le prélude.
   3. Les autres pièces.
Etant donné que les chorals luthériens sont traités de la même manière dans les trois cas **A**, **B** et **C**, nous allons tout d'abord porter notre attention sur ces douze arrangements (la partie inférieure du cercle). Comme nous l'avons vu, deux de ces chorals sont conçus en *plenum*. Par conséquent, nous obtenons la répartition suivante :

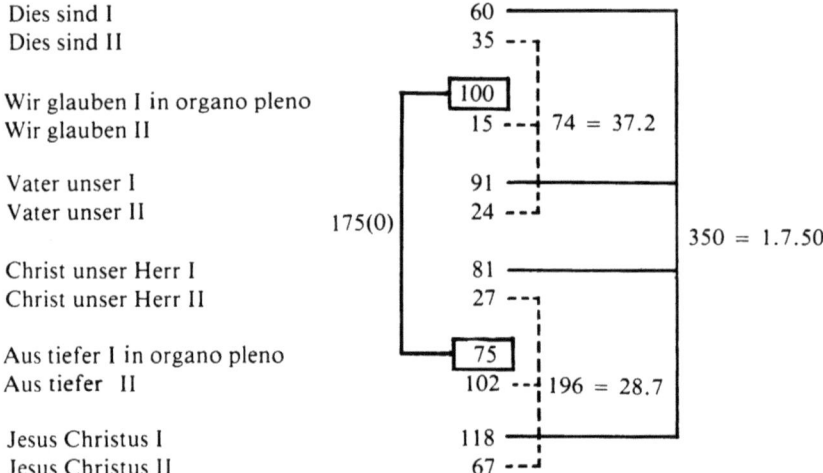

Les deux pièces en *plenum* totalisent 175(0) mesures = 1750.
Les quatre autres grands arrangements donnent 350 = 1.7.50.
Les petits arrangements peuvent être regroupés de façon symétrique :

$$\left.\begin{array}{l}\text{Fughetta}\\ \text{Fughetta}\\ \text{Alio modo}\end{array}\right\} \; 74 = 37.2$$

$$\left.\begin{array}{l}\text{Alio modo}\\ \text{Alio modo}\\ \text{Fuga}\end{array}\right\} \; 196 = 28.7$$

Les grands arrangements révèlent deux formes de 1750, l'année du décès de Bach dans l'ère chrétienne. Les petits arrangements donnent 37.2 = 372 = 1750 selon la supputation rosicrucienne, et 28.7 = 28 juillet = la date de la mort de Bach.

Cette répartition des chorals luthériens nous apparaît avoir un caractère convaincant, précisément parce que nous nous limitons à suivre les indications de Bach. Il y a en outre un autre aspect dans ce schéma :

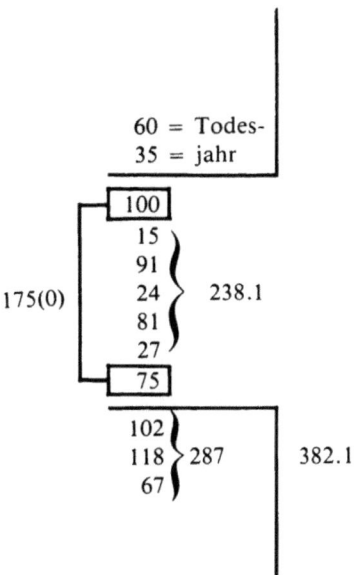

Entre les pièces en *plenum*, il y a 238.1 mesures, en-dehors de ces pièces, 382.1 mesures. Toutes les pièces, sauf celles en *plenum*, portent donc la signature de Bach. De plus, le 382 comporte «en toutes lettres» le mot *Todesjahr* (année du décès) — une indication complémentaire pour le nombre 175 des pièces en *plenum* — ainsi que 287, la date du décès.

La richesse du contenu des chorals luthériens en matière de nombres corrélatifs est conservée dans les trois types d'approche **A**, **B** et **C**. Dès lors, nous ne nous occuperons plus que de la moitié supérieure du cercle, savoir **A2, B2 et B3,** et enfin **C2 et C3**.

A2 : Pièces en *plenum* et «autres pièces»

Dans la partie supérieure du cercle se trouvent, comme nous l'avons déjà vu, trois pièces *pro organo pleno* dont le total des mesures est 382 = 382.1 = Bach.
Les pièces qui ne sont pas en *plenum* offrent le tableau suivant :

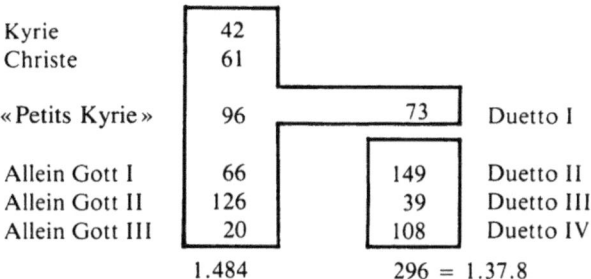

Pour former 1.37.8, l'année de naissance, et 1.484, l'année du décès de Rosencreutz, il nous faut séparer le premier duo des trois autres et le réunir aux autres pièces. Il est vrai que ce duo occupe une position particulière sur le cercle, en face des «petits *Kyrie*» regroupés en un seul morceau, tandis que les trois autres duos sont en regard des trois arrangements de *Allein Gott*. A cela s'ajoute que le premier duo diffère quelque peu du point de vue musical aussi : il est chromatique d'entrée de jeu, alors que les trois autres sont conçus diatoniquement.

En résumé, la structure A se présente ainsi :

	Chorals luthériens (moitié inférieure)	Autres pièces (moitié supérieure)	
Plenum	175(0)	382.1	
Pas en plenum :	1.7.50 37.2 28.7	1.484 1.37.8	1400 = Bach
ou :	238.1 Todesjahr } 382.1 287	1.484 1.37.8	1400 = Bach

Afin de bien voir comment tout cela se présente, nous replaçons l'ensemble sur un cercle. En fonction de la symétrie de base, nous considérons la triple fugue (117) comme trois pièces, avec respectivement 36, 45 et 36 mesures. De même, des trois «petits *Kyrie*» nous faisons un seul morceau : 96 mesures. Pour que l'ensemble soit aussi différencié que possible, nous indiquons aussi tous les nombres relatifs aux huit parties du prélude (32, 18, 20, 28, 13, 18, 45 et 31); nous en avons placé quatre à gauche et quatre à droite dans le but de préserver la symétrie. Par conséquent, nous obtenons au centre de l'arc de cercle supérieur : 28 = B h et 13 = a c.

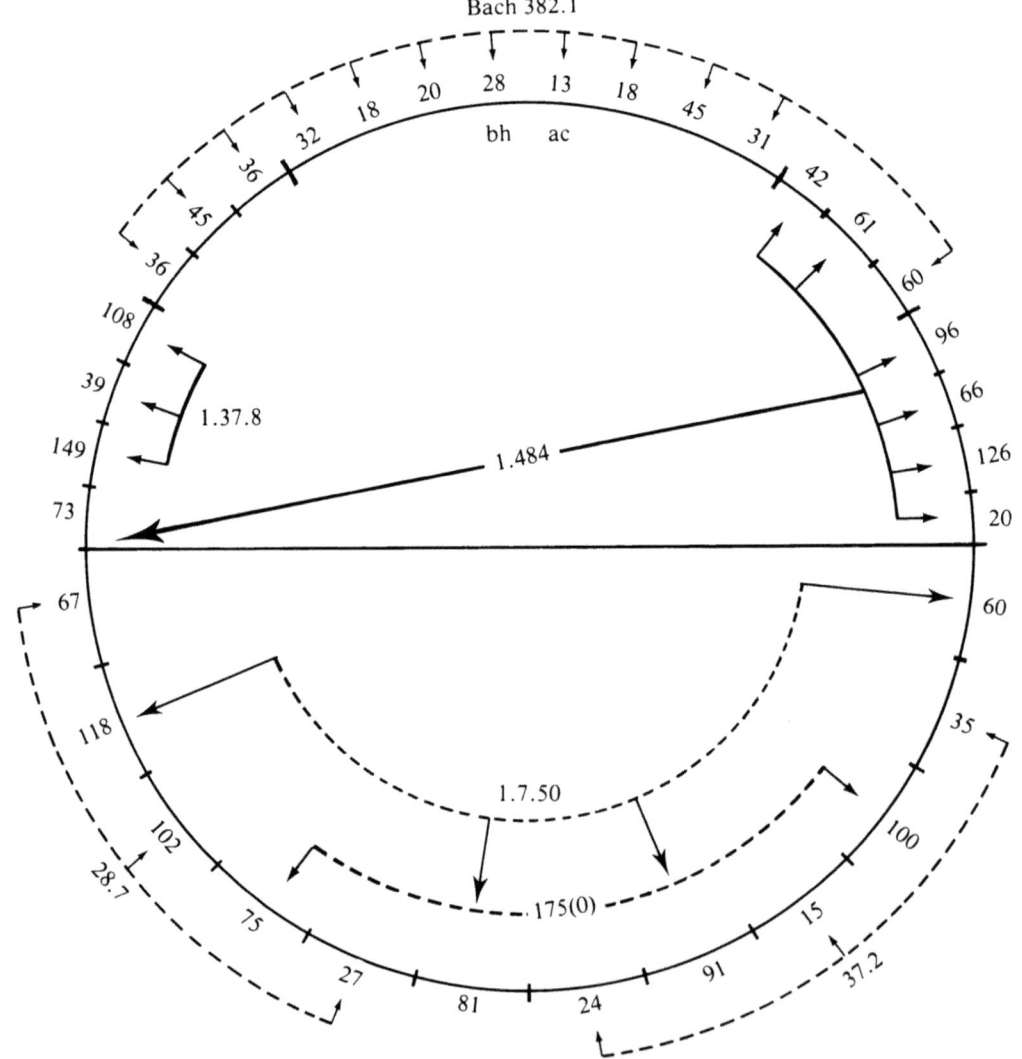

Elaborons à présent la structure **B**. Il s'agit ici de la structure de base, dans laquelle la symétrie de l'ensemble de la «Messe d'orgue» est clairement définie. Parmi les trois éléments constituants — les chorals luthériens, le groupe *mi-fa-sol-la* et celui des trois bémols — le premier a déjà été discuté en détail. Dès lors, nous pouvons nous contenter d'une élaboration des points **B2** et **B3**.

B2 Le groupe des trois bémols (14 pièces)

```
Fugue       36 ┐
            45 ⎫   81 = h a   ← Dieu le Fils
            36 ⎭              ← Dieu le Saint-Esprit

Prélude     32 ─── 32 = c b   ← Dieu le Père
            18
            20
            28
            13
            18
            45    372 = 1750
            31

Kyrie       42
Christe     61
Kyrie       60
```

En isolant les deux dernières fugues et la première partie du prélude, le reste de ce groupe des trois bémols totalise 372 = 1750. Le nombre 32 constitue le début, et le 81 la fin de l'ensemble de la «Messe d'orgue», ce par quoi Bach met de nouveau sa signature bien en évidence en un point central. Etant donné qu'il s'agit ici de la 2e et de la 3e fugue ainsi que de la 1re donnée du prélude, on peut, dans le contexte de l'idée de Trinité, établir des correspondances avec les trois personnes divines.

B3 Le groupe *mi-fa-sol-la*

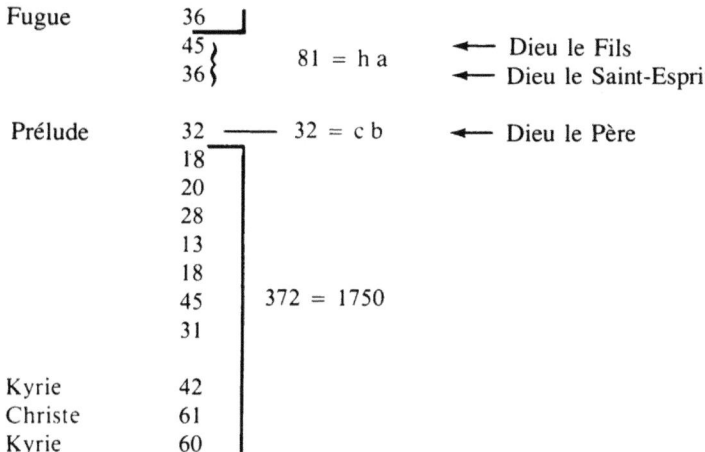

1.604 = 1604, ouverture du tombeau

Dans ce cas-ci également, il convient d'isoler le premier duo. Le nombre 73 peut être lu 1.73, une référence à R.C. Les trois autres duos, qui forment ensemble 296 = 1.37.8, sont à leur tour réunis avec le reste pour obtenir 604, qui peut s'écrire 1.604, une référence à l'année 1604 où Frère N.N. (Nomen Nescio) ouvrit le tombeau de Rosencreutz.

Disposée sur un cercle, la structure **B** se présente comme ceci :

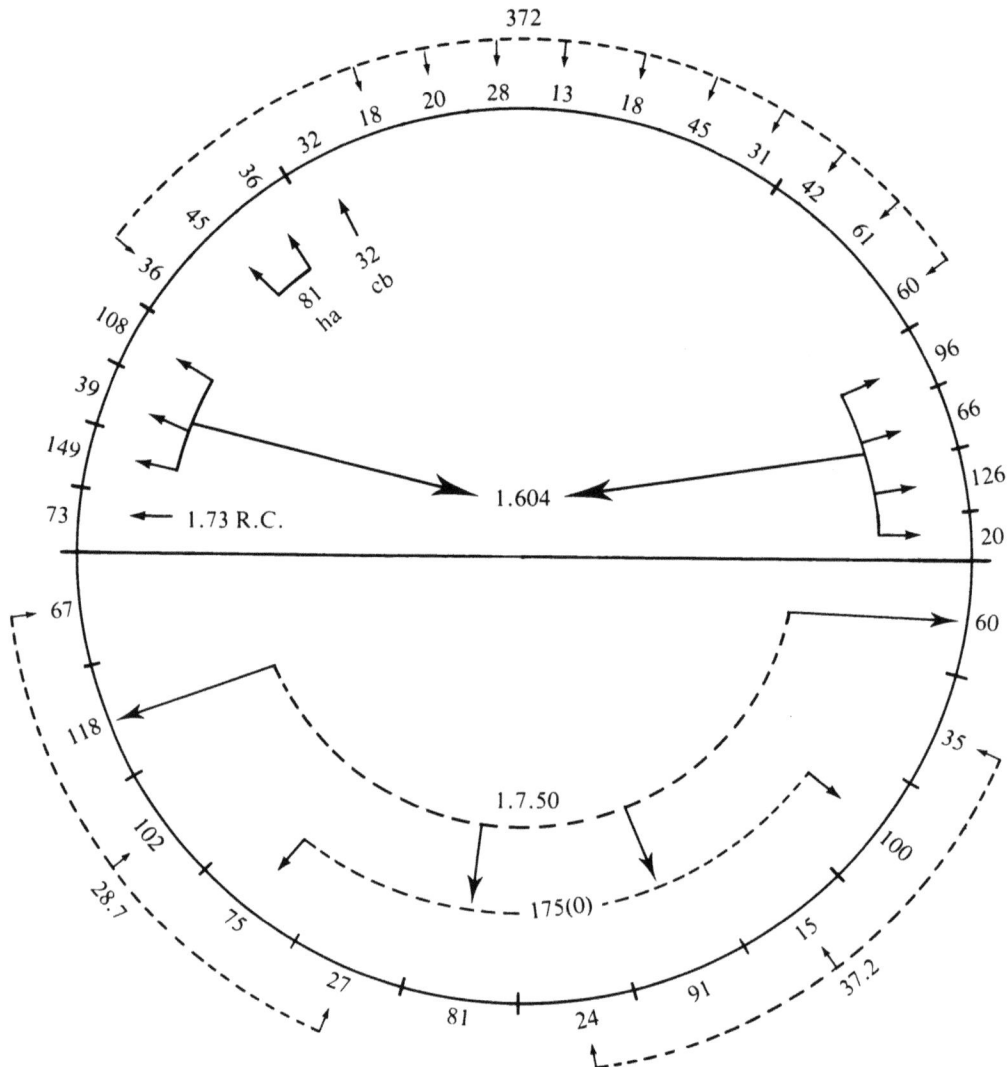

Pour finir, il nous reste encore la structure **C**. Celle-ci se compose de trois éléments — les chorals luthériens, la fugue + le prélude et les autres pièces. Ici encore, nous pouvons considérer les chorals luthériens comme traités. Nous nous limiterons donc à l'élaboration de **C2** et **C3**

C2 La fugue et le prélude

Fugue
$$\left.\begin{array}{r}36\\45\\36\end{array}\right\} 81 = \text{h a}$$

Prélude
$32 \longrightarrow 32 = \text{c b}$

$$\left.\begin{array}{r}18\\20\\28\\13\\18\\45\\31\end{array}\right| 209 = 209^e \text{ jour} = 28 \text{ juillet } 1750$$

Nous effectuons le même couplage qu'en **B2**, où nous avions obtenu, après avoir dégagé 81 et 32, un reste de 372 = 1750. Du fait que dans ce cas-ci, les trois « grands *Kyrie* » ne sont pas compris, le reste, les autres pièces, est à présent 209. Par rapport à 372, ce nombre indique la date du décès, puisque le 28 juillet était le 209e jour de l'année 1750.

C3 Les autres pièces : les trois «grands *Kyrie*», les trois «petits», les trois arrangements de *Allein Gott* et les quatre duos

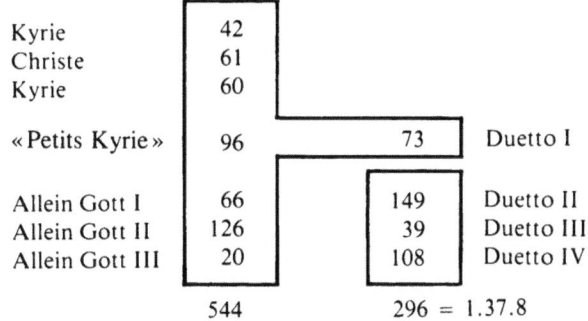

Nous opérons les mêmes regroupements qu'avec les pièces non prévues en *plenum* dans la moitié supérieure du cercle (A2). Du fait que dans ce schéma la pièce en *plenum*, *Kyrie, Gott Heiliger Geist*, est ajoutée, le nombre 1.484 du schéma A2 devient ici 544, l'épitaphe !
La disposition circulaire de la structure C révèle ceci :

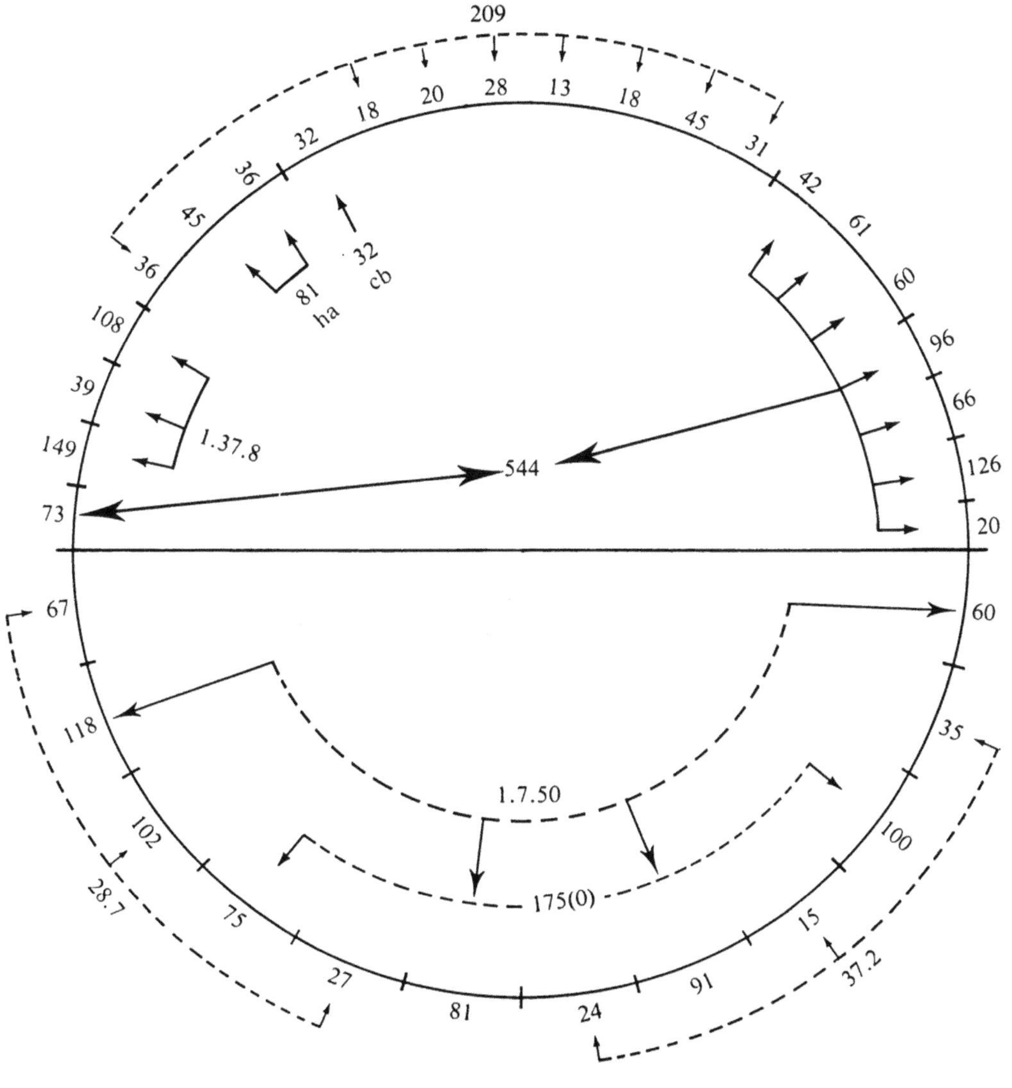

En résumé, la structure globale de la «Messe d'orgue» donne un tableau très complet du rapport «Bach – Rose-Croix – date du décès» :

Les chorals luthériens :	175(0)	ou	175(0)	
(moitié inférieure)	37.2		238.1	
	28.7		Todesjahr (95)	} 382.1
	1.7.50		287	
Les autres pièces	: **A2**	**B2 et 3**	**C2 et 3**	
(moitié supérieure)	382.1	81 + 32	81 + 32	
		372	209	
	1.484	1.604	544	
	1.37.8	1.73	1.37.8	

Le lecteur se doutera probablement que la structure globale des mesures de la «Messe d'orgue» fut pour nous l'occasion d'un examen approfondi des pièces isolées. En faire un rapport dépasserait très largement les limites de ce livre. Toutefois, pour donner une idée de l'art accompli avec lequel Bach façonne la matière, nous en donnerons un seul exemple.

Commençons par le prélude, qui dans la structure globale est situé dans le haut du cercle. La répartition des mesures en fonction des trois données révèle d'abord ceci :

A	en *mi* bémol majeur :	32	= c b
B	en *si* bémol majeur :	18	= a h
A'	en *do* mineur	: 20	
C	en *do* mineur	: 28	
A''	en *la* bémol majeur :	13	} 155 = Rosencreutz
B'	en *mi* bémol majeur :	18	
C'	en *mi* bémol majeur :	45	
A'''	en *mi* bémol majeur :	31	

Bach a écrit 3573 notes pour ce prélude. Nous pouvons les regrouper sans aucun problème selon ces mêmes huit groupes :

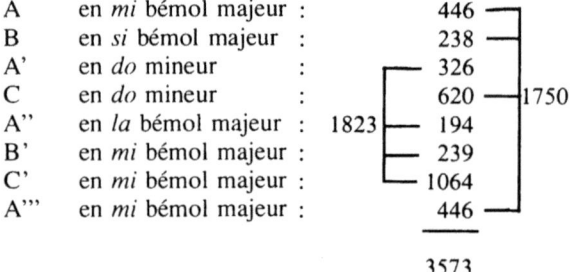

L'ensemble formé par les 3573 notes se décompose en un groupe de 1750 et un autre de 1823 = Bach. Les regroupements effectués pour arriver à ces nombres ne sont pas arbitraires. En effet :

1750 est formé par :	2 groupes A	en *mi* bémol majeur
	1 groupe B	
	1 groupe C	pas en *mi* bémol majeur
1823 est formé par :	2 groupes A	pas en *mi* bémol majeur
	1 groupe B	
	1 groupe C	en *mi* bémol majeur

En allant plus loin dans ce sens et en appliquant les mêmes regroupements aux mesures, nous obtenons, à côté de ce résultat surprenant avec les notes :

```
                      32 = c b ┐
                      18 = a h ┤
            ich ──── 20        │
                      28 = b h ┤
                   ┌  13       │
         76 = 2.1.38 ┤ 18       │
                   └  45       │
                      31 = c a ┘
```

A part *ich* (= moi) (20) tout est «Bach». Les pièces qui correspondent aux 1750 notes se composent chacune d'un nombre de mesures comportant les chiffres 2, 1, 3 ou 8.

Pour terminer, nous aimerions attirer l'attention sur le total des notes du choral luthérien *Aus tiefer Noth schrey ich zu dir*. Ce dernier se distingue de plusieurs manières des autres pièces de la «Messe d'orgue». Elle est la seule composition à six voix et la seule avec double pédale.

Dans les chorals luthériens, cette œuvre, avec le choral *Wir glauben all' an einen Gott*, apparaît comme la clé pour l'élaboration de la structure d'ensemble selon les mesures. En effet, les mesures de ces deux pièces en *plenum* donnent :

Wir glauben all' an einen Gott	: 100
Aus tiefer Noth schrey ich zu dir	: 75
	175 (0)

Nous lisons textuellement «cent soixante-quinze» et le nombre 75 de *Aus tiefer Noth* représente l'élément le plus important pour arriver à ce 175(0). Ceci ne sera pleinement significatif que si l'on se rapporte à la somme des notes écrites par Bach pour ce choral :

soprano	354
alto	349
ténor 1	363
ténor 2	363
pédalier 1	63
pédalier 2	258
total	1750 !

Exemple 41 : les *Inventions* à deux voix en tant que série autonome

Dans les exemples antérieurs, nous avons toujours considéré les 488 mesures des *Inventions* à deux voix comme complément des 544 mesures des *Sinfoniae* à trois voix. Probablement s'agit-il là en effet de l'aspect le plus important de ce nombre 488, mais il est possible aussi de traiter les quinze pièces à deux voix comme une série autonome. La sixième *Invention* en est la clé, puisqu'elle se distingue des autres par le fait que Bach y a placé un signe de reprise.

Dans l'exemple 30, nous avons vu que les vingt premières mesures peuvent être interprétées soit comme R.C. (17 + 3) soit comme *ich* (8 + 9 + 3). Le 488 se compose donc de :

Inventions I à V	192	= 1.48.4
Invention VI	20	= 20 = R.C. ou *ich*
	42	= 3.7.2
Inventions VII à XV :	234	= 1.3.78

Nous avons là un schéma complet, malgré sa simplicité. Autour de la sixième *Invention*, nous avons l'année du décès (1484) et l'année de la naissance de Rosencreutz (1378). La deuxième partie de la sixième *Invention*, après le signe de reprise, révèle une forme de l'année du décès de Bach selon la supputation rosicrucienne (42 = 3.7.2 = 372). La double signification de la première moitié de cette sixième *Invention* (avant le signe de reprise) fait référence à la relation de Bach avec la symbolique des Rose-Croix. De ce fait, ce schéma est un magnifique complément pour le 544 des *Sinfoniae*.
D'autres schémas similaires sont possibles, dont nous voudrions encore montrer un exemple au lecteur. Les clés sont données par les tonalités, et de nouveau dans la sixième *Invention*. Pour mémoire, voici la séquence des tonalités.

1.	en	*do* majeur	22
2.		*do* mineur	27
3.		*ré* majeur	59
4.		*ré* mineur	52
5.		*mi* bémol majeur	32
6.		*mi* majeur	62
7.		*mi* mineur	23
8.		*fa* majeur	34
9.		*fa* mineur	34
10.		*sol* majeur	32
11.		*sol* mineur	23
12.		*la* majeur	21
13.		*la* mineur	25
14.		*si* bémol majeur	20
15.		*si* mineur	22

Six tonalités se présentent en paires : *do* majeur et *do* mineur, *ré* majeur et *ré* mineur, *mi* majeur et *mi* mineur, *fa* majeur et *fa* mineur., *sol* majeur et *sol* mineur, *la* majeur et *la* mineur.
Trois tonalités apparaissent une seule fois : *mi* bémol majeur, *si* bémol majeur et *si* mineur.
Nous scindons les *Inventions* en deux ensembles. Le premier comprend les trois pièces de tonalités «uniques», le deuxième les douze pièces de tonalités «doublées». De plus, nous utiliserons de nouveau le signe de reprise de la sixième *Invention* comme repère.

Les trois : en *mi* bémol majeur 32
  si bémol majeur 20
  si mineur 22
  ———
  74 = 37.2

Les douze autres pièces comptent donc, au total, 414 mesures (= 18.23 = Bach). En fonction du repère de la sixième *Invention*, 414 se répartit de la manière suivante :

```
en  ┌ do majeur  22
    └ do mineur  27
    ┌ ré majeur  59  ⎫ 180 = 36.5 = année
    └ ré mineur  52  ⎭
    ┌ mi majeur  20                           ⎫
                     ⎯⎯                       ⎪
                     42   = 3.7.2 = 372       ⎪
                     ⎯⎯                       ⎬ 372 = 1750
    └ mi mineur  23                           ⎪
    ┌ fa majeur  34  ⎫                        ⎪
    └ fa mineur  34  ⎪                        ⎭
    ┌ sol majeur 32  ⎬ 192 = 1.48.4 = 1484
    └ sol mineur 23  ⎪
    ┌ la majeur  21  ⎪
    └ la mineur  25  ⎭
                    ―――
                    414    = 18.23 = Bach
```

Tout est placé dans la lumière de 372, l'année du décès de Bach dans l'ère rose-croix. Nous avons 37.2, 3.7.2 et 372. 372 se compose de 180 = 36.5 (une indication pour la notion «année») et 192 = 1.48.4 = 1484, l'année du décès de Christian Rosencreutz. Dans ce schéma, la sixième *Invention* est abordée d'une manière quelque peu différente par rapport au premier schéma, où nous avions isolé la pièce dans son ensemble. Ici, cependant, nous avons effectivement utilisé le repère du signe de reprise.

Pour terminer, nous allons soumettre cette sixième *Invention*, qui semble occuper un position tellement centrale, à un examen un tant soit peu plus poussé. A cet effet, nous donnons une structure d'ensemble selon les notes telle qu'elle nous est fournie par la structure d'ensemble des mesures élaborée dans les exemples 8 et 30. Nous plaçons la césure de la mesure 29 après le *si* dans la voix soprano et celle de la mesure 43 après le *fa* dièse, avec liaison de prolongation, dans la basse :

Une vue d'ensemble nous donne ceci :

			42 = 3.7.2 = 1750	
mesures :	20 (17 + 3 = RC) :||:	8	14	20
notes :	168 :||:	65	140	174
	= 1.3.7.8 (1378)	= âge	= Bach	= 2.87 (28 juillet)

Les 20 mesures avant le signe de reprise, que nous pouvons interpréter comme «R.C.», contiennent 168 notes = 1.3.7.8 = l'année de naissance de R.C. Après le signe de reprise, il y a 42 mesures = 3.7.2 = 1750 dans la supputation de R.C., tandis que les notes se décomposent en 65 = âge de Bach, 140 = Bach et 174 = 2.87 = 28-7 = 28 juillet.

En d'autres termes, nous avons, avant le signe de reprise, «R.C.» avec son année de naissance 1378 et, après ce signe, «Bach» avec la date et l'année de sa mort dans l'ère R.C. ainsi que son âge.
Indépendamment de l'ensemble, il est déjà assez remarquable que le groupe de quatorze mesures en *sol* dièse compte un nombre de notes exactement égal au décuple du nombre de mesures (140).

Exemple 42 : Les six Sonates pour orgue, BWV 525-530

Dans l'exemple 35, nous avons discuté en détail le 544 de la quatrième et de la sixième sonate. Le 372 enclavé de la cinquième sonate était notre premier exemple d'une composition dans laquelle Bach a inscrit l'année de sa mort selon la supputation rosicrucienne. Toutefois, les Sonates pour orgue sont conçues comme une série, comme l'exigeait l'usage à l'époque. C'est pourquoi nous devons au lecteur un indispensable complément d'information sur l'ensemble de ces six sonates.

Dans le manuscrit, Bach n'a pas écrit intégralement les *da capo* dans le premier et le troisième mouvement de la troisième sonate, ni dans le premier mouvement de la cinquième. Sur les 372 mesures de la cinquième sonate, il n'en a noté que 321. Quoiqu'on puisse interpréter le nombre 321 comme étant 107.3 = R.C. — ce qui établirait effectivement une relation entre la forme notée et la forme «sonore» — et quoique les versions écrites puissent elles aussi entrer dans la structure globale des Sonates pour orgue, nous préférons nous limiter ici à une seule approche. Nous comptons les *da capo* mais non les reprises :||: , exception faite de la configuration 1| |2.
Une remarque particulière à propos de la troisième sonate. Dans le deuxième mouvement, le manuscrit porte, écrit de la main de Bach, l'indication :||: pour la première reprise et 1| |2 pour la seconde. Dans beaucoup d'éditions modernes on trouve 1| |2 aussi pour la première reprise, ce qui est totalement inutile. Dans le cadre de l'approche précisée plus haut, nous n'avons bien évidemment compté que la seconde reprise.

La première

La seconde

Aperçu de l'ensemble des mesures :

I	*mi* bémol majeur :	—	58	⎫
		adagio	28	⎬ 150
		allegro	64	⎭
II	*do* mineur :	vivace	78	⎫
		largo	48	⎬ 298
		allegro	172	⎭
III	*ré* mineur	andante	160	⎫
		adagio e dolce	56	⎬ 396
		vivace	180	⎭
IV	*mi* mineur	adagio	4	⎫
		vivace	61	⎬ 207
		andante	45	⎪
		un poco allegro	97	⎭
V	*do* majeur	allegro	155	⎫
		largo	54	⎬ 372
		allegro	163	⎭
VI	*sol* majeur	—	180	⎫
		lento	80	⎬ 337
		allegro	77	⎭

Plusieurs schémas cohérents sont possibles.

1. Tout d'abord, nous pouvons placer les trois premières sonates en face des trois dernières.

$$
\begin{array}{l}
\text{I :} \\
\text{II :} \quad 546 \\
\text{III:} \quad = 3.182
\end{array}
\left[
\begin{array}{l}
150 \\
298 = 298.1 = \text{B J S} \\
396
\end{array}
\right.
$$

$$
\begin{array}{l}
\text{IV :} \\
\text{V :} \quad 544 \\
\text{VI:}
\end{array}
\left[
\begin{array}{l}
207 \\
372 = 1750 \\
337
\end{array}
\right.
$$

Outre la présence sublime des nombres 544 et 372 dans les trois dernières sonates, nous trouvons, dans les premières, 546 = 3.182 et 298.1. Bien qu'il faille nous contenter, en ce qui concerne 298.1, d'une référence un peu moins satisfaisante au nom de Bach, il est néanmoins remarquable que le même type de regroupement donne des résultats aussi bien dans les trois dernières que dans les trois premières sonates.

2. Dans un premier temps, le parallélisme entre les tonalités de la quatrième et de la sixième sonate paraît être un bon argument pour les réunir et ainsi obtenir 544. Un parallélisme analogue existe dans les trois premières sonates : la première est écrite en *mi* bémol majeur, la deuxième en *do* mineur.
Ces deux sonates prises ensemble contiennent 150 + 298 = 448 mesures. Ce nombre, nous pouvons l'interpréter comme 14.8.4 = 1484, l'année de la mort de Rosencreutz.
A côté de l'épitaphe, donné par le parallélisme dans les trois dernières sonates, nous avons l'année de la mort de Rosencreutz, formé par le parallélisme dans les trois premières sonates. Deux sonates ne partagent pas cette mise en parallèle des tonalités : la Sonate III en *ré* mineur (= 396) et la Sonate V en *do* majeur (= 372 = 1750).
Malgré le fait que 396 puisse éventuellement être pris pour 2.198 = J S B, une référence aussi faible aux initiales J S B ne nous apparaît pas comme une bonne interprétation de ce nombre. Le voisinage des autres nombres — 14.8.4 = 1484, 544 = l'épitaphe et 372 (= 1750 dans l'ère rosicrucienne) — est en effet très marquant et incite à trouver un sens plus évident pour 396.

Ce nombre, nous l'avons déjà rencontré à diverses reprises en rapport avec la mort de Bach, sans jamais avoir pu le situer avec exactitude. Il a vraisemblablement une signification essentielle qui nous échappe encore à l'heure actuelle.

Par ailleurs, n'ayant pas d'interprétation satisfaisante, nous sommes contraints d'aller plus avant — peut-être est-ce là une des raisons de l'existence de ce nombre.

La somme 396 se compose de :

$$\left. \begin{array}{l} \text{mouvement 1 : andante} \quad 160 \\ \text{mouvement 2 : adagio e dolce} \quad\;\; 56 \end{array} \right\} 216 = 3.72 = 372$$

$$\text{mouvement 3 : vivace} \qquad 180 \quad = 36.5 = \text{année}$$

Le tempo indiqué par Bach pour le premier mouvement est *andante*.

En comparant les tempos des mouvements terminatifs (soit les premiers et derniers) des autres sonates, il apparaît que le premier mouvement de la troisième sonate fait, en réalité, partie des mouvements lents. Le couplage du premier mouvement au vrai mouvement lent est de ce fait suggéré par Bach lui-même.

Le chiffre 180 du troisième mouvement, nous devons le prendre, après décomposition en 36.5, comme une référence à la notion d'«année» (365 jours). Ainsi il constitue un excellent élément de confirmation pour 216, qui peut être interprété comme 372, lui aussi après décomposition (216 = 3.72). Etant donné que les 180 mesures se prêtent fort bien à une division musicale en cinq groupes de 36 mesures — une telle structuration symétrique n'est pas si fréquente chez Bach — la signification du nombre 180 est pour ainsi dire donnée dans la musique :

exposition en *ré* mineur	36
interlude + entrée en *ré* mineur	36
entrées en *si* bémol et *fa* majeur, transition, entrée en *la* mineur et terminaison	36
interlude	36
reprise	36

Le traitement de la troisième sonate jette également un éclairage nouveau sur les deux premières sonates. Si là aussi nous isolons les mouvements lents, le nombre 448 = 14.8.4, apparaît composé de :

$$\begin{array}{llr@{\qquad}llr}
\text{I :} & \text{adagio:} & 28 & \text{I :} & — & 58 \\
\text{II:} & \text{largo :} & 48 & & \text{allegro} & 64 \\
\cline{3-3}
 & & 76 = 2.1.38 & \text{II:} & \text{vivace} & 78 \\
 & & & & \text{allegro} & 172 \\
\cline{6-6}
 & & & & & 372 = 1750
\end{array}$$

Un aperçu des trois premières sonates sous cet angle donne :

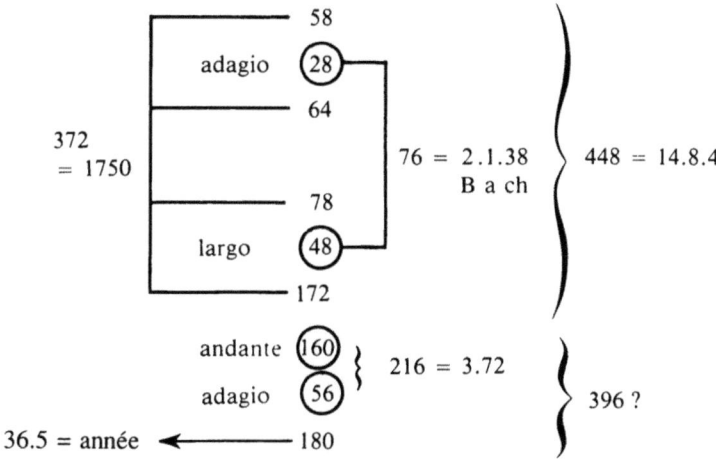

Le nombre 180, interprété en tant que 36.5, joue un rôle singulier dans ce schéma. Si nous reprenons les trois dernières sonates, nous constatons que le premier mouvement de la sixième sonate compte également 180 mesures. En l'isolant, elle aussi sous la forme 36.5 = année, nous obtenons le tableau suivant pour les trois dernières sonates :

```
           ┌─ 65 ──────────
           │  45 ──────────
           │  97 ──────────
           │  155 ⎫
    544    │  54  ⎬ 372 = 1750    364 = 28.13
           │  163 ⎭
           │  180  = 36.5 = année
           │  80  ──────────
           └─ 77 ──────────
```

En prenant 180 pour «année», l'épitaphe devient une référence au nom de Bach. Vu sous cet angle, le nombre 372 est, pour Bach, l'*année* considérée à la lumière de l'épitaphe de Rosencreutz. La nature particulière de la position occupée par les deux pièces de 180 mesures ne nous apparaît dans toute son évidence que lorsque nous isolons les deux œuvres et considérons ce qui nous reste :

$$448 = 14.8.4$$
$$216 = 3.72$$
$$364 = 28.13 = \text{Bach}$$
$$372 = 1750$$
$$\overline{\text{au total : } 1400 = \text{Bach !}}$$

3. Nous pouvons également regrouper les sonates selon les modes majeur et mineur. Trois sonates sont en majeur (I en *mi* bémol, V en *do* et VI en *sol*), trois en mineur (II en *do*, III en *ré* et IV en *mi*). Dans ce cas encore, ce sont les deux compositions de 180 mesures qui constituent la clé pour la solution.

```
Majeur   I    58
              28
              64
         V    155 ⎫
              54  ⎬ 372 = 1750
              163 ⎭
         VI   180  = 36.5 = année
              80
              77    307 = 1685
```

On constate qu'en partant des nombres déjà percés à jour (372 = 1750 et 36.5 = année) on obtient un reste de 307. Dans l'ère des Rose-Croix, ce nombre correspond à l'année de la naissance de Bach, 1685. Ceci nous fournit de nouveau un schéma bien complet et cohérent. Bach à en outre prévu une petite subtilité. Le groupe de 307 mesures commence par le nombre 80, qu'il convient de lire comme «quatre-vingtième jour» en 1685, soit le 21 mars, date de la naissance de Bach. Le groupe de 372 mesures commence par 155 + 54 = 209. Ce dernier nombre désigne le 209ᵉ jour de l'année 1750, soit le 28 juillet, date de la mort de Bach!

Sous forme de schéma cela donne :

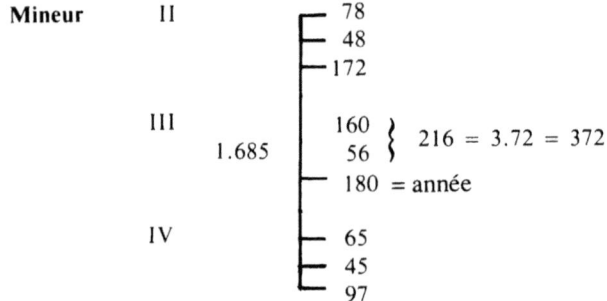

Les sonates en mode mineur constituent un complément un peu moins spectaculaire du schéma des sonates en majeur. Le nombre mis à part (180) doit à présent être ajouté au reste pour que le total puisse être divisé en 216 = 3.72 = 1750 et 685 = 1.685 = 1685.

```
Mineur      II         ┌ 78
                       ├ 48
                       └ 172

            III            ┌ 160 ⎫
                  1.685    ├ 56  ⎬ 216 = 3.72 = 372
                           └ 180 = année

            IV         ┌ 65
                       ├ 45
                       └ 97
```

En scindant les sonates selon les modes majeur et mineur, nous obtenons en plus de la notion d'«année», les nombres 372, 307, 216 (= 3.72) et 1.685. En fait il ne nous manque que l'indication de l'année du décès dans l'ère chrétienne. Sous cet angle il est plutôt frappant de remarquer que le total des sonates (1760) peut être scindé en 685 = 1.685 et 1075. Selon les possibilités établies au début, nous pouvons reconnaître en 1075 une référence à l'année 1750.

4. Pour terminer, nous pouvons considérer les six sonates comme une seule série continue de dix-huit nombres :

```
            ┌ 58
    307     │ 28
            └ 64
            ┌ 78
   298.1    ┤ 48
            └ 172
              160 ⎫
              56  ⎬   216 = Achtundzwanzig Juli (vingt-huit juillet)
              180 ⎫
              65  ⎬   290 = Christianus Rosencreutz
              45  ⎭
              97       = Christian
              155      = Rosencreutz
              54       = März (mars)
              163      = Einundzwanzig (vingt et un)
              180      = 36.5 = année
            ┌ 80
            └ 77
```

Nous prenons comme point de départ 307 = 1685 et 180 = 36.5 = année. Les deux nombres qui précèdent directement ce dernier, savoir 163 et 54 qui constituent des subdivisions de 372, peuvent aussi être considérés détachés du reste. Dans l'aperçu des nombres se rapportant à la naissance ou à la mort de Bach nous voyons que 163 est mis pour *einundzwanzig* (27 + 37 + 99) (vingt et un) et 54 pour *März* (mars). La date de naissance de Bach est donc spécifiée en toutes lettres.

Lorsque nous remarquons ensuite que juste au-dessus de cette date, dans ce schéma, se trouvent les nombres déjà reconnus précédemment comme relatifs au nom de Christian (97) Rosencreutz (155), il devient clair que nous avons là un agencement de concepts en corrélation logique :

```
 97   Christian
155   Rosencreutz
 54   März
163   Einundzwanzig
180   année
307   1685 dans l'ère rosicrucienne
```

Si nous continuons de remonter dans la série, nous pouvons regrouper les nombres 45, 65 et 180, ce qui nous donne 290 = Christianus Rosencreutz. Vient ensuite le nombre 216, que nous connaissons déjà, mais que nous avons interprété jusqu'à présent comme figurant 3.72 = 372 = 1750. Cependant, 216 est aussi la somme gématrique de *achtundzwanzig* (167) (vingt-huit) *Juli* (49) (juillet), la date de la mort de Bach (voir aperçu des nombres en début de chapitre).

Dans les Sonates III, IV et V, on découvre de cette façon un joli schéma dans lequel les références aux dates de naissance et de décès ainsi que les deux noms pour Rosencreutz sont traitées symétriquement :

```
216   Achtundzwanzig Juli   }
290   Christianus Rosencreutz } non écrit en toutes lettres

 97   Christian            }
155   Rosencreutz          }
 54   März                 } écrit en toutes lettres
163   Einundzwanzig        }
```

Dans le haut du schéma il nous reste encore le 298 de la Sonate II qu'il convient sans doute d'interpréter en tant que 298.1 = J S B, comme nous l'avons déjà vu.

Pendant l'examen de ces quatre schémas, le lecteur aura probablement pris conscience que, dans la série de dix-huit nombres, différents niveaux de lecture se recouvrent de façon géniale et que les chiffres de la cinquième sonate forment un centre quasi «magique» dans l'ensemble. Les trois nombres de cette œuvre nous donnent en effet :

$$372 = 1750 \left\{ \begin{array}{c} 155 \\ 54 \\ 163 \end{array} \right\} \text{Rosencreutz} \quad 217 = 31.7 = CR$$

Il apparaît que le 372 (= 1750 dans l'ère Rose-Croix) se compose de 155 = Rosencreutz et 217 = 31.7 = C.R., soit deux références à Rosencreutz.

$$209 = 209^e \text{ jour} \left\{ \begin{array}{c} 155 \\ 54 \\ 163 \end{array} \right. \quad \begin{array}{l} \\ \text{März (mars)} \\ \text{Einundzwanzig (vingt et un)} \end{array}$$

Ici nous avons, imbriquées, des références aux dates de naissance et de décès de Bach.

Les nombres de la quatrième et de la sixième sonate, qui contiennent déjà tous les mots de l'épitaphe, peuvent aussi être traités selon un autre schéma. A la longue on finit par avoir le sentiment qu'il est quasi impossible d'embrasser complètement l'ensemble de cette œuvre; ce qui soulève la question de savoir si nous sommes déjà parvenus à la limite de toutes les possibilités ou bien si cet ensemble très particulier peut éventuellement receler plus de choses encore. De toute manière, pour revenir à l'épitaphe insérée dans la quatrième et sixième sonate, nous voudrions encore signaler un point intéressant. Si nous isolons le premier mot de l'épitaphe et examinons la place occupée par ce groupe de 24 mesures (= ACRC) dans le présent ensemble, nous voyons :

$$
\begin{array}{ll}
\text{Sonate IV:} & 207 \\
\text{Sonate VI:} & 100
\end{array} \Big\} \; 307 = 1685
$$

$$
\underline{\begin{array}{rl}
\textcircled{24} & = \text{ACRC} \\
213 & = 21 - 3 = 21 \text{ mars}
\end{array}}
$$

$$544 = \text{épitaphe}$$

Avant le groupe de 24, il y a 307 mesures, après il s'y trouve encore 213. En complément de «307 = 1685» ceci constitue une référence très évidente au «21-3 = 21 mars» (date de la naissance de Bach). Si nous introduisons ici encore le nombre 372 de la cinquième sonate, nous obtenons un ensemble remarquablement cohérent :

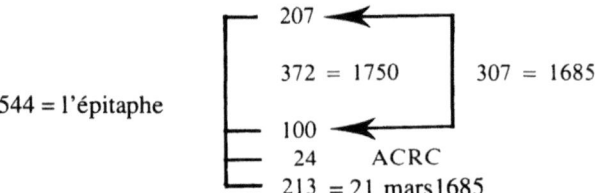

Il semble clair que Bach aura reconnu la possibilité de diviser 544 en 24 = ACRC, 307 = 1685 et 213 = 21 mars, et l'aura utilisée.

Exemple 43 : Les *Variations Goldberg* (*Clavierübung* IV)

Aperçu :

	1. Aria			32
	2. Variation 1			32
	3. Variation 2		1∥2	64
	4. Variation 3	Canone al Unisono		16
	5. Variation 4		1∥2	64
	6. Variation 5			32
	7. Variation 6	Canone alla Seconda	1∥2	64
	8. Variation 7			32
	9. Variation 8			32
	10. Variation 9	Canone alla Terza		16
	11. Variation 10	Fughetta		32
	12. Variation 11			32
	13. Variation 12	Canone alla Quarta		32
	14. Variation 13			32
	15. Variation 14			32
Mineur	16. Variation 15	Canone alla Quinta. Andante		32
	17. Variation 16	Ouverture	1∥2	95
	18. Variation 17			32
	19. Variation 18	Canone alla Sesta		32
	20. Variation 19			32
	21. Variation 20			32
Mineur	22. Variation 21	Canone alla Settima		16
	23. Variation 22	Alla breve		32
	24. Variation 23			32
	25. Variation 24	Canone all' Ottava		32
Mineur	26. Variation 25		1∥2	64

27. Variation 26		32
28. Variation 27 Canone alla Nona		32
29. Variation 28		32
30. Variation 29		32
31. Variation 30 Quod libet		16
32. Aria da capo		'32'

$$1151\ (1119 + \text{'}32\text{'})$$

Nous nous basons sur la forme notée et selon la formule habituelle. Les indications ⟦1⟧⟦2⟧ sont comptées comme reprises, les indications :||: ne le sont pas. Le cas de l'*Aria da capo* est quelque peu différent. En effet, quoique sur base de la forme écrite nous ne devrions pas en tenir compte — Bach se contente effectivement d'inscrire *Aria da capo* — il apparaît que le fait de compter ou de ne pas compter cette reprise constitue un nœud de possibilités débouchant sur différentes solutions. Du reste, nous avions déjà montré, dans l'exemple 11, que c'est précisément cette *Aria da capo* qui donne la clé pour la répartition des 32 pièces en 28, 3 et 1.

La forme telle qu'elle est jouée, savoir en comptant toutes les reprises, offre également de bons résultats. Ainsi, par exemple, les variations qui séparent alors l'Aria et l'*Aria da capo* comptent 1823 (= Bach) mesures. Mais nous voulons nous en tenir ici à la forme écrite.

La première chose qui frappe lorsqu'on examine cette série de pièces est une structuration logique et stricte. Il s'agit de variations sur une aria en *sol* majeur, chaque troisième variation étant conçue en forme de canon. L'intervale canonique progresse très régulièrement de l'unisson à la neuvième incluse. De plus les variations sont presque toujours des pièces de 16, 32 ou 64 mesures. Un examen plus poussé de cette structuration régulière révèle quelques endroits particuliers où Bach a plus ou moins rompu cette régularité.

a. La *Variation* 16 porte le titre particulier d'«Ouverture». Il est vrai qu'elle se situe au début de la deuxième partie, c'est-à-dire au cœur de l'ensemble. Cette ouverture est la seule pièce qui se compose de deux parties dissemblables dans leur structure musicale, chacune avec sa propre mesure. Il s'agit en outre de la seule variation avec un nombre de mesures impair (95).
b. Il y a encore trois autres variations avec un titre spécial : la *Variation* 10 : *Fughetta*
la *Variation* 22 : *Alla breve*
la *Variation* 30 : *Quod libet*

En outre, le *Quod libet* vient à la place de ce qui aurait dû être un canon, selon la structure régulière.

c. A côté de l'ensemble des pièces écrites en majeur, Bach a composé trois variations en mineur (*Variations* 15, 21 et 25). De plus la *Variation* 15 porte l'indication «andante», la seule de ce genre dans toute la série. De ce fait, cette indication semble pour ainsi dire établir un lien entre les pièces en mineur et celles portant un titre particulier.

Ces trois éléments constituent la clé pour résoudre la répartition des mesures.
a. Ici, c'est l'*Ouverture* qui occupe la place principale, comme si Bach avait voulu ajouter un aspect symbolique à l'indication «ouverture». Car nous pouvons effectivement pratiquer l'*ouverture* en passant par cette pièce. Il y a changement de mesure entre les deux parties : l'une est notée *alla breve*, l'autre en 3/8. Curieusement, Bach a détaché la dernière mesure du mouvement en 3/8 en plaçant de nouveau un ₵ bien inutile au début de cette mesure finale. Nous avons donc :

₵	3/8	₵
31	63	1

Nous pouvons prendre la somme des mesures de l'*Ouverture*, 95, comme une référence au mot *Todesjahr* (95) (année du décès). Avec cette idée centrale, l'ensemble des *Variations Goldberg* révèle d'emblée une structure numérique intéressante :

Aria	32		
Variation 1 à 15 incluse :	544 = épitaphe	} 576 = 32.18	
Ouverture	95 = Todesjahr (année du décès)		1056 = 8.132
Variation 17 à 30 incluse :	448 = 14.8.4	} 480 = 2.1.3.80	
Aria da capo	32		

L'*Ouverture* (95 = *Todesjahr*) répartit les variations en 544 (l'épitaphe) et 14.8.4 (l'année de la mort de Rosencreutz). L'Aria transforme 544 en un nombre bachien : 576 = 32.18 = Bach. L'*Aria da capo*, pour sa part, change 448 en 480 = 2.1.3.80 = Bach. Les 95 mesures de l'*Ouverture* «baignent» dans les 1056 mesures des autres pièces (8.132 = Bach).

b. Comme signalé plus haut, il y a, à côté de l'*Ouverture*, trois autres variations qui portent un titre spécial. D'après cette particularité, nous pouvons regrouper ces quatres pièces comme ceci :

Variation 10 Fughetta	32
Variation 16 Ouverture	95 = Todesjahr (année du décès)
Variation 22 Alla breve	32
Variation 30 Quod libet	16
175(0)	= 1750

Par cette réunion, le *Todesjahr* de l'*Ouverture* est élargi jusqu'à 175 = 1750, l'année de la mort de Bach. Lorsque nous décomposons l'*Ouverture* selon les fragments résultant des différentes sortes de mesure, nous obtenons un combinaison de la date de naissance et de la date de décès :

Fughetta	¢	32		
Ouverture	¢	31		
	3/8	63	= 21.3	
	¢	1		
Alla breve	¢	32	112	2.8.7
Quod libet	¢	16		

Il est tout à fait logique d'isoler le groupe en 3/8 au milieu des groupes ¢.

c. Les trois pièces en mode mineur totalisent :

variation 15	andante	32
variation 21		16
variation 25		64
		112 = 2.8.7

Nous pouvons à présent combiner les pièces portant une mention spéciale et celles écrites en mineur, car il s'agit là des sept compositions par lesquelles Bach rompt la structure par ailleurs régulière de l'ensemble des variations. Le résultat est très convaincant :

Fughetta	32	
Ouverture	95	
Alla breve	32	} 175 (0)
Quod libet	16	
mineur andante	32	
mineur	16	} 112 = 2.8.7
mineur	64	
	287	= 28 juillet

Nous pouvons prendre les sept pièces dans l'ordre chronologique tout en décomposant l'*Ouverture* comme nous l'avons fait auparavant. Si donc nous utilisons comme césure le repère que Bach plaça, à dessein, dans la dernière mesure de l'*Ouverture*, nous trouvons :

Numéro 11	Fughetta	32	
Numéro 16	*sol* mineur andante	32	} 158 = Johann Sebastian Bach
Numéro 17	Ouverture	¢ 31	
		3/8 63	
		¢ 1	
Numéro 22	*sol* mineur	16	
Numéro 23	Alla breve	32	} 129 = Sepulchrum
Numéro 26	*sol* mineur	64	
Numéro 31	Quod libet	16	

Il y a donc sept pièces clés avec un total de 287 mesures. Ce groupe se compose de soit 175(0) et 112 = 2.8.7, soit 158 = Johann Sebastian Bach et 129 = Sepulchrum (tombeau !).
Toutes les pièces restantes contiennent, ensemble, 832 mesures (= 832.1 = Bach), du moins lorsque nous ne comptons pas l'*Aria da capo*. Quoi de plus logique d'ailleurs, puisque dans ce cas nous tenons compte uniquement de ce qui est effectivement écrit. En revanche, si nous comptons les mesures de l'*Aria da capo*, le total des pièces restantes s'élève alors à 864 = 9.8.12, une référence un peu plus faible aux initiales J S B. De toute manière, il est évident que les *Variations Goldberg* sont sous-tendues par un schéma complet et cohérent. Ceci ressort aussi du numéro d'ordre des pièces. Les sept œuvres qui forment le nombre 287 portent les numéros suivants :

$$
\begin{array}{r}
11 \\
16 \\
17 \\
22 \\
23 \\
26 \\
31 \\
\hline
146 = 2.73 = 372 = 1750
\end{array}
$$

Le total des numéros des autres pièces est :
sans *Aria da capo* : 350 = 1.7.50
avec *Aria da capo* : 382 = 382.1

J.S. BACH : 21 3 1685 - 28 7 1750   115

Exemple 44 : Quatorze Canons BWV 1087

En 1975, on découvrit, dans une bibliothèque privée à Strasbourg, une copie de l'édition originale des *Variations Goldberg* qui fut sans aucun doute l'exemplaire personnel de Bach. Outre quelques petites modifications dans la partition, l'ouvrage contient, à la dernière page, une série de 14 (!) canons notés de la main de Bach, sous le titre *Verschiedene Canones über die ersteren acht Fundamental-Noten vorheriger Arie von J.S. Bach.*

Bach utilise les huit premières notes de la basse de l'*aria* des *Variations Goldberg* comme point de départ de diverses techniques canoniques.

Dans le cadre du présent ouvrage, il ne nous est pas possible de donner une discussion détaillée de ces canons. Néanmoins quelques remarques à propos de cette page intéressante ont, sans conteste, leur place ici. Tout d'abord, il est curieux que Bach ait ajouté précisément quatorze canons. La division en 2, 1, 3 et 8 est rendue possible par la répartition des canons sur la page. Six canons commencent au début de la portée, huit ne commencent pas au début de la portée.
Si nous répartissons les six selon qu'ils se suivent sur des portées successives ou non, alors nous avons le regroupement en 3, 2 et 1.
De cette façon, nous obtenons le schéma suivant :

Commençant au début de la portée :   numéro   1
                                                3 } 3 canons = c
                                                5

                                               10 } 2 canons = b
                                               11

                                               14 → 1 canon = a

Ne commençant pas au début de la portée :   8 canons = h

A présent nous allons nous intéresser au nombre de notes écrites par Bach. Pour aboutir à un résultat, il importe d'apporter une distinction entre «notes utiles» et «notes de reprise». Par «notes de reprise», nous entendons celles qui sont en fait notées deux fois. Prenons comme exemple le canon numéro 5.

Il est également utile de répartir tant les notes utiles que les notes de reprise, en «basse obligée» et «voix libre» (si celle-ci existe). De ce qui précède il résulte l'aperçu général que voici :

numéro	notes utiles		notes de reprise	
	basse obligée	voix libre	basse obligée	voix libre
1	8			
2	8			
3	8			
4	8			
5	8	27	1	6
6	8	21		3
7	8	22	1	7
8	8	15	1	4
9	8	33	1	8
10 a	(8)	21	(1)	1
10 b	(8)	21	(1)	1
11	8	16	1	1
		18		1
12	8	44	1	11
		21		3
13	8	6	3	2
		8		3
14	62		3	
	174	273	14	51
	= 2.87	= 372	= Bach	= 17.3 = R.C.

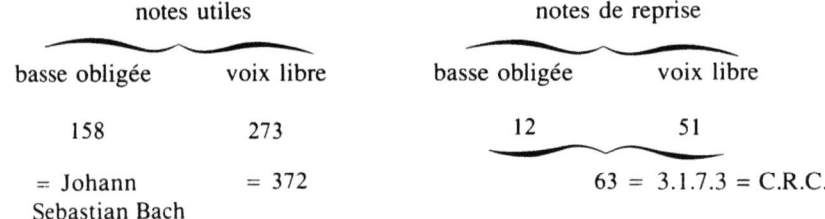

65 = âge de Bach

Les notes utiles donnent 174 = 2.87 = 28-7, la date de la mort de Bach, et 273, soit 372 à l'écrevisse (= 1750), l'année de sa mort dans l'ère Rose-Croix. Les notes de reprise donnent le nom de Bach et les initiales R.C., le total indiquant l'âge de Bach : 65.

Dans les canons 10 a et 10 b, la basse obligée n'est pas inscrite en notes mais en lettres. Si nous ne les comptons pas au nombre des notes, nous arrivons à :

notes utiles		notes de reprise	
basse obligée	voix libre	basse obligée	voix libre
158	273	12	51
= Johann Sebastian Bach	= 372	63 = 3.1.7.3 = C.R.C.	

174 = 2.87 devient 158 = Johann Sebastian Bach, et 65 est changé en 63 = 3.1.7.3 = C.R.C.

Le quatorzième canon est un cas particulier. Dans notre aperçu, nous avons inclus l'ensemble des 62 notes dans la basse obligée. En fait la mélodie du canon se compose de six fois le thème fondamental (basse obligée) — tantôt en *rectus*, tantôt en *inversus* — avec d'autres notes pour faire les liaisons.

J.S. BACH : 21 3 1685 - 28 7 1750

Si nous introduisons cette séparation dans notre schéma, nous obtenons :

```
              8
              8
              8
              8
              8          27         1          6
              8          21                    3
              8          22         1          7
              8          15         1          4
    112       8          33         1          8
    2.8.7    (8)         21        (1)         1
             (8)         21  } 273 (1)         1
              8          16         1          1
                         18                    1
              8          44         1         11
                         21                    3
              8           6         3          2
                          8                    3

  2.1.3.8 ← 48      14 → 2+1+3+8   3
           ───          ───       ───        ───
           160          287        14         51
                                    ⎵_____⎵
                                        65
```

Les notes utiles de la voix libre passent de 273 à 287, la date du décès. Les notes utiles de la basse obligée ne donnent pas de résultat. Toutefois la mise à part du quatorzième canon est parfaitement praticable. Dans ce cas, les notes utiles de la basse obligée se décomposent en 112 = 2.8.7 et 48 = Bach, tandis que les notes utiles de la voix libre (287) donnent, sur cette même base, 273 = 372 et 14 = Bach. Lorsque ici encore nous ne comptons pas les notes inscrites en lettres dans le dixième canon, nous voyons que :

```
    144 =           287            12          51
                                    ⎵____⎵
    9.1.8.2                          63
    J S B                                = 21.3 comme pendant de 287
```

160 change en 144 = 9.1.8.2 = J S B et 65 devient de nouveau 63. Nous pouvons à présent interpréter ce nombre comme 21.3 = 21-3 = la date de naissance de Bach, qui devient de cette façon le pendant de 287 = 28 7 !

Exemple 45 : Une possibilité de structure globale de la *Messe en si mineur*

La partition autographe de la *Messe en si mineur* comporte quatre parties qui ne furent pas écrites à la même époque :
1. *Missa* (*Kyrie* et *Gloria*)
2. *Symbolum Nicenum* (*Credo*)
3. *Sanctus*
4. *Osanna, Benedictus, Agnus Dei et Dona nobis pacem.*

Le *Sanctus* date probablement de 1724, la *Missa* de 1733, et le reste d'une période encore plus tardive. Quoi qu'il en soit, Bach réunit, plus tard, ces quatre parties dans le but d'en faire un corpus. A preuve l'insertion de quatre pages de titre numérotées de 1 à 4. Par ailleurs, ces pages sont tellement identiques dans leur facture qu'elles ont très certainement été faites au même moment.

De même, la parodie de la musique du *Gratias agimus* dans le *Dona nobis pacem* montre que Bach recherchait en fin de compte une unité. Le fait que le début de l'*Osanna* (au commencement de la quatrième partie) soit écrit pour chœur seul, donc sans continuo, constitue également un argument en faveur de cette «unité». Ce début n'est en effet logique qu'après la conclusion en *ré* majeur de la pièce qui précède, le *Pleni sunt coeli* (fin de la troisième partie).

Ce même début démontre aussi que Bach savait parfaitement que dans la liturgie catholique romaine le texte de l'*Hosanna* appartient en fait au *Sanctus*. Et pourtant les quatre parties de la partition de Bach ne correspondent pas avec les subdivisions de la messe, selon la liturgie catholique, dans les parties fixes : *Kyrie, Gloria, Credo, Sanctus + Osanna, Benedictus + Osanna* et *Agnus Dei* avec *Dona nobis pacem*. Ceci provient essentiellement du fait qu'initialement la *Missa* et le *Sanctus* (sans *Osanna*) furent composés séparément pour le service luthérien, où ces chants étaient encore souvent utilisés séparément. Mais il nous faudra suivre la division de la liturgie catholique, si nous voulons voir clair dans la structure de la *Messe en si mineur* selon l'ensemble des mesures.

1. MISSA

Kyrie	chœur		126	mesures
Christe	duo		85	
Kyrie	chœur		59	
Gloria	chœur	3/8	100	}
Et in terra	chœur	₵	76	}
Laudamus	aria		62	
Gratias	chœur		46	
Domine Deus	duo	₵	95	}
Qui tollis	chœur	3/4	50	}
Qui sedes	aria		86	
Quoniam	aria		127	}
Cum sancto	chœur		128	}
			1040	

2. SYMBOLUM NICENUM

Credo	chœur	45
Patrem	chœur	84
Et in unum	duo	80
Crucifixus (début)	chœur	4
Et incarnatus	chœur	49
Crucifixus (reste)	chœur	49
Et resurrexit	chœur	131
Et in spiritum	aria	144
Confiteor	chœur	251
Duo voces articuli 2	duo	80
		917

3. SANCTUS

Sanctus	chœur	¢	47
Pleni sunt	chœur	3/8	121
			168

4. OSANNA, BENEDICTUS, AGNUS DEI ET DONA NOBIS PACEM

Osanna	chœur	148
Benedictus	aria	57
Osana repetat		–
Agnus Dei	aria	49
Dona nobis (= Gratias)	chœur	46
		300

Pour déterminer la structure selon les mesures, il faudra tenir compte des points suivants :
a. Il n'y a pas de pièces avec signes de reprise, ni *da capo*, de telle sorte que, de ce point de vue, il n'y a pas de différence entre la version écrite et la version «sonore».
b. La répétition de l'*Osanna* n'est pas notée intégralement dans l'autographe. Bach indique *Osana repetat*.

Pour la version «sonore», il faudra donc compter deux fois les 148 mesures.
c. Tout de suite après le *Symbolum Nicenum*, Bach a renoté les voix du duo *Et in unum*. Cela se justifiait par le fait que dans la première version il avait aussi inclus le texte *Et incarnatus* dans le duo. Par la

suite il opta pour une solution qui donne à ce dernier texte le caractère d'une pièce autonome. Cependant il a laissé la première version dans le manuscrit. Après le *Confiteor*, il note la version modifiée pour les voix chantées (savoir sans le texte *Et incarnatus*) sous l'intitulé *Duo voces articuli 2*.

La page séparée portant la nouvelle version de Et incarnatus *est insérée dans la partition*

Extrait de la première version de Et in unum.

Le début de la partition de Et incarnatus *notée sur une feuille séparée et insérée dans l'ensemble.*

Etant donné que sur la page où se termine le duo primitif *Et in unum* Bach avait déjà commencé de noter le *Crucifixus*, l'autographe porte les quatre premières mesures du *Crucifixus*, *avant* le nouveau *Et incarnatus*, et la suite *après*.

Sous ces quatre mesures il inscrivit : *Et incarnatus seqt*. Après le *Et incarnatus* inséré on peut lire *Crucifixus sequitur*.

Les quatre mesures du Crucifixus.

Si nous partons de la forme «sonore», la musique telle qu'elle est jouée, nous ne pouvons pas compter les 80 mesures du duo tel qu'il a été renoté (*Duo voces articuli* 2). En effet, le duo n'est chanté qu'une seule fois. En revanche, si nous nous appuyons sur la version écrite, il faudra compter les 80 mesures en plus, puisqu'elle sont notées deux fois. Cependant, le *Osana repetat* ne pourra pas être inclus.

Pour la structure globale, nous disposons des possibilités suivantes :

Forme écrite :

Subdivisions autographe		Subdivisions liturgie catholique	
Missa	1040	Kyrie	270
		Gloria	770
Credo	917	Credo	917
Sanctus	168	Sanctus + Osanna + Benedictus	373
Osanna + reste	300	Agnus Dei + Dona nobis	95
	2425		2425

Forme «sonore» :

Missa	1040	Kyrie	270
		Gloria	770
Credo	837	Credo	837
Sanctus	168	Sanctus + Osanna + Benedictus + Osanna	521
Osanna + reste	448	Agnus Dei + Dona nobis	95
	2493		2493

Malgré un examen approfondi, aucune de ces quatre structures de mesures ne semble permettre une quelconque solution concluante. Certes, un nombre isolé peut révéler telle signification mais sans que le reste puisse s'y rattacher et être développé jusqu'à former un ensemble convenable. Les nombres clés, tels l'année de la naissance de Bach ou celle de son décès, notamment, n'apparaissent pas. Il nous faudra dès lors chercher plus avant pour trouver une clé qui dévoile l'ensemble.

En fait, le plus séduisant serait de pouvoir partir de la forme notée, du fait que dans ce cas les 80 mesures du duo ajouté plus tard font partie du reste. Si la structure de l'ensemble pouvait être trouvée précisément grâce à ce *Duo voces articuli* 2 expressément noté et à ce deuxième *Osanna* non noté, nous aurions là un argument décisif en faveur d'une intervention intentionnelle de la part de Bach pour dissimuler certaines choses.

Un autre argument de poids serait que la base permettant d'aboutir à une solution numérique soit fournie non par les subdivisions de l'autographe mais par celles de la liturgie catholique. Dans ce cas, en effet, Bach aurait justement choisi de confier un contenu fondamental, plus ou moins occulté, à un ensemble dont il paraît peu faire cas, vu de l'extérieur.

Voilà pourquoi nous porterons notre attention plus particulièrement sur la répartition des mesures selon la forme notée. C'est pour cette même raison que nous suivrons les subdivisions du culte catholique romain :

Kyrie	270
Gloria	770
Credo +	837
Duo voces articuli 2	80
Sanctus, Osanna, Benedictus	373
Osanna non noté	—
Agnus Dei + Dona nobis	95
	2425

Dans cette structure on peut relever quelques particularités.

En prenant le *Kyrie* et l'*Agnus Dei* ensemble, on obtient un total de 365, un nombre qui pourrait faire référence à l'idée d'«année». En outre, l'*Agnus Dei*, avec ses 95 mesures pourrait vouloir signifier *Todesjahr* (année du décès). Il n'est dès lors pas improbable que Bach désire effectivement indiquer une année, et plus précisément l'année de sa mort.

Lorsque nous remontons dans la structure, à partir du nombre 365 (année) et donc aussi à partir de 95 (= *Todesjahr*), nous trouvons juste au-dessus le nombre 373. Aussitôt surgit la question : pourquoi 373 ? Pourquoi Bach n'a-t-il pas cherché à obtenir 372 ? Ce nombre est en effet la référence la plus fondamentale à l'année de la mort de Bach dans l'ère rosicrucienne. Se pourrait-il que Bach entende bien 372, et donnerait-il un indice dans ce sens ?

Plus loin dans la structure, il nous reste le *Gloria* et le *Credo* avec *Duo voces articuli* 2, qui totalisent 1687 mesures. Ici encore on ne peut s'empêcher de se demander pourquoi ce total n'est pas 1685, l'année de la naissance de Bach. Ou bien serait-ce quand même 1685, tout comme il nous faudrait lire 372 au lieu du 373.

Nous pensons pouvoir déceler la clé d'une solution possible dans le manuscrit autographe.

Il y a quatre ensembles dans lesquels Bach relie musicalement deux parties du texte, c'est-à-dire que la musique passe sans discontinuer au texte suivant :

Gloria in excelsis chœur 3/8	– – –	Et in terra pax chœur ¢
Domine Deus duo ¢	– – –	Qui tollis chœur 3/4
Quoniam tu solus aria 3/4	– – –	Cum sancto spiritu chœur 3/4
Sanctus chœur ¢	– – –	Pleni sunt coeli chœur 3/8

A l'endroit *Quoniam tu solus – Cum sancto spiritu*, les deux parties du texte sont simplement séparées par une barre de mesure.

Quoniam tu solus | *Cum sancto spiritu*

Dans les trois autres cas, où il y a changement de mesure, Bach n'a pas placé de barre de mesure, se contentant d'indiquer la nouvelle dénomination de mesure. Il résulte de ceci que la dernière mesure de la première partie est pour ainsi dire fondue, visuellement, dans la première mesure de la deuxième partie, pour ne plus former qu'une seule «grande mesure».

Gloria   *Et in terra*   *Domine Deus*   *Qui tollis*

Vu sous cet angle, le manuscrit autographe compte en fait trois mesures de moins que l'édition actuelle, dans laquelle les barres de mesures dont question plus haut sont bien évidemment présentes. Voici la clé la plus importante.
C'est pourquoi nous donnerons encore une fois un aperçu de la structure de l'ensemble des mesures, en tenant compte des trois mesures contractées. La solution devient aussitôt évidente. Nous donnerons ensuite les éléments corroborant cette clé, à première vue assez surprenante.

J.S. BACH : 21 3 1685 - 28 7 1750

Sanctus   *Pleni sunt*

KYRIE	Kyrie	chœur		126
	Christe	duo		85
	Kyrie	chœur		59
				270
GLORIA	Gloria	chœur	3/8	99 ⎫ ①
	Et in terra	chœur	¢	75
	Laudamus	aria		62
	Gratias	chœur		46
	Domine Deus	duo	¢	94 ⎫ ①
	Qui tollis	chœur	3/4	49
	Qui sedes	aria		86
	Quoniam	aria	3/4	127 ⎫
	Cum sancto	chœur	3/4	128 ⎭
				768

CREDO	Credo	chœur	45
	Patrem	chœur	84
	Et in unum (début)	duo	80
	Crucifixus	chœur	4
	Et incarnatus	chœur	49
	Crucifixus (reste)	chœur	49
	Et resurrexit	chœur	131
	Et in spiritum	aria	144
	Confiteor	chœur	251
	Duo voces articuli 2	duo	80
			917
SANCTUS	Sanctus	chœur ¢	46
	Pleni sunt	chœur 3/8	120
	Osanna	chœur	148
	Benedictus	aria	57
			372
AGNUS DEI	Agnus Dei	aria	49
	Dona nobis	chœur	46
			95

Deux des trois «grandes mesures contractées» tombent dans le *Gloria* et une dans le *Sanctus*. Cela donne une signification immédiate et claire à la structure globale :

Kyrie	270		365 = année	
Gloria	768	}	1605	} 1685
Credo	837		et	
+ Duo Voces	80	—	80	
Sanctus	372	—	372 = 1750	
Osana repetat	–			
Agnus Dei	95			

1. La première et la dernière partie de la messe du culte catholique, le *Kyrie* et l'*Agnus Dei*, totalisent 365 mesures (= année). Du point de vue du texte, ces pièces sont très similaires : toutes deux sont des supplications et se composent de trois invocations.

2. *Sanctus* + *Osanna* + *Benedictus* comptent 372 mesures (1750 dans l'ère de Rosencreutz). Ceci est très significatif, du fait que ces chants occupent une place centrale dans le culte, de part et d'autre de la consécration, l'élévation, là où s'accomplit la «transmutation» symbolique du pain et du vin en corps et sang du Christ. Peut-être ne nous avançons-nous pas trop lorsque nous accordons un sens tout particulier au fait que ce soit précisément en cet endroit qu'il faut reconnaître la transformation de 372 en 1750. En outre, Bach attire l'attention sur ces pièces en leur donnant respectivement les effectifs les plus importants et les plus réduits de toute la *Messe en si mineur* :

Sanctus + *Pleni sunt coeli* : chœur à 6 voix + orchestre complet
Osanna : chœur à 8 voix + orchestre complet
Benedictus : ténor seul, une voix obligée + continuo

Ensuite, 372 se trouve juste entre le duo expressément noté *Duo voces articuli 2*, qui n'est pas exécuté, et l'*Osanna*, non noté, qui doit, lui, être exécuté. Le texte inscrit par Bach au-dessus de ces deux pièces révèle une valeur numérique qui complète admirablement le 372 des mesures concernées :

```
Duo   voces   articuli  2
 38     60      89      2 : 189
Osana  repetat
 47     81              : 128
                        ─────
                        317 = Frater Christian Rosencreutz ou C.R.
```

Lorsque nous considérons que dans le premier *Osanna*, celui qui est noté, Bach écrit effectivement *Osanna* avec deux *n* alors qu'il semble écrire fortuitement *Osana repetat* avec un *n*, nous comprenons que le nombre 317 a été obtenu de façon tout à fait intentionnelle. Ce qui devient plus clair aussi, c'est l'importance du duo supplémentaire et de l'*Osanna* non noté en tant que clés permettant de résoudre la structure des mesures de l'ensemble.

En apparence, Bach a dissimulé 372 de manière géniale en séparant le *Sanctus* (avec *Pleni sunt*) de l'*Osanna* et du *Benedictus*. Musicalement le *Sanctus* et l'*Osanna* forment cependant un tout. Ce n'est qu'ainsi que l'attaque du chœur de l'*Osanna*, sans continuo, paraît logique. De plus, les motifs de l'*Osanna* sont déjà donnés dans le *Pleni sunt coeli*. Comparons par exemple les mesures 109 à 111 du chœur du *Pleni sunt coeli* avec le début de l'*Osanna* :

3. *Gloria* et *Credo* forment un total de 1685 mesures, l'année de naissance de Bach. L'année y est inscrite distinctement : 1605 et 80[3]. Cette division est le résultat d'un changement de structure interne du *Credo*. En fait trois pièces sont concernées par ce changement :

a) Le duo primitif *Et in unum* avec le texte *Et incarnatus*   80
b) Le nouveau *Et incarnatus*, autonome, pour chœur   49
c) Le duo *Et in unum*, ajouté, avec texte adapté (*Duo voces articuli 2*) 80

Ces trois compositions portent en elles l'opposition entre le jour de la naissance et le jour de la mort de Bach. Initialement, il y avait une pièce de 80 mesures = 80^e jour = 21 mars 1685. Par le changement, 129 mesures sont ajoutées, 129 = *sepulchrum* (tombeau). De ce fait le nombre total de mesures de ces trois pièces est porté à 209 = 209^e jour = 28 juillet 1750. Il faut bien se rendre compte que tout ceci résulte du simple fait que Bach jugea utile, plus tard, de donner un traitement tout à fait particulier au texte «Et incarnatus est de Spiritu sancto ex Maria virgine, et homo factus est». De cette manière, il attire tout spécialement notre attention sur ce texte, qui traite de la naissance du Christ Il est assez singulier que ce soit précisément l'expansion de *Et incarnatus* qui apporte le changement dans la structure des groupes de mesures et fournit ainsi le total 1685 (l'année de la naissance de Bach).

En résumé, nous constatons que nous avons besoin de quatre clés pour voir clair dans la structure globale de la *Messe en si mineur*.
1. La subdivision selon les parties de la messe du culte catholique. Cette subdivision semble avoir été négligée par Bach.
2. La modification effectuée par Bach lui-même par rapport à *Et incarnatus est* et l'addition du duo *Duo voces articuli 2*. Ceci ne devient apparent qu'avec le manuscrit autographe.
3. Le fait de ne pas noter intégralement la répétition de l'*Osanna* (*Osana repetat*). Ici encore il est nécessaire d'examiner le manuscrit autographe.
4. Le fait qu'en trois endroits distincts, où la mesure change dans une séquence musicale ininterrompue, deux mesures soient fondues en une seule «grande mesure», étant donné que Bach omet la barre de mesure et se contente d'indiquer la nouvelle dénomination de mesure.

Chose curieuse, cette quatrième clé est à la fois la plus essentielle pour aboutir à la solution mais aussi le point le plus vulnérable de notre approche. La vulnérabilité réside dans le fait qu'il est quand même un peu artificiel de ne compter qu'une mesure là où il y en a réellement deux. Cette manière d'écrire — le fait de ne pas placer de barre de mesure au changement de la mesure dans le cours d'une même pièce — n'est pas rare chez Bach (p. ex. dans *La Passion selon saint Matthieu*, le passage du duo *So ist mein Jesus nun gefangen* et le chœur *Sind Blitze, sind Donner*). Pourtant auxdits endroits, nous n'avons pas fondu deux mesures en une seule «grande mesure».

---
[3] En allemand : sechzehnhundertfünf und achtzig, soit, littéralement seize cent cinq et quatre-vingt (NdT).

Il s'avère par ailleurs qu'outre cette clé, les deuxième et troisième clés sont elles aussi dépendantes d'une étude de la partition autographe. Ce sont précisément les particularités apportées par Bach dans ce manuscrit qui ouvrent pour ainsi dire l'accès vers une solution permettant de dégager une structure numérique. De plus l'utilisation de ces clés fournit des résultats tellement immédiats et concluants qu'on est amené à reconnaître que Bach a pu, pour une fois — et justement dans la *Messe en si mineur* — avoir recours à cet «artifice» consistant à fondre deux mesures en une seule «grande mesure». Du reste ce n'est que de cette manière que les nombres 1685 et 372 peuvent remonter à la surface, alors qu'au premier abord on ne trouve que 1687 et 373.

Il est évident qu'il convient de vérifier si Bach confirme, d'une manière ou d'une autre, la justesse de cette clé. Nous donnerons trois éléments de confirmation, sans pour autant avoir la prétention de croire que tous les problèmes sont ainsi résolus.
1. Tout d'abord nous examinerons les endroits où Bach a pratiqué cette «fusion» de deux mesures en une. Ainsi, nous découvrons que deux de ces passages sont situés en des endroits assez particuliers, notamment dans la première pièce du groupe de 1685 mesures, la pièce d'ouverture du *Gloria*, et dans la première pièce du groupe de 372 mesures, le *Sanctus*. Plaçons ces deux ensembles côte à côte :

$$\text{Gloria} \quad 3/8 : \quad 99 \qquad \text{Sanctus} \quad \complement : \quad 46$$
$$\text{①} \qquad\qquad\qquad \text{①}$$
$$\text{Et in terra} \; \complement : \quad 75 \qquad \text{Pleni sunt} \; 3/8 : \quad 120$$

Dans le *Gloria*, la mesure passe de 3/8 à $\complement$, alors que c'est exactement l'inverse dans le *Sanctus*. La tonalité est la même pour les deux œuvres (*ré majeur*). De plus, elles commencent toutes deux par une glorification du Créateur, alors que dans la deuxième partie il est question de la terre (*terra*).
La troisième pièce comportant un mesure fusionnée est située au milieu du *Gloria* :

$$\text{Domine Deus} \qquad \complement : \quad 94$$
$$\text{①}$$
$$\text{Qui tollis peccata mundi} \; 3/4 : \quad 49$$

Ici, la première partie consiste en une exaltation des deux premières personnes de la Trinité, le Père et le Fils, dans leur unité; la deuxième partie se rapporte de nouveau à la terre (*mundi* = du monde). Convient-il de considérer la fusion de deux mesures en une comme l'expression symbolique de l'unité du Père et du Fils, du ciel et de la Terre, du visible et de l'invisible, de l'esprit et de la matière?
2. Lorsque nous plaçons l'un derrière l'autre les nombres correspondant aux trois petits ensembles où se situe une fusion de mesures, nous obtenons la disposition suivante :

Gloria	chœur		99	
			①	} 175(0) = 1750
Et in terra	chœur		75	
Domine Deus	duo		94	
			①	} 95 = Todesjahr
Qui tollis	chœur		49	= Juli
Sanctus	chœur	216	46	
		= 3.72	①	} 167 = Achtundzwanzig = 28
Pleni sunt	chœur		120	

$$486 = 2.3.81 = \text{b c h a}$$

L'ensemble supérieur comporte 175 mesures, littéralement 100 et 75, une référence à l'année 1750. En-dessous nous avons 95 = *Todesjahr* (année du décès). Il est logique de prendre ce groupe séparément, puisque *Domine Deus* est un duo, tandis que les autres pièces sont des chœurs. Plus bas nous trouvons le reste du deuxième ensemble : 49 = *Juli* (juillet). Le troisième petit ensemble apporte le complément nécessaire : 167 = *achtundzwanzig* (vingt-huit). Comme nous l'avons vu dans le cas des Sonates pour orgue, 216 (*achtundzwanzig Juli*, vingt-huit juillet) peut encore être interprété comme 3.72 = 372 (1750 dans l'ère Rose-Croix).

Enfin il y a le total « 486 = 2.3.81 = Bach » auquel se rapporte en fin de compte la date et l'année. Nous avons donc là, réunis dans ces petits ensembles, tous les éléments essentiels. Cela apporte une solide confirmation au choix des nombres 1685 et 372 qui sont si étroitement liés à la détermination de ces trois petits groupes.

3. Il y a encore une troisième confirmation, quoique indirecte, pour ladite clé. En effet, les sommes obtenues grâce à la fusion des mesures offre encore une autre possibilité. Dans le schéma que nous entrevoyons, nous nous attachons plus spécialement aux pièces de la *Messe en si mineur*, qui comportent la notion de «reprise». Le duo qui fut renoté (*Duo voces articuli 2*) ainsi que l'*Osanna* qui ne le fut pas (*Osana repetat*) sont deux pièces où cette notion intervient. La première est en effet *écrite* une deuxième fois, tandis que la seconde doit être *exécutée* une deuxième fois. A côté de celles-ci, la *Messe en si mineur* possède encore une autre pièce qui, exception faite du texte, est répétée tant dans la notation que dans l'exécution. Il s'agit de *Gratias agimus tibi* qui est repris à la fin de la messe en tant que *Dona nobis pacem*.

Voyons d'abord comment cette parodie est située dans l'ensemble :

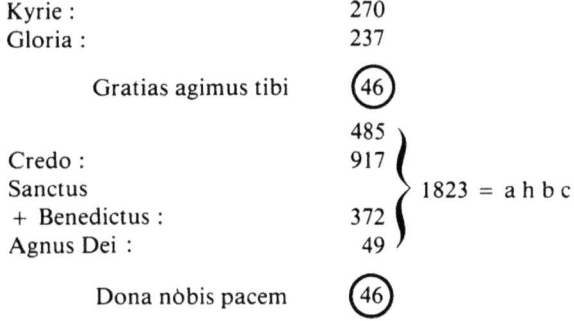

Entre les deux pièces il y a 1823 mesures (= Bach).
Considérons à présent ce qui sépare les autres pièces, dans lesquelles la notion de reprise est moins apparente : les deux duos sur *Et in unum* et les deux *Osannas* :

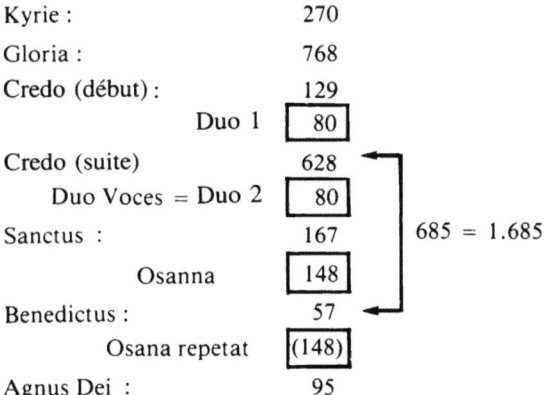

Il y a 628 mesures entre les deux duos et 57 séparent les *Osannas*. Le total des mesures entre ces reprises «cachées» est donc de 685, soit 1.685.
Les résultats assez immédiats obtenus par le nombre de mesures entre les différentes pièces répétées – 1823 = Bach et 1.685 = année de la naissance de Bach – doivent peut-être nous conduire intentionnellement à nous poser la question, assez logique après la mise au jour de ces résultats : quel est le nombre total des mesures qui séparent les deux pièces répétées symboliques, entre le *Et in unum* (duo 2) réécrit mais non exécuté et le *Osana repetat* qui n'a pas été renoté mais qui doit être exécuté ? Nous revenons

ainsi, mais par un autre cheminement, au chiffre clé 372 = 1750. Un schéma résumant les résultats les plus importants révélera dès lors une disposition étonnamment claire et simple.

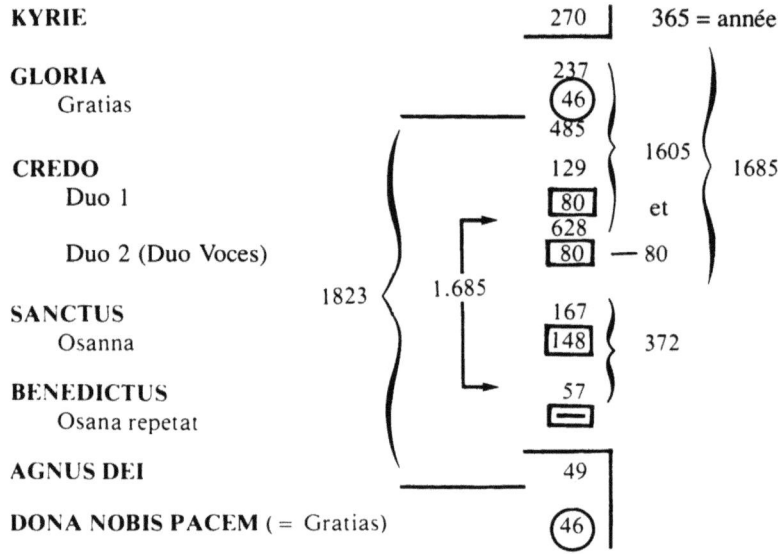

Exemple 46 : La page de titre du *Petit Livre d'Orgue (Orgelbüchlein)*

Bach n'a pas seulement entremêlé des nombres à sa musique, puisqu'il s'avère que pages de titre et textes de liaison cachent souvent un réseau de symboles derrière la signification littérale. Rien de ceci ne se remarque de l'extérieur : le texte contient toujours tous les éléments nécessaires pour exprimer ce qui doit l'être. Toutefois, en prêtant attention au nombre de mots et de lettres et surtout à la valeur numérique des mots (les lettres converties en chiffres, la «gématrie»), il nous est donné à lire bien souvent tout autre chose que le texte proprement dit.

La page de titre du *Petit Livre d'Orgue* en est un bel exemple :

Orgel-Büchlein	Petit Livre d'Orgue
Worinne einem anfahenden Organisten Anleitung gegeben wird, auff allerhand Arth einen Choral durchzuführen, anbey auch sich im Pedal studio zu habilitiren, indem in solchen darinne befindlichen Choralen das Pedal gantz obligat tractiret wird.	Dans lequel à l'organiste débutant il est donné des conseils, [pour] de diverses manières exécuter un choral, ainsi que [pour] dans l'étude du clavier de pédale se perfectionner, puisque dans les chorals y contenus le pédalier est traité entièrement obligato.
Dem Höchsten Gott allein zu Ehren, Dem Nechsten, draus sich zu belehren	A la seule gloire de Dieu le Très-Haut, Au prochain, pour [qu'il puisse] s'y instruire
Autore	L'auteur est
Joanne Sebast: Bach p.t. Capellae Magistri S.P.R. Anhaltini Cotheniensis	Joanne Sebast : Bach p.t. Capellae Magistri S.P.R. Anhaltini Cotheniensis[4]

---

[4] Tentative de traduction serrant le texte original au plus près, afin que le lecteur puisse mieux suivre la suite de la discussion (NdT).

Le texte inséré entre parenthèses sous *Orgel-Büchlein*, dans le fac-similé, « mit 48 ausgeführten Choräle » (avec 48 chorals — complètement — élaborés) n'est pas de la main de Bach. Certaines éditions donnent à tort *Magistro* au lieu de *Magistri*. *Magistro* est sans conteste un latin plus correct, mais il est écrit très clairement *Magistri*. Dès lors *Bach-Dokumente* donne *Magistri*, sans commentaires.

Voici la valeur gématrique des mots du texte original ci-contre :

```
              54 - 71
       92  44    69   116
       98  44    51,  33    71
       45  45    54   165,  14-
       30  32    38   21    36   84   44  20-
       83, 43    22   72    62
       88  72    23   36
       64  63   109   51

       21  88    59   50    44   48,
       21  84,   60   38    44   66

                 76

                 55 63:    14
                 15. 19. 52   92
                 18. 15. 17.  84
                 134
```

Total : 3436

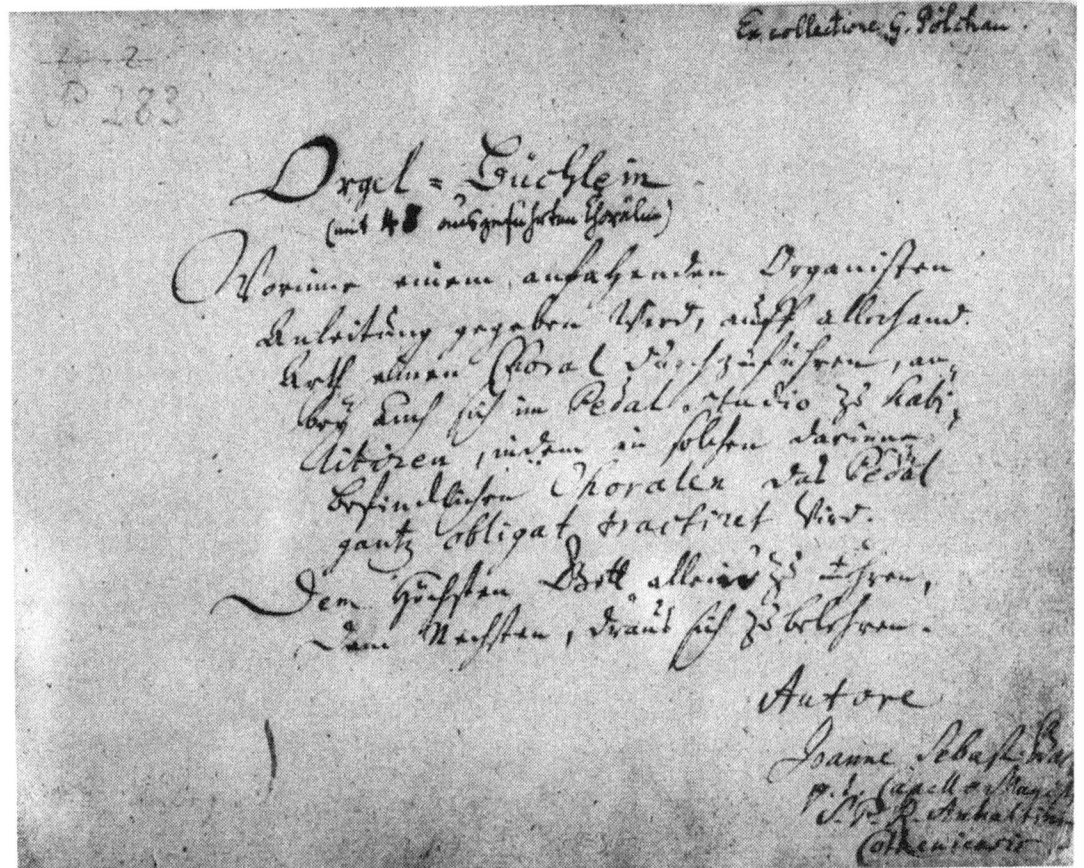

La maxime «**Dem Höchsten Gott allein zu Ehren, / Dem Nechsten, draus sich zu belehren**» est déjà singulière en soi. En y regardant de plus près, on s'aperçoit qu'elle occupe une position tout à fait centrale.

a. Du point de vue gématrique :

```
avant la maxime :   2159 ⎤
maxime               623
après la maxime :    654 ⎦   2813 = B h c a
```

La valeur gématrique des mots qui entourent la maxime s'élève à un total de 2813 = Bach.

b. Du point de vue du nombre de lettres :

```
avant la maxime :   219 ⎤
maxime               58
après la maxime :    64 ⎦   283.1 = B h c a
```

Les 58 lettres de la maxime sont entourées de 283 lettres = 283.1 = Bach.

c. Si nous considérons *Orgel-Büchlein* comme deux mots et les abréviations p.t. et S.P.R. comme cinq «mots» distincts, nous obtenons un total de 60 mots.

```
avant la maxime :   35 ⎤
maxime              12
après la maxime :   13 ⎦   48 = 2.1.3.8
```

Les douze mots de la maxime sont encadrés par 48 mots = 2.1.3.8.= Bach.

Tout ceci contribue à accorder une attention toute particulière à la maxime. Il s'avère que nous devons tout d'abord prendre son message au pied de la lettre. La dédicace *Dem Höchsten Gott allein zu Ehren* part, à notre avis, d'une intention droite et sincère. L'optation *Dem Nechsten, draus sich zu belehren* n'est sans doute pas destinée au seul organiste débutant (*einem anfahenden Organisten*), mais aussi à tout qui veut suivre le texte. De plus, il paraît logique que la maxime contienne une autre valeur fondamentale. Dans ce cas, elle est très certainement cachée, car ni le nombre de mots (12) ni le nombre de lettres (58) ni la valeur gématrique des lettres (623) ne nous fournissent des résultats qui, vu sous l'angle de notre approche, aient un quelconque sens.

En revanche, lorsque nous commençons à grouper les valeurs gématriques des mots pris séparément, alors des perspectives intéressantes se dessinent.

On peut commencer par une division simple et naturelle de la maxime :

```
Dem Höchsten Gott         allein zu Ehren
Dem Nechsten        ,     draus sich zu belehren.
21  88  59                50  44  48
21  84                    60  38  44  66
―――――――――                 ―――――――――――――
  273 = 372                 350 = 1.7.50
```

L'une des parties donne le nombre 273, soit 372 à l'écrevisse — la référence à 1750 dans l'ère rosicrucienne — tandis que l'autre révèle le nombre 350 = 1.7.50 = 1750 de l'ère chrétienne. Nous remarquons ensuite que du côté gauche, tous les mots commencent par une majuscule, alors qu'à droite un seul mot est dans ce cas. Ce mot unique, *Ehren*, livre un nombre significatif : 48 = 2.1.3.8 = Bach. 48 est un complément bienvenu par rapport à 273 — la somme gématrique des mots avec majuscule (à gauche) — car il s'agit ici effectivement de l'année de la mort de Bach.
Le total gématrique des mots commençant par une minuscules est :   50   44
                                                                    60   38   44   66
                                                                    ⎵
                                                                    302

La clé nécessaire pour aboutir à une solution se trouve dans le mot *allein*. Il nous faut isoler ce mot, le mettre «seul», comme le mot lui-même l'exprime du reste. Par ailleurs c'est le «seul» mot que nous devons lire par syllabe. Nous découvrons alors que 302 se compose de :

        al-lein =   12 - 38   =   ab - ch   =   Bach
        le reste = 252   = Christian Rosencreutz

Revenons à la maxime complète pour constater que nous pouvons aussi regrouper d'une part les mots d'une syllabe et ceux de plusieurs syllabes. Voici ce que nous obtenons :

Dem Gott zu   ⎫
 21 59 44   ⎬ 287 = 28   7 (28 juillet 1750)
Dem draus sich zu   ⎪
 21 60 38 44   ⎭

Höchsten allein Ehren ⎫
  88   50   48   ⎬ 336 = 1.4.84 (l'année de la mort de Christian Rosencreutz)
Nechsten belehren   ⎪
  84   66   ⎭

En résumé, la valeur gématrique de l'ensemble de la maxime (623) se compose donc de :
a. Par une «coupure naturelle» :
273 = 1750   350 = 1.7.50

b. Mots commençant par une majuscule :
273 = 1750   48 = Bach.
Mots commençant par une minuscule :
al-lein = 12 + 38 = Bach
252 = Christian Rosencreutz.

c. Mots d'une syllabe :
287 = 28 juillet 1750.
Mots de plusieurs syllabes :
336 = 1.4.84 = l'année de la mort de Rosencreutz.

Autour de cet ensemble sublime, Bach a disposé 48 mots (= Bach) et 283.1 lettres (= Bach) dont la valeur gématrique est de 2813 (= Bach).
Devant un tel tableau une seule conclusion s'impose : ***Dem Höchsten Gott allein zu Ehren / Dem Nechsten, draus sich zu belehren*** (A la seule gloire de Dieu le Très-Haut, Au prochain, afin qu'il qu'il puisse s'y instruire).

Exemple 47 : Les six Sonates et *Partitas* pour violon seul

Pour les *Sei Solo a Violino senza Basso accompagnato* nous partons de la forme «sonore». Du fait que la forme écrite présente différents types de reprises, auxquelles s'ajoute encore un *da capo* dans une des parties, il est pour ainsi dire impossible d'opérer un choix qui puisse être valablement argumenté. Ces difficultés n'existent pas dans la forme «sonore». Quelques remarques s'imposent toutefois, avant d'aller plus loin.

a. La *Ciaccona* dans la deuxième *partita* commence par un temps levé qui n'est pas complété à la dernière mesure.

Il n'y a de situation analogue dans aucune autre pièce des *Sei Solo*. Nous n'avons pas compté la mesure où apparaît ce temps levé.

b. Dans le *Presto* de la première sonate de même que dans la *Corrente* de la première *partita*, Bach a eu recours à une bien curieuse manière de notation. Il donne 3/8 et 3/4 comme dénomination de mesure, mais il n'a tracé de vraies barres de mesure que toutes les deux mesures.

Début du Presto *de la première sonate*

Corrente *de la première* partita

Bach semble donc vouloir fondre chaque couple de mesures en une seule grande mesure. Cette singulière manière de faire constitue l'une des clés de la solution. Il convient de compter les «grandes mesures», tandis que les mesures «escamotées» représentent, pour leur part, un donnée complémentaire.

Le *Presto* (avec reprise) comporte donc, dans ce cas, 136 mesures; la *Corrente*, avec reprise, 80. Les mesures «escamotées» donnent le nombre 216 (136 + 80), qui peut signifier soit 3.72 = 372, soit *achtundzwanzig Juli* (vingt-huit juillet).

c. La *Gavotte en Rondeaux* dans la troisième *partita* est l'autre clé. Il s'agit ici de la seule pièce des *Sei Solo* où il est fait appel au terme *da capo*.

Voici un aperçu de la répartition des mesures dans la forme «sonore» :

SONATE I	Adagio	22	
	Fuga allegro	94	
	Siciliano	20	
	Presto	136 (136)	
		272	
PARTITA I	Allemande	48	
	Double	48	
	Corrente	80 (80)	
	Double Presto	160	
	Sarabanda	64	
	Double	64	
	Tempo di Borea	136	
	Double	136	
		736	
SONATE II	Grave	23	
	Fuga	289	
	Andante	52	
	Allegro	116	
		480	
PARTITA II	Allemanda	64	
	Corrente	108	
	Sarabanda	52	
	Giga	80	
	Ciaccona	256	
		560	

SONATE III	Adagio	47	
	Fuga	354	
	Largo	21	
	Allegro assai	204	
		626	
PARTITA III	Preludio	138	
	Loure	48	
	Gavotte en Rondeaux	108	da capo
	Menuet 1re	68	
	Menuet 2e	64	
	Bourée	72	
	Gigue	64	
		562	

Nous séparons sonates et *partitas*. En gros, ces deux groupes révèlent les nombres suivants :

	Sonates	**Partitas**
I	272	736
II	480	560
III	626	562
	1378	1858

Les trois sonates accrochent directement l'attention. Elles comptent en effet un total de 1378 mesures («sonores») : une référence à l'année de la naissance de Christian Rosencreutz. De plus, ce nombre se présente littéralement sous la forme 1000 et 378. Dans la fugue de la troisième sonate, un renversement en miroir du thème apparaît après 201 mesures. Bach a marqué cet endroit de façon assez singulière par l'indication *al riverso*.

Ce «repère» révèle le schéma que voici :

```
Sonate I      272  ⎫
       II     480  ⎬ 1000
       III     47  ⎪
       Fugue  201  ⎭
                   → al riverso
              153  ⎫ 378
              225  ⎭
              ————
              1378
```

En outre, il est significatif que 378 commence par le nombre 153 = 3.17.3 = C.R.C.

Les trois *partitas* totalisent 1858 mesures. La *Gavotte en Rondeaux* de la troisième *partita*, la seule pièce avec un *da capo*, en est la clé. Il nous faut mettre à part les 108 mesures de cette composition sous la forme 2.3.18 = Bach. Les autres *partitas* comptent alors 1750 mesures, soit le chiffre de l'année où Bach mourut.

L'ensemble des *Sei Solo a Violino senza Basso accompagnato* se compose donc de :

	Sonates		**Partitas**	
I :	272		736	
II :	480	} 1000	560	1750
III :	47		186	
	201			
al riverso ←			da capo 108 = 2.3.18 = B a c h	
	153	} 378	268	
	225			
	1378		1858	

Etant donné que la somme de 1378 et 1750 est 3128 = Bach, le total se décompose en fait comme suit :

1. La pièce avec *da capo* : 108 = 2.3.18 = B a c h
2. Les sonates   1378 }
   Les autres *partitas*   1750 } 3128 = B a c h

Les mesures du *Presto* de la première sonate et de la *Corrente* de la première partita, «escamotées» dans notre comptage, apportent le nombre 216 dont la double signification complète notre schéma. Pris pour 3.72 = 372, il constitue le parfait complément de 1378 et 1750. Par ailleurs, si on y lit *achtundzwanzig Juli* (= 28 juillet) nous avons la date du décès, qui n'était pas encore apparue.

Les solutions sont assez immédiates et dès lors très convaincantes. Toutefois, il est vrai que nous les devons à l'utilisation de deux clés qui, tout en étant assez logiques, soulèvent cependant l'une ou l'autre question. Nous n'arrivons pas à comprendre la raison pour laquelle Bach choisit justement cette manière de disposer et inscrire ses nombres dans les *Sei Solo*. Néanmoins nous pouvons apporter une confirmation qui ajoute encore au caractère convaincant des deux clés dont nous nous sommes servis.

Le troisième bloc, c'est-à-dire la troisième sonate et la troisième *partita*, comporte 626 + 562 = 1188 mesures. En isolant les 108 mesures de la *Gavotte en Rondeaux*, ce troisième bloc révèle :

Gavotte en Rondeaux: 108 = 2.3.18 = Bach
Le reste   : 1080 = 2.3.180 = Bach

Les deux premiers ensembles contiennent 272 + 736 + 480 + 560 = 2048 mesures. Ce groupe se compose donc de :

Presto Sonate I   : 136 }
Corrente Partita I : 80 } 216 = 3.72
Le reste   :   1832 = Bach

Exemple 48 : Le chœur d'ouverture *Herr, unser Herrscher* de *La Passion selon saint Jean*

Il nous semble utile qu'à côté des grandes structures d'ensemble nous donnions aussi un exemple de structure numérique d'une partie isolée de grand ensemble. Ceci permettra notamment un traitement détaillé du nombre de notes. Nous avons donc choisi le chœur d'ouverture de *La Passion selon saint Jean*; d'une part parce que nous sommes en possession d'un manuscrit autographe très lisible, qui exclut les risques d'erreur dans la lecture des notes, et d'autre part parce que la grandiose structure musicale (plus de sept mille notes pour le chœur et l'orchestre !) démontre sans aucune ambiguïté la maîtrise de Bach en la matière.

Les mesures révèlent la structure suivante :

Section I
- A   9 mesures d'orchestre avec pédale dans la basse.
- B   9 mesures d'orchestre, progression harmonique et cadence.
- A'   12 mesures, élaboration de A pour chœur et orchestre, sur le texte *Herr unser Herrscher*. 2 mesures de conclusion pour l'orchestre sur des motifs de A.
- C   4 mesures, traitement en imitation sur le texte *Herr unser Herrscher*.
- D   3 mesures, canon sur le même texte.
- A   9 mesures, élaboration du A pour chœur et orchestre.
- B   9 1/2 mesures, élaboration du B pour chœur et orchestre avec cadence terminale.

Section II^a
- C   8 mesures, traitement en imitation sur le texte *Zeig' uns durch deine Passion*.
- E   3 1/2 mesures, traitement séparé du texte *zu aller Zeit, auch in der größten Niedrigkeit* (une certaine analogie avec A).
- A   8 1/2 mesures, élaboration de A sur un nouveau texte *verherrlicht worden bist*.

Section II^b
- C   4 mesures, reprise du traitement imitatif sur le texte *Zeig' uns durch deine Passion*.
- E   3 1/2 mesures, reprise du traitement séparé du texte *zu aller Zeit, auch in der größten Niedrigkeit*.
- B   10 mesures, élaboration de B sur le texte *verherrlicht worden bist*.

Après la partie II^b, Bach indique *da capo*. Au départ de cette forme donnée par Bach lui-même, il est possible d'arriver à une solution cohérente et complète pour ce qui est de la structure de l'œuvre selon les notes. A cet effet, il nous faut séparer les notes du chœur de celles de l'orchestre et donc aborder les unes et les autres séparément.

1. Les notes du chœur

Afin de ne pas trop compliquer l'ensemble, nous prendrons tout d'abord les notes du chœur jusqu'au point d'orgue. Pour trouver la solution, il nous faut suivre les différentes divisions de la structure et isoler les invocations caractéristiques *Herr* dans la division A.

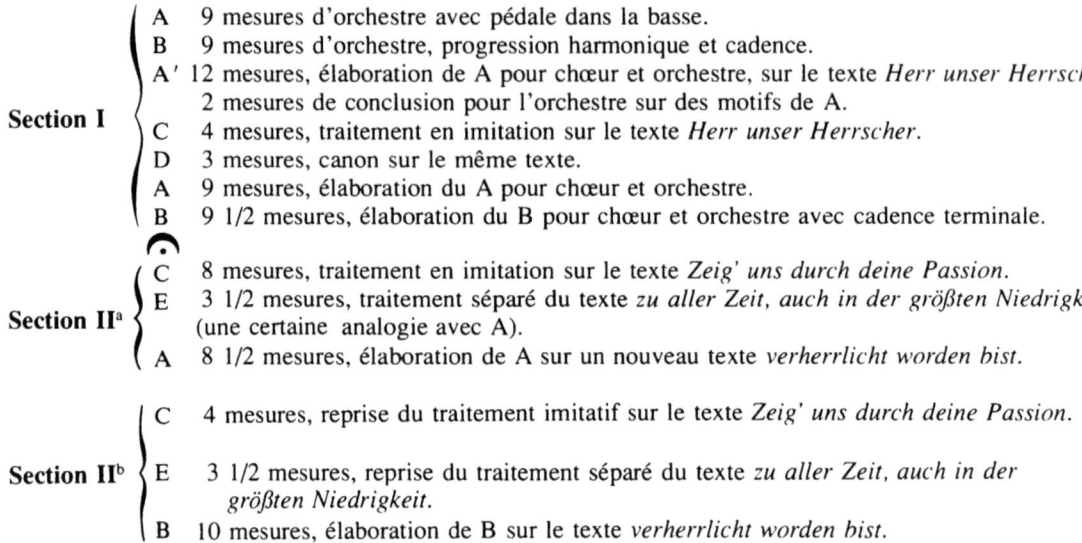

Dans la division A, les groupes *unser Herrscher* comportent 372 notes. Dans les divisions A + B, ces mêmes groupes *unser Herrscher* en contiennent 544, de telle sorte que dans les groupes correspondants on rencontre l'année du décès et l'épitaphe. Bien que ces deux groupes soient élaborés différemment, ils commencent exactement de la même manière (les 121 notes de A' sont reprises «textuellement» dans les mesures 41 à 44).

Les 160 notes de C + D doivent être regroupées avec les groupes de 12, *Herr*, afin d'obtenir 196 = 28.7. Bach fournit un élément qui vient confirmer la justesse de ce regroupement. En effet, dans les groupes de 160 nous trouvons, dans les mesures 37 à 39, des invocations *Herr* simultanées à l'alto et au ténor :

Voyons à présent les notes après le point d'orgue (la partie centrale). Ici encore, il faudra avoir recours à une clé. Sur la partition, Bach a indiqué *piano* pour la musique sur le texte *auch in der größten Niedrigkeit*, dans toutes les voix, et *forte* pour *verherrlicht worden bist*. Voici, par exemple l'indication *forte* à la mesure 69 :

mesure 69

Les passages *piano* et *forte* doivent être isolés :

	zeig	piano auch	forte verherrl.	zeig	piano auch	forte verherrl.
Mesure	58-67	67-69	69-78	78-83	83-86	86-95
S :	43	11	100	28	11	95
A :	50	10	105	20	8	100
T :	44	10	96	25	8	86
B :	48	8	70	32	10	70
	185	39	371	105	37	351

798 = 21.38

290 = Christianus Rosencreutz

Les fragments sans ces indications — sur le texte *Zeig uns durch deine Passion* — contiennent 290 notes = Christianus Rosencreutz. Ceux pourvus des indications *piano* et *forte* en totalisent 798 = 21.38, nombre bachien s'il en est.

Les notes du chœur donnent un tableau très complet :

- 28.7   la date du décès de Bach
- 372   l'année de la mort de Bach dans l'ère de
- 290   Christianus Rosencreutz
- 21.38   Bach
- 544   l'épitaphe.

La somme de ces notes est 2200, soit le centuple de 22 = χ = *Christos* !

2. Les notes d'orchestre

Bach a noté les notes d'orchestre sur six portées :

flûte 1 + hautbois 1
flûte 2 + hautbois 2
violon 1
violon 2
violon alto
continuo

Il nous faut tout d'abord faire remarquer que dans la plupart des éditions modernes la partition diffère quelque peut du manuscrit autographe en certains endroits.
a. Dans le continuo, Bach a doté toutes les notes, des mesures 51 à 58 incluse (⌢), de deux hampes. Nous les avons donc comptées pour deux notes (voir reproduction de la partition ci-après).

Cela vaut aussi pour la mesure 69 (temps levé) et les suivantes jusques et y compris les quatre premières croches de la mesure 78.
Il convient de noter qu'à partir de la mesure 86 et jusqu'à la fin, Bach n'a mis qu'une seule hampe à chaque note.
b. Dans les mesures 66 à 68 et 82 à 83, Bach n'a écrit que deux parties pour les vents au lieu de trois. Dans la portion de l'original reproduite plus haut pour l'exemple relatif à l'indication *forte*, la deuxième moitié de la mesure 67 est encore tout juste visible, de telle sorte que le lecteur pourra vérifier par lui-même que Bach s'est limité à noter les sixtes parallèles. La majorité des partitions éditées ajoutent ici une voix médiane basée sur une partition retrouvée. Il va de soi que, en ce qui concerne la structure numérique, il importe que nous nous tenions strictement à la notation autographe.

Pour dégager le contenu des notes d'orchestre, il nous faudra toujours prendre les grandes divisions A et B comme un tout ; tandis que dans les divisions C + D et C + E, les vents et les cordes devront être considérés séparément.

A + B

mesure	A + B + A' 1-32	A + B 40-58	A 70-78	B 86-fin
flûte 1	61	35	22	19
flûte 2	66	36	18	15
violon 1	512	289	136	145
violon 2	508	287	135	144
alto	380	216	108	98
continuo	320	224	138	73
	1847 SDG	1087	557	494
			2138 Bach	

Le premier bloc, formé de trois groupes A, B et A' enchaînés, comporte 1847 notes. Ce nombre symbolise S D G (18-4-7), l'abréviation de *Soli Deo Gloria*. Cette entrée sublime, Bach la confirme de façon très élégante en donnant à jouer comme première note de la première mesure un *es* (*mi* bémol), pour la première flûte, et un *d* suivi d'un *g* (*ré*, *sol*)[5], pour la deuxième flûte.

---

[5] Il s'agit du système allemand de notation musicale dont l'essentiel est rappelé dans l'encadré de la page 10 (NdT).

Etant donné l'homophonie entre la note *es* et la lettre S, les trois notes *es-d-g* évoquent S-D-G et symbolisent pour ainsi dire l'accès au groupe de 1847 notes *Soli Deo Gloria*.

Les divisions séparées A + B, A et B, prises ensemble, offrent un contenu tout aussi admirable. 2138 est en effet la plus parfaite des références au nom de Bach.

Nous avons placé les césures de la manière suivante :

Mesure 33 : les vents après le premier temps, les autres avant le premier temps.
Mesure 40 : les vents après le premier temps, les autres avant le premier temps.
Mesure 58 : toutes les voix après le premier temps (point d'orgue).
Mesure 70 : toutes les voix avant le premier temps, le continuo avant le temps levé (dernière note de la mesure 69).
Mesure 78 : les vents après le troisième temps, les autres avant le troisième temps.
Mesure 86 : la flûte I avant le premier temps de la mesure 85, les autres avant le premier temps de 86.

C + D

Dans les divisions C + D et C + E, il convient de traiter les vents et les cordes en groupes séparés.

	C		D	
mesure	33 – 36		37 – 40	
flûte 1	14	} 28	4	} 7
flûte 2	14		3	
violon 1	16		30	
violon 2	16	} 112 = 2.8.7	30	} 112 = 2.8.7
alto	16		28	
continuo	64		24	

La césure à la mesure 37 est prise après le *do* de la flûte I, note pourvue d'une liaison de prolongation, et après le *mi* bémol de la flûte II, puisque ce sont les notes finales de l'imitation. Dans les autres voix, la césure se place avant le premier temps. L'imitation dans les vents forme deux petits groupes de 14 = 28 notes, suivies de 4 + 3 notes détachées. Ceci nous fournit 28 et 7, une référence au 28 juillet, la date de décès.

Les cordes et le continuo exécutent, ensemble, deux groupes de 112 notes. Interprété en tant que 2.8.7, ce nombre constitue une double référence à la date de décès. Lorsqu'on s'aperçoit que les notes du chœur dans cette division C + D, couplées aux invocations *Herr*, sont au nombre de 196 = 28.7, on ne pourra que se rendre à l'évidence : Bach a inscrit la date de sa mort de trois façons différentes.

<pre>
            Les vents : 28 et 7
            Les cordes : 2.8.7 et 2.8.7
            Le chœur   : 28.7
</pre>

C + E

	Première division C + E		Deuxième division C + E	
mesure	58 – 66	66 – 70	78 – 82	82 – 86
flûte 1	27	25	13 ⎫ 27	17
flûte 2	27	25	14 ⎭	17
violon 1		70 ⎫		54 ⎫
violon 2		70 ⎬ 372 = 1750		54 ⎬ 252 = Christian Rosencreutz
alto		70 ⎪		54 ⎪
continuo		162 ⎭		90 ⎭

L'imitation dans les voix des vents donne littéralement trois fois vingt-sept notes, soit 27.3, c'est-à-dire 372 à l'écrevisse (= 1750). Ce qui reste dans les voix des vents — des groupes de doubles croches — forme un nombre bachien puisque 25 + 25 + 17 + 17 = 84, qui peut être lu 3.28.1.

Les cordes, avec le continuo, dans la première division C + E totalisent 372 notes (= 1750), tandis la deuxième division C + E nous fournit le nombre 252 = *Christian Rosencreutz*.

Lorsque nous plaçons les divisions C + D et C + E côte à côte, tout apparaît être à sa place :

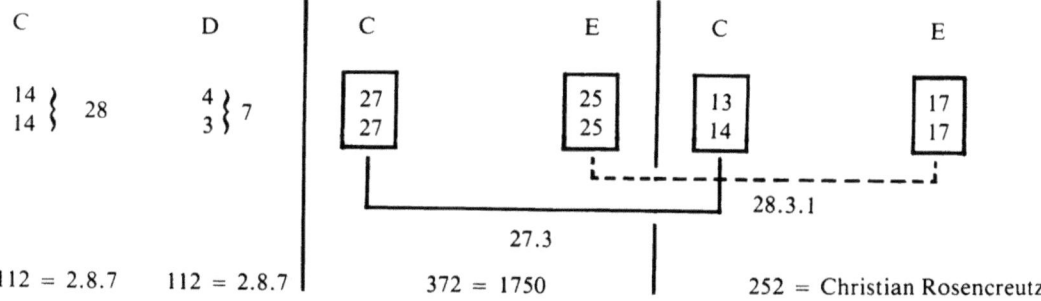

Un aperçu global de l'impressionnante structure formée par les notes du chœur d'ouverture de *La Passion selon saint Jean* présente le tableau que voici :

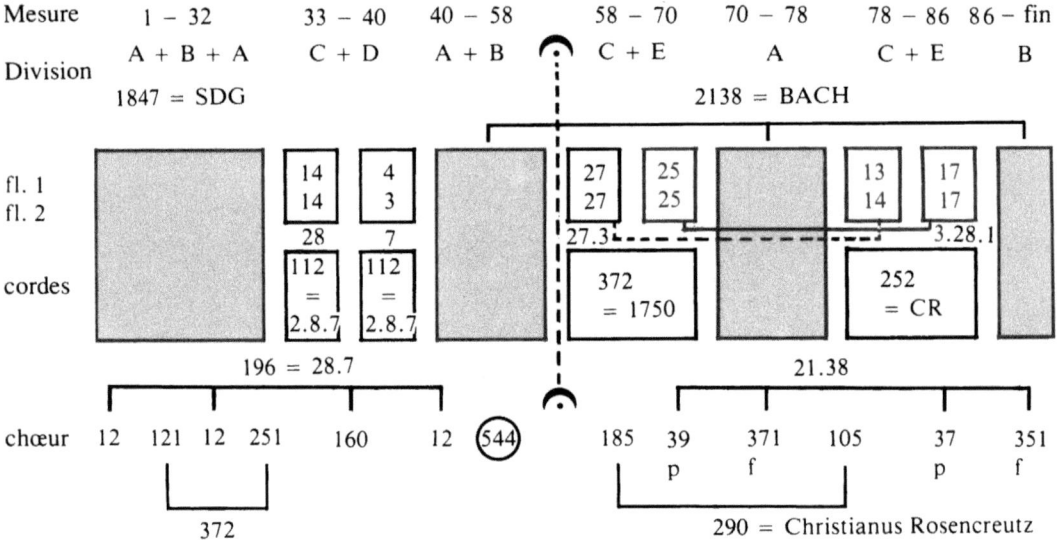

La date ainsi que l'année du décès apparaissent trois fois, combinées avec les noms de Bach et de Rosencreutz.

Dans les parties des vents nous avons	28 + 7, 27.3 et 28.3.1
Dans les parties des cordes	2.8.7, 372 et 252
	2.8.7
Dans le chœur	28.7, 372, 290 et 21.38

Le groupe de 544 notes, symbole de l'épitaphe, occupe une position centrale. Le tout est encadré par les deux groupes imposants 1847 = *Soli Deo Gloria* et 2138 = Bach.

Exemple 49 : A propos du *Clavier bien tempéré*

Après avoir terminé, en 1722 la série des 24 Préludes et fugues dans toutes les tonalités, Bach entreprit encore une fois le même travail titanesque quelque vingt années plus tard. Le deuxième volume du *Clavier bien tempéré* offre une approche musicale toute différente. Ceci peut être, en soi, suffisant pour expliquer pourquoi Bach estimait devoir accomplir une nouvelle fois cette tâche. Cependant, on peut s'interroger sur la raison pour laquelle cette deuxième création devait, elle aussi, passer nécessairement par toutes les tonalités.

Il est dès lors fort probable que Bach avait une intention toute particulière. La chose devient plus évidente lorsqu'on considère la chose du point de vue numérologique. Il apparaît en effet qu'on peut considérer le deuxième volume comme étant un complément du premier. Les structures du premier volume sont confirmées et élaborées dans le second, tandis que ce dernier est conçu de telle sorte que les nombres du premier livre y reçoivent un nouvel éclairage dans la mesure où ils sont le reflet de certaines structures du second volume. Il en résulte des schémas complexes qui ne peuvent être saisis qu'avec peine dans leur globalité.

C'est pour cette raison que nous avons hésité longuement avant de nous résoudre à présenter également un exemple du *Clavier bien tempéré*. Nous nous limiterons aux grandes lignes, les aspects les plus clairs. Par ailleurs, nous n'avons nullement la prétention d'être en mesure de pouvoir présenter une solution définitive, toute faite, de la structure numérique de cet ensemble grandiose. Nous avons plutôt le sentiment très net de ne pas encore avoir découvert les schémas les plus essentiels.

Par ailleurs, il nous semblait qu'un aperçu de la structure numérique de cette «Bible de la Fugue» ne pouvait pas manquer dans cette étude. Ceci d'autant plus que nous pensons que c'est précisément à partir de la symbolique des nombres qu'il est possible d'expliquer, de façon significative, les raisons

J.S. BACH : 21 3 1685 - 28 7 1750

qui incitèrent à la composition d'une deuxième série de 24 Préludes et fugues dans toutes les tonalités, et ce vingt années après que la première série ait été achevée.

L'aperçu donne d'emblée les deux recueils placés côte à côte. Dans les pièces avec reprises, nous n'avons compté pour deux que les seuls passages marqués $\overline{1|}\overline{|2}$, comme d'habitude.

	Préludes I	Fugues I		Préludes II	Fugues II
I	35	27	*do* majeur	34	83
II	38	31	*do* mineur	28 :||	28
III	104	55	*do* dièse majeur	50	35
IV	39	115	*do* dièse mineur	62	71
V	35	27	*ré* majeur	56 :||	50
VI	26	44	*ré* mineur	61	27
VII	70	37	*mi* bémol majeur	71	70
VIII	40	87	*mi* bémol (*ré* dièse) mineur	36 :||	46
IX	24	29	*mi* majeur	54 :||	43
X	41	42	*mi* mineur	156 $\overline{1}\|\overline{2}$	86
XI	18	72	*fa* majeur	72	99
XII	22	58	*fa* mineur	70 :||	85
XIII	30	35	*fa* dièse majeur	75	84
XIV	24	40	*fa* dièse mineur	43	70
XV	19	86	*sol* majeur	48 :||	72
XVI	19	34	*sol* mineur	21	84
XVII	44	35	*la* bémol majeur	77	50
XVIII	29	41	*sol* dièse mineur	50 :||	143
XIX	24	54	*la* majeur	33	29
XX	28	87	*la* mineur	32 :||	28
XXI	20	48	*si* bémol majeur	87 :||	93
XXII	24	75	*si* bémol mineur	83	101
XXIII	19	34	*si* majeur	46	104
XXIV	47 :||	76	*si* mineur	33	100
	819	1269		1378	1681

1. Dans un premier temps nous allons porter notre attention sur un schéma simple au départ du premier recueil. Ces 24 Préludes et fugues, disposés symétriquement en groupes de huit, quatre, quatre et huit pièces, révèlent les éléments suivants :

8 Préludes et fugues : 810 = 27.30 = 273
4 Préludes et fugues : 306 = 3.102 = 312
4 Préludes et fugues : 287 = 28 7
8 Préludes et fugues : 685 = 1.685

La division en huit-quatre-quatre-huit est déterminée par Bach lui-même du fait du changement de notation entre les tonalités de *mi* bémol à *ré* dièse et de *la* bémol à *sol* dièse.

	8	*do* majeur *do* mineur *do* dièse majeur *do* dièse mineur *ré* majeur *ré* mineur **mi bémol majeur** **ré dièse mineur**	}	27.30
axe médian	4	*mi* majeur *mi* mineur *fa* majeur *fa* mineur	}	3.102
	4	*fa* dièse majeur *fa* dièse mineur *sol* majeur *sol* mineur	}	287
	8	**la bémol majeur** **sol dièse mineur** *la* majeur *la* mineur *si* bémol majeur *si* bémol mineur *si* majeur *si* mineur	}	1.685

Attention : du fait de ce changement de notation, il n'y a pas 12 mais 14 dénominations de tonalité !
En regardant les quatre chiffres obtenus, il apparaît clairement que, dans les limites des possibilités, la date de décès et l'année de naissance sont inscrites d'une manière parfaitement évidente (287 = 28 7 et 685 = 1.685 = 1685). L'année du décès, dans l'ère rosicrucienne (810 = 27.30 = 273), et la date de naissance (306 = 3.102 = 312) sont moins claires, quoiqu'il soit assez singulier que chacun des nombres doive être lu de droite à gauche (273, c'est 372 à l'écrevisse ; 312 = 21 3 de même). En outre, Bach a fourni, précisément pour ces deux nombres, une confirmation particulièrement nette. A cette fin, il convient de considérer la somme des chiffres. Le premier prélude et la première fugue comptent, ensemble, 62 mesures. La somme des chiffres est 8 (6 + 2 = 8). Nous obtenons de cette façon :

	Prélude + fugue		Somme des chiffres	
I	62		8	
II	69		15	
III	159		15	
IV	154	810 = 27.30	10	81 = 27.3
V	62		8	
VI	70		7	
VII	107		8	
VIII	127		10	
IX	53		8	
X	83	306 = 3.102	11	36 = 3.12
XI	90		9	
XII	80		8	

Les résultats identiques obtenus tant pour le nombre de mesures que pour la somme des chiffres formant ces nombres, constituent, à nos yeux, une confirmation toute particulière. Le lecteur peut facilement vérifier par lui-même qu'il ne s'agit là nullement d'une issue automatique !

La structure « huit-quatre-quatre-huit » du premier recueil est reflétée, dans une certaine mesure, par celle du deuxième. Nous pouvons en effet diviser ce dernier en deux fois douze, mais il nous faudra toutefois dissocier préludes et fugues pour les douze premières paires :

	Recueil I Prélude + fugue		Recueil II Prélude + fugue		
8 :	810 = 27.30				
4 :	306 = 3.102	1.750	398 410	1.723	
			352 313		
4 :	287		187 310		
8 :	1.685		441 648		
			1586		

Aux résultats du premier recueil s'ajoutent, dans le second, trois nombres se rapportant à des années :
- 1.750 = 1750, l'année de la mort de Bach.
- 1.723 = 1723, l'année où Bach trouve, par son élection comme Cantor de Saint-Thomas, à Leipzig, sa charge définitive. C'est aussi une des années, de l'ère chrétienne, dont le nombre comporte les chiffres de l'année correspondante de l'ère Rose-Croix (1723-372).
- 1586 = 1586, l'année de la naissance de Johann Valentin Andreae, l'auteur probable de la *Fama Fraternitatis* et de la *Confessio Fraternitatis*. Ce nombre révèle une certaine similitude avec celui désignant l'année de la naissance de Bach.

2. Nous allons à présent partir de la série des Préludes et fugues du second recueil. Le nombre total de mesures de cet ensemble constitue déjà en soi une indication particulière (1378 est en effet l'année où naquit Christian Rosencreutz). Les préludes du second recueil sont, en général, conçus selon une autre idée de base que ceux du premier recueil. L'influence de la forme bipartite se fait sentir. Cela se voit directement dans la série des nombres, puisque nous constatons que la série du second recueil comporte bien dix préludes dotés d'un signe de reprise, tandis que dans le premier recueil seul le dernier prélude présente un signe de reprise. Il va dès lors de soi que l'on songe à réunir les préludes avec reprise du second recueil. Le Prélude en *mi* mineur avec 1|2 occupe ici une position très spéciale.

II	*do* mineur	:||	28	174 = 2.87
V	*ré* majeur	:||	56	
VIII	*mi* bémol mineur	:||	36	
IX	*mi* majeur	:||	54	
X	*mi* mineur	1|2	156	= 78.2
XII	*fa* mineur	:||	70	287
XV	*sol* majeur	:||	48	
XVIII	*sol* dièse mineur	:||	50	
XX	*la* mineur	:||	32	
XXI	*si* bémol majeur	:||	87	

D'une manière strictement logique on voit ici apparaître trois références à la date de décès.

Dans ce schéma aussi la somme des chiffres offre une belle confirmation.

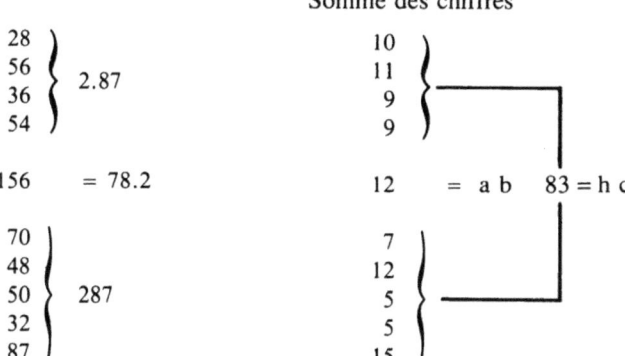

		Somme des chiffres		
28	2.87	10		
56		11		
36		9		
54		9		
156	= 78.2	12	= a b	83 = h c
70	287	7		
48		12		
50		5		
32		5		
87		15		

Etant donné que nous avons isolé dix préludes avec signe de reprise, il en reste donc 14 (!) *sans* signe de reprise :

III	50	
IV	62	
VI	61	
VII	71	
XI	72	
XIII	75	
XIV	43	𝄐
XVI	21	
XVII	77	
XIX	33	
XXII	83	
XXIII	46	
XXIV	33	𝄐
	761	

Parmi ces pièces, il y en a deux qui présentent un point d'orgue. Ces derniers sont à la base d'une solution simple :

Les pièces avec point d'orgue : $\left.\begin{array}{l}\frown 43 \\ \frown 33\end{array}\right\}$ 76 = 2.1.38 = bach

Les douze autres : (761 - 76) = 685 = 1.685 = 1685.

Les 1378 (!) mesures des préludes du second recueil se composent de :

$$\begin{array}{ll}\text{Pièces avec signe de reprise :} & \text{:|| } \quad 2.87 \\ & \underline{\text{:|| } \quad 287} \\ & \overline{1|2} \quad 78.2\end{array}$$

Pièces sans signe de reprise : $\frown$ 2.1.38
et 1.685

Comment tout ceci se projette-t-il dans les préludes du premier recueil ?
En face des préludes avec reprise nous avons :

	Recueil I	**Recueil II**	
	$\left\{\begin{array}{l}38 \\ 35 \\ 40 \\ 24\end{array}\right.$	$\left.\begin{array}{l}28 \\ 56 \\ 36 \\ 54\end{array}\right\}$	2.87
255 = 1750	41 = J S Bach	156 = 78.2	
	$\left\{\begin{array}{l}22 \\ 19 \\ 29 \\ 28 \\ 20\end{array}\right.$	$\left.\begin{array}{l}70 \\ 48 \\ 50 \\ 32 \\ \frown 87\end{array}\right\}$	287

En face de 156 nous trouvons 41 = J S Bach. En regard de 2.87 + 287 (cf. couplage opéré dans la «confirmation par la somme des chiffres») il y a 255 = *siebzehnhundertfünfzig* = 1750 (dix-sept cent cinquante).

Pour ce qui est d'une projection, dans le recueil I, des 14 préludes restants du recueil II, nous ne sommes pas encore en mesure de proposer une bonne solution. Voici ce que nous avons :

Recueil I		**Recueil II**	
35		34	
104		50	
39		62	
26		61	
70		71	
18		72	
30		75	1.685
24		$\frown$ 43	
19		21	
44		77	
24	2.1.38	33	
24		83	
19		46	
47		$\frown$ 33	

3. Pour terminer nous porterons notre attention sur l'ensemble en *mi* mineur.
Dans le schéma des préludes avec reprise, dans le second recueil, nous avons isolé le prélude en *mi* mineur qui est le seul à présenter l'indication $\overline{1|2}$. En effectuant la projection dans la série des préludes du premier recueil, nous avons constaté qu'au 156 = 78.2 semblait correspondre le nombre 41 = J S Bach. Lorsque nous creusons quelque peu dans ce sens, il s'avère que les deux fugues en *mi* mineur fournissent, elles aussi, des nombres particuliers. Et c'est ainsi que nous nous apercevons que le groupe des pièces en *mi* mineur est le seul des groupes de quatre pièces dans une même tonalité à présenter quatre nombres dont la signification est remarquablement cohérente.

mi mineur : 41 = J S Bach   42 = 3.7.2   156 = 78.2   86 = *ich sterbe* (je meurs)

De plus, chacun de ces quatre morceaux se distingue d'une manière ou d'une autre sur le plan de la musique. Le prélude du premier recueil présente un changement de tempo. La fugue est la seule à deux voix dans les deux recueils; elle est également la seule à contenir deux singulières mesures à l'unisson (mesures 19 et 38). Le prélude du second recueil est le seul avec l'indication $\overline{1|2}$, tandis que la fugue est l'unique pièce avec deux points d'orgue.
Une élaboration détaillée du nombre de notes de ces quatre œuvres prendrait, à notre avis, trop de place. Nous nous limiterons dès lors à une approche globale des deux pièces du premier recueil.
Le prélude comporte 1150 notes. Le nombre 115 peut symboliser les mots «28 *Julius*» (28 + 87). L'emploi du latin pour désigner le nom des mois (en l'occurrence, juillet) n'est pas inhabituel pour l'époque. Ainsi nous pouvons lire dans un rapport sur la mort de Bach : «Den 28 Julii nach Mittag um 8 Uhr, gieng aus der Zeitlichkeit Herr Johann Sebastian Bach...» (Le 28 de *julius* après midi à 8 heures, le sieur Johann Sebastian Bach quitta l'univers temporel)[6].
Le nombre 1150, c'est 115 complété d'un zéro = 28 *Julius*.

Le changement de tempo donne assez simplement la division suivante :

Mesures :	22	19
Notes :	590	560

Tout comme nous avons pris 1150 pour 115, ainsi nous lisons dans 590 le nombre 59 = *Monat* (mois) et dans 560, le nombre 56 = *Datum* (date). En outre les 560 notes de la partie *presto* se composent en fait de :

main droite $\{\begin{array}{c}236\\51\end{array}\}$ 287 = 28 juillet

main gauche $\{\begin{array}{c}34\\239\end{array}\}$ 273 = 372 = 1750

La fugue contient 810 notes. Ce nombre-ci est, lui aussi, complété d'un zéro, puisque 810 = 27.30, soit une référence à 273 (372 à l'écrevisse).
Tous les nombres sont décuples (1150 = 115 fois 10, 590 = 59 fois 10, 560 = 56 fois 10 et 810 = 81 fois 10). Cela apparaît, en fait, comme une qualité si l'on songe que le prélude et fugue en *mi* mineur est la dixième pièce du *Clavier bien tempéré*! Le total des deux pièces constitue l'apothéose, car 1960 (1150 + 810) indique 196 = 28.7 et est, lui aussi, donné comme décuple. Par-dessus le marché, on peut parfaitement réunir 810 et 590 et ainsi obtenir 1400 qui est le centuple de la valeur numérique du nom de Bach.

---

[6] A. Kriegel, *Nützliche Nachrichten von denen Bemühungen derer Gelehrten*, Leipzig, 1750.

Nous résumerons encore dans un schéma les résultats obtenus dans cette approche globale du nombre total de notes du Prélude et fugue X en *mi* mineur :

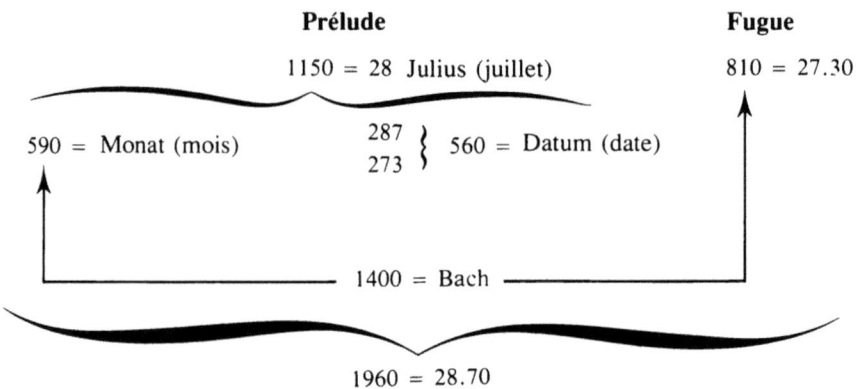

Exemple 50 : Les paroles du Christ dans *La Passion selon saint Jean*

Les paroles du Christ dans *La Passion selon saint Jean* constituent, tant par rapport aux notes que par rapport aux mesures, un ensemble homogène.

Un premier coup d'œil général fait apparaître que dans cet Evangile de Jean, le Christ n'a pas souvent la parole. Il ne parle que quinze fois en se limitant parfois même à quelques mots. C'est pourquoi le traitement musical réservé par Bach à ces paroles du Christ dans *La Passion selon saint Jean* est des plus simple. En fait, les notes écrites pour ces paroles du Christ se distinguent à peine des autres notes du récitatif. Dès lors les notes du Christ constituent une subdivision des ensembles «récitatif et chœur». Par ensemble «récitatif et chœur» nous entendons une suite ininterrompue de fragments de récitatif et de chœur (le texte de la Bible) *entre* les chœurs, chorals et arias autonomes. Le premier ensemble commence après le chœur d'ouverture et se compose de récitatif-chœur-récitatif et chœur. Il est suivi d'un choral et comporte 39 mesures. Dans cet ensemble, le Christ prend quatre fois la parole. Nous comptons les mesures à l'intérieur de l'ensemble en question.

Aperçu général :

A l'intérieur d'un ensemble de 39 mesures (numéros 2 à 6 inclus) : Mesure
1. *Wen suchet ihr?* 16 + 17 = 33
2. *Ich bin's* 23
3. *Wen suchet ihr?* 29 + 30 = 59
4. *Ich hab's euch gesagt daß ich's sei, suchet ihr denn mich, so lasset diese gehen.* 36 à 38 inclus = 111

A l'intérieur d'un ensemble de 15 mesures (numéro 8) :
5. *Stekke dein Schwert in die Scheide; soll ich den Kelch nicht trinken, den mir mein Vater gegeben hat?* 11 à 15 incl. = 65

A l'intérieur d'un ensemble de 46 mesures (numéro 14) :
6. *Ich habe frei, öffentlich geredet vor der Welt. Ich habe allezeit gelehret in der Schule, und in dem Tempel, da alle Juden zusammenkommen, und habe nichts im Verborgnen geredet. Was fragest du mich darum? Frage die darum die gehöret haben, was ich zu ihnen geredet habe, dieselbigen wissen, was ich gesaget habe!* 25 à 36 incl. = 366
7. *Hab' ich übel geredet, so beweise es, daß es böse sei, hab' ich aber recht geredt, was schlägst du mich?* 43 à 46 incl. = 178

Dans un ensemble de 80 mesures (numéros 22 à 26 inclus) :
8. *Redest du das von dir selbst, oder haben 's dir Andere von mir gesagt?*   67 à 70 incl. = 274
9. *Mein Reich ist nicht von dieser Welt; wäre mein Reich von dieser Welt, meine Diener würden darob kämpfen, daß ich den Juden nicht überantwortet würde! Aber, nun ist mein Reich nicht von dannen.*   78 à 80 incl. = 539

Dans un ensemble de 29 mesures (numéros 28 à 30 inclus) :
10. *Du sagst's, ich bin ein König. Ich bin dazu geboren und in die Welt kommen, daß ich die Wahrheit zeugen soll. Wer aus der Wahrheit ist, der höret meine Stimme*   4 à 9 incl. = 39

Dans un ensemble de 106 mesures (numéros 33 à 39 inclus) :
11. *Du hättest keine Macht über mich, wenn sie dir nicht wäre von oben herab gegeben; darum, der mich dir überantwortet hat, der hat 's größ're Sünde.*   99 à 104 incl. = 609

Dans un ensemble de 83 mesures (numéros 53 à 55 inclus) :
12. *Weib! Siehe, daß ist dein Sohn!*   79 à 81 incl. = 240
13. *Siehe, das ist deine Mutter.*   82 + 83 = 165

Dans un ensemble de 14 mesures (numéro 57) :
14. *Mich dürstet.*   6 = 6
15. *Es ist vollbracht.*   13 + 14 = 27

Dans les sixième et septième paroles se trouve le noyau ésotérique. Le Christ parle ici de son enseignement! Dès lors Bach a placé ces paroles sous le numéro 14, le nombre afférent à son nom.

La somme des mesures des sixième et septième paroles donne le résultat suivant :

     6.   366 = 2.183 = B a h c   } 544 = l'épitaphe
     7.   178 = 2.1.89 = B S J

Bach a donc placé les paroles du Christ de telle façon que le total des mesures donne le nombre correspondant à l'épitaphe. Le fait que cela se situe précisément dans les paroles du Christ nous semble caractéristique pour la place qu'occupait l'épitaphe dans la foi du Cantor de Saint-Thomas.

Autour de ce noyau, les sommes des numéros des mesures relatives aux paroles du Christ révèlent ceci :

1.	33	
2.	23	
3.	59	
4.	111	
5.	65	
6.	366	} 544 = l'épitaphe
7.	178	
8.	274	
9.	539	
10.	39	
11.	609	2190 = 3.1.730 = C R C
12.	240	
13.	165	
14.	6	
15.	27	

Ceci montre bien clairement que les sixième et septième paroles constituent le centre et que la symbolique de Rosencreutz accompagne également les paroles du Christ dans *La Passion selon saint Jean*. Dans quelle mesure ce «centre» se rapporte à Bach, nous le découvrons grâce à la structure des notes dans le passage reliant la sixième à la septième parole.

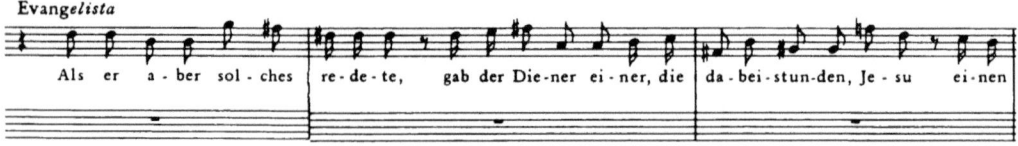

L'Evangéliste et un «Serviteur» ont la parole. Le texte chanté se décompose quasi automatiquement sur le plan des notes.

Evangéliste :	*Als er aber solches redete,*	9 = J
	gab der Diener einer, die dabei stunden, Jesu einen Bakkenstreich	18 = S
	und sprach :	2 = B
Serviteur :	*Solltest du dem Hohenpriester also antworten?*	13 = ac
Evangéliste :	*Jesus aber antwortete*	8 = h

Bach a vu clair dans les possibilités offertes par le texte de l'Evangile; d'une manière simple et géniale, il a placé sa signature entre la sixième et la septième parole. La cohésion de l'ensemble est symbolisée par le fait que les deux paroles du Christ comptent, avec le texte d'Evangile qui les relie, 22 mesures, soit la lettre χ = *Christos*[7]. La partition de *La Passion selon saint Jean* compte 480 mesures notées avant la sixième parole. Ce nombre nous l'interprétons en tant que 2.1.3.80, soit 2.1.3.8 avec un zéro complémentaire. Après la septième parole, il y a encore 1340 mesures écrites. Ce nombre peut être pris comme la somme des valeurs numériques de *Soli Deo Gloria* (52 + 23 + 59 = 134). Nous pouvons donc certainement considérer que 1340 est la forme «avec zéro» de *Soli Deo Gloria*.

De part et d'autre des six mesures qui séparent la sixième parole de la septième, il y a 1836 mesures = 918.2 = J S B. La signature y occupe donc une place tout à fait centrale.

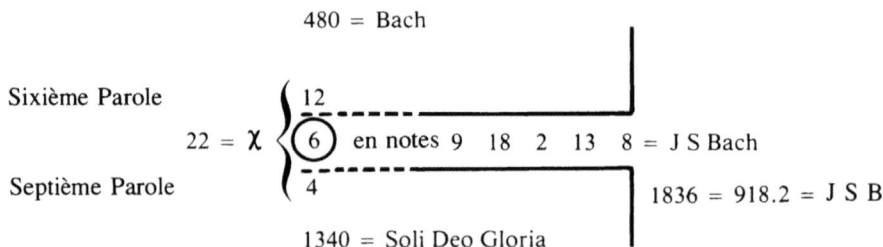

Comme on peut le voir, ces sixième et septième paroles du Christ sont signalées sur les modes les plus divers. Nous découvrons en outre que Bach a composé ces deux paroles en quatorze (!) petits fragments. Il suffit de nous laisser guider par les silences indiqués dans la partition.

---

[7] Il s'agit du *Khi* grec (NdT).

La sixième parole
(10 fragments)

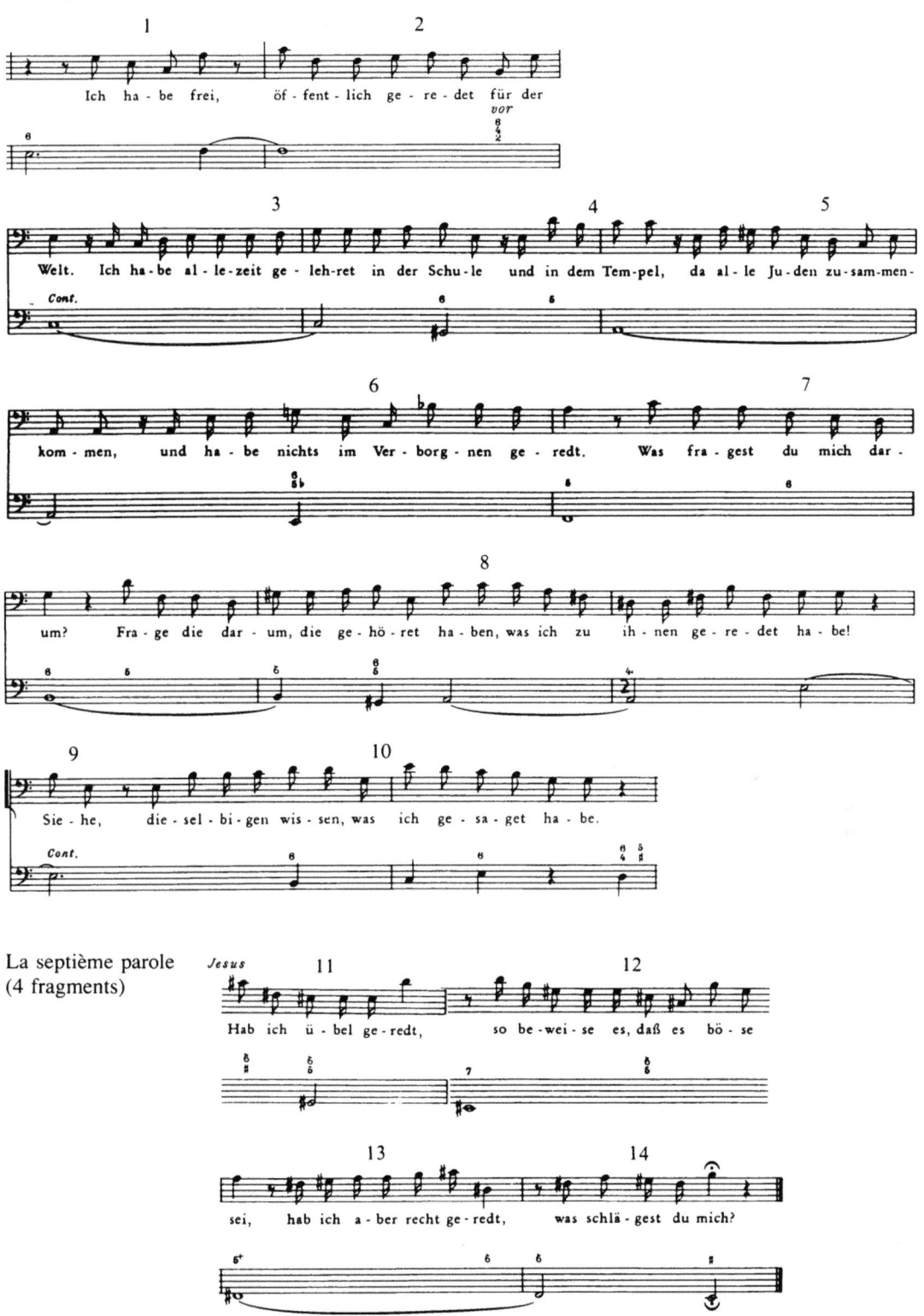

La septième parole
(4 fragments)

Après tout ceci, il est logique de s'attendre à des résultats révélateurs sur le plan du nombre de notes écrites pour les paroles du Christ.

	Nombre de notes
1.	4
2.	2
3.	4
4.	20
5.	35
6.	94
7.	28
8.	19
9.	62
10.	44
11.	41
12.	7
13.	8
14.	3
15.	6
	377

Avant la sixième parole, le Christ chante 65 notes, après la septième, 190.

Ces deux paroles sont donc entourées de 255 notes, la somme de la valeur gématrique des mots *Siebzehn* (84) *hundert* (86) *fünfzig* (85) : dix-sept, cent, cinquante. Le message de ces paroles est donc placé au centre de l'année du décès, de telle sorte que le cercle est également bouclé sur ce plan là.

C'est pourquoi il est très curieux que les notes écrites pour les sixième et septième paroles du Christ n'offrent pas, à première vue, d'issue significative. Nous trouvons 122 notes, un nombre énigmatique, pour nous en tout cas. La répartition des notes selon la sixième et la septième parole n'apporte rien de plus, puisque la combinaison des nombres 94 et 28 n'a pas de signification. Ici encore Bach a, apparemment, jugé utile de masquer la solution finale.

La septième parole est une question : «Hab' ich übel geredet, so beweise es, daß es böse sei, hab' ich aber recht geredet, was schlägest du mich?» (Si j'ai mal parlé, montre où est le mal; mais si j'ai bien parlé, pourquoi me frappes-tu?). Cette question comporte 28 notes.

La sixième parole contient, elle aussi, une question. Il y est même mis très explicitement : «Was fragest du mich darum?» (Pourquoi m'interroges-tu?). Voilà la clé. Cette question compte en effet 7 notes et complète parfaitement les 28 notes de la question contenue dans la septième parole. Ensemble, les deux questions révèlent donc 28 7, donc 28 juillet.

Après avoir détaché ces 7 notes, il nous reste encore 87 notes dans la sixième parole, nombre que nous pouvons interpréter en tant que la somme de la valeur gématrique du mot *Todestag* (jour du décès), soit la meilleure indication possible pour compléter le «28 7» des deux questions!

Lorsque nous prenons conscience que la clé nécessaire pour percer à jour les 94 notes de la sixième parole — la mise en évidence des *sept* notes de «Pourquoi m'interroges-tu?» — se rapporte effectivement au *septième* de ces quatorze fragments, alors nous commençons peut-être à comprendre le souci de perfection qui animait Bach lorsque, au départ du texte de l'Evangile, il donnait corps à ses nombres. Aucun endroit ne témoigne de la moindre violence faite à la mise en forme musicale du texte de l'Evangile. Dans le quatorzième récitatif justement, la chose semble pour ainsi dire aller de soi. On serait presque tenté d'imaginer que les nombres fondamentaux se rapportant à Bach se trouvent déjà inscrits dans le texte de l'Evangile. Mais sans doute est-il plus prudent de considérer qu'il a entrevu les possibilités d'une façon simple et géniale et qu'il les a exploitées.

Voici un aperçu récapitulatif.

1. Le «message» se trouve dans le récitatif numéro 14 et est réparti dans 14 petits fragments musicaux.
2. Le «message» commence après 480 mesures (= Bach). Après le «message», la partition donne encore 1340 mesures = *Soli Deo Gloria*.

3. Le total des numéros des mesures du «message» est 544 = l'épitaphe. Le total des numéros des mesures des paroles du Christ qui entourent le «message» est 2190 = 3.1.730 = C.R.C.
4. Les notes écrites pour les paroles du Christ et le fragment entre la sixième et la septième parole donnent la répartition suivante :

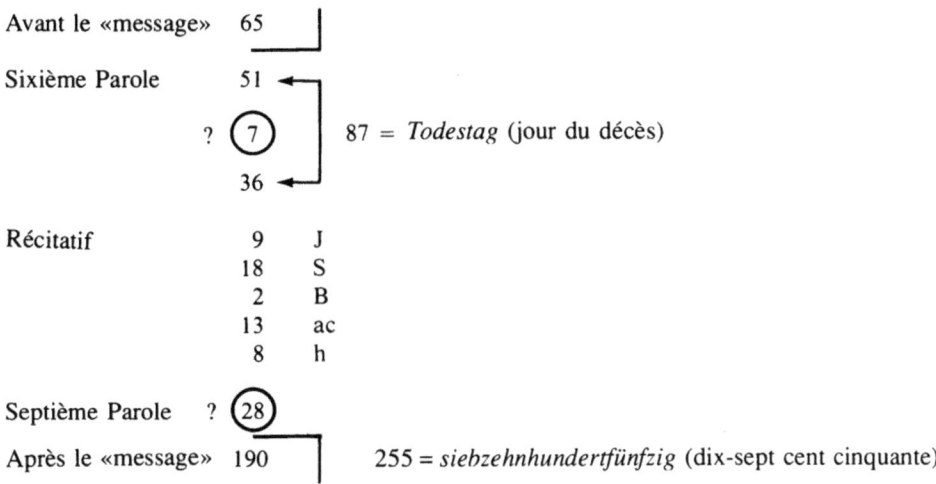

Tout tombe juste et forme un ensemble cohérent.
Il semble presque aller de soi que le souci de perfection aille jusque dans les moindres détails. En effet, lorsque nous prenons conscience du fait que les sept notes à isoler se trouvent dans le septième des quatorze fragments musicaux, il est logique que nous cherchions à savoir si, par leur numéro d'ordre, les treize autres fragments apportent un éclairage particulier.

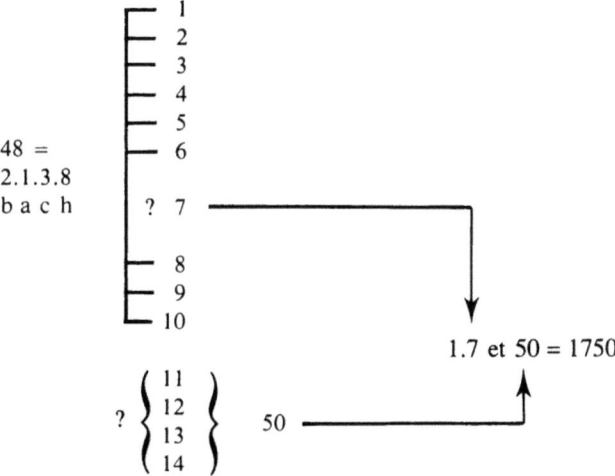

Exemple 51. Récitatif 57 et Aria 58 *Es ist vollbracht* **de** *La Passion selon saint Jean*

Le récitatif 57 contient les deux dernières paroles du Christ. La dernière de celles-ci, *Es ist vollbracht* constitue le maillon permettant l'enchaînement avec l'aria, car cette dernière utilise le même motif :

L'aria comporte une première partie centrée sur le motif *Es ist vollbracht*, une deuxième partie contrastante sur le texte *Der Held aus Juda siegt mit Macht, und schliesst den Kampf* ainsi qu'une courte reprise de la première partie.
Aperçu de la répartition des notes.

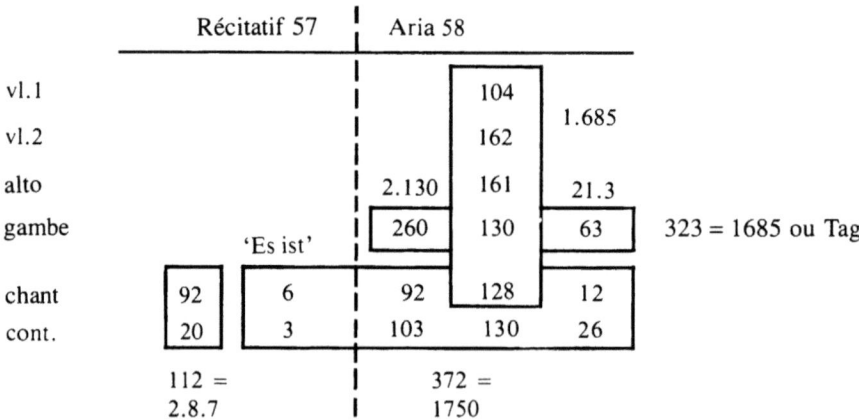

Jusqu'à l'endroit où Jésus chante la dernière parole (*Es ist vollbracht*) le chant et le continuo totalisent 112 notes, soit 2.8.7. A partir de cet instant nous comptons encore, pour ces mêmes voix, 372 notes (= 1750) du fait que nous comptons les 128 notes de la partie médiane de l'aria au nombre de celles des cordes, de telle sorte que nous obtenons là 1.685 = 1685. Etant donné qu'il n'y a pas d'arguments musicaux valables pour cette répartition, nous supposons que Bach cherchait par là une représentation visuelle de la croix. Toutefois il convient de noter que ce 1.685 contient toute la musique de la partie médiane de l'aria. La viole de gambe joue exactement les mêmes notes que le continuo. Le fait que le continuo ne soit dès lors pas inclus dans ce compte n'est en soi pas très important; peut-être cette partie double pour la viole et le continuo est-elle justement la clé pour découvrir la solution. Les 130 notes de l'une font partie de 1685; les 130 autres vont avec le 372 de l'année du décès. La justesse de cette répartition en 372 et 1685 est, en effet, parfaitement confirmée par le fait que 372, l'année du décès, est donné précisément par la musique sur le texte *Es ist vollbracht* (Tout est accompli) — symbolisant le fait de mourir — de même que 1685, l'année de la naissance, apparaît justement dans la musique sur le texte *Der Held aus Juda siegt mit Macht* (Le héros de Juda vainc dans sa puissance) — symbolisant la résurrection et de la renaissance.

En outre, il nous faut prendre en considération que la première note de ce nombre 372, c'est-à-dire dire la première note du motif *Es ist vollbracht*, à la mesure 13 du récitatif, est en fait la 372e note de l'ensemble des notes des paroles du Christ! Une confirmation on ne peut plus claire.

Les autres notes, les notes de la viole de gambe dans la première et dans la dernière partie de l'aria peuvent être interprétées de diverses manières. Le total 323 peut figurer *sechzehnhundertfünfundachtzig* (seize cent quatre-vingt-cinq) mais également 19.17 = *Tag* (jour).

La notion de «jour» se rapporterait alors aux deux nombres qui forment 323, savoir 260 = 2.130 = 21 3 et 63 = 21.3 = 21 3.

De plus il apparaît que 323 se compose aussi des groupes suivants :

a) Le motif *Es ist vollbracht* : 155 notes, 155 = Rosencreutz;
b) Le reste : 168 notes, 168 = 1.3.7.8 = 1378, l'année de naissance de C.R.

De cette manière nous trouvons un splendide complément au nombre 372.

Les 112 notes du chant et du continuo qui précèdent *Es ist vollbracht*, nous pouvons éventuellement les joindre aux 1.484 = 1484, l'année de la mort de Rosencreutz.

En récapitulant le tout, nous découvrons un schéma complet.

$$1120 = 2.8.70 \begin{cases} \begin{rcases} 372 = 1750 \\ 112 = 2.8.7 \end{rcases} 1.484 = 1484 \\ 323 = 19.17\ Tag,\ \text{composé de} \begin{cases} 2.130 \\ 21.3 \end{cases} \text{ou} \begin{cases} \text{Rosencreutz} \\ 1.3.7.8 = 1378 \end{cases} \\ 685 = 1.685 \end{cases}$$

En isolant 372, on s'aperçoit que le total des notes restantes donne le nombre 1120 = 2.8.70 = 28 7.
La structure de la répartition des notes, telle que nous venons de la décrire, s'appuie sur l'hypothèse qu'il convient de prendre le récitatif 57 et l'aria 58 comme une seule pièce. L'ensemble comporte alors 14 + 44 = 58 mesures. Bach donne une confirmation très nette pour ceci. Le motif *Es ist vollbracht*, entonné par le Christ, revient deux fois à la fin de l'aria, note pour note, une quinte plus bas. Dans l'ensemble des 58 mesures, ces trois motifs apparaissent dans la voix du Christ et celle de l'alto :

Christ	alto
13 + 14	54
	58
27 = Tag	112 = 2.8.7

La somme des valeurs gématriques du nom des notes est de 87 dans chacun des deux motifs chantés par l'alto :

$$\left.\begin{array}{c} 87 \\ 87 \end{array}\right\} \text{littéralement } 2.87 !$$

La somme des valeurs gématriques des notes du motif chanté par le Christ est 110. La signification de ce nombre ne nous paraît pas claire. Il nous semble logique qu'il y ait l'un ou l'autre rapport avec le jour de la crucifixion.

Exemple 52 : Les paroles du Christ dans *La Passion selon saint Matthieu*

Dans le tout premier exemple de cet ouvrage, nous avons montré que les paroles du Christ dans *La Passion selon saint Matthieu* sont réparties sur 14 (= Bach) récitatifs.

Le texte du Christ dans l'Evangile selon saint Matthieu est considérablement plus long que celui de l'Evangile selon saint Jean. Dès lors Bach a donné un autre traitement musical aux paroles du Christ dans *La Passion selon saint Matthieu*. Le *recitativo accompagnato*, un récitatif auréolé par les cordes, projette une lumière toute particulière sur la partie du Christ et la démarque très nettement des autres récitatifs.

La structure du symbolisme numérique est elle aussi aménagée différemment. Le comptage des mesures au sein d'un ensemble récitatif-chœur ne fournit aucun résultat. Les nombres sont beaucoup plus grands et donc moins maniables. Il nous faudra nous limiter aux notes, avec par-ci, par-là une confirmation tirée des mesures concernées.

Dans l'aperçu qui va suivre, nous nous basons de nouveau sur la numérotation, comme nous l'avons expliqué pour l'exemple 17.

Numéro	Texte		Nombre de notes
I	2	*Ihr wisset, daß nach zweien Tagen Ostern wird und des Menschen Sohn wird überantwortet werden, daß er gekreuziget werde*	43
II	4	*Was bekümmert ihr das Weib? Sie hat ein gut Werk an mir getan. Ihr habet allezeit Arme bei euch, mich aber habt ihr nicht allezeit. Daß sie dies Wasser hat auf meinen Leib gegossen, hat sie getan, daß man mich begraben wird. Wahrlich, ich sage euch : Wo dies Evangelium geprediget wird in der ganzen Welt, da wird man auch sagen zu ihrem Gedächtnis, was sie getan hat*	104
III	9	*Gehet hin in die Stadt zu Einem und sprecht zu ihm : Der Meister läßt dir sagen : Meine Zeit ist hier, ich will bei dir Ostern halten mit meinen Jüngern*	39
IV	9	*Wahrlich, ich sage euch : Einer unter euch wird mich verraten*	18
V	11	*Der mit der Hand mit mir in die Schüssel tauchet, der wird mich verraten. Des Menschen Sohn gehet zwar dahin, wie von ihm geschrieben stehet ; doch wehe dem Menschen, durch welchen des Menschen Sohn verraten wird. Es wäre ihm besser, daß derselbige Mensch noch nie geboren wäre*	72
VI	11	*Du sagest's*	3
VII	11	*Nehmet, esset ; das ist mein Leib*	11
VIII	11	*Trinket alle daraus ; das ist mein Blut des Neuen Testaments, welches vergossen wird für Viele, zur Vergebung der Sünden. Ich sage euch : Ich werde von nun an nicht mehr von diesem Gewächs des Weinstocks trinken, bis an den Tag, da ich's neu trinken werde mit euch in meines Vaters Reich*	105
IX	14	*In dieser Nacht werdet ihr euch alle ärgern an mir, denn es stehet geschrieben : Ich werde den Hirten schlagen, und die Schafe der Heerde werden sich zerstreuen. Wann ich aber auferstehe, will ich vor euch hingehen in Galiläam*	66
X	16	*Wahrlich ich sage dir : In dieser Nacht, ehe der Hahn krähet, wirst du mich dreimal verleugnen*	27
XI	18	*Setzet euch hier, bis daß ich dort hingehe und bete*	15
XII	18	*Meine Seele ist betrübt bis an den Tod, bleibet hier und wachet mit mir*	20
XIII	21	*Mein Vater, ist's möglich, so gehe dieser Kelch von mir ; doch nicht wie ich will, sondern wie du willst*	24
XIV	24	*Könnet ihr denn nicht eine Stunde mit mir wachen? Wachet und betet, daß ihr nicht in Anfechtung fallet. Der Geist ist willig, aber das Fleisch ist schwach*	38
XV	24	*Mein Vater, ist 's nicht möglich, daß dieser Kelch von mir gehe, ich trinke ihn denn, so geschehe deine Wille*	27

XVI	26	*Ach! wollt ihr nun schlafen und ruhen? Siehe, die Stunde ist hier, daß des Menschen Sohn in der Sünder Hände überantwortet wird. Stehet auf, lasset uns gehen; siehe er ist da der mich verrät*	51
XVII	26	*Mein Freund, warum bist du kommen?*	10
XVIII	29	*Stercke dein Schwert an seinen Ort, denn wer das Schwert nimmt, der soll durch 's Schwert umkommen. Oder meinest du, daß ich nicht könnte meinen Vater bitten, daß er mir zuschicke mehr denn zwölf Legion Engel? Wie würde aber die Schrift erfüllet? Es muß also gehen*	66
XIX	29	*Ihr seid ausgegangen als zu einem Mörder, mit Schwertern und mit Stangen, mich zu fahen; bin ich doch täglich bei euch gesessen und habe gelehret im Tempel und ihr habt mich nicht gegriffen. Aber das ist alles geschehen, daß erfüllet worden die Schriften der Propheten*	72
XX	37	*Du sagest 's. Doch sage ich euch : Von nun an wird 's geschehen, daß ihr sehen werdet des Menschen Sohn sitzen zur Rechten der Kraft, und kommen in den Wolken des Himmels*	46
XXI	44	*Du sagest's*	3
XXII	62	*Eli, Eli, lama, lama asabthani*	15

Le Christ chante en tout 875 notes.

La structure numérique de *La Passion selon saint Matthieu* Bach ne l'a pas non plus donnée d'emblée. Pour trouver une réponse, il nous faut utiliser deux clés signalées par Bach lui-même.

a. Les 875 notes se composent en fait de 871 notes et 4 notes d'ornementation en plus (petites notes).
b. Bach a donné un traitement fondamentalement différent au texte de la Dernière Cène. Le *recitativo accompagnato* prend ici les proportions d'une sorte d'*arioso*. (Les paroles VII et VIII du numéro 11).

Les appoggiatures en petites notes se trouvent dans diverses mesures :

Numéro 14

Numéro 18

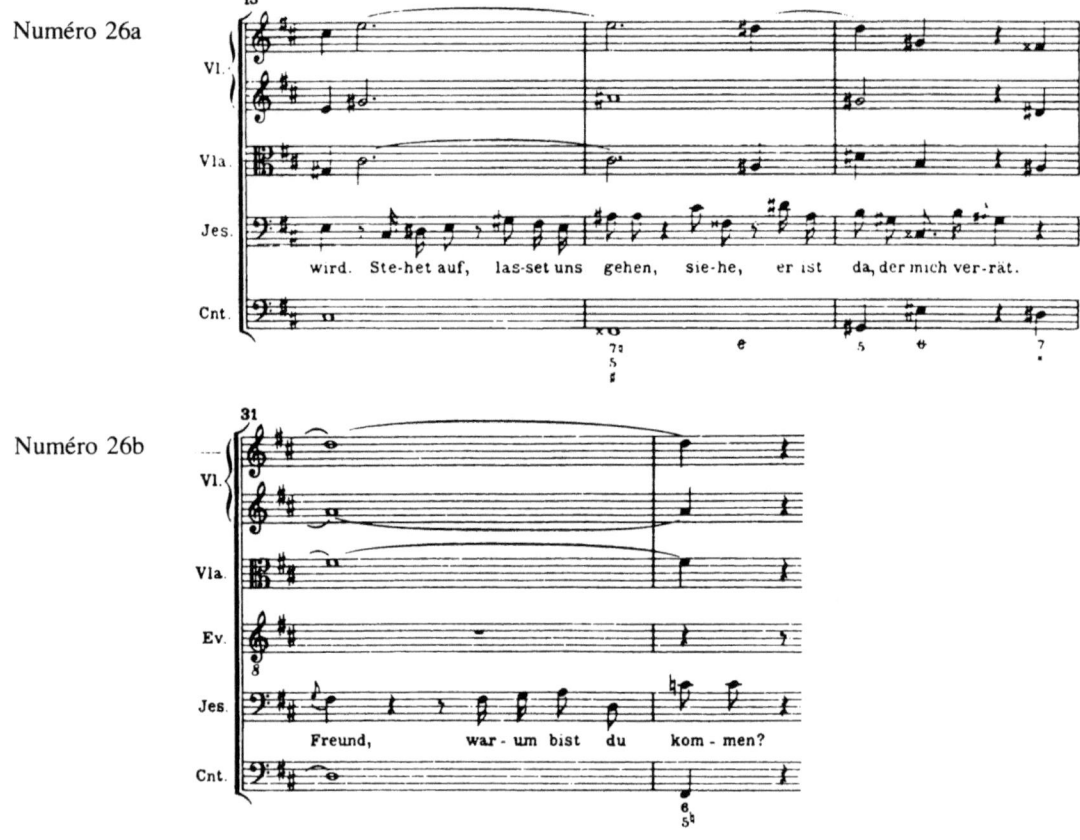

Numéro 26a

Numéro 26b

La valeur gématrique de ces petites notes est :

N° 14 : h (*si*) = 8
N° 18 : f (*fa*) = 6 } 14 = Bach

N° 26 : ais (*la* dièse) = 28
g (*sol*) = 7 } 28 7 = 28 juillet[8]

Dans ces petites notes Bach a donc incorporé son nom et la date de sa mort. Du fait que les deux dernières se trouvent l'une et l'autre dans le numéro 26, le couplage est tout à fait logique. En outre, la valeur numérique de l'ensemble apporte encore un éclaircissement, puisque 49 peut être pris pour *Juli* (juillet). Il est, de plus, très significatif que la première petite note (*si*), qui avec la deuxième (*fa*) forme le nombre 14 désignant Bach, soit la 14e note du Christ dans la 14e pièce.

Lorsque nous examinons les positions de ces petites notes dans l'ensemble des 875 notes chantées par le Christ, nous découvrons les références suivantes :

si est la note numéro 409
fa est la note numéro 501 } 910 = 7.130 = R.C.

la dièse est la note numéro 662
sol est la note numéro 666 } 1328 = Bach

En appliquant ici le même couplage que pour la valeur gématrique, nous trouvons un lien entre Bach et Rosencreutz.

Pour terminer, nous aimerions attirer l'attention sur le fait que le total des notes chantées et jouées par les instruments dans les quatre petits fragments des paroles du Christ marqués par les appoggiatures nous révèle également un aspect particulier.

---

[8] Il s'agit du système allemand de notation musicale dont l'essentiel est rappelé dans l'encadré de la page 10 (NdT).

Numéro	14	18a	26a	26b
vl. 1	51	9	15	1
vl. 2	51	5	11	1
vl. a.	50	9	17	1
Christ	66	15	51	10
cont.	34	8	13	2
	252 = Christian Rosencreutz	46	107	15

$$168 = 1.3.7.8$$

$$420 = 3.7.20$$

Les quatre petits fragments contiennent un total de 420 notes = 3.7.20. Le premier petit fragment, le numéro 14 (!), comporte 252 notes = Christian Rosencreutz. Ainsi, le reste totalise 168 notes, soit 1.3.7.8.

Au vu de tout ceci, il nous semble que Bach a souligné à suffisance l'importance des quatre petites notes en tant que clé pour aboutir à la structure numérique des notes écrites pour les paroles du Christ!

L'autre clé se situe, nous l'avons déjà signalé, dans la septième et la huitième parole du Christ, dans l'arrangement sur le texte de la Dernière Cène. Bach a utilisé 116 notes pour la mise en musique de ce passage. Le nombre 116 représente *Todesdatum* (date du décès) : 60 + 56. La septième parole comporte une phrase, la huitième, deux. Lorsque nous groupons les 116 notes selon les trois phrases, le même mot se dégage :

VII : *Nehmet...Leib*   11 notes
VIII : *Trinket...Sünden* 49 notes } 60 = *Todes* (de la mort)

Ich sage...Reich   56 notes — 56 = *datum* (date)

Sur ces 116 «notes du Christ», les cordes jouent un continuo (N.B. : dans le manuscrit, à la mesure 34, le *do* du violon alto porte une liaison de prolongation vers la mesure 35) :

	VII	VIII
vl. 1	5	79
vl. 2	5	73
vl. a.	7	70
Christ (116)		
cont.	9	116
	26 +	338 = 364 = 28.13 = Bach

De telle sorte que nous pouvons lire dans l'arrangement du texte de la Dernière Cène :

Notes du Christ : 116 = littéralement *Todes-datum*
Accompagnement : 364 = 28.13 = Bach
Ensemble   480 = 2.1.3.80 = Bach

Nous voudrions également ajouter quelque chose en ce qui concerne les numéros d'ordre des mesures de ce texte très central. La septième parole commence dans le récitatif, exactement au milieu de la mesure 19 et se termine au milieu de la mesure 21. La huitième parole commence à la mesure 24 et se termine à la mesure 39.

Lorsque nous prenons les demi-mesures effectivement pour «la moitié» — c'est-à-dire la moitié de la mesure 19 pour 9 1/2 et la moitié de la mesure 21 pour 10 1/2 — nous obtenons une belle indication complémentaire :

VII : moitié de la mesure 19 = 9½
   mesure 20 = 20 } 40
  moitié de la mesure 21 = 10½

VIII : mesures 24 + 25 à 39 incluse =   504

        544 = l'épitaphe

Nous porterons à présent notre attention sur l'ensemble des 875 «notes du Christ». Ici nous utiliserons comme repères, d'une part, la césure entre les deux fragments de la Dernière Cène et, d'autre part, les petites notes d'ornementation. Du reste, la séparation entre la septième et la huitième parole du Christ est également bien marquée dans la musique par un silence dans toutes les voix.

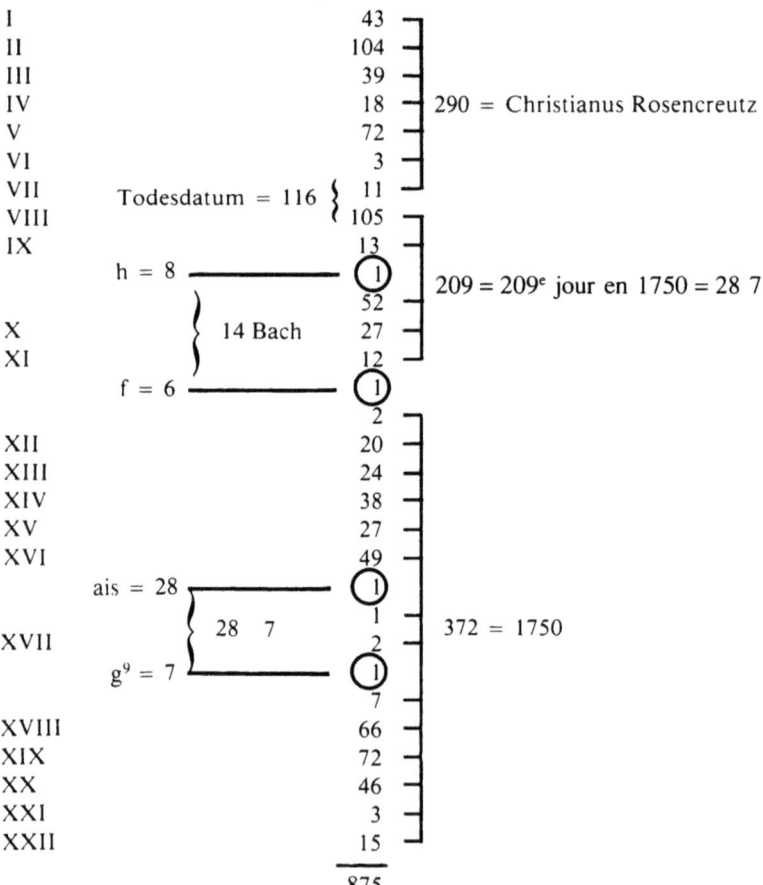

372, le chiffre qui correspond à l'année de la mort de Bach dans l'ère rosicrucienne, est réparti symétriquement autour des deux appoggiatures (petites notes) aux valeurs gématriques respectives de 28 et 7. Ce groupe de 372 notes est limité, vers le haut, par la dernière des deux autres appoggiatures dont la valeur gématrique totale est 14.

Au-dessus de ce repère, nous avons 499 «grandes notes». La dissociation de la septième et de la huitième parole divise ce total en deux groupes de 209 et 290 notes, respectivement. Le nombre 209 fait référence au 28 juillet, le 209ᵉ jour en 1750. Quant à 290, pris pour Christianus Rosencreutz, il apporte le complément nécessaire au nombre 372. Il est naturellement très significatif que ce soit justement le mot *Todesdatum* qui forme le lien entre ces deux ensembles.

---

[9] Il s'agit du système allemand de notation musicale dont l'essentiel est rappelé dans l'encadré de la page 10 (NdT).

Bach a donné 43 notes à la première parole du Christ. Ceci est en soi déjà profondément symbolique, car nous savons que le nombre 43 peut être interprété comme «Credo». Il a donc noté 832 notes pour le reste, ce qui montre que «Credo» se rapporte essentiellement à Bach.

Première parole du Christ : 43 = *Credo*
Le reste des paroles du Christ : 832 = 832.1 = Bach

Dans les notes qui accompagnent cette première parole, il y a cependant encore un autre élément auquel le mot «Credo» peut se rapporter.

vl. 1   8 ⎫
vl. 2   11 ⎬ 28
vl.a.   9 ⎭

Christ   : 43 = Credo
continuo: 7   7

«Credo» se rapporte manifestement aussi à la date de la mort, et il est dès lors logique de composer un schéma dans lequel nous mettons la première parole du Christ à part. Dans un premier temps, nous nous limiterons à placer les quatre petites notes comme seuls repères.

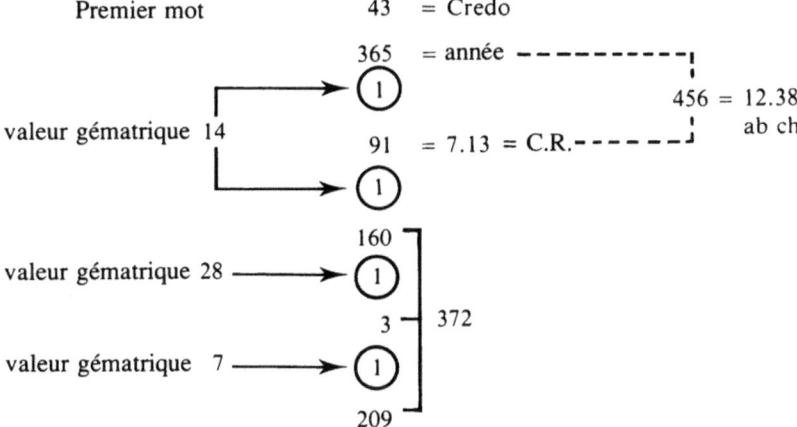

«Credo» (je crois), est suivi des références à «année» (365), à «Rosencreutz» (7.13 = R.C.) et à 1750 (372 de l'ère de Rosencreutz). On peut éventuellement réunir 365 et 91 et ainsi lire ici encore le nom de Bach (456 = 12.38).
Ajoutons à ce schéma le repère de la septième et de huitième parole :

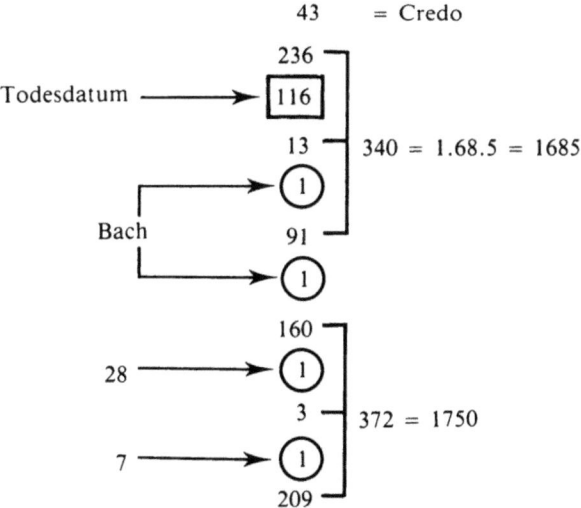

En isolant 116 = *Todesdatum*, 456 = Bach devient 340 = 1.68.5 = 1685, l'année de la naissance de Bach.

Les clés dont nous nous sommes servis — les petites notes (appoggiatures) et la Dernière Cène — reçoivent une confirmation magnifique par les numéros d'ordre des paroles du Christ.

La Passion selon saint Matthieu comporte, selon notre manière de compter, 69 pièces (voir exemple 17). Comptons les numéros d'ordre des 14 pièces contenant les paroles du Christ.

I	dans le numéro	2
II		4
III et IV		9
V, VI, VII et VIII		11
IX		14
X		16
XI et XII		18
XIII		21
XIV et XV		24
XVI et XVII		26
XVIII et XIX		29
XX		37
XXI		44
XXII		62

317 = Frater Christian Rosencreutz

Il y a 22 paroles du Christ. Si, dans les pièces dans lesquelles le Christ parle deux fois, nous comptons deux fois le numéro d'ordre — et donc même quatre fois le numéro 11 — le total des numéros d'ordre devient 456 = 12.38, une référence au nom de Bach. Dans ce total de vingt-deux numéros d'ordre, nous commençons par isoler les pièces comportant les petites notes et ensuite les deux pièces de la Dernière Cène.

Les pièces avec petites notes, prises séparément, révèlent 372 et deux références à Bach :

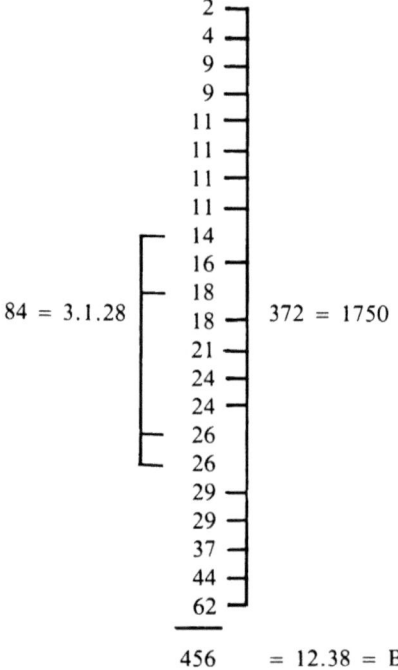

Les pièces avec les petites notes et la Dernière Cène, prises séparément, révèlent d'autres signifiants :

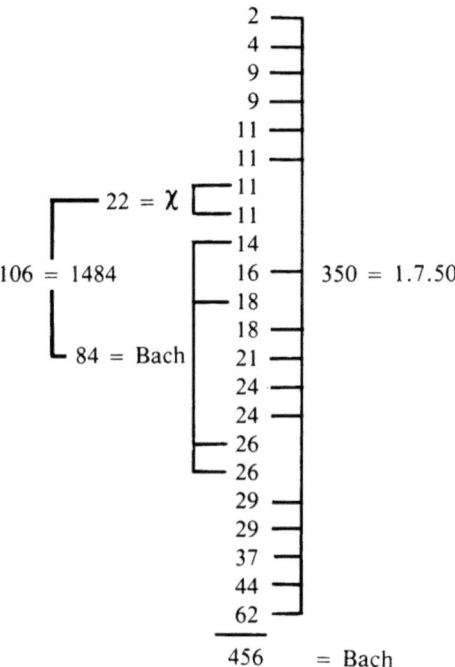

Les quatre pièces avec les petites notes d'ornementation permettent de dégager, dans le chiffre 84, une référence au nom de Bach (3.1.28). Lorsque nous séparons ces pièces-là des autres, les numéros d'ordre qui restent donnent 372, l'année du décès dans l'ère de Frater Christian Rosencreutz. Si nous introduisons aussi l'autre clé, la Dernière Cène, nous découvrons le numéro d'ordre 22, soit χ (*khi*) c'est-à-dire une référence au Christ. La somme des numéros d'ordre des deux clés devient ainsi 106, soit l'année 1484, celle de la mort de Christian Rosencreutz. Les autres pièces révèlent à présent une référence à l'année 1750 de l'ère chrétienne.

Dans les schémas relatifs aux 875 notes chantées par le Christ, nous avons toujours isolé les quatre petites notes d'ornementation. En fait, les schémas se rapportent aux 871 notes principales, tandis que les quatre petites notes possèdent une valeur tout à fait propre. Les 871 notes principales offrent encore une tout autre perspective.

Les 22 paroles du Christ sont réparties sur 14 récitatifs. Dans huit paroles, le Christ n'intervient qu'une seule fois par récitatif, alors que quatorze paroles comportent plusieurs interventions par récitatif ; interventions interrompues par l'Evangéliste. Répartissons les 871 notes selon les 14 interventions multiples et les 8 interventions uniques.

Les 14 interventions multiples :

III	39
IV	18
V	72
VI	3
VII	11
VIII	105
XI	14
XII	20
XIV	38
XV	27
XVI	50
XVII	9
XVIII	66
XIX	72

544 = l'épitaphe

Les 8 interventions uniques :

I	43
II	104
IX	65
X	27
XIII	24
XX	46
XXI	3
XIII	15
	——
	327

Les 14 (!) interventions multiples contiennent 544 notes. Ce résultat est très direct. Par ailleurs, le nombre 544, celui qui évoque l'épitaphe, nous manquait en fait dans les schémas précédents. Le complément que nous fournit la présente approche n'est donc pas à dédaigner.

Le résultat que nous apportent les 8 interventions uniques semble tout d'abord d'un intérêt moindre. Nous pouvons bien évidemment considérer que 327 signifie 327.1, faisant dès lors référence à 1723. Il est vrai que l'année 1723 représente effectivement un tournant décisif dans la vie de Bach, mais, comparé à la force évocatrice des autres résultats, cet élément ne nous paraît pas satisfaisant.

C'est pourquoi nous estimons qu'il convient d'interpréter ce nombre 327 d'une manière différente. Il contient les mêmes chiffres que le nombre désignant l'année de la mort de Bach dans l'ère rosicrucienne (327 et 372). Bien sûr, il existe d'autres nombres qui présentent la même propriété : 732 ou 723, par exemple. Le nombre 327 occupe cependant une position particulière, dans la mesure où il est l'équivalent, dans l'ère rosicrucienne, de l'année 1705. De même que 327 contient les chiffres 372, ainsi nous pouvons opérer une inversion identique dans 1705 et découvrir une analogie essentielle avec 1750 :

327 --- 372
1705 --- 1750

Un tel cas de parenté entre les deux supputations est unique dans la vie de Bach !

CHAPITRE IV

Le thème «B a c h»

Le nom de Bach peut être rendu selon le système allemand de notation.

Il est logique que dans le cadre de la symbolique des nombres nous ayons vérifié si Bach eut recours à cette possibilité pour créer des repères.
1. Nous commencerons par la méthode la plus stricte possible. Ainsi, nous accepterons comme thème «B a c h» les passages qui satisferont aux conditions suivantes :
a. Le thème peut apparaître dans sa forme initiale (b-a-c-h) ou inversée (h-c-a-b).
b. Le thème doit se trouver dans une seule voix.
c. Les notes peuvent être répétées pour autant que la forme correcte n'est pas altérée.
Voici des formes correctes :

Voici des formes incorrectes :

Les thèmes «B a c h» conformes à ces exigences sont généralement peu fréquents. Ainsi, par exemple, nous n'en avons rencontré que deux dans les *Inventions* ; dans les Sonates pour orgue, un seul ; dans le *Clavier bien tempéré*, cinq pour les deux recueils ; dans les Chorals de Leipzig, un et dans les *Variations canoniques*, deux. En revanche, *L'Art de la Fugue* en contient au moins trente exemples.
Dès lors, on est en droit d'imaginer que Bach eut recours à ce thème pour marquer des endroits très particuliers dans les structures d'ensemble des mesures. Curieusement, les résultats s'avèrent être de qualité très variable. Suivent quelques exemples.

Dans les *Inventions* nous avons l'un des thèmes «B a c h» dans la *Sinfonia* n° 11.

Les mesures concernées portent les numéros : 38
39
40
41
———
158 = Johann Sebastian Bach

L'autre thème «B a c h», dans la *Sinfonia* n° 9, n'offre toutefois pas de bon résultat. Il apparaît à la mesure 17.

Ensemble, les deux thèmes «B a c h», soit tous ceux contenus dans les *Inventions*, révèlent cependant d'autres signifiants :

158 = Johann Sebastian Bach
17
———
175 = 175(0) = 1750, l'année de la mort de Bach.

Le seul thème «B a c h» des Sonates pour orgue est contenu dans le deuxième mouvement de la troisième sonate.

Les mesures concernées sont :   22 ⎫
                                23 ⎭ 45

           + la reprise   46 ⎫
                          47 ⎭ 93
                         _____
                              138

Le nombre 138 n'a aucune signification à nos yeux, ce qui nous amène à conclure que pour l'ensemble des Sonates pour orgue le thème «B a c h» ne donne pas de résultat.

Dans *Quelques Variations canoniques sur le cantique de Noël Vom Himmel hoch da komm' ich her*[1] nous trouvons deux thèmes ‹B a c h› qui offrent de très bons résultats. Ils apparaissent l'un et l'autre dans la variation avec le canon à l'octave en augmentation.

Ce thème «B a c h» se trouve dans la mesure 39. Le nombre 39 correspond à la valeur gématrique du mot *Nahme*[2] (nom).

L'autre thème «B a c h» apparaît à l'écrevisse.

Les mesures impliquées portent les numéros 40 et 41. Dès lors, ce thème «B a c h» à l'écrevisse produit le nombre 81, qui, pris en tant que 27.3 et lu à l'écrevisse, nous révèle le nombre 372, l'année de la mort de Bach selon la supputation rosicrucienne.

Dans *L'Art de la Fugue*, les choses se présentent d'une façon assez remarquable. Dans les quatre premiers contrepoints, nous rencontrons deux thèmes «B a c h» qui, ensemble, donnent un bon résultat. Les quatre premiers contrepoints présentent du reste très nettement une unité, et ce non seulement sur le plan musical mais aussi sur celui du nombre de mesures : ils en comportent 372 !

Contrepoint   1   ⎡── 78
              2   216 = 3.72   84 ⎫ 156 = 78.2
              3   72 ⎭
              4   ⎣── 138
                                     _____
                                         372

---
[1] Titre original : *Einige Canonische Veraenderungen über das Weihnachtslied »Vom Himmel hoch da komm' ich her«* (NdT).
[2] La graphie moderne est *Name* (NdT).

Les thèmes en question se trouvent dans le premier contrepoint, aux mesures 26 et 27.

ainsi que dans le quatrième contrepoint, aux mesures 135 et 136.

Dans l'ensemble des 372 mesures, les deux thèmes donnent les initiales J S B :

```
Thème 1    26
           27
Thème 2   135
          136
          ___
          324 = 9.18.2 = J  S  B
```

Ce résultat sans zones d'ombre suscite des attentes par rapport au reste. Cependant, les nombreux autres thèmes «B a c h» qui suivent ceux des quatre premiers contrepoints n'apportent pas de bons résultats. Même le fameux thème «B a c h» de la dernière fugue inachevée nous laisse insatisfaits à cet égard. La première entrée se place dans les mesures

```
          193
          194
          195
          ___
          582
```

Le nombre 582 ne nous parle pas. Les entrées suivantes n'apportent, elles aussi, que des nombres vides de sens, à nos yeux.

Comme il ressort de ce qui précède, les résultats obtenus au départ des thèmes «B a c h» dans leurs formes strictes sont de qualité très inégale. C'est pourquoi il nous faut tirer la conclusion que Bach ne les utilisa qu'accidentellement comme repères.

2. Dans une progression, le thème «B a c h» peut apparaître d'une manière «fractionnée». Comme exemple nous prendrons le *Prélude en ré mineur* du *Clavier bien tempéré I*.

La huitième mesure est une transposition exacte de la mesure 6 :

  b a dans la mesure 6
  c h dans la mesure 8
  ─────────────────────
                    14 = Bach

Bien que cette approche débouche occasionnellement sur des résultats concluants, comme c'est le cas ci-dessus, nous considérons qu'il nous faut rejeter cette forme pour son caractère subjectif. Dans la pratique, deux questions viennent altérer l'objectivité de la recherche. Quel écart peut-on accepter entre «b a» et «c h» et à quel point la progression doit-elle être rigoureuse? En outre, on est en droit de se demander si le critère, selon lequel le thème «B a c h» doit être contenu dans une même voix, peut être maintenu dans cette forme.

3. Dans le cas des références au nom «Bach» par les chiffres 2 1 3 8, nous avons toujours accepté des formes telles que 2 8 3 1 et 3 1 8 2. Si nous appliquions ceci au thème «B a c h», nous devrions considérer qu'à côté des formes strictes (voir le point 1) il existe d'autres formes correctes. Par exemple :

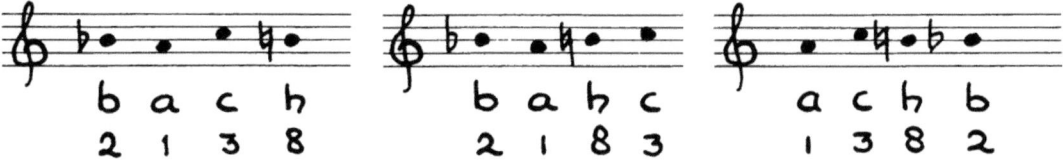

Les critères mentionnés en 1 restent inchangés. Les thèmes doivent donc être contenus dans une même voix et les répétitions de notes ne peuvent perturber la «forme correcte».

Voici une forme correcte :   Voici une forme incorrecte :

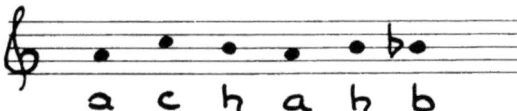

Sans doute le lecteur imaginera-t-il que par cet élargissement, le nombre des thèmes «B a c h» deviendra incommensurable. Tel n'est pas le cas, car dans les *Inventions*, nous n'en avons rencontré que 14 ; dans les Sonates pour orgue, 15 et 7 dans les *Variations canoniques*.

Notre étude nous a permis de découvrir que Bach eut recours à cette forme du thème «B a c h» en tout cas là où il désirait apporter une dimension supplémentaire dans un certain nombre d'œuvres nettement construites de façon cyclique. Nous en donnerons trois exemples.

Exemple 53 : Les thèmes «B a c h» dans les *Inventions*

1. *Invention I*, mesure 21 :

2. *Invention IV*, mesures 37 + 38 :

3. *Invention V*, mesures 13 + 14 :

4. *Invention XI*, mesure 8 :

5. *Invention XI*, mesures 14 + 15 :

6. *Sinfonia I*, mesures 16 + 17 :

7. *Sinfonia IV*, mesure 20 :

8. *Sinfonia IV*, mesure 22 :

9. *Sinfonia VIII*, mesures 2 + 3 :

10. *Sinfonia IX*, mesures 3 + 4 :

11. *Sinfonia IX*, mesure 17 :

12. *Sinfonia IX*, mesures 18 + 19 :

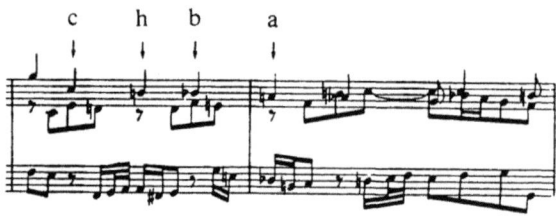

13. *Sinfonia XI*, mesures 7 + 8 + 9 :

14. *Sinfonia XI*, mesures 38 + 39 + 40 + 41 :

Ces quatorze thèmes «B a c h», nous pouvons aussi les compter au nombre de seize, puisque les *Sinfoniae* I et VIII présentent en fait des formes doubles.

Sinfonia I   : a h c b a
Sinfonia VIII : a b c h c b a

Outre ces quatorze ou seize thèmes, il y a encore un thème «B a c h» dissimulé par l'enharmonie :

15(17). *Sinfonia* IX, mesure 24 + 25 :

C'est précisément ce thème caché qui constitue la clé de la solution. La valeur gématrique de ces notes est non pas 14 (2 + 1 + 3 + 8), mais plutôt :

$$\begin{aligned} c &= 3 \\ ces &= 26 \\ b &= 2 \\ heses &= 54 \\ \hline 85 &= 17.5(0) = 1750\,!^{\,3} \end{aligned}$$

La somme de toutes les mesures concernées par le thème «B a c h», y compris le thème enharmonique, est 532 = 28.19 = B S J.

Vue d'ensemble :

1. *Invention* I		21	⎫	
2. *Invention* IV	37 + 38 =	75	⎪	
3. *Invention* V	13 + 14 =	27	⎬	160
4. *Invention* XI		8	⎪	
5. *Invention* XI	14 + 15 =	29	⎭	
6. *Sinfonia* I	16 + 17 =	33	⎫	
7. *Sinfonia* IV		20	⎪	
8. *Sinfonia* IV		22	⎪	
9. *Sinfonia* VIII	2 + 3 =	5	⎪	
10. *Sinfonia* IX	3 + 4 =	7	⎬	323
11. *Sinfonia* IX		17	⎪	
12. *Sinfonia* IX	18 + 19 =	37	⎪	
13. *Sinfonia* XI	7 + 8 + 9 =	24	⎪	
14. *Sinfonia* XI	38 + 39 + 40 + 41 =	158	⎭	
15. *Sinfonia* IX	24 + 25 =	49		

$$532 = 28.19 = B\ S\ J$$

Dans les *Inventions* à deux voix, nous trouvons cinq thèmes «B a c h» et le total des mesures concernées s'élève à 160. Nous obtenons un résultat dès que nous groupons les pièces en tons mineurs d'une part et celles en majeur d'autre part :

1. *Invention* I	en *do* majeur		21 ⎤	
2. *Invention* IV	en *ré* mineur	48 = 2.1.3.8	75 ⎤	
3. *Invention* V	en *mi* bémol majeur		27 ⎦	
4. *Invention* XI	en *sol* mineur		8 ⎦	112 = 2.8.7
5. *Invention* XI	en *sol* mineur		29 ⎦	

Les mesures concernées dans les pièces en majeur donnent 48 = 2.1.3.8 = Bach.
Les mesures concernées dans les pièces en mineur donnent 112 = 2.8.7 = 28 juillet.

La somme des mesures concernées par le thème «B a c h» dans les *Sinfoniae* (sans le thème «enharmonique») offre une solution convenable assez immédiate, puisque 323 est le total gématrique de *sechszehnhundertfünfundachtzig* (seize cent quatre-vingt-cinq). Une répartition en majeur et mineur n'est pas utile ici. Du reste, elle n'est pas possible.

La forme cachée par l'enharmonique occupe les mesures 24 + 25 de la *Sinfonia* IX et livre donc le nombre 49, la valeur gématrique du mot *Juli* (juillet). Cette forme voilée transforme l'année de la naissance en année du décès dans la supputation rosicrucienne :

---

[3] Pour rappel, l'essentiel du système allemand de notation musicale est donné dans l'encadré à la page 10 (NdT).

Les thèmes «B a c h» ordinaires dans les *Sinfoniae*	323 = 1685
Le thème voilé enharmoniquement	49 = *Juli* (juillet)
Tous les thèmes «B a c h» dans les *Sinfoniae*	372 = 1750

Dans les *Inventions* à deux voix, nous avons trouvé :

majeur	48 = Bach
mineur	112 = 2.8.7
Le total des mesures concernées	532 = 28.19 = B S J

Les résultats sont très directs et de nature convaincante, ce qui nous amène à penser, sans grand risque d'erreur, que Bach a utilisé ce type de thème «B a c h» intentionnellement. En outre, il apposa sa signature sous l'ensemble, en guise de confirmation. Le dernier thème «B a c h» de toute la série des *Inventions* est le seul à s'étendre sur quatre mesures et atteindre ainsi le total très particulier de 158 = Johann Sebastian Bach.

Exemple 54 : Les thèmes «B a c h» dans *Quelques Variations canoniques sur le cantique de Noël Vom Himmel hoch da komm' ich her*

Nous nous basons ici sur la version autographe contenue dans le manuscrit des Chorals de Leipzig (cf. exemples 24 et 37). La succession des pièces dans cette version se présente comme suit :

Variation 1 *cantus firmus pedaliter*	18
Variation 2 *cantus firmus pedaliter*	23
Variation 3	56
Variation 4	27
Variation 5 *cantus firmus pedaliter*	42

Il s'y trouve sept thèmes «B a c h».

Dans la Variation 3 :

Mesures 22 + 23 :

Mesures 46 + 47 :

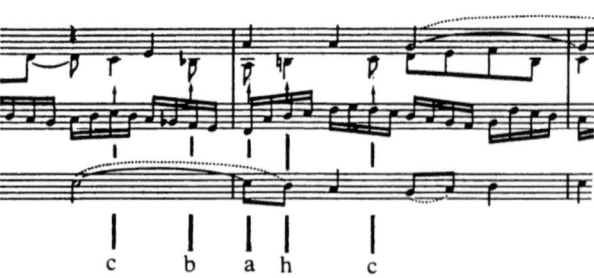

Mesures 55 + 56 :

Dans la Variation 4 :

Mesure 25 :

Dans la Variation 5 :

Mesure 13 :

Mesure 39 :

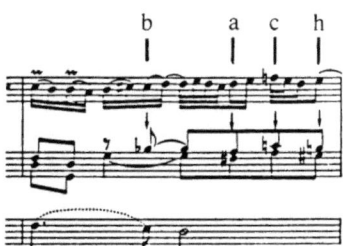

Mesures 40 + 41 :

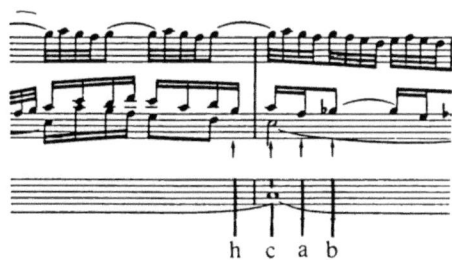

Dans la mesure finale de la troisième variation, on peut éventuellement reconnaître, en plus du thème «B a c h» déjà relevé, un thème caché :

Les mesures ainsi marquées constituent ici encore un ensemble cohérent.

```
                            22 ⎫
                            23 ⎪
                            46 ⎪
                            47 ⎬ 287
                            55 ⎪
                            56 ⎪
                            25 ⎪
                            13 ⎭
                b a c h     39      = Nahme (nom)
                h c a b     40 ⎫
                            41 ⎬ 81 = 27.3
       «b a ᶜ ʰ» supplémentaire   56      = Datum (date)
```

La somme des mesures marquées qui précèdent les deux thèmes «B a c h» stricts est 287, le jour du décès 28 7. La première forme stricte donne l'indication «Nahme» (nom)[4], ce qui établit très clairement le rapport avec Bach, tandis que le thème «B a c h» en mouvement rétrograde fournit 27.3, soit 372 (= 1750) à l'écrevisse. Le thème caché peut éventuellement être pris séparément comme la représentation du mot *Datum* (date), un complément parfait pour 287.

Dans la version imprimée, Bach a modifié la succession des pièces. Il y a placé la variation comportant 56 mesures après la deuxième (voir exemple 37). Le tableau des thèmes «B a c h» se trouve ici quelque peu modifié, et la disposition devient moins heureuse :

```
                            25 ⎤
                            13 ⎦
                b a c h     39      = Nahme
                h c a b     40 ⎫
                            41 ⎬ 81 = 27.3
                            22 ⎤
                            23 ⎪
                            46 ⎪
                            47 ⎬ 287
                            55 ⎪
                            56 ⎦
       «b a ᶜ ʰ» supplémentaire   56      = Datum
```

En revanche on peut à présent y ajouter une dimension. Lorsque nous comptons les mesures de toutes les variations, dans l'ordre, soit de 1 à 166 (la deuxième variation commence donc à la mesure 19, la troisième à la mesure 42), nous trouvons les thèmes «B a c h» dans les mesures suivantes :

---
[4] La graphie moderne est *Name* (NdT).

```
                              66
                              81
                    b a c h  107
                    h c a b  108 ⎫
                             109 ⎬ 217
                             132 ⎭
                             133
                             156
                             157
                             165
                             166
```

«b a ᶜ ʰ» supplémentaire   166

Lorsque nous groupons les thèmes «B a c h» selon les trois types, nous obtenons les résultats suivants :

1. «B a c h» dans le bon ordre

	dans la variation	au total
	39	107
«b a ᶜ ʰ» supplémentaire	56	166
	95 = Todesjahr (année de la mort)	273 = 372 (=1750) à l'écrevisse.

2. «B a c h» en mouvement rétrograde

dans la variation   au total

81 = 27.3   217 = 31.7 = C.R.

3. «B a c h» dans le désordre

dans la variation	au total
25	66
13	81
22	132
23	133
46	156
47	157
55	165
56	166
287 = 28 7	1056 = 132.8 = Bach

Les résultats à l'intérieur des différentes variations se projettent à merveille dans les totaux. Lorsque nous adoptons la même approche pour la version autographe, nous n'arrivons à aucun résultat. Probablement Bach a-t-il choisi cet ordre pour la version imprimée précisément pour rendre cette projection possible.

Exemple 55 : Les thèmes «B a c h» dans les *Chorals Schübler*

Dans les *Chorals Schübler* nous rencontrons quatre thèmes «B a c h» très clairs, avec, ici encore, un thème supplémentaire dissimulé.

Dans *Wachet auf* :

Mesures 58 + 59 :

Dans *Meine Seele erhebt den Herren* :

Mesures 17 + 18 :

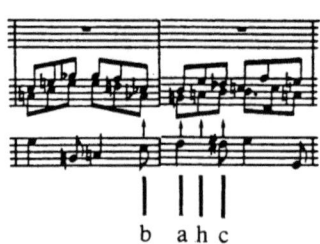

Mesures 18 + 19 :

Mesures 25 + 26 :

Le thème «B a c h» *caché* se trouve, lui aussi, dans *Meine Seele* :

Mesures 7 + 8

LE THÈME «BACH»

Du point de vue «sonore» ce thème «B a c h» est idéalement disposé, mais il est réparti sur deux voix. Toutefois il s'agit là du seul thème «B a c h» dans lequel les notes sont effectivement et strictement dans l'ordre. C'est pourquoi nous le considérons comme une clé essentielle.
Les thèmes «B a c h» apparents forment ensemble :

$$
\begin{array}{lrr}
\text{'Wachet auf'} & 58 + 59: & 117 \\
\text{'Meine Seele'} & 17 + 18: & 35 \\
& 18 + 19: & 37 \\
& 25 + 26: & 51 \\
\hline
& & 240 = 1.6.8.5
\end{array}
$$

Le thème *caché* — l'unique thème «B a c h» dans le bon ordre ! — constitue la clé nécessaire pour transformer l'année de la naissance (240 = 1.6.8.5) en l'année du décès :

$$
\begin{array}{lr}
& 240 = 1.6.8.5 \\
\text{«B a c h» } \textit{caché } 7 + 8 : & 15 \\
\hline
& 255 = 1750
\end{array}
$$

255 est en effet la somme gématrique de *Siebzehnhundertfünfzig* (dix-sept cent cinquante).

CHAPITRE V

Le nombre 23 869

Lorsqu'on en est venu à prendre conscience que Bach connaissait la date de sa mort bien longtemps avant le 28 juillet 1750 — ou plutôt, que par une sublime intelligence des nombres de sa vie Bach savait quand son cercle serait bouclé — il est logique qu'on examine de plus près le nombre de jours que dura sa vie.

Pour calculer le nombre de jours que Bach vécu, nous partons des journées complètes entre la naissance et la mort. Le jour de la naissance n'est pas compté, pas plus que celui du décès, parce que le moment précis de sa naissance n'est pas connu. Dans ce calcul il nous faut également tenir compte du fait que 1688 était la première année bissextile dans la vie de Bach. Voici le résultat obtenu :

jour de la naissance	journées de vie complètes	jour du décès
21 3 1685	2 3 8 6 9	28 7 1750

Le nombre correspondant aux journées de vie complètes suggère d'emblée une possibilité de symbolisme. Il s'agit en effet d'une référence au nom de Bach (238 = 1.238), associé à 69, symbolisant l'écrevisse (le Cancer du zodiaque), le miroir, le cycle, le cercle, dont l'aboutissement est le retour au point de départ. L'importance du rapport symbolique entre ce nombre et la personne de Bach n'apparaît clairement que lorsqu'on découvre que le produit gématrique du nom complet de Bach est un nombre très semblable :

$$\text{Johann} \times \text{Sebastian} \times \text{Bach}$$
$$58 \times 86 \times 14 = 6\ 9\ 8\ 3\ 2$$

Le lien entre le produit gématrique du nom de Bach (69 832) et le nombre de journées de vie complètes (23 869) se voit au premier coup d'œil mais 69, en tant que symbole pour «l'écrevisse», le miroir, le retour au point de départ, lui confère force et profondeur :

journées de vie 2 3 8 **6 9**
                        6 9 8 3 2   produit gématrique du nom

Ainsi, la date de la mort, le 28 7 1750, est liée d'une manière quasi absolue au nom de Bach. Peut-être pouvons-nous même aller plus loin et supposer que ce rapport représente un des aspects visibles des liens entre Bach et les lois cosmiques. Notre sentiment par rapport à cette relation est encore renforcée par la prise de conscience que le plus petit produit possible des chiffres formant le nombre de journées de vie, soit 2.3.8.6.9. (et donc aussi de ceux du produit gématrique du nom de Bach, soit 6.9.8.3.2), révèle encore une fois un lien entre ce nom et le cosmos : 2592. D'une part, ce nombre est particulier dans la mesure où il est le plus grand nombre qui, faisant référence au nom de Bach, puisse être décomposé de telle sorte qu'apparaissent les chiffres clés 2, 3, 1 et 8 (2592 = 81.32). D'autre part, 2592 suggère un lien avec l'année platonicienne, ou Grande Année, d'une durée de 25 920 ans. Cet élément établit une nouvelle fois une relation avec le cosmos.

Tout ceci nous amène à considérer que le nombre 23 869 doit avoir une signification essentielle pour la personne de Bach et pour sa relation ésotérique avec l'absolu. Ceci dit, il est tout à fait possible que les aspects les plus importants de ce nombre nous échappent encore et qu'ils nous échapperont du reste toujours.

Dans les *Inventions*, Bach fait un usage très poussé de ce nombre. Ceci se manifeste de la manière la plus directe dans le nombre de mesures des pièces portant les numéros 2, 3, 8, 6 et 9 :

		Invention	Sinfonia	**Invention + Sinfonia**
Numéro	2	27	32	59
	3	59	25	84
	8	34	23	57
	6	62	41	103
	9	34	35	69
		216	156	372
		= 3.72	= 78.2	= 1750

La «mise en termes» de 23 869, c'est-à-dire l'addition des mesures du deuxième, du troisième, du huitième, du sixième et du neuvième terme (savoir *Invention* ou/et *Sinfonia*) fournit les meilleurs résultats qu'on puisse imaginer. Les *Inventions* révèlent une très bonne référence à l'année du décès (216 = 3.72), les *Sinfoniae* en font autant pour la date du décès (156 = 78.2). Ensemble, ces nombres donnent 372, l'année du décès dans l'ère rosicrucienne.

Etant donné que le produit gématrique du nom complet se compose des mêmes chiffres que le nombre de journées de vie complètes, il est tout aussi bien possible que ce beau résultat émane de la mise en termes de 69 832. Si nous voulons mieux comprendre la manière dont le nombre relatif aux journées de vie complètes de Bach peut être incorporé aux *Inventions*, il nous faudra choisir une approche dans laquelle les chiffres ne pourront être utilisés que dans l'ordre 23 869.

Nous examinons d'abord la structure selon les mesures. Le nombre total de mesures des *Inventions* à deux et à trois voix est 1032 (488 + 544). Il est évident qu'il n'est pas possible ici d'isoler un groupe de 23 869 mesures, à moins que nous ne disposions la série de trente nombres sur un cercle, cercle que nous allons ensuite parcourir autant de fois qu'il le faudra pour arriver dans les parages de 23 869, soit 23 fois. Le produit de 23 et 1032 est en effet 23 736, soit une différence de 133 par rapport à 23 869. Dès lors, pour obtenir une série ininterrompue de 23 869 mesures, il nous faut un groupe de 133 mesures qui s'enchaîne directement après le 23ᵉ tour.

Il est toutefois très frappant et curieux que dans toute la série des trente pièces il ne se trouve pas une seule suite ininterrompue de 133 mesures. Pourtant une solution est possible à condition que nous utilisions encore une fois la clé que constitue le signe de reprise dans la sixième *Invention*.

```
VI        20
          ‥
          ‥
          42  ⎫
VII :     23  ⎬ 133
VIII :    34  ⎭
IX :      34
```

Voici comment nous pouvons envisager les choses. En parcourant le cercle, il nous faut commencer à compter les 23 tours à cet endroit pour trouver par la suite les 133 mesures manquantes et obtenir ainsi le nombre total de journées de vie complètes au départ des termes des *Inventions*. Il est à noter que cette différence de 133 par rapport au nombre total 23 869 vient ici compléter à merveille les données déjà dégagées, puisque 133 = 19.1.7 = *T a g* (jour).

Si le lecteur veut bien se remettre l'exemple 41 en mémoire, il lui deviendra tout à fait évident que le comptage des 23 869 mesures commence à l'endroit le plus remarquable des *Inventions*, précisément là où commence le groupe de 42 mesures (42 = 3.7.2 = 1750), dans la structure selon les mesures, juste après le signe de reprise dans la sixième *Invention*.

Inventions I à V incluse	:	192 = 1.48.4
Invention VI	:	20 = R.C. ou Ich (je)
		42 = 3.7.2
Inventions VII à XV incluse	:	234 = 1.3.78
Sinfoniae		544 = épitaphe

2
3
8
6
9

C'est à ce même endroit que commence, dans la structure selon les notes de la sixième *Invention*, le groupe de 65 notes (= les 65 années de la vie de Bach) suivi de 140 (= Bach) et de 174 (= 2.87 = 28 juillet) (voir exemple 41).

La première des 23 869 mesures, c'est-à-dire celle qui suit le signe de reprise, est la 213e mesure de l'ensemble des *Inventions*. Il s'agit donc d'une splendide référence au 21-3 = 21 mars, la date de naissance de Bach, le point de départ d'où se déroulera, dès le lendemain, le cycle des 23 869 journées de vie complètes.

En examinant l'ensemble, il nous paraît tout à fait possible que Bach ait volontairement choisi les *Inventions* pour y introduire ce groupe de 23 869 mesures : c'est la seule possibilité, surtout à un endroit aussi marquant que celui-ci.

Nous allons à présent vérifier si le nombre de journées de vie complètes de Bach peut aussi être trouvé dans les nombres de mesures des 30 *Inventions* sans qu'il soit nécessaire de parcourir plusieurs fois toute la série. La seule possibilité que nous voyions serait de scinder le nombre en deux parties. Nous avons le choix entre quatre possibilités :

    2 et 3869
  23 et 869
 238 et   69
2386 et   9

Etant donné que les *Inventions* comptent 1032 mesures, seules deux possibilités entrent en ligne de compte :

  23 + 869, reste 140 mesures
238 + 69, reste 725 mesures

La première solution semble être la plus intéressante, puisqu'elle présente un reste de 140 = Bach. De plus le nombre 23 nous rappelle un aspect du groupe de 23 869 mesures dont nous venons juste de parler : il nous fallait en effet parcourir le cercle 23 fois pour aboutir à un résultat.

Bach semble effectivement vouloir attirer notre attention sur le nombre 23, car c'est précisément la 23e pièce (la huitième *Sinfonia*) qui comporte 23 mesures! Voici le schéma remarquable que cette possibilité nous offre :

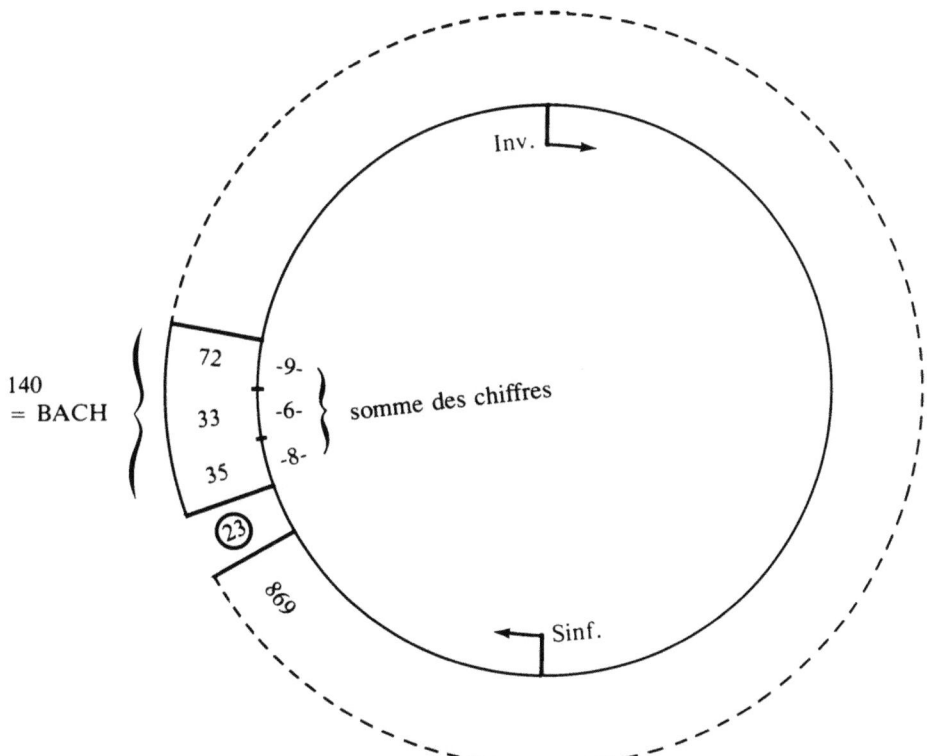

Les 23 mesures du 23ᵉ terme voisinent en effet avec un groupe de 869 mesures et le reste est de 140 = Bach. Ce nombre 140 se compose de trois parties comptant respectivement 35, 33 et 72 mesures. La somme des chiffres de chacun de ces nombres donne : respectivement 8 (3 + 5), 6 (3 + 3) et 9 (7 + 2). Ainsi 8 6 9, contenu dans le reste du cercle, vient encore une fois côtoyer le nombre 23, mais d'une autre manière.

Ce schéma est étonnamment direct et simple, et dès lors très convaincant. Par-dessus le marché, Bach a ajouté deux confirmations particulières. Outre les 869, il y a en effet, immédiatement après celui de 23, un groupe de 86.9 (= 774) mesures et un autre de 8.69 (= 552) :

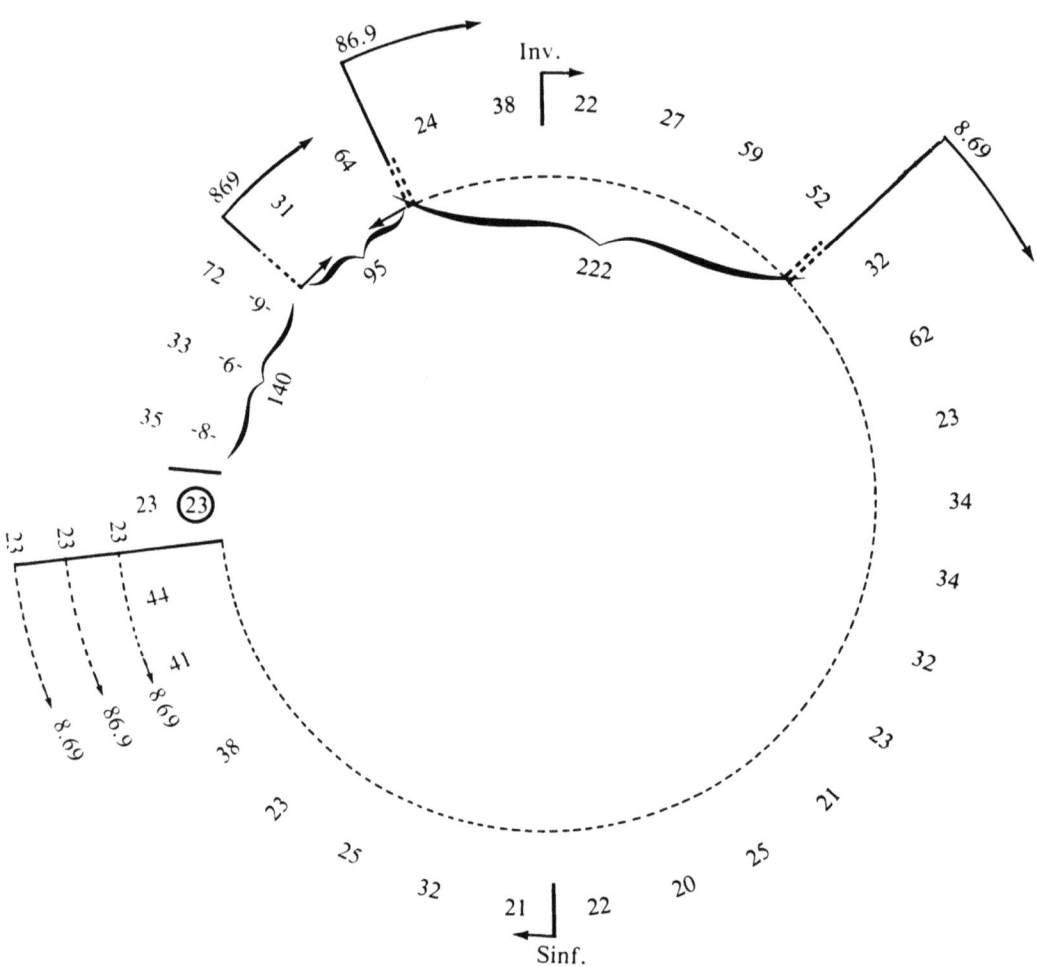

Lorsque nous partons de la forme initiale, la plus directe, nous voyons qu'à chacune des deux autres s'ajoute un nouvel élément :

23 + 869 : reste 140 (= Bach)
23 + 86.9 : reste 140 (= Bach) et 95 (= *Todesjahr* : année du décès)
23 + 8.69 : reste 140 (= Bach) et 317 (= Frater Christian Rosencreutz).

Il y a dans la série complète des 30 *Inventions* trois autres œuvres comptant 23 mesures (les 7ᵉ, 11ᵉ et 19ᵉ termes). Toutefois elles ne comportent pas de suite ininterrompue de 869 mesures. Seul le 23ᵉ terme révèle le schéma présenté plus haut. Il nous paraît absolument évident que Bach a incorporé ce schéma d'une seule manière dans les *Inventions* et ce, tout à fait consciemment.

Il nous faut à présent nous demander si l'autre possibilité de division du nombre 23 869 (en 238 et 69) est également présente dans les *Inventions*. A la lumière du symbolisme dont nous avons parlé au début de ce chapitre, cette manière de scinder ce nombre semblerait en fait plus évidente. Curieusement aucune solution convenable n'est possible sous cet angle d'approche. Il est vrai que la série de 30 pièces contient un groupe de 238 mesures et un autre de 69, mais ils ne se suivent pas.

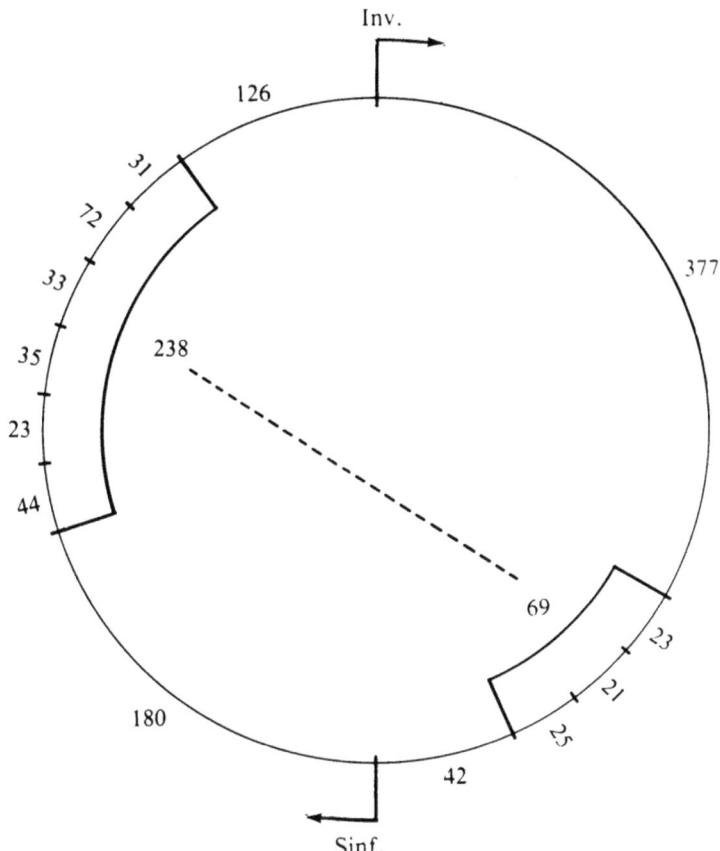

Il nous apparaît que la combinaison de ces deux nombres se prête moins à la mise en place d'un schéma «23 869» convaincant dans la série des 30 nombres des *Inventions*. Du reste 238 et 69 se rapportent à un trop petit nombre de termes, entraînant dès lors un trop grand excédent de mesures. C'est sans doute la raison pour laquelle Bach n'a retenu que la combinaison 23 — 869 pour l'intégrer d'une manière très particulière, comme nous avons pu le constater.

Nous pouvons encore ajouter un schéma «23 869» supplémentaire, bien que celui-ci puisse aussi être pris dans le cadre du produit gématrique du nom complet de Bach. Il s'agit du nombre 2592, le plus petit produit des chiffres de 23 869. Nous avons déjà formulé nos pensées à propos de la signification symbolique de ce nombre, au début du présent chapitre. Ce nombre 2592 a, lui aussi, sa projection dans les *Inventions*. Comme il est plus grand que 1032, il nous faut prendre 2592 sous la forme 2 × 1032 + 528. Si nous parvenons à répartir, d'une manière convaincante, les 1032 mesures des *Inventions* en deux groupes de 528 et 504 mesures, respectivement, alors la projection de 2592 sera une réalité. Après avoir parcouru deux fois le cercle, nous continuons jusqu'à ce que nous atteignions la fin du groupe de 528 mesures que nous avions déterminé. Ce qui reste constitue un très beau nombre *Bach*, puisque nous pouvons interpréter 504 comme 21.3.8. La division de 1032 selon ces deux nombres est donc bel et bien possible. La quatorzième (!) *Sinfonia*, soit la vingt-neuvième (!) pièce de l'ensemble, contient 24 mesures. Il est bon de noter que c'était précisément ces 24 mesures qui formaient le début de l'épitaphe.

Autour de ce 24 nous trouvons deux groupes de 504 mesures.

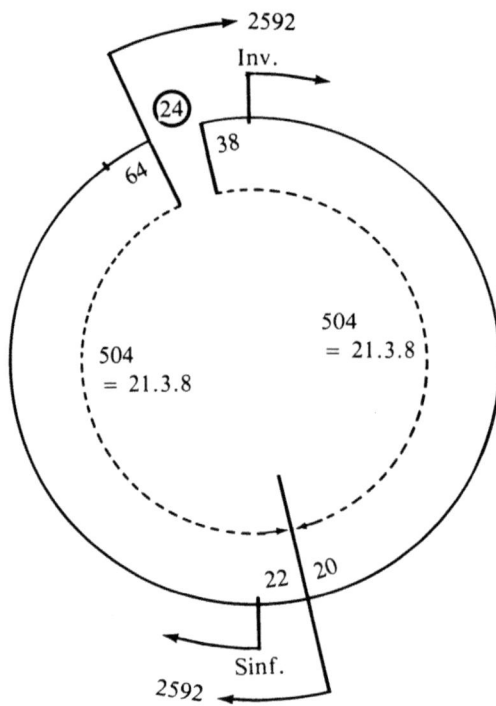

Si nous rattachons les 24 mesures à l'un des groupes de 504 mesures pour obtenir 528, l'autre devient automatiquement le reste. Il importe peu que nous choisissions l'un plutôt que l'autre. Ils sont équivalents, indépendants l'un de l'autre tout en constituant aussi une unité. Bach l'a parfaitement indiqué grâce aux termes extrêmes de chacun des groupes :

$$38 + 20 = 58 = \text{Johann}$$
$$64 + 22 = 86 = \text{Sebastian}$$

Le lecteur est en droit de se demander pourquoi nous n'avons pas signalé le nombre des journées de vie complètes à un stade plus précoce de notre étude. Etant donné la puissance des schémas «23 869» dans les *Inventions*, il semblerait logique que ce nombre se retrouve également dans d'autres compositions. Toutefois, au cours de notre étude, nous n'avons rencontré que des références sporadiques au nombre 23 869, les *Inventions* mises à part.
Il est vrai que ces schémas impliquent des conditions très spéciales quant aux séries de nombres, ce qui expliquerait pourquoi Bach ne s'attacha à l'élaboration substantielle du nombre des journées de vie complètes que dans les seules *Inventions*, sans plus pouvoir ou vouloir y revenir dans d'autres œuvres. Il n'est pas improbable que le titre «*Inventiones*», c'est-à-dire «découvertes» ne se rapporte pas seulement à l'aspect musical mais aussi aux possibilités de certaines séries de nombres.
Par ailleurs, il n'est pas impossible, que l'absence d'autres schémas «23 869» provienne de la difficulté ou de l'imprécision qui entachent le calcul du nombre de journées de vie complètes.

Sans doute le lecteur n'ignore-t-il pas, qu'en 1582, le pape Grégoire XIII améliora le calendrier julien. Au fil des ans et des siècles le décalage entre le «temps du calendrier» et le «temps réel» s'était accentué. En 1582, il s'élevait à environ dix jours. Lors de l'entrée en vigueur du calendrier grégorien, cette différence fut d'emblée supprimée. Cependant, vu que les pays protestants tombaient en dehors de la sphère d'influence de l'Eglise catholique, le calendrier grégorien ne s'y répandit qu'au cours des

XVIIe et XVIIIe siècles. On considère que ce fut le cas pour la majeure partie de l'Allemagne aux environs de 1700. C'est en tout cas l'opinion émise par Spitta dans son ouvrage de référence sur Johann Sebastian Bach. Au demeurant, il ne donne pas le moindre argument qui puisse étayer cette affirmation.

Si, dans les environs d'Eisenach, le calendrier grégorien n'a de fait été introduit que vers 1700, cela signifie que la correction de dix jours fut effectuée du vivant de Bach et que dès lors le nombre de journées de vie complètes est en réalité 23 859 au lieu de 23 869. Comme nous l'avons déjà dit, Spitta n'avance aucune preuve en faveur de son allégation. Il nous semble qu'en ce qui concerne l'introduction du calendrier grégorien les choses sont confuses et imprécises. Il ne nous paraît certainement pas impossible que la région d'Eisenach acceptât le calendrier grégorien dès avant 1685.

Etant donné le caractère extrêmement convaincant des schémas «23 869» dans les *Inventions*, nous entrevoyons deux possibilités logiques :

a. Le calendrier grégorien fut introduit avant le 21 mars 1685.
b. Le calendrier grégorien fut effectivement introduit vers 1700, mais Bach estimait la chose peu déterminante pour son ouvrage symbolique. Dans ce cas, il conviendrait de considérer que la relation entre le produit gématrique du nom complet de Bach et le nombre 23 869 se rapporte non pas aux journées de vie complètes effectives mais théoriques.

Il nous semble en tout cas illogique que Bach se soit donné la peine de donner un traitement aussi poussé et aussi convaincant à ce nombre, dans les *Inventions*, si par ailleurs il estimait que cette difficulté constituait un inconvénient majeur. D'un autre côté, la vulnérabilité de la matière pourrait expliquer le fait que Bach n'y soit plus revenu que sporadiquement, et sans beaucoup insister, par la suite.

CHAPITRE VI

A propos du commencement et de la fin

Dans le premier chapitre nous avons montré que Bach a incorporé son nom de différentes manières dans ses œuvres. Dans les chapitres suivants, il est devenu clair que la mention de son nom n'était qu'une des facettes de son propos. Par le flux des exemples nous sommes amenés à reconnaître que Bach s'est servi du symbolisme des Rose-Croix et que, longtemps avant sa mort, il avait connaissance du jour précis où il allait mourir. Les exemples nous montrent également que Bach éprouvait le besoin d'introduire les nombres relatifs à ces données selon des procédés qui variaient d'une œuvre à l'autre. En fait ses créations semblent étroitement et fondamentalement liées avec ces nombres, et ce tant au niveau de la structure d'ensemble que sur le plan du moindre détail.

Dans le chapitre précédent, nous avons tenté d'illustrer une nouvelle fois à quel point ces liens sont intimement mêlés à l'essence même de la personne de Bach, en mettant en évidence la parenté étroite entre le produit gématrique du nom complet de Bach et le nombre de journées de vie complètes (idéelles). Nous nous sommes efforcés de placer ces données insolites dans un éclairage tel qu'elles laissent la plus large place possible, en toute modestie, aux intentions sincères et profondément religieuses de Bach. C'est ainsi que nous avons appris à accepter cette nouvelle image de Johann Sebastian Bach, sans pour autant avoir la prétention de pouvoir la comprendre.

La matière discutée jusqu'ici reflète assez exactement l'état d'avancement de notre étude. Nous pourrions sans difficulté compléter la série d'exemples avec toutes sortes de beaux schémas bien cohérents. Toutefois, cela n'apporterait aucun fait ni point de vue nouveaux et contribuerait uniquement à rendre encore plus évident le fait que ces nombres jouent un rôle dans tout ce qui fut produit par l'esprit de Bach. De plus, chaque exemple supplémentaire ferait croître notre admiration devant son incroyable esprit d'invention dans cet autre domaine de son art. Une description détaillée de tout ce que nous avons découvert dans les *Inventions* représenterait, à elle seule, un livre de plusieurs centaines de pages.

Pour terminer le présent ouvrage, nous aimerions cependant aborder une dernière question, une double question, en l'occurrence : Peut-on trouver, dans la vie de Bach, le moment où les nombres de la symbolique rosicrucienne et ceux de la date de sa mort apparaissent pour la première fois? Bach a-t-il continué à se servir de ces nombres jusqu'à sa mort?

En ce qui concerne la seconde question, la *fin*, nous pouvons répondre clairement par l'affirmative. A la lumière de ce que nous avons pu vérifier, nous pouvons avancer que Bach a effectivement continué à façonner ces nombres rosicruciens, de même que ceux relatifs à la date de sa mort, jusqu'à la fin de sa vie. Nous allons le montrer dans une de ses dernières œuvres, le prélude du choral *Vor deinen Thron tret ich*.

Pour ce qui est du *commencement*, la chose est plus difficile. Il nous semble même impossible d'indiquer un point de départ, d'autant que les avis divergent quant à l'authenticité et à l'exactitude d'un certain nombre d'œuvres de jeunesse attribuées à Bach. Toutefois, nous pouvons démontrer que le commencement se situe nécessairement avant 1707, puisque nous disposons des manuscrits autographes de deux cantates, datés de la main de Bach. Il s'agit de la Cantate 131 *Aus der Tiefe rufe ich, Herr, zu dir*, de 1707, et de la Cantate 71 *Gott ist mein König*, de 1708. Nous retrouvons les nombres, qui nous sont à présent devenus familiers, dans chacune des deux compositions. Ceci nous autorise à penser que Bach, âgé alors de vingt-deux ans, possédait déjà sa conception de la vie et de la mort et qu'il avait déjà été en contact avec le «matériel» de Rosencreutz. Nous illustrerons ceci en examinant la Cantate 71 *Gott ist mein König*.

Le commencement est donc antérieur, de toute manière, à 1707. On est tenté de supposer que le point de départ est en rapport avec le voyage de Bach à Lübeck, en 1705/1706. Sa fréquentation assidue de Buxtehude et le fait que son séjour à Lübeck fut beaucoup plus long qu'il ne l'avait sans doute prévu initialement, sont des éléments qui confèrent un certain attrait à l'hypothèse selon laquelle l'enseignement que Bach reçut de Buxtehude ne se limitait pas aux seules choses de la musique. Cependant, jusqu'à ce jour, il ne nous a pas encore été donné de trouver des faits qui confirment cette supposition.

De même, nous n'avons constaté aucune évolution particulière. Les deux cantates contiennent déjà tous les éléments. En fait la façon dont les nombres dont il est question ont été mis en œuvre n'est pas différente de celle utilisée dans des exemples plus tardifs. Néanmoins, nous traiterons de la structure d'ensemble du *Petit Livre d'orgue* comme d'une sorte de pont symbolique reliant le commencement et la fin. La majorité des préludes contenus dans ce recueil datent des années 1713 à 1715, mais Bach y a ajouté quelques pièces après 1740, de telle sorte que la structure définitive de l'ensemble ne fut parachevée qu'à ce moment-là, à notre avis.

Exemple 56 : Cantate 71 *Gott ist mein König*, 1708

La Cantate se compose de :
1. Chœur — 38 mesures
2. Aria — 47 mesures
3. Chœur — 38 mesures
4. Aria — 41 mesures
5. Aria — 35 mesures
6. Chœur — 37 mesures
7. Chœur — 103 mesures

339 mesures

Pour l'aria numéro 4, nous avons effectué le comptage selon la notation autographe de Bach. Ainsi, il y a 41 mesures écrites, du fait que la première mesure du *da capo* est notée intégralement.

Outre le sens littéral, le texte indiquant le *da capo* a encore une autre signification. Une fois le sens caché percé à jour, on comprend mieux la double inscription *Da Capo dal Segno* ainsi que l'unique mention du mot *repetato*. En calculant la valeur gématrique des différents mots, on constate :

```
Da Capo                    38
repetato                   95    = Todesjahr (année du décès)
dal Segno     2.1.38       73
              b a c h            
                                 2.73 = 372 = 1750
Da Capo                    38
dal Segno                  73

                          317    = C.R. ou
                                 Frater Christian Rosencreutz.
```

C'est surprenant de simplicité et de clarté. Deux fois le même texte donne, «textuellement», 2.1.38 = Bach et 2.73, soit, en lecture rétrograde, 372, l'année du décès de Bach dans l'ère Rose-Croix. Le mot *repetato* est ici l'auxiliaire attendu, puisqu'il correspond, par sa valeur gématrique (= 95), au mot *Todesjahr* (année du décès). Le total fait référence à Christian Rosencreutz, ce qui indique bien l'interprétation à donner au nombre 2.73, savoir 1750 dans l'ère rosicrucienne.

Le *da capo*, tel qu'il est noté, répartit très naturellement les 41 mesures comme suit :

1ère partie	2e partie	*da capo*
22	18 = ah	1
	23 = bc	

Si nous y regardons de plus près, nous constatons que les 22 mesures de la première partie se composent de 8 + 7 + 7 mesures. De ce fait, 41 apparaît effectivement figurer J S Bach (9 18 14).

1ère partie			2e partie	*da capo*
8	7	7	18 = S	1
	14 = Bach			
		9 = J		

L'aria constitue le centre de la cantate :

Chœur	38	
Aria	47	
Chœur	38	
Aria	41	= J S Bach
Aria	35	
Chœur	37	298.1 = B J S
Chœur	103	

De part et d'autre de cette aria nous trouvons chaque fois deux chœurs et une aria. Les chœurs forment un ensemble complet.

Chœur	38	2.1.38 = Bach
Chœur	38	
Aria centrale		
Chœur	37	140 = Bach
Chœur	103	

$$216 = 3.72 = 1750 \text{ ou}$$
= *Achtundzwanzig Juli* (vingt-huit juillet)

Au premier abord, les deux arias ne semblent pas pouvoir offrir de solution (47 + 35 = 82). En combinaison avec l'aria centrale, on n'obtient guère plus de résultats (82 + 41 = 123).
La solution, Bach l'a dissimulée d'une manière ingénieuse; la clé se trouve dans le texte de l'aria numéro 2 : «Ich bin nun 80 Jahr. Warum soll dein Knecht sich mehr beschweren? Ich will umkehren, daß ich sterbe in meiner Stadt bei meines Vaters und meiner Mutter Grab» (Je suis à présent âgé de 80 ans. Pourquoi ton serviteur devrait-il encore se plaindre? Je veux m'en retourner afin que je meure dans ma ville près de la tombe de mon père et de ma mère).
Les mots clés dans ce texte, en soi déjà très évocateur par rapport à notre contexte, sont : «Ich will umkehren» (Je veux m'en retourner). Ces mots sont chantés trois fois, savoir dans les mesures 27, 28 et 29, ce qui, additionné, donne 84.

Conclusion cadencielle

Le nombre de notes chantées sur ce texte s'élève à 18, et leur valeur gématrique à 211 [1]. La clé implique ici que nous prenions le texte au pied de la lettre : il nous faut «retourner» les nombres! Alors nous obtenons instantanément de très bons résultats :

Le total des mesures	84 devient 48 = 2.1.3.8 = Bach
La somme des notes	18 devient 81 = 27.3 = 372 = 1750
La somme de la valeur gématrique des notes	211 devient 112 = 2.8.7 = 28 juillet

Si nous appliquons se retournement au nombre total de mesures dans cette aria, nous avons alors la possibilité de faire deux choses :
a. Nous divisons l'aria en 26 et 21 mesures, sur la base de la cadence juste avant *Ich will umkehren*. En retournant 21, qui se rapporte au nombre de mesures de la partie qui commence par notre texte clé, nous obtenons 12. Nous pouvons à présent interpréter l'ensemble des trois arias :

2. Aria		26	} 38 = mihi = pour moi
	'ich will umkehren' 21 →	12	
4. Aria		41	= J.S. Bach
5. Aria		35	= Jahr = année

De part et d'autre de l'aria centrale 41 = J.S. Bach, nous pouvons lire 38 = *mihi* (pour moi), ainsi que 35 = Jahr (année). Ceci apparaît à côté du total des chœurs, 216; ce nombre pris pour 3.72 représente effectivement «l'année pour Bach». De plus, il est possible de combiner les arias 2 et 5 pour obtenir ainsi 73, qui, sous la forme 1.73, apporte une information utile dans la mesure où elle précise qu'il convient de comprendre le chiffre selon la supputation de R.C. Le nombre total de mesures de cette cantate devient 330, du fait de ce retournement. Toujours selon cette supputation rosicrucienne, ce nombre correspond à l'année 1708, soit l'année indiquée par Bach sur la page de titre de son manuscrit!
b. La clé *Ich will umkehren* nous permet également de retourner le nombre 47, qui indique l'ensemble des mesures de l'aria, et d'arriver ainsi à 74. Cela nous donne aussitôt une référence à l'année 372, puisque 74 peut être pris pour 37.2. Le total devient alors :

2. Aria	74 = 37.2 = 372
4. Aria	41 = J.S. Bach
5. Aria	35 = Jahr (année)

Dans ce cas, le 216 des chœurs se prête idéalement à être lu *achtundzwanzig Juli (vingt-huit juillet)*. Le total de la cantate devient à présent 366 = 2.183 = Bach.
Le lecteur aura compris que l'exposé de nos découvertes dans cette cantate est loin d'être complet. Néanmoins nous estimons que nous avons montré à suffisance que «le commencement» doit se situer *avant* 1708.

---

[1] Il s'agit bien entendu de la notation allemande brièvement exposée dans l'encadré de la page 10 (NdT).

Exemple 57 : Le *Petit Livre d'Orgue* 1713 - 1716... vers 1740

Pendant la période Weimar, Bach entama la composition d'un recueil d'arrangements de chorals pour l'année liturgique, l'*Orgelbüchlein* c'est-à-dire le *Petit Livre d'orgue*. La partition autographe qui nous est parvenue, montre qu'il avait prévu une répartition pour 164 chorals. Il avait écrit un titre en tête de chacune des pages, mais il n'acheva que 46 chorals. A part cela il nota encore une mesure et demie de *O Traurigkeit, o Herzeleid*. Toutes les autres pages sont restées vierges.
Parmi les 26 premiers arrangements entrepris, un seul n'est pas terminé. Ensuite les pages blanches deviennent de plus en plus nombreuses.
Il n'a pas encore été possible de donner une explication satisfaisante au fait que Bach n'acheva pas ce *Petit Livre d'orgue*. Les études graphologiques ont toutefois révélé un élément très étrange. Pratiquement tous les arrangements de chorals datent des années 1713 à 1716, à l'exception de *Helft mir Gottes Güte preisen* et le fragment d'une mesure et demie de *O Traurigkeit, o Herzeleid* qui furent écrits et insérés aux environs de 1740. En outre, les chorals *Christus, der uns selig macht* et *Komm, Gott Schöpfer, heiliger Geist* ont été revus à cette époque.
Surtout en ce qui concerne *O Traurigkeit, o Herzeleid*, on est en droit de se demander ce qui a bien pu motiver Bach à insérer un fragment d'une mesure et demie dans un cycle entrepris longtemps auparavant et par ailleurs inachevé. Du reste la pièce n'est pas jouable sous cette forme. L'autre ajout en revanche a effectivement une importance sur le plan pratique puisqu'il s'agit d'un arrangement complet. Pourtant on se demande ici encore pourquoi Bach, avec sa facilité d'écriture musicale, n'a pas inséré un plus grand nombre d'arrangements. Il aurait été plus logique, alors qu'il reprenait le cycle inachevé après plus de vingt ans, qu'il fasse une tentative manifeste pour terminer l'ensemble.
Considérant les choses sous notre angle, une autre approche est possible. Nous estimons que par ces deux insertions Bach a voulu parfaire une structure numérique cohérente, et que le *Petit Livre d'orgue* est, dans sa forme actuelle, parfaitement achevé.
Nous allons montrer que c'est peut-être justement grâce à ces ajouts que certains nombres essentiels émergent de la structure d'ensemble des mesures. C'est intentionnellement que nous écrivons «peut-être» parce qu'un problème survient lors du comptage des mesures. Dans différents chorals commençant par un temps levé, Bach n'a pas compensé l'anacrouse à la dernière mesure, de sorte qu'il écrit en fait une partie de mesure en trop. Voici le détail des chorals concernés.

Nos				
3	'Herr Christ...'	une	♩	excédentaire à la fin
5	'Puer natus est'	une	♩ (blanche)	excédentaire à la fin
15	'Helft mir...'	une	♩	excédentaire à la fin
26	'Hilf Gott...'	une	♪	excédentaire à la fin
30	'Christ ist...'	une	♩ (blanche)	excédentaire à la fin
31	'Erstanden ist...'	une	♪	excédentaire à la fin
38	'Dies sind...'	une	♩ (blanche)	excédentaire à la fin
40	'Durch Adam's Fall'	une	♩	excédentaire à la fin
43	'In dich hab'ich...'	une	♩	excédentaire à la fin

Ce genre de situation est assez unique dans l'œuvre de Bach. Généralement le temps levé forme une mesure complète avec la mesure finale incomplète.

Lorsque nous considérons le tout du point de vue de l'exécution — c'est-à-dire la version «sonore» avec les reprises requises — et lorsque nous comptons avec exactitude toutes les parties de mesures incomplètes, y compris la mesure et demie de *O Traurigkeit, o Herzeleid*, alors nous obtenons une solution cohérente pour la structure d'ensemble de l'*Orgelbüchlein*.

L'aperçu général de la forme «sonore» mentionnera donc toutes les parties de mesures «excédentaires» et montrera en outre dans quel rapport se situent les numéros d'ordre des 47 pièces composées (en ce compris *O Traurigkeit*) vis-à-vis des 164 pièces initialement prévues.

	1-47 composé	1-164 composé	1-164 non composé	nombre de mesures
AVENT				
'Nun komm'	1	1		10
'Gott, durch'	2	2		26
'Herr Christ'	3	3		20 1/4
'Lob sei'	4	4		9
NOËL				
'Puer natus'	5	5		16 1/3
			6	
'Gelobet'	6	7		11
'Der Tag'	7	8		24
'Vom Himmel hoch'	8	9		10
'Vom Himmel kam'	9	10		18
'In dulci jubilo'	10	11		37
'Lobt Gott'	11	12		10
'Jesu, meine Freude'	12	13		19
'Christum, wir sollen'	13	14		15
'Wir Christenleut'	14	15		16
NOUVEL AN				
'Helft mir'	15	16		16 1/4
'Das alte Jahr'	16	17		12
'In dir ist Freude'	17	18		63
PRÉSENTATION AU TEMPLE				
'Mit Fried und Freud'	18	19		15
'Herr Gott'	19	20		24
PASSION				
'O Lamm Gottes'	20	21		27
'Christe, du'	21	22		16
'Christus, der uns'	22	23		25
'Da Jesus'	23	24		11
'O Mensch'	24	25		24
'Wir danken dir'	25	26		18
'Hilf Gott'	26	27		16 1/8
			28	
'O Traurigkeit'	27	29		1 1/2
			30 à 33	
PÂQUES				
'Christ lag'	28	34		16
'Jesus Christus'	29	35		9
'Christ ist erstanden'	30	36		61 1/2
'Erstanden ist'	31	37		16 1/12
'Erschienen ist'	32	38		19
'Heut' triumphiret'	33	39		27

RESTE

			40 à 43	
'Komm, Gott'	34	44		8
			45 à 48	
'Herr Jesu Christ'	35	49		17
'Liebster Jesu'	36	50		15
'Liebster Jesu'	37	51		15
			52 à 60	
'Dies sind'	38	61		20 1/2
			62 à 64	
'Vater unser'	39	65		12
			66 à 75	
'Durch Adam's Fall'	40	76		16 1/4
'Es ist das Heil'	41	77		14
			78 à 90	
'Ich ruf zu dir'	42	91		18
			92 à 97	
'In dich hab' ich'	43	98		10 1/4
			99	
'Wenn wir in'	44	100		9
			101 à 112	
'Wer nur den'	45	113		15
			114 à 130	
'Alle Menschen'	46	131		16
			132 à 158	
'Ach wie nichtig'	47	159		10
			160 à 164	

Répartissons les chorals composés, y compris *O Traurigkeit*, en quatre groupes :

1. Avent		65 1/4
2. Noël + Nouvel An + Présentation au Temple		306 7/12
3. Passion + Pâques		287 5/24
4. Reste		196

Arrondissons ces nombres d'une manière logique vers le haut ou vers le bas :

1. Avent	65 = l'âge de Bach	⎫ 372 = 1750
2. Noël + Nouvel An + Présentation au Temple	307 = 1685	⎭
3. Passion + Pâques	287 = 28 juillet	
4. Reste	196 = 14.14 = Bach.Bach	

Les chorals de Noël, du Nouvel An et de la Présentation au Temple totalisent 307 mesures, soit 1685 dans l'ère Rose-Croix. En d'autres mots, les chorals relatifs à la naissance du Christ donnent l'année de la naissance de Bach.

Les chorals de l'Avent offrent les 65 années de l'âge de Bach. Ainsi, l'ensemble des chorals jusqu'à la Passion compte 372 mesures, ce qui correspond à l'année de la mort de Bach dans l'ère rosicrucienne. Les chorals de la Passion et de Pâques, qui viennent ensuite, c'est-à-dire les chorals qui se rapportent à la Passion, la Mort et la Résurrection du Christ, révèlent le nombre 287, la date de la mort de Bach, le 28 7.

L'élément central du christianisme, la naissance du Messie, dont la mission était de souffrir et de mourir pour sauver l'humanité, est, selon nous, transposé d'une manière très particulière sur l'homme, en ce sens que la somme des mesures des chorals qui ont trait à l'Avent, la Naissance, la Passion et la Mort font référence à l'année de la naissance de Bach, ainsi qu'à l'année et à la date de sa mort.

Les autres chorals n'ont pas beaucoup à voir avec la vie du Christ. Le contenu des chorals que nous avons regroupés sous le titre «reste» concerne davantage la vie religieuse de l'homme. Le total des mesures de ce groupe est 196. Dans un autre contexte nous avons interprété ce nombre en tant que 28.7 = 28 juillet 1750. Ici, une autre lecture semble plus appropriée, puisque la date de la mort se trouve déjà si bien inscrite dans les chorals de la Passion et de Pâques. 196 est aussi le carré de 14, de telle sorte qu'il nous est possible de regarder ce nombre comme une référence appuyée au nom de Bach (Bach.Bach). Il est très caractéristique que le nom de Bach apparaisse justement dans les chorals qui se rapportent à la vie religieuse de l'homme.

Le premier choral pour le Nouvel An *Helft mir Gottes Güte preisen* ne fut pas composé lors de la première élaboration de l'*Orgelübchlein*, de 1713 à 1716. Bach ayant ajouté ce prélude vers 1740, ce n'est donc qu'à cette époque qu'il fut possible d'obtenir le chiffre 307 et bien sûr 372.

Les choses sont encore plus remarquables en ce qui concerne le fragment d'une mesure et demie de *O Traurigkeit, o Herzeleid*. En 1716, treize chorals avaient été composés pour la Passion et pour Pâques, qui totalisaient 285 1/2 mesures. Par l'insertion de cette mesure et demie, les chorals de la Passion et de Pâques comptèrent dès lors 14 (!) pièces, avec un total de 287 mesures.

Bach introduisit cette ajoute au cœur des chorals de la Passion et de Pâques, c'est-à-dire au cœur même de la date de sa mort. Aussi le texte de *O Traurigkeit, o Herzeleid* traite-t-il explicitement de la mise au tombeau du Christ.

«O Traurigkeit, o Herzeleid
Ist das nicht zu beklagen?
Gott des Vaters einigs Kind
Wird ins Grab getragen.»

(O tristesse, o affliction
N'est-ce point affligeant?
L'Enfant unique de Dieu le Père
Est porté au tombeau.)

Il y a donc de bonnes raisons pour examiner d'un peu plus près les vingt-cinq notes qui constituent cette mesure et demie.

Auparavant il importe de signaler que les éditions modernes comportent une imprécision, pour autant que le fragment d'une mesure et demie y soit effectivement repris. Comme le montre très clairement le manuscrit de Bach, le *la* bémol du soprano, au début de la mesure complète, est précédé d'un *si* bémol en appoggiature, indiquée par le signe d'ornementation correspondant.

Edition de la Bach-Gesellschaft

Nous ne comptons évidemment pas ce *si* bémol, mais il sera essentiel de tenir compte de cette appoggiature pour la suite des choses.

Lorsque nous convertissons le nom des notes[2] en chiffres selon la technique déjà utilisée, nous obtenons le tableau suivant.

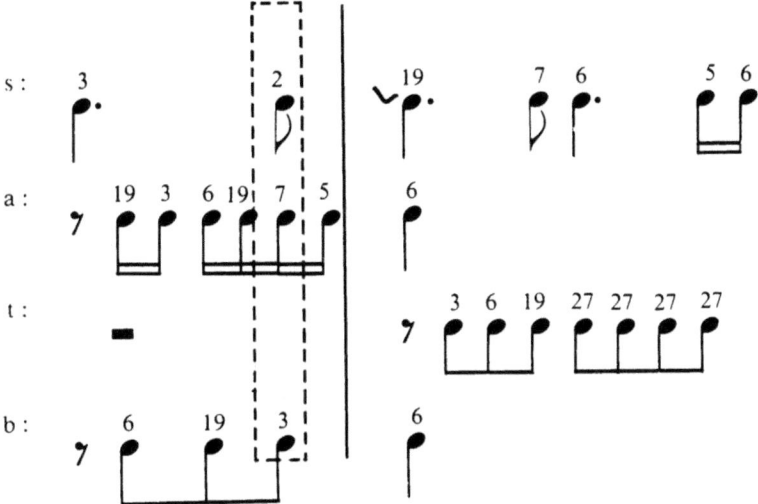

Il y a un endroit où trois notes sont attaquées exactement en même temps et sont effectivement notées comme telles :

$$\begin{array}{c} 2 \\ 7 \\ 3 \end{array}$$

Après la barre de mesure, le « as » (19) (*la* bémol), le « f » (6) et le « f » (6) (*fa*) sont aussi notés l'un au-dessus l'autre, mais en réalité, du fait de l'appoggiature, seulement deux des trois notes sonnent simultanément. La situation 2-7-3 est donc unique dans le présent fragment.

Le lecteur aura très certainement déjà remarqué que ces trois notes représentent un nombre particulier.

$$\begin{array}{c} 2 \\ 7 \\ 3 \end{array} = 372 = 1750$$

Ce petit groupe occupe une position très spéciale dans l'ensemble des vingt-cinq nombres.

3		2	19 7 6 5 6
19 3 6 19		7	5 6
6 19		3	3 6 19 27 27 27 27
			6

$$75 = 1.75(0) \qquad\qquad 196 = 28.7$$

---

[2] L'essentiel du système allemand de notation musicale est rappelé dans l'encadré de la page 10 (NdT).

Avant le petit groupe central, apparaît une référence à 1750; après, nous trouvons une très bonne forme pour la date du décès : 28 7. Ces nombres, nous pouvons encore les coupler judicieusement avec le petit groupe central et obtenir alors un schéma parfait :

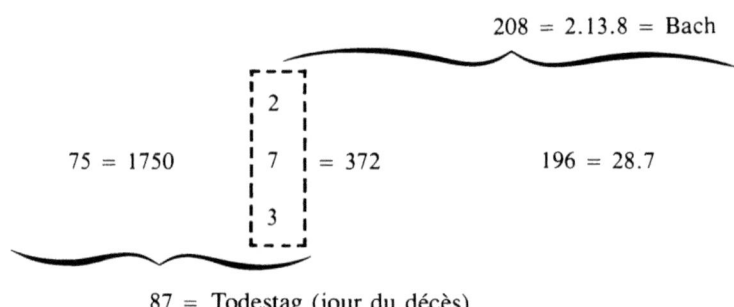

Il devient à présent évident que c'est volontairement que Bach a limité son arrangement de *O Traurigkeit, o Herzeleid* à une mesure et demie. De ce fait, la clé transformant 285 1/2 (le nombre de mesures des chorals de la Passion et de Pâques) en 287 (date de la mort), se trouve confirmée d'une manière très particulière.

Comme nous l'avons signalé, cette «mesure et demie» n'a pas été insérée à un endroit quelconque. Nous en découvrons une confirmation supplémentaire lorsque nous examinons plus attentivement les numéros d'ordre des 47 pièces composées.

Du fait que Bach a intercalé le fragment d'une mesure et demie à la vingt-septième place dans cette série de quarante-sept compositions, nous arrivons au résultat suivant, lorsque nous additionnons tous les numéros d'ordre.

$$
\text{Numéro} \quad
\left.\begin{array}{c} 1 \\ + \\ 2 \\ \text{à} \end{array}\right\} 378 = 1.378
$$

$$
\text{O Traurigkeit} \quad \boxed{27}
$$

$$
\left.\begin{array}{c} 28 \\ + \\ 29 \\ \text{à} \\ 47 \end{array}\right\} 750 = 1.750
$$

Bach a donc placé le fragment de *O Traurigkeit, o Herzeleid* de telle sorte que la somme des numéros d'ordre des 27 premières pièces donne 378 = 1378, l'année de la naissance de Rosencreutz, tandis que la somme des vingt pièces suivantes fait apparaître l'année de sa propre mort : 750 = 1750.

En outre, un examen plus détaillé révèle que 750 se compose de 372 et 378. Portons notre attention sur l'alternance entre les chorals composés et les chorals non composés.

Deux cas se présentent :
a. Entre les pages vierges il y a un groupe de plusieurs arrangements (28 à 33 inclus, 35 à 37 inclus et 40 à 41 inclus).
b. Entre les pages vierges il n'y a qu'un seul arrangement (34, 38, 39, 42, 43, 44, 45, 46 et 47).

Les trois petits groupes composés de plusieurs pièces donnent une total de 372, les pièces isolées, 378. Ainsi, 750 (= 1750) contient l'année de la mort de Bach dans l'ère de Rosencreutz, qui débuta en 1378 (1.378).

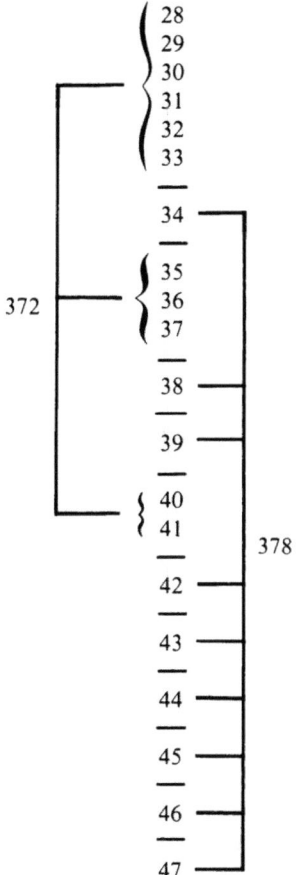

La somme des numéros d'ordre des pièces composées nous montre les signifiants attendus :

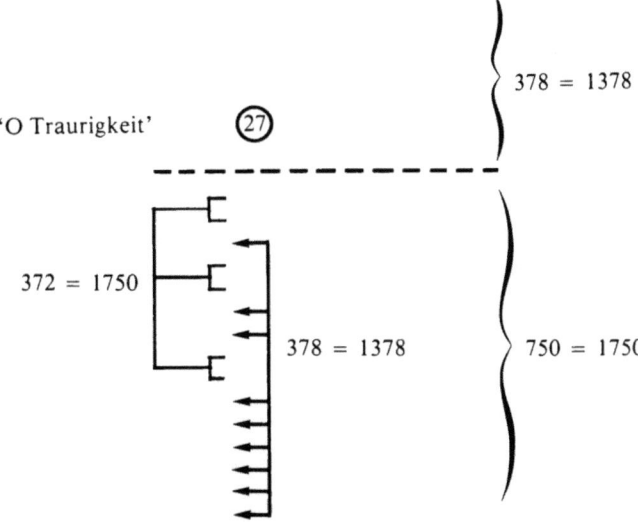

Il ne faut pas perdre de vue que ce schéma est la conséquence de l'insertion de *O Traurigkeit, o Herzeleid* en vingt-septième position ainsi que de la relation entre les pièces composées et non composées qui suivent ce fragment de choral. Nous estimons que cet état des choses constitue un argument particulièrement solide en faveur de l'opinion selon laquelle l'*Orgelbüchlein*, tel que nous le connaissons aujourd'hui, peut être considéré comme achevé.

Le fait que la structure définitive ne fut réalisée qu'en 1740 ne signifie pas que la version de 1713-1716 ne recèle pas diverses particularités. Ainsi par exemple, on peut noter que Bach nota certains passages en tablature, manifestement par manque de place. La chose paraît logique et peut même servir d'argument pour faire ressortir l'aspect quelque peu sommaire et «schématique» du *Petit Livre d'orgue*.
Mais, encore une fois, lorsqu'on examine les choses avec plus d'attention, on est obligé de changer radicalement son point de vue. Quels sont les passages que Bach nota en tablature ?

Nun komm' der Heiden Heiland (1)

Mesure 7, en guise de clarification

Der Tag der ist so freudenreich (7)

Mesures 21 à 24 incluse

LE COMMENCEMENT ET LA FIN   203

Wir Christenleut (14)

Mesures 14 (deuxième moitié) à 16 incluse

Mit Fried und Freud ich fahr dahin (18)

Mesures 13 à 15 incluse

Herr Gott, nun schleuss den Himmel auf (19)

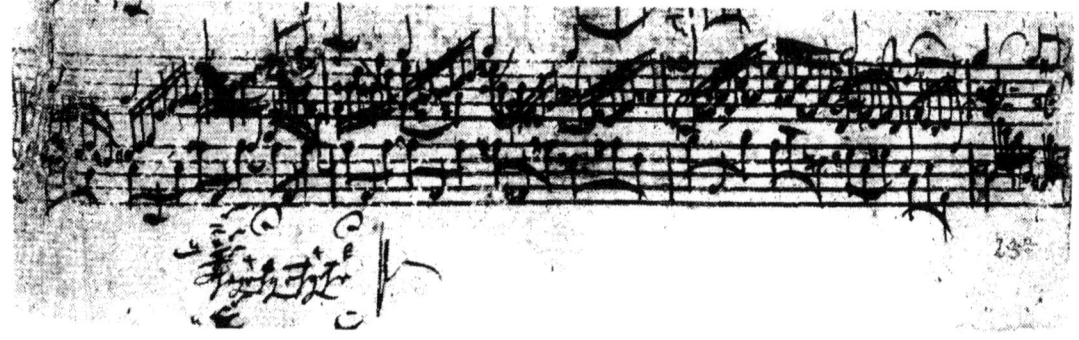

La deuxième moitié de la mesure 24

Christus der uns selig macht (22)

Mesures 20 à 25 incluse

Wir danken dir, Herr Jesu Christ (25)

Deuxième moitié de la mesure 17 + mesure 18

Hilf Gott, daß mir's gelinge (26)

Toute la partie du clavier de pédale

En comptant les notes que Bach écrivit en tabulature, nous découvrons avec étonnement :

Numéro	
1	13
7	111
14	55
18	104
19	15
22	128
25	16
26	102
	544!

Le total de ces notes est 544, le nombre correspondant à l'épitaphe. Nous admettons qu'il convient de prendre en considération la possibilité d'une coïncidence, quelque remarquable qu'elle fût. Toutefois, lorsque nous constatons que, tout comme ce fut le cas dans les *Inventions* (cf. exemple 33), ce nombre 544 se compose de 173 = R.C. et 371 = C.R., on est en droit de se demander si les chances de «coïncidence» ne sont pas devenues très minimes.

La répartition de 544 en 173 et 371 est possible du fait que le pédalier comporte 173 notes en tabulature, tandis que les voix au clavier manuel comptent 371 notes. La répartition précise des voix est donnée ci-dessous :

$$\left.\begin{array}{l}\text{Soprano}: 57\\ \text{En sus}: 5\\ \text{Alto}: 158\\ \text{Ténor}: 151\end{array}\right\} 371 = CR$$

$$\text{Pédalier}: 173 = RC$$

$$544 = \text{l'épitaphe.}$$

Le pouvoir particulièrement expressif des arrangements des chorals ne se limite pas aux domaines de la musique et de la rhétorique. Les différentes pièces du *Petit Livre d'orgue* présentent également un grand nombre de schémas admirables du point de vue de la numérologie. Nous en avons laissé entrevoir certains aspects dans les exemples 4, 18 et 20. Lorsque, dans l'exemple 26 *Da Jesus an dem Kreuze stund* nous mettions en évidence pour la première fois la relation Bach – Christian Rosencreutz, nous avons promis de revenir à ce prélude de choral. Aussi ne voudrions-nous pas conclure ces remarques à propos de l'*Orgelbüchlein* sans tenir cette promesse.

Sur le plan du nombre de notes nous avions donc :

$$\begin{array}{ll}\text{Cantus Firmus}: & 48 = 2.1.3.8 = \text{Bach}\\ \text{alto}: & 109\\ \text{ténor}: & 143\end{array}\bigg\} 252 = \text{Christian Rosencreutz}$$

$$\text{pédalier} \quad \underline{65} = \text{Frater}$$

$$365$$

Nous ne nous étions pas occupés, dans l'exemple 26, du nombre total de notes. Depuis lors nous avons appris que Bach utilisait 365 pour indiquer le concept «année». Nous savons aussi qu'il nous faut alors commencer par chercher l'année de la naissance ou du décès.

Le texte du choral *Da Jesus an dem Kreuze stund* se rapporte explicitement à la mort du Christ. Le *Petit Livre d'orgue* comporte encore un autre choral sur ce même thème. Le prélude 46 *Alle Menschen müssen sterben* traite de la mortalité de l'homme. En plaçant côte à côte ces deux chorals sur la mort nous constatons ceci :

	Da Jesus an dem Kreuze stund		Alle Menschen müssen sterben	
C.F. :	48	= Bach	48	= Bach
alto :	109 ⎫		126 ⎫	
ténor :	143 ⎬ 317 = Frater Chris-		136 ⎬ 372 = 1750	
pédalier :	65 ⎭ tian Rosencreutz		110 ⎭	
	365	= année	420	= 3.7.20 = 372

Tout d'abord on remarque que le *cantus firmus* comporte, dans les deux cas, 48 notes = 2.1.3.8 = Bach. Ce nombre total de notes ne se retrouve dans aucun autre *cantus firmus* des chorals de l'*Orgelbüchlein*. Ensuite nous nous apercevons qu'en regard de 317 = Frater Christian Rosencreutz, il y a 372 = 1750 dans l'ère rosicrucienne. En outre le total de l'une des pièces apporte le complément nécessaire au total de l'autre : la référence à «année» fait écho à 3.7.20 = 372.

Ces deux préludes occupent une place particulière dans l'*Orgelbüchlein*, car ils sont séparés par 22 pièces musicales (22 = χ = Christ), dont le nombre total de mesures est 378 = 1.378, l'année de naissance de Christian Rosencreutz!

Exemple 58 : L'arrangement du choral *Vor deinen Thron tret' ich*

Par ce dernier exemple nous voudrions montrer que Bach a continué de donner corps à ses nombres jusque dans ses dernières œuvres.

Il n'existe malheureusement pas de partition autographe de ce prélude. A la fin du manuscrit, principalement autographe, des Chorals de Leipzig nous trouvons une partition autographe de *Quelques Variations canoniques sur le cantique de Noël Vom Himmel hoch, da komm ich her*. Celle-ci est suivie d'une copie incomplète de *Vor deinen Thron tret'ich*, de la main d'un copiste inconnu. L'auteur de la *Nachricht* (Notice) lors de la première édition de *L'Art de la Fugue* mentionne le fait que cet arrangement de choral, Bach «étant donné sa cécité, le dicta impromptu à l'un de ses amis»[3]. La partition complète a été conservée dans différentes copies. De ce fait, une version a pu être éditée sous le titre *Wenn wir in höchsten Nöthen sein*[4] qui diffère en certains endroits de la version connue. C'est de cette dernière, basée sur le manuscrit des Chorals de Leipzig que nous partons.

Dans l'exemple 15 nous avions déjà mis en évidence que Bach avait ajouté quelques notes d'ornementation aux 33 notes de la mélodie primitive du choral *Wenn wir in höchsten Nöthen sein* pour ainsi obtenir un *cantus firmus* de 41 notes se répartissant en 14 = Bach, 18 = S et 9 = J. A ce stade de notre étude, nous ne pouvions encore rien dire de plus à propos du nombre très particulier qui résulte de l'addition de la valeur numérique des lettres désignant les 41 notes[5].

Si le lecteur fait lui-même l'opération, il aboutira comme nous au total 287 : une belle référence à 28 7, la date de la mort.

g	g	a	c	h	h	a	h	c	h	a	g	a	g		: 70
7	7	1	3	8	8	1	8	3	8	1	7	1	7		
h	c	h	a	g	fis	g	a								: 68
8	3	8	1	7	33	7	1								
d	c	h	a	g	fis	g	fis	e	d						: 105
4	3	8	1	7	33	7	33	5	4						
h	c	h	a	g	a	h	a	g							: 44
8	3	8	1	7	1	8	1	7							
															287

---

[3] *In seiner Blindheit einem seiner Freunde aus dem Stegereif in die Feder dictiret hat.*
[4] Dans l'édition Peters des pièces pour orgue, tome VII, numéro 58.
[5] Selon le système allemand de notation musicale dont l'essentiel est rappelé dans l'encadré de la page 10 (NDT).

Nous examinerons à présent les autres notes. Chaque phrase du *cantus firmus* est précédée d'un traitement imitatif dans les voix d'accompagnement (préimitation). En ce qui concerne les trois premières phrases, la préimitation n'est pas continuée. A ces endroits, les voix d'accompagnement se développent toujours à partir du motif de tête de la première phrase. Pour la suivante, la préimitation est maintenue. A la fin, il y a même une voix supplémentaire avec une imitation. De ce fait, la quatrième strophe présente un traitement tout à fait particulier.

Dans les trois premières phrases du *cantus firmus*, on peut placer, sans aucune hésitation, les césures dans les voix d'accompagnement, sur base de l'entrée du motif de tête de la première phrase. Une telle césure n'est guère praticable dans la dernière phrase :

La répartition des notes sur la base de ces césures se présente comme suit :

Cantus firmus :			14		8		10	9	= 41
alto	:	39	25	47	31	39	12	80	= 273
ténor 1	:	39	22	44	29	43	17	80	= 274
ténor 2	:							18	= 18
pédalier	:	21	22	37	25	31	25	67	= 228
		99	83	128	93	113	64	254	834

Le *cantus firmus* compte 41 notes qui se subdivisent en 14 = Bach, 18 = S et 9 = J. Les voix d'accompagnement des trois premières phrases peuvent être réparties en deux groupes : les unes avec préimitation, les autres basées sur le motif de tête (en-dessous du *cantus firmus*).

Les préimitations : 99 128 113

340 = 1.68.5 = 1685 l'année de la naissance de Bach

Les autres   69 85 54

208 = 2.13.8 = Bach

Comme nous l'avons déjà fait remarquer, la quatrième phrase se distingue des autres par le traitement donné aux voix d'accompagnement. Il n'est pas possible ici d'opérer une division convenable. Aussi nous retrouvons-nous tout d'abord avec un total peu éloquent.

	alto :	80
	ténor 1 :	80
voix supplémentaire	ténor 2 :	18
	pédalier :	67
		___
		245

La clé du problème se trouve dans les deux dernières mesures. Du fait de l'ajout d'une voix de ténor supplémentaire, nous avons ici le seul endroit où quatre voix résonnent en même temps et, de plus, avec la préimitation simultanément dans trois voix.

Ce petit passage à quatre voix comprend 29 notes, réparties comme suit :

$$9 \longrightarrow 9 = J$$
$$\left.\begin{array}{l}9\\9\end{array}\right\} \longrightarrow 18 = S$$
$$2 \longrightarrow 2 = B$$

Ayant mis à part ce petit ensemble à quatre voix, nous découvrons que ce qui reste des voix d'accompagnement de la quatrième phrase fournit un total de **216** :

71
71
9
65
___

216 = 3.72 = 372, l'année du décès dans l'ère rosicrucienne.

La valeur gématrique des lettres désignant les 29 notes prises séparément apporte une belle confirmation.

9 notes, valeur gématrique	60
9 notes, valeur gématrique	44
9 notes, valeur gématrique	102
2 notes, valeur gématrique	10
29 notes, valeur gématrique	216 = 3.72

L'ensemble de la structure d'après les notes présente le tableau suivant :

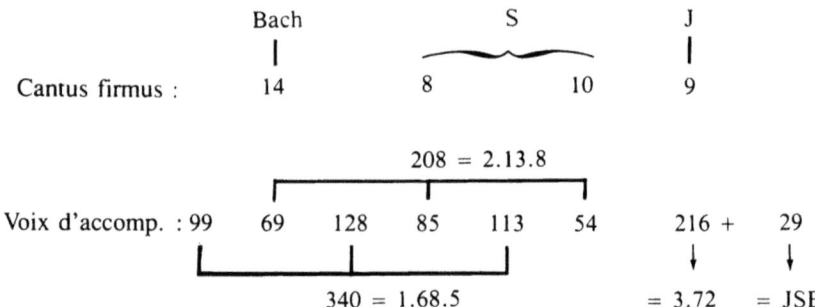

Si nous voulons coupler le *cantus firmus* aux voix d'accompagnement, il est logique que nous rattachions les trois premières phrases avec les passages dans lesquels celles-ci sont «préimitées». Ce couplage produit un résultat remarquable :

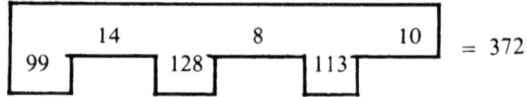

Face à ce résultat, nous avons, dans les trois premiers groupes, le chiffre 208 (2.13.8) fourni par les petites phrases — basées sur le motif de tête — qui soutiennent les trois phrases du *cantus firmus*.
Le dernier groupe, la quatrième phrase, nous devons également la prendre comme un tout, puisque les préimitations sous le *cantus firmus* sont continues.
Ce dernier groupe comporte 254 notes. Ce nombre représente *Acht/und/zwanzig/Julius* (vingt-huit juillet) : 31 + 37 + 99 + 87. A présent, un aperçu de l'ensemble de la structure des notes donne l'image suivante :

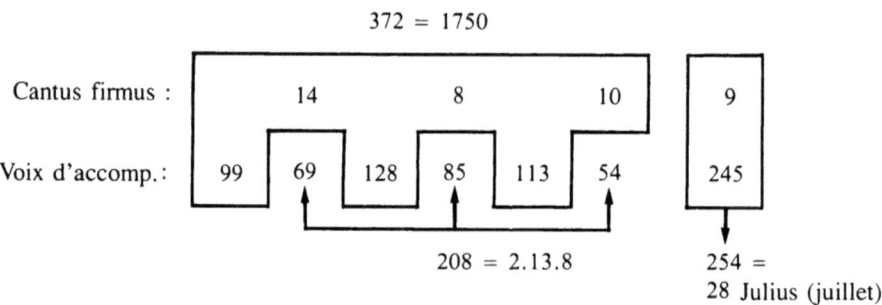

Si l'on isole toutes les préimitations du *cantus firmus*, nous obtenons encore un autre éclairage de la structure globale des notes. Afin d'éviter toute hésitation et tout choix subjectif nous ne tiendrons compte que de l'imitation absolument stricte. Bien que certaines imitations aient été insérées de telle sorte que la ligne musicale ne soit pas interrompue, nous compterons uniquement les notes des imitations strictes.

Dans le premier groupe cela concerne un motif de 10 notes :

Dans le deuxième groupe il s'agit d'un motif de 8 notes :

Le troisième groupe présente un motif de 9 notes :

La préimitation dans le ténor à la mesure 25 n'est pas achevée à la mesure 26. De ce fait il n'y a donc que 8 notes au lieu de 9 :

Le motif comporte 9 notes dans le quatrième groupe :

A la mesure 34, la dernière note de la première préimitation dans la voix de ténor (*sol*) est aussi la première note de l'imitation suivante dans cette même voix. Il va de soi que nous ne comptons cette note qu'une seule fois.

Combien y a-t-il de notes dans ces préimitations ?

$$
\begin{array}{ll}
\text{Groupe 1 :} & 40 \\
\text{Groupe 2 :} & 56 \\
\text{Groupe 3 :} & 44 \\
\text{Groupe 4 :} & \underline{143} \\
& 283 = 283.1 = \text{Bach}
\end{array}
$$

Le *cantus firmus*, quant à lui, compte 41 notes = J.S. Bach.
Ensemble, le *cantus firmus* et les préimitations totalisent 324 notes :

$$
\begin{array}{ll}
\text{Cantus firmus :} & 41 = \text{J.S. Bach} \\
\text{Préimitations :} & \underline{283 = 283.1 = \text{Bach}} \\
& 324 = 9.18.2 = \text{J.S.B.}
\end{array}
$$

La quatrième phrase du *cantus firmus* est une variante de la deuxième. Un regroupement de ces deux ensembles est dès lors absolument logique. Par ailleurs, il sera possible ensuite d'établir un rapprochement entre les groupes restants, un et trois, qui diffèrent musicalement. De cette façon, les 324 notes du *cantus firmus* et des préimitations peuvent encore nous révéler ceci :

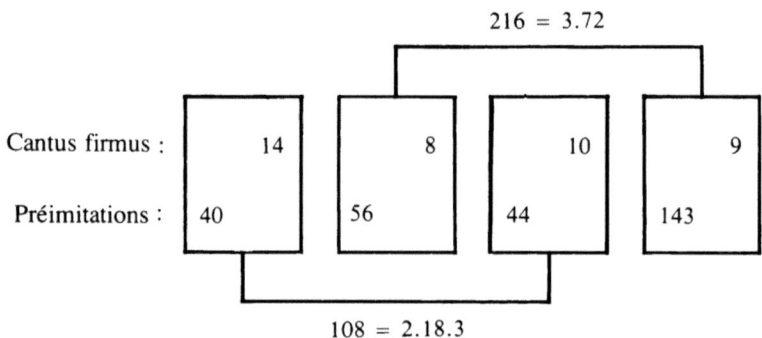

L'arrangement de ce choral comporte un total de 834 notes. Il y a donc 510 notes qui ne font pas partie du *cantus firmus* ni des préimitations. Le nombre 510 constitue un excellent complément, car, sous la forme 1.6.85, il représente une bonne référence à l'année de naissance de Bach. Sous ce même angle, nous pouvons reconnaître dans les 834 notes une combinaison du nom «Bach» (108 = 2.18.3) et de l'année de naissance dans l'ère chrétienne (510 = 1.6.85) ainsi que l'année du décès dans l'ère des Rose-Croix (216 = 3.72).

Lorsque nous revenons au total des valeurs gématriques des 41 lettres désignant les notes du *cantus firmus*, le nombre 287 (= 28.7 = date du décès), nous remarquons que le dernier schéma y trouve une excellente confirmation. En effet, si nous couplons les valeurs gématriques de la deuxième et de la quatrième phrase ainsi que de la première et de la troisième, nous constatons que :

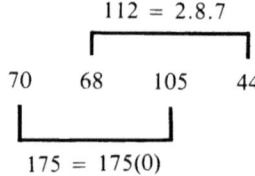

Le même couplage nous révèle à présent une combinaison de la date du décès (112 = 2.8.7) et une référence à l'année du décès dans l'ère chrétienne (175 = 1750).

Sous la dernière strophe du *cantus firmus*, il y a six préimitations (mesures 40 à 45 incluse). Comme nous l'avons déjà signalé, il s'agit là d'un cas unique. Il est dès lors tout à fait justifié que nous accordions une valeur particulière à ces six préimitations. La valeur gématrique des lettres désignant les 54 notes qui interviennent dans ce passage donne ceci :

alto :		39	60	
ténor 1 :	44		44	328 = 328.1
voix suppl., ténor 2 :		39	102	

Numérologiquement, les notes des ces préimitations constituent une référence au nom «Bach» (328.1 = cbha). La valeur gématrique des notes de la quatrième phrase du *cantus firmus* proprement dit est 44, de telle sorte qu'ensemble, les six préimitations et ladite phrase du *cantus firmus* mettent en évidence les nombres 328 + 44 = 372.

De cette manière, la dernière strophe du *cantus firmus* jette un pont entre, d'une part, la date du décès, savoir le nombre 287 provenant des lettres désignant les 41 notes de l'ensemble du *cantus firmus*, et, d'autre part, l'année du décès dans l'ère rosicrucienne, savoir le nombre 372 donné par les six préimitations combinées avec cette dernière phrase.

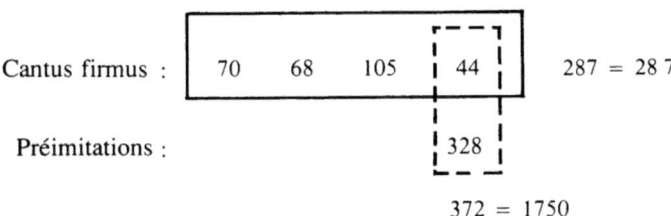

Ce schéma comporte 41 notes du *cantus firmus* et 54 notes des six préimitations, soit au total 95 notes. Le nombre 95 est la somme de la valeur gématrique du mot *Todesjahr* (année du décès). Le groupe «372» se trouve dans les mesures 40 à 45, soit :

$$\left.\begin{array}{l}40\\41\\42\\43\\44\\45\end{array}\right\} 255 = \textit{Siebzehnhundertfünfzig} \text{ (dix-sept cent cinquante)}$$

Postface

Au commencement de cet ouvrage, nous avons déclaré que dans le domaine de la symbolique des nombres il n'est pas possible de démontrer quoi que ce soit. Tout au plus peut-on montrer qu'une chose est hautement probable. Cette probabilité augmente avec le nombre croissant des indices qui convergent sur un point en concordance avec la vision choisie initialement.

La longue série d'exemples avancés dans ce livre ne laisse aucune place, selon nous, pour le doute. Il est tout à fait possible que certains détails doivent être interprétés autrement. De même, il se peut que nous ayons omis de traiter de certains aspects ou que nous ne les ayons pas éclairés suffisamment. Toutefois nous pouvons difficilement nous imaginer que l'essentiel de cette étude, la relation «Bach-Rosencreutz-épitaphe-date et année du décès», puisse être réfutée de manière argumentée.

A notre avis, la plupart des exemples dégagent une telle force, qu'un plus petit nombre d'exemples aurait suffit pour soutenir la vraisemblance de notre thèse. D'un autre côté, c'est précisément la masse d'exemples qui permet de prendre conscience que l'ensemble de l'œuvre est influencé par «des nombres bachiens» et que Bach s'est révélé extraordinairement créatif et imaginatif dans chacune de ses réalisations numériques. A aucun endroit on n'éprouve le sentiment que l'opération était devenue routinière. Aussi faut-il adopter une attitude permanente de créativité et de flexibilité si l'on veut avoir une chance de pénétrer les structures numériques. Chaque œuvre exige une approche particulière, et l'on découvre à chaque fois des aspects nouveaux. Il nous a aussi fallu errer quelque temps, parfois plusieurs années, avant de constater que certains schémas étaient beaucoup plus limpides et «simples» que nous ne les avions imaginés au départ.

C'est pourquoi nous ne souhaitons absolument pas que ce livre constitue un point final. Ce qui a motivé sa publication est avant tout la perspective qu'une fois notre optique portée à la connaissance d'un plus grand nombre, une collaboration puisse naître à une échelle plus vaste et à partir des disciplines les plus diverses. L'union des forces permettra sans doute des progrès essentiels dans une recherche plus approfondie du «comment» et du «pourquoi» de «Bach et de ses nombres».

En fin de compte, il nous reste pourtant un problème de conscience. Bien que nous nous soyons efforcés de placer les données sensationnelles et sans doute incroyables à propos de la relation «Bach-Rosencreutz-date de décès» dans un éclairage tel que l'authenticité et la profondeur des intentions religieuses de Bach ne soient pas indûment affectées, nous ne savons pas si nous avons le droit de diffuser ces données aussi largement que l'entraîne l'édition d'un livre.

Bien sûr, de nombreux stages ont précédé cette publication et un assez grand nombre de personnes sont déjà au fait desdites données. Toutefois, au cours de ces stages, nous étions toujours présents personnellement et dès lors toujours en mesure, grâce à ce contact direct avec les personnes, de témoigner de la sincérité de nos intentions. Les réactions au présent ouvrage échappent à notre contrôle. Il est possible que certains éléments contenus dans ce livre aillent mener une existence propre, étrangère à notre dessein. Nous espérons néanmoins que le contexte que nous avons tenté de créer constituera alors un contrepoids suffisant.

DEUXIÈME PARTIE

L'ART DE LA FUGUE

Avertissement

La seconde partie du présent ouvrage est consacrée à *L'Art de la Fugue*. L'édition originale de cette étude est parue en 1989, quatre ans après l'édition originale de *Bach et le nombre*. Afin de ne point différer sa parution en langue française, le nouvel ouvrage a été inclus à la suite du premier.

L'Art de la Fugue, une des dernières œuvres écrites par Bach, se compose de quatorze contrepoints et quatre canons, tous basés sur le même thème. La première édition de cette œuvre, parue en 1752 — soit deux ans après la mort de Bach — fait figure de buisson d'épines dans le paysage musicologique de ces dernières décennies. On y bute sur divers problèmes tels que le nombre et l'ordre des pièces ainsi qu'un contrepoint inachevé. Ces problèmes sont la conséquence de l'obscurité qui entoure l'édition originale et la manière dont celle-ci fut réalisée; d'autant qu'on ignore dans quelle mesure Bach y fut impliqué personnellement.

Toutefois, des recherches musicologiques récentes ont permis d'apporter une réponse à toutes les questions, ou presque. C'est ainsi que la reconstitution véritable de l'œuvre est, depuis peu, devenue une réalité. Une réalité dont peu de personnes ont connaissance, même dans les milieux professionnels.

Les auteurs du présent ouvrage ont réalisé une partition de *L'Art de la Fugue* selon la nouvelle ordonnance des pièces. Elle est disponible chez Broekmans & Van Poppel, éditeurs de musique à Amsterdam.

Avant-Propos de l'édition originale

La présente monographie sur les nombres bachiens dans *L'Art de la Fugue* constitue une suite à *Bach et le nombre*, une étude approfondie de la symbolique des nombres chez Bach, que nous avions publiée en 1985*.

Cet ouvrage montre combien la symbolique des nombres est étroitement liée à la structure globale des œuvres de Bach, tant au niveau du détail qu'à celui de l'ensemble. Les nombres utilisés par Bach paraissent en outre inspirés par une pensée ésotérique très profonde. Le nom de Bach constitue le premier niveau d'un système cohérent de concepts. Le symbolisme Rose-Croix forme une couche plus profonde par laquelle on accède au cœur de la symbolique des nombres bachienne pour y découvrir l'expression d'une conscience quasi surhumaine : l'année et la date précises de la mort de Bach sont inscrites dans sa musique dès avant 1710, soit quarante années au moins auparavant.

L'infrastructure et le nuancement de cette découverte sensationnelle sont supposés connus du lecteur, néanmoins il nous a semblé commode de fournir un relevé des nombres discutés dans la présente monographie. Il est bien évident que les quelques mots d'explication figurant dans ce catalogue ne peuvent être regardés comme une discution argumentée. Pour celle-ci, le lecteur voudra bien se reporter à l'ouvrage *Bach et le nombre*.

Que ce catalogue dont nous faisons précéder la monographie proprement dite soit donc pris pour ce qu'il est dans notre esprit : un service rendu au lecteur, sans plus.

---

* Il s'agit de l'édition néerlandaise. Cet ouvrage constitue la première partie de l'édition française (NdT).

Catalogue des nombres utilisés

1. Le nom «Bach»

   14 = 2 + 1 + 3 + 8 = B a c h
   31 sous la forme 28.1 + 3 ou 8.1 + 23
   59 sous la forme 21 + 38
 108 = 2.3.18
 239 sous la forme 238 + 1
 256 = 32.1.8
 328 = 328.1
 329 sous la forme 1 + 328
 414 = 18.23
 480 = 2.1.3.80
 576 = 32.18
1066 = 82.13
1400 = forme amplifiée de 14
3218
  41 = J.S. Bach (9 + 18 + 14)
 158 = Johann Sebastian Bach (58 + 86 + 14)
 324 = 9.18.2 = J.S.B.

2. Le nom «Christian Rosencreutz»

3 17 = C.R.
 173 = R.C.
 252 = Christian Rosencreutz (97 + 155)
 317 = Frater Christian Rosencreutz (65 + 97 + 155)

3. L'épitaphe

Selon la *Fama Fraternitatis RC*, Nomen Nescio mit à jour le tombeau de Christian Rosencreutz 120 ans après la mort de celui-ci. Il découvre diverses inscriptions à l'intérieur de la sépulture, la plus importante étant : *ACRC Hoc Universi Compendium Vivus Mihi Sepulchrum Feci* (Autel CRC. De mon vivant je me suis fait pour tombeau ce résumé de l'univers).

ACRC	=	24
Hoc	=	25
Universi	=	111
Compendium	=	107
Vivus	=	87
Mihi	=	38
Sepulchrum	=	129
Feci	=	23
		544

La valeur numérique de l'épitaphe est donc 544.

4. Les dates

21 3 = 21 mars 1685, date de naissance de Bach
  80 = 21 3, le 21 mars étant le 80ᵉ jour de l'année en 1685
28 7 = 28 juillet 1750, date de la mort de Bach
209 = 28 7, le 28 juillet étant le 209ᵉ jour de l'année en 1750
112 = 2.8.7
156 = 78.2
216 = *achtundzwanzig Juli* (28 juillet) (167 + 49)
254 = *achtundzwanzig Julius* (28 juillet) (167 + 87)
287 = 28 7

5. Chiffres des années dans l'ère chrétienne

1378 = année de la naissance de Christian Rosencreutz (selon la *Confessio Fraternitatis RC*)
378 = 1.378
1484 = année de la mort de Christian Rosencreutz
484 = 1.484
1604 = ouverture du tombeau
1685 = année de la naissance de Bach
240 = 1.6.8.5
340 = 1.68.5
1695 = année de la mort du père de Bach
1700 = début des études à Lunebourg
1703 = premier emploi à Weimar
1708 = deuxième entrée en service à Weimar
1717 = le milieu de la vie de Bach ainsi que l'année où il quitta Weimar pour Coethen
1750 = année de la mort de Bach
350 = 1.7.50
351 = 1750 sous la forme 1 + 7.50
750 = 1.750

6. Les chiffres des années dans l'ère rosicrucienne

L'année de la naissance de Christian Rosencreutz, 1378, est l'année émergente, l'an 0 de l'ère rosicrucienne :

106 = 1484
307 = 1685
372 = 1750

372 apparaît aussi sous les formes 216 = 3.72
                                            420 = 3.7.20

7. Divers

  27 = *Tag* (jour)
116 = *Todesdatum* (date du décès)
119 = Nomen Nescio
120 = 120 ans après la mort de Christian Rosencreutz, son tombeau fut ouvert par Nomen Nescio
365 = année : l'année normale compte 365 jours

CHAPITRE I

Qu'est-ce que *L'Art de la Fugue*?

Pour beaucoup d'amateurs de musique *L'Art de la Fugue* est un terme familier, et généralement les choses en restent là. Parmi les connaisseurs, seul un petit nombre en effet connaît le contenu et la structure de l'œuvre. Cette constatation justifie déjà à elle seule le titre de ce chapitre.

En outre, la question pourrait aussi se rapporter aux nombreuses imprécisions et incertitudes qui entourent l'œuvre telle qu'elle se présente. Ces incertitudes alimentent des interprétations aussi nombreuses que variées au sujet du nombre et de l'ordre des pièces qui composent *L'Art de la Fugue*. A cela vient s'ajouter le débat autour de la réalisation instrumentale.

En réalité, les paragraphes précédents auraient dû être formulés au temps passé, tant il est vrai qu'au cours des dernières années la recherche musicologique a résolu, dans une large mesure, les problèmes liés à *L'Art de la Fugue*; du moins les a-t-elle relativisé. Mais il semble, en fait, qu'une moindre partie seulement du groupe des «connaisseurs» — déjà petit en soi — ait connaissance de ces découvertes. Par conséquent, *L'Art de la Fugue* reste encore et toujours baigné d'une atmosphère de confusion et de mystère qu'elle ne mérite pas.

Il n'est possible d'aborder *L'Art de la Fugue* sous l'angle de la numérologie bachienne qu'après avoir acquis une bonne vision d'ensemble sur le contenu et la structure de l'œuvre. Il importe, en outre, d'être convenablement informé quant aux problèmes et à leurs solutions. Le plan de cette seconde partie de l'ouvrage se trouve ainsi d'emblée esquissé.

Le présent chapitre commencera par présenter une vue d'ensemble de la structure de l'œuvre, telle qu'elle a été mise en évidence par les recherches musicologiques les plus récentes. Ensuite, on trouvera le relevé des problèmes, «résolus» ou relativisés, au stade actuel des recherches. Dans les chapitres suivants, nous proposerons une reconstitution définitive selon nous, sous l'angle des nombres de Bach.

Il convient de noter d'entrée, que la structure correcte de *L'Art de la Fugue* n'est respectée dans aucune des éditions modernes de l'œuvre. C'est pour cette raison qu'une nouvelle édition du texte musical est publiée parallèlement à cette étude, avec le nombre correct de pièces, placées dans le bon ordre. Le contenu du premier chapitre de cette seconde partie est une explication complémentaire à l'argumentation de cette édition.

L'Art de la Fugue peut être considéré comme une manière de résumé, de «somme» d'aptitudes techniques supérieures, un testament du maître contrapuntiste Bach à une époque où les galanteries et leur frivolité commençaient à donner le ton.

Bach nota ce testament sur quatre portées, sans préciser le ou les instruments qui devaient être utilisés. Toutefois, on ne peut déduire de ceci que cette musique n'était pas destinée à être jouée. *L'Art de la Fugue* est de fait un testament excessivement bien fait d'un point de vue technique, mais c'est aussi et avant tout une musique chaude et entraînante, une musique écrite pour être jouée et pour émouvoir.

Cette notation en quatre portées ne peut davantage mener à la conclusion que l'œuvre est écrite pour quatre instruments. A l'époque de Bach, il était en effet très courant de noter les compositions polyphoniques pour clavier sur plus de deux portées. Dès lors, toutes les pièces — à l'exception des deux fugues en miroir — peuvent très bien être exécutées à deux mains. Gustav Leonhardt a démontré de manière quasi certaine, à l'aide de divers arguments, que *L'Art de la Fugue* fut conçu pour un instrument à clavier et donc notamment pour le clavecin[1].

---

1. Gustav Leonhardt : *The Art of the Fugue, Bach's Last Harpsichord Work*, La Haye, 1952. Cet ouvrage est paru en français sous le titre «L'Art de la Fugue, Dernière œuvre de Bach pour clavecin», trad. Jacques Drillon, 1985.

Ce n'était pas le premier recueil de fugues pour clavecin composé par Bach. Il acheva *Le Clavier bien tempéré* dès 1722 et réunit quelque vingt années plus tard un second ensemble de pièces sous le même titre. Toutefois, *L'Art de la Fugue* diffère fondamentalement de ces deux recueils sur deux points. *Le Clavier bien tempéré* comporte des fugues dans toutes les tonalités majeures et mineures. De ce fait, un recueil contient donc 24 fugues, chacune étant marquée par les qualités spéciales, l'*affect* particulier lié à la tonalité dans laquelle elle est écrite. Ce sont 24 compositions différentes les unes des autres, bien souvent même contrastées, chacune avec un thème propre et distinct. En revanche, les fugues de *L'Art de la Fugue* sont toutes dans la même tonalité, savoir *ré* mineur, et elles sont en outre toutes construites sur le même thème. *L'Art de la Fugue* constitue, de ce fait, une synthèse entre la technique de la fugue et celle de la variation. Le thème prend en effet diverses formes et est à chaque fois placé dans un environnement, un éclairage différent.

Voici la forme de base du thème :

En raison, précisément, du rôle essentiel de ce thème dans *L'Art de la Fugue*, plusieurs chercheurs ont tenté d'établir un lien avec une mélodie de choral luthérien. Ainsi Heinz Lohmann a indiqué une relation avec *Wir glauben all' an einen Gott* :

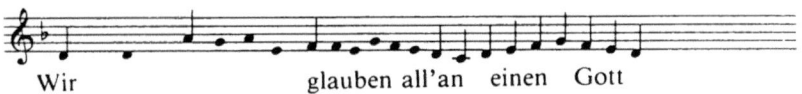

Wilhelm Keller a établi un rapport entre le renversement du thème et le choral *Aus tiefer Noth* :

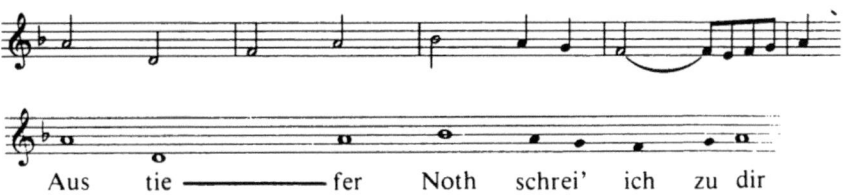

Naturellement, ces similitudes pourraient fort bien ne pas être le fruit du hasard. Toutefois, un minimum de prudence s'impose quant à la valeur qu'on peut accorder à une telle relation. Ce genre de rapport est sans doute tout le contraire d'une illustration de la nature particulière de ce thème de Bach, puisqu'il met plutôt en lumière le caractère commun et peu extraordinaire. Peut-être est-ce là précisément une qualité importante de cette idée musicale. En effet, quand on songe que ce thème va encore retentir 240 fois, il est heureux que Bach n'ait pas choisi une ligne mélodique plus pénétrante. Par ailleurs, le thème possède sans aucun doute des qualités très particulières. Il se prête admirablement à toutes sortes de superpositions contrapuntiques très complexes mais au rendu sonore exceptionnel. En outre, il semble permettre bon nombre de variantes sans que la force de la ligne mélodique primitive ne s'en trouve diminuée.

Un relevé de toutes ces variantes prendrait plusieurs pages et résulterait en une longue liste qui n'offrirait pas de vue d'ensemble. Une telle liste étant peu pratique, elle ne nous semble pas utile. Pour le moment, nous pouvons nous contenter d'un aperçu des variantes plutôt structurales, savoir les variantes du thème qui deviennent elles-mêmes le sujet d'une composition.

Ces variantes structurales sont au nombre de neuf.

1. Le thème original :

2. Une forme pointée :

3. Une forme martelée :

4. Une forme à accentuation ternaire :

5. Une figuration paraphrastique :

6. Une figuration de l'*inversus* :

7. Une variation rythmique de l'*inversus* :

8. Une forme extrêmement figurée :

9. Une forme syncopée :

Ces neuf formes du thème constituent le point de départ de quatorze fugues et quatre canons, ou plutôt de quatorze contrepoints et quatre canons, puisque Bach lui-même a intitulé «contrepoints» les fugues de *L'Art de la Fugue*.

Les quatre premiers contrepoints constituent un ensemble. Dans ces quatre fugues le thème est utilisé dans sa forme originale, c'est-à-dire en mouvement direct dans les deux premières et en mouvement contraire dans les deux suivants.

QU'EST-CE QUE L'ART DE LA FUGUE? 223

Contrepoint 1.

Contrepoint 2.

Contrepoint 3.

Contrepoint 4.

Les contrepoints 5,6 et 7 forment, eux aussi, un groupe homogène. Le thème y est utilisé dans sa forme pointée. De plus tous trois commencent d'emblée par une superposition du mouvement direct et de son renversement. Les trois contrepoints développent un mouvement contrapuntique de plus en plus compliqué. De nouvelles variantes du thème sont introduites et les thèmes sont également traités en canon, c'est-à-dire en strette. Le cinquième contrepoint se limite encore à l'opposition et la superposition du *rectus* et de l'*inversus*.

Contrepoint 5.

Le sixième contrepoint va un pas plus loin. A présent, le thème est également soumis à un changement rythmique et, en plus de la forme originale en mouvement direct et contraire, apparaît la diminution.

Contrepoint 6 *in Stylo Francese*.

L'indication *in Stylo Francese* se rapporte au rythme pointé français qui marque toute la pièce.

Le septième contrepoint inclut, outre la diminution du thème, son augmentation.

Contrepoint 7.

Ce contrepoint constitue le sommet de la complication contrapuntique avec un seul thème. Aussi, le groupe de quatre contrepoints qui lui succède fait-il appel à d'autres thèmes. Cet ensemble de quatre fugues doubles est sans doute moins homogène que celui des quatre premiers contrepoints ou encore celui des fugues pointées. Dans ce groupe de quatre, les Contrepoints 8 et 11 forment très nettement une paire, tandis que les Contrepoints 9 et 10 n'ont à première vue d'autre lien avec les deux premiers que le Grand Thème (celui de *L'Art de la Fugue*) superposé à un autre thème.

Le huitième contrepoint commence par l'exposition d'un nouveau thème.

Contrepoint 8.

A partir de la mesure 39, un contrechant très caractéristique vient s'ajouter au thème :

A partir de la mesure 94, la forme martelée du Grand Thème est donnée *inversus* :

Le onzième contrepoint est le pendant du huitième. Il commence par la forme martelée du Grand Thème, en mouvement direct :

Contrepoint 11.

A la mesure 27 apparaît l'*inversus* du nouveau thème du Contrepoint 8 :

A cela vient s'ajouter, dès la mesure 89, un contrechant basé sur le renversement du contrechant du Contrepoint 8 :

Le Contrepoint 9 introduit un nouveau thème, un thème fringant :

Contrepoint 9. *Alla Duodecima*.

Après une exposition complète dans les quatre voix, ce thème est superposé au Grand Thème augmenté :

La mention «*alla Duodecima*» signifie que les deux thèmes sont superposés tant à l'octave qu'à la douzième (octave plus quinte).

Le Contrepoint 10 débute également par un nouveau thème :

Contrepoint 10. *Alla Decima.*

Après l'exposition du thème vient le renversement du Grand Thème dans sa forme pointée :

L'indication «*alla Decima*» précise que les thèmes sont superposés tant à l'octave qu'à la dixième (octave plus tierce).

A ce groupe de quatre doubles fugues succèdent deux fugues en miroir. En un sens, la fugue en miroir vient ici encore augmenter la complexité de l'écriture contrapuntique. En effet, dans une fugue en miroir, chaque note peut être donnée en miroir sans que la qualité musicale de l'ensemble n'en soit diminuée.

Le Contrepoint 12 est une fugue en miroir à quatre voix :

En miroir :

Le Contrepoint 13 comporte trois voix :

En miroir :

Le Contrepoint 14 est inachevé. Seules les 239 premières mesures de cette œuvre nous sont connues. Des trois thèmes qui y sont exposés et superposés, le premier révèle une certaine ressemblance avec le Grand Thème. Toutefois il ne s'agit nullement d'une variante de ce thème dans le sens défini dans l'aperçu des neuf formes du thème :

Après 113 mesures, un nouveau thème, beaucoup plus souple, est introduit :

A la 193ᵉ mesure, le troisième thème entre au ténor. Il commence par les notes *si* bémol-*la-do-si* bécarre, c'est-à-dire, en notation allemande, « b-a-c-h », les lettres du nom de Bach :

Dans les sept dernières mesures de ce contrepoint tel qu'il nous est parvenu, les trois thèmes sont superposés. Le premier thème se trouve à la basse, le deuxième à l'alto (avec une note initiale supplémentaire), tandis que le thème « B a c h » est donné par le ténor. La voix soprane ajoute à cela une ligne non thématique :

Le Contrepoint 14 semble donc bien être une triple fugue inachevée, dans laquelle le Grand Thème est curieusement absent. Cependant, comme le faisait déjà remarquer le musicologue Gustav Nottebohm en 1880, le Grand Thème peut être substitué à la ligne mélodique (non thématique) du soprano dans les sept dernières mesures :

Ceci ne saurait être le fruit du hasard et offre dès lors un argument déterminant en faveur de l'idée que le quatorzième contrepoint est en fait une quadruple fugue, une fugue comportant quatre thèmes. L'exposition et l'élaboration des trois premiers thèmes ont été conservées. L'écriture musicale est interrompue après la superposition des trois thèmes; la partie manquante de l'œuvre devait comporter, en guise d'apothéose, la superposition des quatre thèmes.

L'Art de la Fugue se termine par un groupe de quatre canons à deux voix. A première vue, il semble assez curieux de trouver quatre canons succédant à quatorze authentiques fugues, d'autant que la complexité technique de celle-ci ne cesse de croître. C'est un retour à l'ordinaire quelque peu déconcertant.

En revanche, lorsqu'on considère *L'Art de la Fugue* comme une manière de testament, comme une somme des aptitudes créatrices de Bach, alors le canon s'impose non seulement en tant que genre obligé mais encore en tant que couronnement possible d'une œuvre maîtresse, son aboutissement. C'est précisément au cours des dernières années de sa vie que Bach s'est consacré à l'approfondissement de la technique canonique. Songeons aux *Variations Goldberg*, aux *Variations canoniques* ainsi qu'à *L'Offrande musicale*. Ces œuvres nous ont du reste montré que les exigences et la complexité des techniques du canon ne limitaient nullement Bach dans l'écriture d'une musique admirable, voire enjouée.

Le premier canon est encore relativement simple. Comme l'annonce le titre, il s'agit d'un canon à l'octave, *alla Ottava*, avec le thème en mouvement contraire :

Le deuxième s'intitule *Canon alla Decima, Contrapunto alla Terza*. Il est donc question d'un canon à la dixième. La mention *Contrapunto alla Terza* indique qu'à l'échange des voix au milieu de la pièce, c'est la tierce qui est prise comme pivot. Le résultat est donc un canon à l'octave, toutefois avec les mêmes notes que celles utilisées pour le canon à la dixième !

Début du *Canon alla Decima* :

Après l'échange des voix :

Le troisième canon fait appel à une technique similaire, mais à partir de la douzième, avec le thème en mouvement direct.

Canon alla Duodecima, in Contrapunto alla Quinta :

QU'EST-CE QUE L'ART DE LA FUGUE? 235

Le dernier canon nous entraîne dans les sphères les plus élevées de la technique. Cette pièce porte le titre *Canon per Augmentationem in Contrario Motu*. Il s'agit d'un canon en augmentation et en mouvement contraire, ce qui signifie que les notes de la voix qui entre la première sont reflétées par la seconde voix en mouvement contraire et deux fois plus lentement.

Avec ce canon en augmentation et en mouvement contraire, nous sommes arrivés à la fin de *L'Art de la Fugue*. La structure de l'ensemble paraît obéir à des règles bien précises. Les quatorze contrepoints se répartissent en cinq groupes, au degré de complexité technique croissant.

a. Quatre fugues basées sur le thème initial, sans utilisation de strettes;
b. Trois fugues basées sur le thème pointé, avec recours à la technique de la strette ainsi qu'à la diminution et à l'augmentation;
c. Quatre doubles fugues avec superposition du Grand Thème à d'autres thèmes;
d. Deux fugues en miroir;
e. Une quadruple fugue.

Viennent ensuite quatre canons évoluant, eux aussi, du plus simple (si l'on peut dire...) au très compliqué.

L'ensemble pourrait être résumé selon un schéma semblable à celui-ci, dans lequel les chiffres de 1 à 9 se rapportent aux neuf formes du thème :

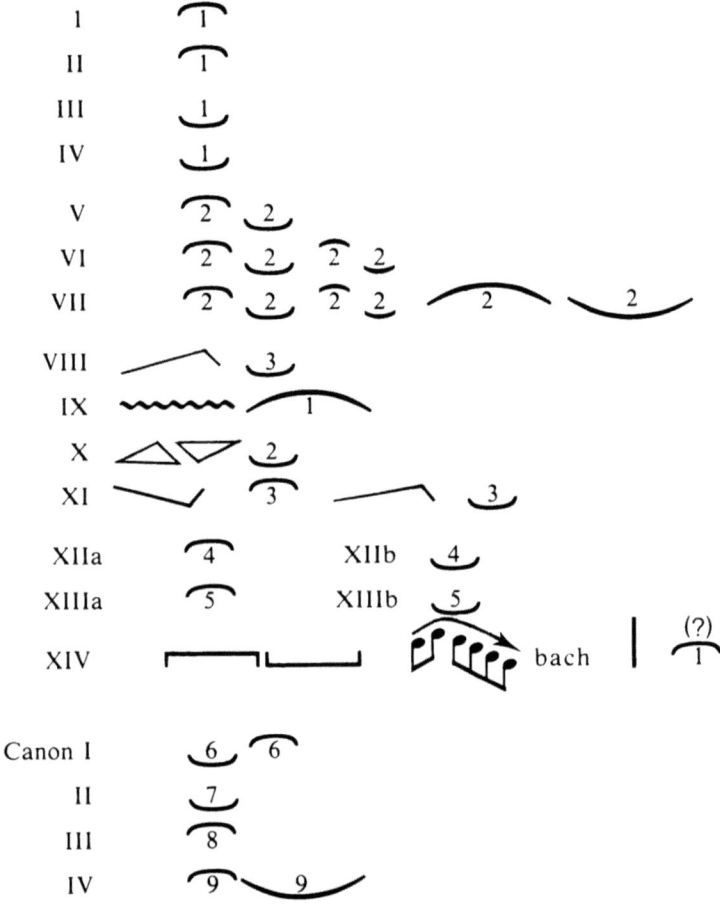

L'aspect apparemment logique de la structure d'ensemble n'est pas vraiment de nature à laisser suspecter un quelconque problème. Pourtant les choses sont bien moins évidentes qu'il n'y paraît. Différentes questions se posent qui découlent principalement du fait que *L'Art de la Fugue* ne fut imprimé qu'en 1752, soit deux ans après la mort de Bach. Cette édition comporte quelques éléments illogiques, conséquence du fait que l'achèvement définitif en fut réalisé en dehors du contrôle direct de Bach. En outre, il semble y avoir des dissimilitudes majeures entre cette édition et un manuscrit autographe qui a pu être conservé. Par ailleurs, tant la version imprimée que l'autographe divergent de la structure de l'œuvre telle qu'elle est proposée plus haut.

En nous limitant aux points essentiels, les choses peuvent se résumer comme le montrent les tableaux ci-après. Les chiffres romains (sous l'en-tête « plan d'ensemble ») se rapportent à notre schéma de quatorze contrepoints et quatre canons :

Edition	Plan d'ensemble
1	= I
2	= II
3	= III
4	= IV
5	= V
6	= VI
7	= VII
8	= VIII
9	= IX
10	= X
11	= XI
12 a b	= XII a b
13 a b	= XIII a b
14	= X sans les 22 premières mesures
15	= Canon IV
16	= Canon I
17	= Canon II
18	= Canon III
19 a b	= XIII a b, arrangé pour deux clavecins
20	= XIV 232 mesures
21	= Arrangement du choral *Wenn ich in hoechsten Noethen*

Manuscrit	Plan d'ensemble
1	= I sans les 4 dernières mesures
2	= III sans les 2 dernières mesures
3	= II sans les 6 dernières mesures
4	= V
5	= IX
6	= 14 de l'édition, savoir le Contrepoint X sans les 22 premières mesures
7	= VI
8	= VII
9	= Canon I
10	= VIII
11	= XI
12	= Canon IV dans une version antérieure
13 a b	= XII a b
14 a b	= XIII a b
15	= Variante du Canon IV

En annexe (sur des feuillets séparés) :

1. Le canon IV dans sa version définitive ;
2. L'arrangement pour deux clavecins du Contrepoint XIII (savoir 19 a b de l'édition) ;
3. 239 mesures du Contrepoint XIV.

La version imprimée comporte plus de pièces que les quatorze contrepoints et les quatre canons repris dans notre schéma. Les treize premiers morceaux sont homologues ; c'est après que commencent les discordances. En lieu et place du Contrepoint XIV viennent d'abord six autres pièces. Le numéro 14 est la même fugue que le Contrepoint X mais sans les 22 premières mesures. Il commence donc à l'endroit où débute le Grand Thème dans sa forme pointée. Viennent ensuite les quatre canons, numérotés 15, 16, 17 et 18. Ces derniers ne clôturent donc pas le cycle dans la version imprimée, et il apparaît en outre que le canon en augmentation et en mouvement contraire — que nous plaçons en quatrième rang dans le groupe des canons — y figure en tête.

Les canons sont suivis d'un arrangement de la fugue en miroir à trois voix. Il s'agit d'un arrangement pour deux clavecins, dans lequel une quatrième voix a été rajoutée. Vient ensuite la « Fugue inachevée », le Contrepoint XIV, désigné ici comme *Fuga a tre Soggetti*, une triple fugue donc. L'édition ne reprend que 232 mesures de cette œuvre. En fait, la conclusion à la dominante de la mesure 232 tombe juste au bas de la page, et l'imprimeur n'a manifestement pas estimé utile de commencer une nouvelle page pour les sept mesures restantes.

L'édition se termine par l'arrangement pour orgue du choral *Wenn wir in hoechsten Noethen*. Cet ajout est sans doute destiné à compenser le fait que la dernière fugue est publiée dans une forme inachevée.

Dans le manuscrit, le Contrepoint IV du premier groupe de quatre contrepoints fait défaut. De plus les Contrepoints II et III ont été permutés. Dès lors, ces pièces sont plus courtes de quelques mesures par rapport à la version imprimée.

Les Contrepoints V, VI et VII ne forment pas un groupe continu dans le manuscrit. Il en va de même pour les doubles fugues et les canons. Les premières sont réparties, deux par deux : le Contrepoint IX et la version courte du Contrepoint X sont intercalés parmi les Contrepoints V, VI et VII, tandis que les Contrepoints VIII et XI, très semblables, se trouvent ici accolés.

Seuls sont repris le Canon à l'octave et le Canon en augmentation et mouvement contraire. Ils ne sont pas voisins et, en outre, le Canon en augmentation s'y retrouve dans différentes versions. La version reprise sous le numéro 1 dans l'annexe correspond à celle de l'édition.

Les deux fugues en miroir apparaissent sous les numéros 13 et 14 dans le manuscrit. L'annexe contient l'arrangement pour deux clavecins, de même que 239 mesures de la Fugue inachevée, le Contrepoint XIV, c'est-à-dire avec les sept mesures non reprises dans la version imprimée.

La chose est évidente : il y a des différences importantes, des différences presque absurdes, entre le manuscrit et la version imprimée. De plus, il semble peu contestable que l'édition comporte en tout cas une erreur, probablement même deux. En effet, c'est évidemment par erreur que le Contrepoint X se retrouve, dans une version quelque peu raccourcie, au numéro 14. Par ailleurs, il est plutôt improbable que l'arrangement pour deux clavecins du Contrepoint XIII fasse partie intégrante de l'ensemble de *L'Art de la Fugue*. L'insertion de cette version doit, elle aussi, découler d'un malentendu. En raison de ces inexactitudes manifestes, ainsi que des discordances notables entre le manuscrit et l'édition, cette dernière fut pendant longtemps considérée comme une source de moindre valeur. Ainsi, de l'avis de Spitta, le célèbre biographe de Bach, *L'Art de la Fugue* fut édité dans une *confusion extrême* (« *in wüster Unordnung* »). Quant à Graeser, le grand propagateur de l'œuvre dans les années mil neuf cent vingt, il parle même d'un *chaos intégral* (« *ein vollständiges Chaos* »). Il en est résulté une longue série de discussions et de spéculations à propos du nombre exact de pièces que comporte *L'Art de la Fugue*, ainsi que de leur ordre. Selon Walter Kolneder, qui fit une étude sur tout ce qui touche à *L'Art de la Fugue*, il existe quelque 88 opinions différentes à propos de l'ordre des pièces [2].

Les travaux de ces dernières décennies ont jeté un éclairage tout différent sur la question. Georg von Dadelsen a établi un certain nombre de critères permettant une étude comparative de l'écriture de Bach à différentes époques de sa vie. Cette méthode, combinée à d'autres indices, tels les filigranes du papier utilisé, a permis une datation assez précise des manuscrits non datés [3].

C'est ainsi qu'il s'est avéré que le manuscrit de *L'Art de la Fugue* date non pas des dernières années de la vie de Bach, comme on l'avait présumé tout naturellement jusqu'alors, mais de 1740 environ, du moins pour la majeure partie. Ceci met fin, dans une certaine mesure, à l'autorité incontestable de cette source : le manuscrit est visiblement une manière de premier projet, un projet avec une ordonnance des pièces qui a sa logique propre mais qui doit être considérée indépendamment de l'ordre adopté dans l'édition. Il est clair que, par la suite, Bach a décidé de refondre le tout et d'effectuer quelques ajouts. Le manuscrit de cette version remaniée a sans doute disparu, puisqu'il n'en reste qu'un fragment : le Canon en augmentation qui est repris en numéro 1 de l'annexe du premier manuscrit.

Le manuscrit de ce canon constitue la clé pour la réhabilitation de l'édition. Pour comprendre cela, il convient d'être quelque peu au courant de la technique d'impression utilisée à l'époque, savoir la gravure à l'eau-forte. Une planche de cuivre était recouverte d'une couche de vernis dans laquelle le texte était gravé en miroir. Ensuite, la planche était traitée à l'acide nitrique, dont l'action corrosive se

---

2. Walter Kolneder : *Die Kunst der Fuge. Mythen des 20. Jahrhunderts*, Wilhelmshaven, 1977.
3. Georg von Dadelsen : *Beiträge zur Chronologie der Werke Johann Sebastian Bach's*, Trossingen, 1958.

limitait aux seules parties du métal mises à nu par le grattage du vernis. Après élimination du vernis, les motifs en creux créés par l'acide étaient remplis d'encre. Bien souvent, le texte était directement gravé en miroir. Toutefois, dans le cas de travaux plus difficiles, lorsqu'une plus grande minutie était requise — ainsi notamment pour les textes musicaux — on avait recours à un autre procédé. On commençait alors par tracer la partition au recto d'une feuille de papier. On enduisait ce papier d'huile jusqu'à ce que le texte devienne visible au verso, par transparence. Ce texte en miroir était décalqué sur la couche de vernis à l'aide d'une espèce de papier carbone. Ensuite cette version en miroir du texte était taillée dans le vernis. Un travail soigneux assurait une réplique quasi identique du manuscrit.

De l'édition de L'Art de la Fugue, trois feuillets ainsi huilés ont été conservés. Ils portent, écrit de la main de Bach, le Canon en augmentation. Le texte imprimé reflétant scrupuleusement le manuscrit, on peut être assuré qu'il s'agit bien là des feuillets originaux qui servirent à la copie, selon le procédé décrit plus haut.

Fragment du manuscrit

Le fragment correspondant dans l'édition

Poussant plus avant l'étude du manuscrit, à laquelle s'était attaché notamment Georg von Dadelsen, Richard Koprowski entreprit, en 1975, la comparaison de ce canon avec le reste de la version imprimée[4]. Il en résulta la constatation que le manuscrit de Bach avait également servi de modèle de décalquage pour plusieurs autres parties de l'œuvre.

En 1977, Wolfgang Wiemer approfondit encore cette étude et la rectifia en quelques endroits[5]. De telle sorte qu'on pu établir que le manuscrit de Bach avait servi de base à l'impression des Contrepoints I, III, IV, XI, XII, XIII et des quatre canons. Ce manuscrit, composé de feuillets séparés et écrits d'un seul côté, a été perdu, à l'exception du Canon en augmentation.

Grâce à cette découverte de Wiemer, il est devenu clair que Bach fut effectivement impliqué dans la réalisation de la version imprimée des treize premiers contrepoints en tout cas. Dès lors, l'ordre de ces pièces dans l'édition est absolument certain. C'est après seulement que les choses commencent à devenir confuses.

Afin d'arriver à une vision plus claire, il nous faut tout d'abord débarrasser l'édition des erreurs patentes. Ceci signifie que les pièces 14 et 19 *a b* doivent en tout état de cause être supprimées. Outre cela, il ne peut y avoir le moindre doute sur le fait que le choral pour orgue Wenn wir in hoechsten Noethen fut improprement ajouté par l'imprimeur de L'Art de la Fugue. En l'occurrence, cette pièce peut donc être écartée elle aussi.

---

4. Richard Koprowski : «Bach's Fingerprints in the Engraving of the Original Edition in Bach's Art of the Fugue», in Seminar Report Bach's 'Art of the Fugue' An Examination of Sources, Current Musicology, 1975, pp. 61-67.

5. Wolfgang Wiemer : Die wiedergestellte Ordnung in Johann Sebastian Bach's Kunst der Fuge, Wiesbaden, 1977.

Maintenant que les corrections faciles sont effectuées, il nous reste à résoudre quelques problèmes plus délicats. Quel est l'ordre des quatre canons et quelle est leur place dans *L'Art de la Fugue*? Quelle est la position de la Fugue inachevée? L'étude musicologique a permis de reconnaître que ces trois questions sont liées. Richard Koprowski, encore lui, fut le premier à se pencher sur le sujet et à remarquer une discordance assez curieuse entre un détail du texte musical sur la deuxième page du Canon en augmentation et la place de cette page dans l'édition. Le dernier système de la deuxième page n'est pas entièrement rempli, la main droite est ainsi libérée pendant une demi-mesure, juste ce qu'il faut pour tourner la page :

Il va de soi que ceci n'a de sens que s'il s'agit d'une page recto, une page de droite. Pourtant, dans l'édition, cette page est à gauche, au verso de la première page de ce canon :

Canon en augmentation		recto
	verso*	recto
Canon à l'octave	verso	recto
Canon à la dixième	verso	recto
Canon à la douzième	verso	recto

* = aménagé pour tourner la page.

Il ne peut s'agir que d'une erreur.
Par ailleurs, cette erreur ne peut être rectifiée par le simple fait de commencer sur une page de gauche, en verso, car si cela résout le problème du Canon en augmentation, les autres canons, eux, se trouvent à chaque fois imprimés recto-verso, sans qu'il y ait le moindre aménagement permettant de tourner la page.
Wolfgang Wiemer a dès lors proposé une ordonnance différente pour les canons. Lorsque le Canon en augmentation est placé non pas en première mais en dernière position, le problème est résolu :

Canon à l'octave	verso	recto
Canon à la dixième	verso	recto
Canon à la douzième	verso	recto
Canon en augmentation	verso	recto*
	verso	

* = aménagé pour tourner la page.

Quelques années plus tard, Gregory Butler a approfondi la question[6]. Il se dit que s'il y a dans l'édition contradiction entre les folios et la nature des pages, la pagination originale devait être différente et en concordance avec une position correcte de chacune des pages. A l'aide de procédés d'agrandissement photographique, il a été à même de découvrir, dans le coin supérieur gauche de la première page (folio 48 de l'édition), des traces qui tendent à indiquer que le folio initial était 57. Considérant que les folios des autres canons étaient corrects, Butler aboutit à une reconstitution probante :

---

6. Gregory Butler : « Ordering Problems in J.S. Bach's Art of the Fugue Resolved », *The Musical Quarterly*, vol. LXIX, n⁰ 1, 1983, pp. 44-61.

Pagination de l'édition :

	verso	recto
Canon en augmentation		48
	49	50
Canon à l'octave	51	52
Canon à la dixième	53	54
Canon à la douzième	55	56

Restitution de la pagination originale :

	verso	recto
Canon à l'octave	51	52
Canon à la dixième	53	54
Canon à la douzième	55	56
Canon en augmentation	57	58
	59	

Si cette pagination s'avère exacte, les pages 48, 49 et 50 devaient soit contenir autre chose, soit avoir été réservées dans un but particulier. De plus, ces trois pages sont précédées, dans l'édition, d'une version écourtée, tout à fait superflue, du Contrepoint X. Etant donné qu'il est certain que Bach ne pouvait pas avoir eu l'intention de faire inclure cette première version écourtée, nous nous retrouvons en fait avec un espace de six pages blanches (les pages 45 à 50 incluse).

Il est évident que ces pages n'étaient pas destinées à rester vierges, mais plutôt à recevoir une œuvre qui, pour des raisons inconnues, n'est jamais arrivée. Selon Butler, ces six pages étaient réservées à la quadruple fugue, le Contrepoint XIV. Ceci implique naturellement que l'imprimeur savait que ce quatorzième contrepoint n'excéderait pas l'espace de six pages.

L'hypothèse de Butler correspond merveilleusement avec le raisonnement que développa Christoph Wolff en 1975[7]. Wolff a soigneusement examiné le manuscrit de la Fugue inachevée. Cet autographe se compose de cinq pages. Les quatre premières présentent un papier à musique de bonne venue, aux portées proprement tracées et groupées deux par deux, le texte musical couvrant toute la surface. La cinquième page par contre — celle où la partition s'arrête — n'est, elle, absolument pas de nature à recevoir la suite de la fugue. Les portées sont trop rapprochées et de plus elles sont plutôt irrégulières :

Wolff en déduit, à juste titre, que Bach utilisa cette dernière page uniquement parce qu'il avait besoin d'une feuille de papier à musique pour écrire juste quelques mesures. Cette cinquième page était en fait une feuille de papier à musique ratée dont seules les portées supérieures étaient utilisables. Comme Bach ne gaspillait jamais de papier, cette feuille ratée convenait parfaitement pour l'usage qu'il comptait en faire.

Ceci signifie que Bach arrêta volontairement le manuscrit à la mesure 239. L'explication qu'en donne Wolff est que la suite de l'œuvre se trouvait déjà chez l'imprimeur. Le fragment noté sur la cinquième page était donc destiné uniquement à opérer la liaison avec le fragment final. Manifestement, les choses

---

7. Christoph Wolff : «The Last Fugue : Unfinished?», in *Seminar Report Bach's 'Art of the Fugue' An Examination of Sources*. *Current Musicology*, n° 19, 1975, pp. 71-77.

se gâtèrent après la mort de Bach, sans doute par cause d'ignorance et de malentendus. Des erreurs patentes telles que les numéros 14 et 19 *a b* en sont autant d'indices. Cette ignorance explique également pourquoi l'éditeur n'a pas été en mesure d'enchaîner la fin du Contrepoint XIV, qui était déjà en sa possession, avec les cinq pages du manuscrit de Bach qui lui parvinrent après la mort de celui-ci. Ainsi, le fragment inachevé fut publié sous le titre *Fuga a 3 Soggetti*, titre qui ne vient manifestement pas de Bach.

Butler a incorporé le raisonnement de Wolff dans son hypothèse. Selon lui, un espace de six pages fut réservé, au moment de la réalisation de la gravure du recueil, parce que Bach devait encore fournir le manuscrit définitif de la quadruple fugue. C'est ce manuscrit qui devait servir de modèle pour le décalquage sur le cuivre.

Dans quelle mesure Bach a-t-il pu achever ce travail? La chose n'est pas claire. Les cinq pages de l'annexe ne sont pas destinées à cet usage, puisqu'elles sont notées sur deux portées, contrairement au reste de *L'Art de la Fugue*. Quoi qu'il en soit, les choses n'étaient visiblement pas en ordre parfait au moment de la mort de Bach. Il s'ensuivit une série de malentendus ainsi que des problèmes d'ordre pratique pour l'éditeur. Celui-ci restait, en effet, avec un «trou» de six pages, puisque la pagination des pages 51 à 59 incluse avait déjà été effectuée. De plus, il avait sur les bras une composition qui, à ses yeux, était inachevée. Alors il opta pour la «solution» telle qu'elle se présente dans la première édition.

Selon Butler, la reconstitution de *L'Art de la Fugue* dans la forme originalement prévue par Bach devrait se présenter comme suit :

		verso		recto
Contrepoints I à XIII	pages	1	à	44
Contrepoint XIV	pages	45		46
		47		48
		49		50
Canon alla Ottava		51		52
Canon alla Decima		53		54
Canon alla Duodecima		55		56
Canon per Augmentationem		57		58
		59		

Etant donné que le Contrepoint XIV avait été prévu sur six pages, il est également possible, selon Butler, de se faire une idée de la longueur de cette partie de l'œuvre inachevée. Partant de la répartition des 232 mesures du fragment imprimé sur cinq pages, il est clair que le reste de la fugue ne pouvait excéder 46 ou 47 mesures.

CHAPITRE II

Pourquoi Bach n'acheva pas le quatorzième contrepoint.

Il ne fait aucun doute que le Contrepoint X, dans sa forme incomplète, l'arrangement du Contrepoint XIII pour deux clavecins ainsi que le choral pour orgue *Wenn wir in hoechsten Noethen* figurent indûment dans l'édition de *L'Art de la Fugue*. De même serait-il vain de soutenir que l'ordre des canons dans l'édition est correct.
Cependant, en ce qui concerne la quadruple fugue, les choses se présentent d'une manière moins évidente. Les hypothèses de Wolff et de Butler sont, sans aucun doute, plausibles, mais la fugue n'en est pas moins incomplète et c'est sous cette forme que nous la connaissons. La superposition des quatre thèmes n'existe pas dans la réalité : seule notre imagination peut la restituer. En réalité, le Grand Thème ne se trouve pas dans les 239 mesures qui sont parvenues jusqu'à nous.
Certains chercheurs vont jusqu'à qualifier de fortuite la superposition virtuelle avancée par Nottebohm. Bref, les problèmes relatifs à la structure de *L'Art de la Fugue* semblent se concentrer autour de cette composition fragmentaire.
Il est assez singulier, voire troublant, de constater que le point de concentration est précisément le Contrepoint XIV. Quatorze, le nombre correspondant au nom de Bach. Du reste, le nom de Bach apparaît très clairement dans cette œuvre, même pour l'observateur superficiel. Le troisième thème commence en effet par les notes « b-a-c-h »[1], il prend vie dans nom de Bach. La chose est d'autant plus frappante que Bach n'avait jamais eu recours à cette forme directe jusqu'alors. C'est justement dans ce Contrepoint XIV que Bach utilise un thème faisant aussi directement référence à son nom et ce pour le première et dernière fois de sa vie. Les choses n'en restent pas là, puisqu'un examen un tant soit peu plus poussé nous révèle encore que le deuxième thème de la fugue compte 41 notes, indiquant ainsi le nom J. S. Bach (9 18 14). Enfin, quand on considère que dans les 239 mesures écrites par Bach, la dernière n'est pas complète, on s'aperçoit que le nom de Bach apparaît aussi dans le nombre de mesures :

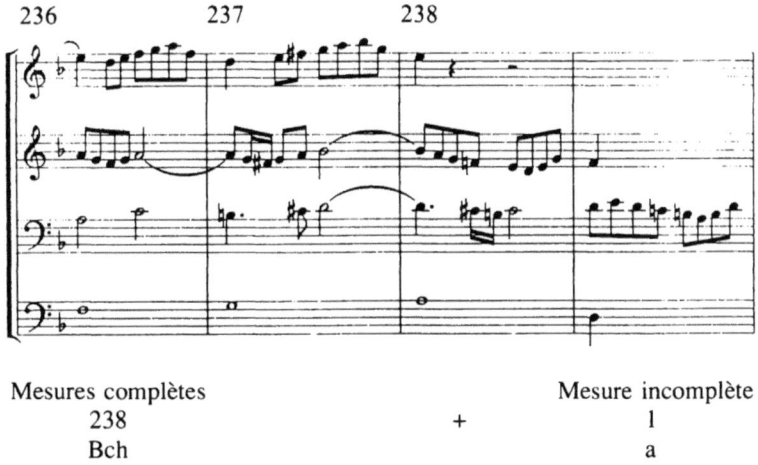

Mesures complètes   Mesure incomplète
238   +   1
Bch   a

---

1. *Si* bémol, *la*, *do*, *si* bécarre, selon le système de notation allemand. Voir encadré à la page 10 (NdT).

Ainsi, nous constatons que d'une part les questions soulevées par *L'Art de la Fugue* convergent vers le Contrepoint XIV, tandis que, dans cette même pièce, Bach nous présente son nom par diverses finesses, à la manière d'un signal. Tout ceci tend à montrer que la clé de la structure d'ensemble doit être recherchée dans cette quadruple fugue inachevée. Il est en outre évident aussi que nos recherches seront prioritairement centrées sur la fugue « B a c h », c'est-à-dire le passage qui commence par l'entrée du troisième thème, le thème « B a c h », à la mesure 193.

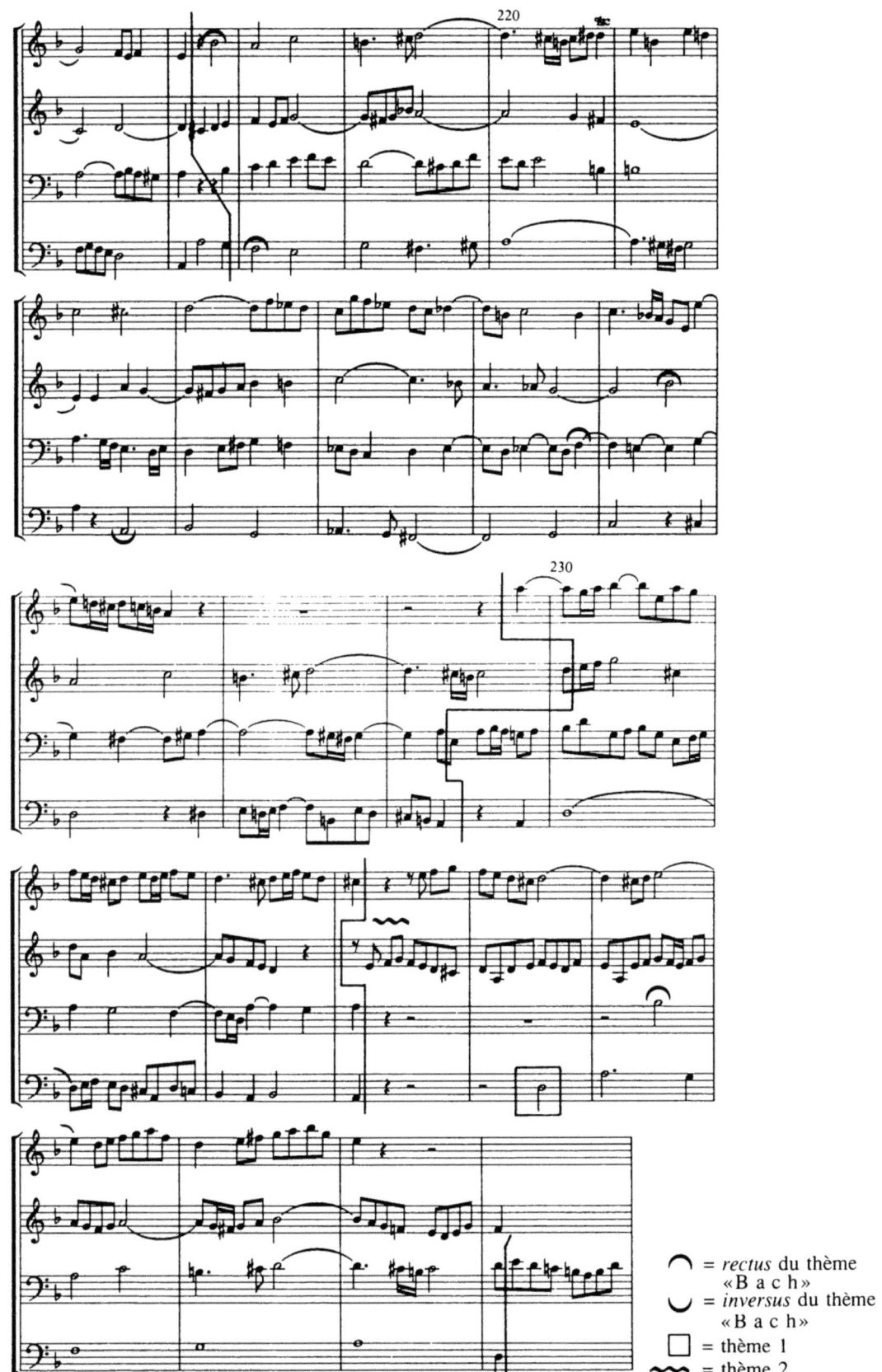

Voici ce que donne la répartition des notes de cette fugue « B a c h » et de la superposition des trois thèmes :

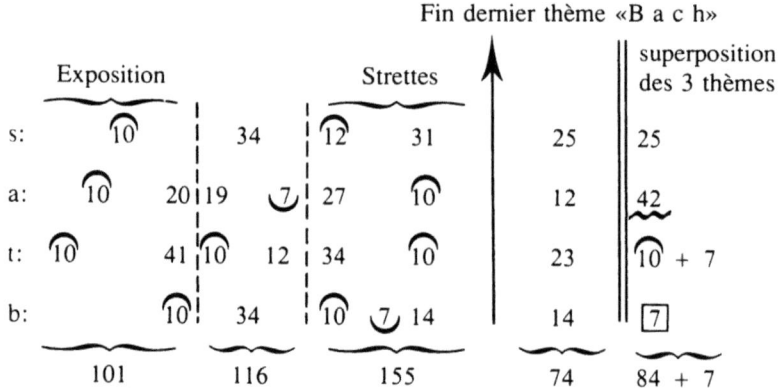

En examinant ce plan, il saute aux yeux que la fugue « B a c h » et la superposition qui suit comptent, ensemble, 14 thèmes : encore le nombre de Bach. De plus ces 14 thèmes peuvent se décomposer, tout naturellement, en 2, 1, 3 et 8, soit les lettres b, a, c et h.

B 2 fois le thème « B a c h » *inversus*;
a 1 fois le thème « B a c h » *rectus* de 12 notes;
c 3 = la superposition des 3 thèmes;
h 8 fois le thème « B a c h » *rectus* de 10 notes.

Dans l'ordre chronologique, ces 14 thèmes se divisent en 11 et 3. Les 11 premiers dans la fugue « B a c h » et les 3 derniers dans la superposition. Si l'on groupe les notes de ces différents thèmes selon cette répartition, on obtient ceci :

Fugue « B a c h » **Superposition**

8 fois 10 = 80   ⎧ 1 fois 42
1 fois 12 = 12   3 ⎨ 1 fois 10
2 fois 7 = 14   ⎩ 1 fois 7
            ———   ——
            106   59

Les onze thèmes de la fugue « B a c h » donnent le nombre 106, savoir l'an 106 dans l'ère rosicrucienne, soit 1484, l'année de la mort de Christian Rosencreutz. La signification du nombre 59, donné par le nombre de notes du thème dans la superposition, est un tant soit peu plus difficile à découvrir. Il faut pour cela examiner les choses d'un peu plus près. On constate alors un élément assez singulier, car c'est alors Bach lui-même qui indique la voie de la solution. En effet, l'entrée du thème « B a c h » donne la clé en marquant très précisément la subdivision de 59 en 21 et 38, soit Ba et ch !

Après avoir isolé les notes des thèmes, il reste celles qui n'appartiennent à aucun thème. Ici, les choses se présentent d'une manière assez remarquable :

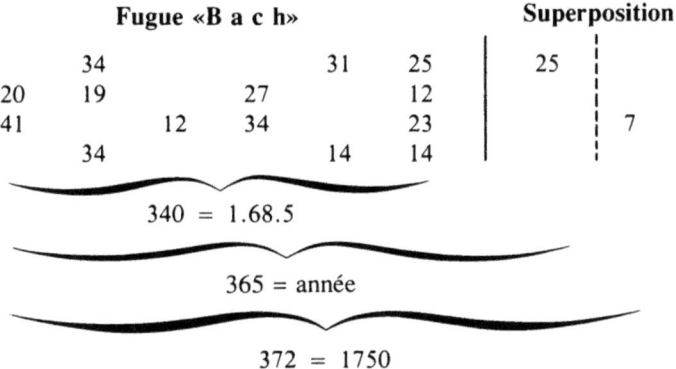

Les notes étrangères au thème de la fugue «B a c h» donnent le nombre 340, c'est-à-dire l'année de la naissance de Bach sous la forme 1.68.5. Les notes non thématiques du soprano dans la superposition prolongent ce nombre de 25 notes, soit 365. Ce nombre figure la notion d'année, puisqu'il y a 365 jours dans une année ordinaire; il est l'indice complémentaire à 1.68.5. Du fait des 7 petites notes de passage à la mesure 239 — un passage vers une musique qui nous est inconnue — ce nombre 365 est à son tour transformé en 372, c'est-à-dire l'année de la mort de Bach dans l'ère rosicrucienne.

Les notes thématiques et non thématiques présentent le schéma suivant :

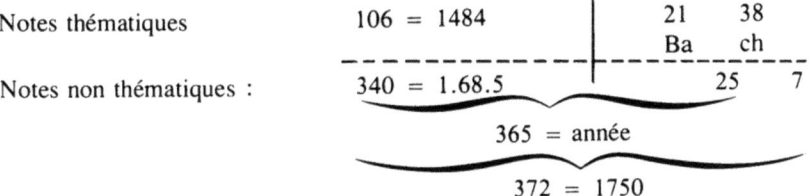

Par ailleurs, les 537 notes de cet ensemble peuvent encore être abordées d'une autre manière. En effet, si l'on isole les sept dernières notes comme appartenant à la musique qui aurait dû suivre, les 530 notes qui précèdent peuvent être réparties en deux groupes : 372 notes jusqu'à la fin du dernier thème «B a c h» et 158 à partir de cet endroit.

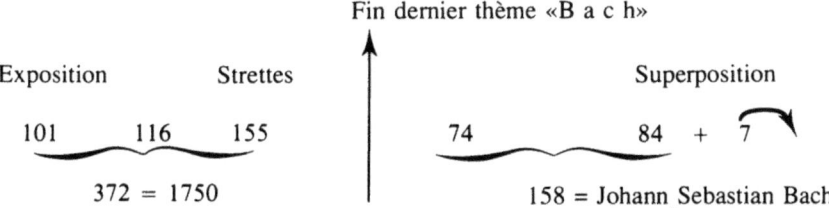

Nous obtenons ainsi, une fois encore, le nombre 372, mais totalement différent de celui du schéma précédent. Dans le cas présent, l'année de la mort de Bach dans l'ère Rose-Croix est combinée avec le nombre figurant le nom complet «Johann Sebastian Bach» (158). Les sept notes qui viennent ensuite forment le début du groupe suivant et pourraient se développer en un nombre tout aussi éloquent que 372 et 158... : peut-être 252 (Christian Rosencreutz), ou 287 (28 7 date de la mort de Bach), ou encore 544 (l'épitaphe). Nous ne pouvons que deviner, puisqu'elles constituent le début d'une musique qui n'a jamais été écrite.

Il est en tout cas évident que les 537 notes de la fugue «B a c h» et de la superposition des trois thèmes fournissent des résultats très singuliers dans le domaine des nombres bachiens. Des résultats très directs qui ne peuvent pas avoir été générés par le hasard. Il nous faut, en effet, être bien conscients du fait que ces résultats, précis à la note près, sont liés très exactement à ce que Bach a noté, et de ce fait également liés au fait qu'il déposa sa plume après avoir écrit les sept notes de la mesure 239. Il n'y a même pas la huitième note *do* du temps fort de la mesure suivante.

C'est tout à fait intentionnellement que Bach s'est arrêté à cet endroit, non pas qu'il y fut contraint par les événements mais parce que telle était sa volonté. S'il n'en était pas ainsi, les résultats remarquables de ces 537 notes seraient le fruit du hasard, et cela ne nous paraît vraiment pas possible. C'est précisément parce que la chose était préméditée qu'il pouvait se servir d'une feuille de papier à musique ratée pour y noter les douze dernières mesures sur les portées encore utilisables.

Jusqu'à ce point nous pouvons souscrire entièrement à l'hypothèse de Christoph Wolff. La suite de son raisonnement, selon lequel la fin de la quadruple fugue se serait déjà trouvée chez l'imprimeur, nous semble toutefois erronée. Mis à part le fait que l'argumentation de Wolff sur ce point nous semble quelque peu naïve — pour pouvoir mener à bien la composition d'une pièce aussi complexe qu'une quadruple fugue, Bach aurait, selon lui, commencé par la superposition des quatre thèmes, par la dernière page donc — il est évident que des résultats aussi particuliers que ceux livrés par les 537 notes fondraient comme neige au soleil dès l'instant où l'imprimeur viendrait ajouter cette dernière page à l'ensemble. Cette conclusion n'a donc jamais été ajoutée et n'a du reste laissé aucune trace. Ceci non pas pour des raisons d'impéritie ou de malentendus comme l'affirme Wolff, mais tout simplement parce que Bach ne l'a jamais écrite.

Ceci ne signifie nullement qu'il nous faille également réfuter les conclusions de Butler. Au contraire, il est très probable que Bach fit savoir à l'éditeur que le Contrepoint XIV allait occuper six pages, bien qu'il n'ait jamais eu l'intention d'aller au-delà de la mesure 239.

Tout ceci mène encore à une autre conclusion : si Bach s'est arrêté volontairement à la mesure 239 alors que par ailleurs il avait donné ordre à l'éditeur de réserver ces six pages, c'est qu'il devait savoir que sa mort était prochaine, sans quoi l'éditeur n'aurait certainement pas manqué de venir lui demander, après quelque temps, où restait le quatorzième contrepoint promis. Une question à laquelle Bach n'aurait pas été en mesure de répondre... Vu sous cet angle la confusion totale qui enveloppa cette édition après le décès de Bach n'en devient que plus compréhensible.

Le fait que Bach se soit arrêté à la mesure 239 n'exclut nullement l'existence d'une suite imaginaire, symbolique, à cette mesure ; une suite que Bach aurait conçue dans son esprit mais qu'il ne confia jamais au papier.

Il est même possible de se faire une idée de la manière dont le texte musical pourrait continuer après la mesure 239. Nous savons que nous y rencontrerons une ou plusieurs superposition des quatre thèmes. En outre, nous savons, grâce aux recherches de Butler, que cette suite ne peut excéder 46 ou 47 mesures comptées à partir de la mesure 232, l'endroit où la fugue est interrompue dans l'édition, soit 39 ou 40 mesures après l'endroit où Bach déposa sa plume à la mesure 239.

Cette approche nous donne la structure globale suivante des mesures de *L'Art de la Fugue* :

Contrepoint	I	78	⎫
	II	84	⎬ 372
	III	72	⎬
	IV	138	⎭
	V	90	⎫
	VI	79	⎬ 230
	VII	61	⎭
	VIII	188	⎫
	IX	130	⎬ 622
	X	120	⎬
	XI	184	⎭
	XII a	56	⎫
	b	56	⎬ 254
	XIII a	71	⎬
	b	71	⎭
	XIV	239 + 40 mesures maximum	
Canon alla Ottava		103	⎫
Canon alla Decima		82	⎬ 372
Canon alla Duodecima		78	⎬
Canon per Augmentationem		109	⎭

Ce qui saute d'emblée aux yeux, ce sont les deux groupes de 372 mesures. Les quatre premiers contrepoints qui constituent un ensemble logique comptent 372 mesures. C'est le cas aussi pour les quatre canons à la fin de l'œuvre. Ainsi, l'année de la mort de Bach dans l'ère rosicrucienne ouvre et clôture *L'Art de la Fugue*. Pour aller plus loin, il nous faut de nouveau nous tourner vers la fugue «B a c h». Le sujet de cette fugue est exposé par les quatre voix. Cette exposition prend 14 mesures, ce qui est encore un signal, puisque 14 est le nombre correspondant au nom de Bach. A présent, si nous comptons les mesures de *L'Art de la Fugue* d'une manière continue, de la première à la dernière (la mesure 1 du Contrepoint II est la mesure 79 de l'ensemble, la mesure 1 du Contrepoint III est la mesure 163 de l'ensemble, etc.) nous nous apercevons que la mesure 193 du Contrepoint XIV, celle où commence la fugue «B a c h», est la mesure 1671 de l'ensemble. L'exposition du thème «B a c h» couvre 14 mesures, ce qui veut dire qu'elle se termine précisément à la mesure 1685, année de la naissance de Bach.

Une seule fois au cours de sa vie Bach attacha son nom à un thème d'une manière directe. Ce thème est exposé, «mis au monde», pendant 14 mesures, le nombre figurant son nom. Après 14 mesures, la naissance est un fait accompli : nous sommes à la mesure 1685, qui est effectivement l'année où naquit Bach. Les choses vont au-delà d'un beau symbolisme dans la mesure où cette constatation a des prolongements importants. En effet, dès l'instant où l'on a compris que la dernière mesure de l'exposition correspond à l'année de la naissance de Bach, il devient clair que les mesures suivantes peuvent être considérées comme des années de la vie de Bach.

Ainsi, la première strette débute en 1695, l'année de la mort de son père, l'année où, seul au monde, il s'installa chez son frère Johann Christoph. Cette strette se termine à la mesure 1700, l'année où il quitta cette maison pour aller étudier à Lunebourg.

La deuxième strette marque l'année 1703, l'époque à laquelle Bach entra pour la première fois en service à la cour de Weimar avant de commencer sa carrière d'organiste à Arnstadt. La strette s'achève à la mesure 1708, l'année au cours de laquelle il se rendit de nouveau à Weimar, mais pour y demeurer plus longtemps, cette fois.

La dernière mesure écrite par Bach, la mesure 239, est la 1717[e] dans l'ensemble, et correspond à l'année où Bach quitta Weimar pour Cöthen. Cette année se situe, en outre, exactement au milieu de la durée de sa vie.

Si maintenant nous continuons à compter, sur un plan symbolique, dans l'espace du maximum de quarante mesures que la suite de ce contrepoint pourrait comporter, le cercle des années ne saurait être bouclé qu'après 33 mesures. Car c'est alors que la seconde moitié de la vie de Bach est écoulée : nous sommes à la mesure 1750, l'année de sa mort.

La seconde moitié du cercle symbolique n'a existé que dans l'esprit de Bach. Le texte musical est interrompu en 1717. Les sept notes du motif de passage contenues dans cette dernière mesure écrite constituent le début de ces 33 mesures hypothétiques qui permettront d'aboutir à 1750. Bach y a même caché un indice confirmant qu'il s'agit bien de 33 mesures. De fait, lorsque nous convertissons le nom de ces 7 notes (dans le système allemand[2]) en chiffres, nous obtenons un total de 33!

e : 5
d : 4
c : 3
h : 8
a : 1
h : 8
d : 4
—
33!

---

2. Voir encadré à la page 10 (NdT).

La structure « hypothétique » de l'ensemble des mesures de *L'Art de la Fugue* se présente ainsi :

Contrepoint	I	78	⎫		
	II	84	⎬ 372 = 1750		
	III	72			
	IV	138	⎭		
	V	90			
	VI	79			
	VII	61			
	VIII	188			1750!
	IX	130			
	X	120	⎬ 1378 = année de naissance de Christian Rosencreutz		
	XI	184			
	XII a	56			
	b	56			
	XIII a	71			
	b	71			
	XIV	239 + 33			
Canon alla Ottava		103	⎫		
Canon alla Decima		82	⎬ 372 = 1750		
Canon alla Duodecima		78			
Canon per Augmentationem		109	⎭		

L'Art de la Fugue commence et finit par l'année de la mort de Bach dans l'ère Rose-Croix. 1378 mesures séparent ces deux groupes de 372 mesures. Elles donnent l'année de la naissance de Christian Rosencreutz et constituent la clé qui permet de comprendre le nombre 372 en tant que 1750. Les quatorze contrepoints totalisent 1750 mesures — l'année de la mort de Bach dans l'ère chrétienne — tandis que les quatre canons opposent à cela l'année correspondante dans la supputation rosicrucienne. Il y a donc deux structures. D'une part, nous avons la structure écrite par Bach et dans laquelle le Contrepoint XIV est volontairement interrompu après la mesure 239. D'autre part, nous avons suggéré une structure symbolique, hypothétique, dans laquelle le Contrepoint XIV comporte 272 mesures par le fait que nous y avons ajouté 33 mesures fictives. Selon nous, l'antagonisme de ces deux structures est tout à fait conscient et calculé de la part de Bach. Aussi cet aspect réapparaîtra-t-il à plusieurs reprises au cours des chapitres suivants : les deux structures se complètent l'une l'autre de manière astucieuse.

Les 33 mesures hypothétiques n'ont existé que dans l'esprit de Bach. Nous ne les connaîtrons jamais dans la réalité, mais nous pouvons cependant tenter de nous faire une idée un peu plus concrète de leur contenu probable. Nous ne pourrons y parvenir que par raisonnement. Dès lors, si nous voulons éviter que notre raisonnement ne devienne totalement arbitraire et par conséquent inutile, il nous faudra veiller à nous laisser guider, dans nos idées sur l'architecture de ces mesures, par ce que Bach lui-même a écrit.

Il faudra tout d'abord prendre conscience que les 33 mesures devront constituer un développement et une conclusion de l'idée qui commence à la mesure 233. Cette idée occupe 6+1 mesures. Ces six mesures comportent la superposition des trois thèmes, la septième mesure est une mesure de raccord, dans laquelle le mouvement du deuxième thème est continué de l'alto au ténor.

Lorsque nous examinons ensuite l'ensemble de la structure du Contrepoint XIV, nous nous apercevons qu'à partir de la mesure 233 le texte musical se prête admirablement à un parallèle avec celui qui débute à la mesure 114 :

A la mesure 114, le deuxième thème entre pour la première fois, savoir à l'alto. A la mesure 233, ce thème revient de nouveau, après un long moment : cette fois encore il fait son entrée à l'alto. Les notes de passages sont, il est vrai, reprises par le ténor, mais toutefois dans le registre de l'alto.

L'entrée à la mesure 114 constitue le début d'une exposition très régulière du thème dans les quatre voix. Elle est suivie de six mesures basées sur le motif de passage, après quoi, le thème reprend de nouveau en *ré* mineur, superposé cette fois au premier thème. Viennent ensuite des superpositions des deux thèmes dans d'autres tonalités :

254 L'ART DE LA FUGUE

Après la première superposition du thème, la tonalité principale *ré* mineur disparaît pour quelque temps. Nous avons des superpositions en *la* mineur, *fa* majeur et *sol* mineur. De cette façon l'exposition et la première superposition peuvent être dissociées :

Thème 2	en *ré* mineur	6	} 7 mesures
Raccord		1	
Thème 2	en *la* mineur	6	
Raccord		1	
Thème 2	en *ré* mineur	6	
Raccord		1	
Thème 2	en *la* mineur	6	} 33 mesures
Raccord		1	
Continuation		5	
Superposition thème 2 et 1 en *ré* mineur		6	
Raccord		1	

Après la première entrée du thème (7 mesures), viennent 33 mesures jusques et y compris la première superposition. Ces éléments révèlent un certain parallélisme avec les 33 mesures hypothétiques, après la mesure 239, en tant que continuation de la première superposition de trois thèmes.

Ce parallélisme pourrait être interprété comme une indication dans le sens d'une analogie de déroulement entre les 33 mesures hypothétiques qui suivent la mesure 239 et les mesures 121 à 153. Au cours du dernier développement le Grand Thème se superposerait aux trois autres et il est évident que dans les sept dernières mesures en tout cas, les quatre thèmes résonneront ensemble.

D'une manière schématique, et par conséquent pas selon un raisonnement artistique, on aurait alors le parallélisme suivant entre les 33 mesures hypothétiques et l'autre groupe de 33 mesures :

1. La situation réelle des mesures 114 à 153

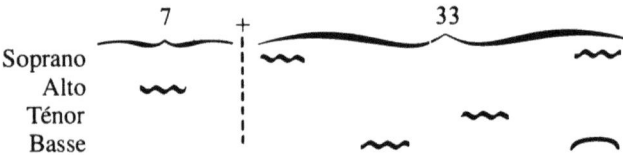

2. La situation hypothétique des mesures 233 à 272

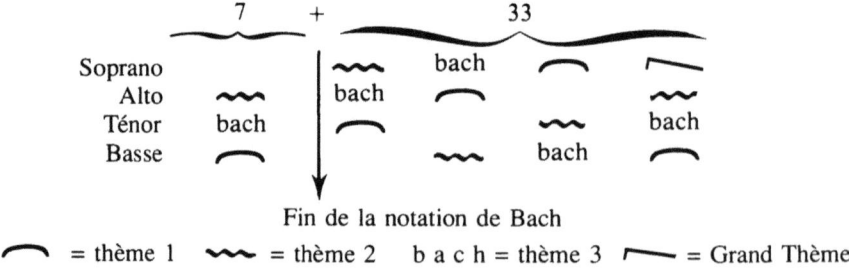

Le fait que le contenu probable des 33 mesures hypothétiques puisse être déduit d'un groupe de 33 mesures déjà existantes constitue naturellement un argument essentiel en faveur de l'exactitude de ce nombre.

Mais il y a plus, cependant. Le groupe de 33 mesures qui sert de clé se trouve à un endroit très particulier. L'ensemble du Contrepoint XIV se présente ainsi :

$$\begin{array}{r} 113 \\ \sim\sim\sim 6 \\ \text{Raccord} 1 \end{array} \Big\} 120$$

$$\textcircled{33}$$

$$\begin{array}{r} 79 \\ \frown + \sim\sim\sim + \text{bach} 6 \\ \text{Raccord} 1 \\ \text{'33'} \end{array} \Bigg\} 119$$

Le groupe de 33 mesures se trouve au cœur de la durée hypothétique de 272 mesures ; il est précédé de 120 mesures et suivi de 119.

La *Fama Fraternitatis* — le manifeste des Rose-Croix datant de 1614 — raconte comment le frère Nomen Nescio découvrit la sépulture de Christian Rosencreutz 120 années après la mort de ce dernier. La valeur numérique du nom *Nomen Nescio* est 119 (57 + 62) : après 120 années, 119 ouvrit symboliquement le tombeau. Peut-être 120 et 119 symbolisent-ils, dans le Contrepoint XIV, 120 années et Nomen Nescio.

Le pressentiment d'un sens symbolique de cet ordre est encore renforcé par la valeur numérique des notes[3] du thème « B a c h », qui constitue le point de départ de toute notre spéculation.

Là aussi un 120 apparaît, qui peut en outre se subdiviser en 14, le nombre du nom de Bach, et 106, l'année de la mort de Christian Rosencreutz dans l'ère rosicrucienne.

A présent, examinons encore une fois les dernières mesures écrites par Bach. Dans la superposition des trois thèmes, le thème « B a c h » se trouve de nouveau dans le ténor, soit à la même voix que celle où il s'est présenté la première fois.

Toutefois, dans la dernière mesure notée par Bach, il opère un échange des voix pour le motif de passage qui suit le thème 2, de telle sorte que ces 7 notes apparaissent à présent comme la suite du thème « B a c h ». Nous lisons dans le ténor :

Dans ce cas unique, 120 est suivi du 33 du motif de passage. Après 120 vient 33, tout comme la structure d'ensemble des mesures révèle un groupe de 120 mesures suivi d'un groupe de 33 mesures. Ce groupe de 33 est la clé qui permet de se faire une idée de ce qui pourrait venir après la mesure 239..., la clé permettant d'ouvrir, après 120 années symboliques, le tombeau de Christian Rosencreutz.

---

3. Selon le nom des notes du système allemand. Voir encadré à la page 10 (NdT).

CHAPITRE III

Le nom de Bach : un accès à l'épitaphe et à la date de sa mort

Le thème « B a c h » du Contrepoint XIV est un cas unique dans l'œuvre de Bach. Comme nous l'avons signalé dans le chapitre précédent, c'est en effet la toute première fois que son nom est attaché à un thème d'une manière aussi évidente.
Bach a utilisé son nom à plusieurs reprises, non comme thème, comme sujet, mais pour marquer tel endroit de la partition. Dans la première partie de cet ouvrage, nous avons montré quelques exemples de ces motifs « B a c h ». A cette occasion nous avions aussi établi les critères auxquels un tel motif doit répondre. Etant donné le caractère chromatique assez prononcé de *L'Art de la Fugue*, il convient d'affiner quelque peu ces critères :

a. Le motif doit se trouver entièrement dans une même voix ;
b. La succession des notes doit être correcte, soit dans le sens normal, soit en sens rétrograde, à l'écrevisse, donc b-a-c-h ou h-c-a-b ;
c. Les transpositions du motif ne comptent pas comme motif « B a c h » ;
d. Les répétitions de notes sont admises, pour autant qu'elles ne perturbent pas l'ordonnance des lettres. Ainsi, b-b-a-c-c-h est acceptable, mais non b-a-c-a-h.

Sur base de ces critères, on peut relever 31 motifs « B a c h » dans *L'Art de la Fugue*.

1. Contrepoint I
Mesures 26/27
Rétrograde : h-c-a-b

2. Contrepoint IV
Mesures 135/136
Normal : b-a-c-h

3. **Contrepoint V**
Mesures 40/41
Normal : b-a-c-h

4. **Contrepoint VIII**
Mesures 44/45
Rétrograde : h-c-(c-c)-a-b-(b-b)

5. **Contrepoint VIII**
Mesures 62/63
Rétrograde : h-c-(c-c)-a-b-(b-b)

6. **Contrepoint VIII**
Mesure 75
Rétrograde : h-c-a-b

7. **Contrepoint VIII**
Mesures 78/79
Rétrograde : h-c(c-c)-a-b-(b)

8. **Contrepoint VIII**
Mesures 85/86
Normal : b-a-c-h

258 L'ART DE LA FUGUE

9. Contrepoint VIII
Mesures 90/91
Rétrograde : h-c-(c-c)-a-b-(b-b)

10. Contrepoint VIII
Mesures 115/116
Rétrograde : h-c-(c-c)-a-b-(b-b)

11. Contrepoint VIII
Mesures 117/118
Rétrograde : h-c-(c-c)-a-b

12. Contrepoint VIII
Mesures 159/160
Rétrograde : h-c-(c-c)-a-b-(b-b)

13. Contrepoint XI
Mesures 90/91
Normal : b-a-c-(c-c)-h

14. Contrepoint XI
Mesures 93/94
Normal : b-a-c-(c-c)-h

15. Contrepoint XI
Mesures 107/108
Rétrograde : h-c-(c-c)-a-b-(b)

16. Contrepoint XI
Mesures 110/111
Rétrograde : h-c-a-b-(b-b)

17. Contrepoint XI
Mesures 112/113
Rétrograde : h-c-a-b

18. Contrepoint XI
Mesures 137/138
Normal : b-(b-b)-a-c-(c-c)-h

19. Contrepoint XI
Mesure 150
Rétrograde : h-c-(c-c)-a-b-(b)

20. Contrepoint XI
Mesures 168/169
Normal : b-a-(a-a)-c-h-(h-h)

21. Contrepoint XI
Mesures 175/176
Normal : b-a-c-(c-c)-h

22. Contrepoint XIV
Mesures 193/194/195
Normal : b-a-c-h

23. Contrepoint XIV
Mesures 201/202/203
Normal : b-a-c-h

24. Contrepoint XIV
Mesures 210/211/212
Normal : b-a-c-h

25. Contrepoint XIV
Mesures 217/218/219
Normal : b-a-c-h

26. Contrepoint XIV
Mesures 226/227/228
Normal : b-a-c-h

27. Contrepoint XIV
Mesures 235/236/237
Normal : b-a-c-h

28. *Canon alla Ottava*
Mesures 9/10
Rétrograde : h-c-(c)-a-b-(b)

29. *Canon alla Ottava*
Mesures 13/14
Rétrograde : h-c-(c)-a-b-(b)

30. *Canon alla Ottava*
Mesures 85/86
Rétrograde : h-c-(c)-a-b-(b)

31. *Canon alla Ottava*
Mesures 89/90
Rétrograde : h-c-(c)-a-b-(b)

Les motifs 29, 30 et 31 sont des répétitions littérales du motif 28 : elles découlent du principe canonique. Dès lors, les 31 motifs se répartissent en 28 motifs plus 3, ces derniers étant la répétition du vingt-huitième. Ce 28.1+3 = Bh.a + c constitue la première confirmation par le nom de Bach. Ensuite, les 28 motifs se répartissent assez naturellement en 14 motifs en mouvement normal et 14 en mouvement rétrograde. Ceci est une nouvelle confirmation du caractère non fortuit de ces motifs « B a c h ». Cette donnée remarquable indique une fois encore à quel point Bach était conscient de ce qu'il faisait en interrompant l'écriture du Contrepoint XIV à la mesure 239. En effet, s'il avait poursuivi son ouvrage il y aurait eu sans aucun doute d'autres motifs « B a c h » du fait de la superposition des thèmes.

Un examen plus attentif des motifs révèle qu'outre les quatre motifs du Canon à l'octave, d'autres motifs peuvent encore être ramenés à un seul. Cette possibilité existe encore, quoique indirectement, en d'autres endroits. Indirectement, du fait que les choses sont essentiellement différentes de la répétition littérale découlant du principe canonique. Ainsi, les six motifs du Contrepoint XIV (les numéros 22, 23, 24, 25, 26 et 27) sont également des répétitions, quoique dans un contexte différent. Ceci vaut également pour les motifs 13, 14, et 21 du Contrepoint XI. Ensuite nous constatons que dans ce même contrepoint le motif 19 est la répétition du numéro 15. Cette forme se retrouve aussi dans le Contrepoint VIII (le numéro 7). Le motif 6 de ce contrepoint revient dans le onzième (le numéro 17). Pour terminer, les motifs 4, 5, 9, 10 et 12, dans le Contrepoint VIII, sont eux aussi des répétitions. De sorte que les 31 motifs peuvent être ramenés à un nombre beaucoup plus restreint de formes de base :

Forme de base ①	=	1	rétrograde
②	=	2	normal
③	=	3	normal
④	=	4, 5, 9, 10, 12	rétrograde
⑤	=	6, 17	rétrograde
⑥	=	7, 15, 19	rétrograde
⑦	=	8	normal
⑧	=	11	rétrograde
⑨	=	13, 14, 21	normal
⑩	=	16	rétrograde
⑪	=	18	normal
⑫	=	20	normal
⑬	=	22, 23, 24, 25, 26, 27	normal
⑭	=	28, 29, 30, 31	rétrograde

Nous constatons que les 31 motifs « B a c h » peuvent se réduire à 14 formes de base, ce qui met encore une fois en évidence le nom de Bach.

En classant les premières entrées dans l'ordre chronologique, on constate qu'en outre ces quatorze formes de base permettent une répartition en 2, 1, 3 et 8 :

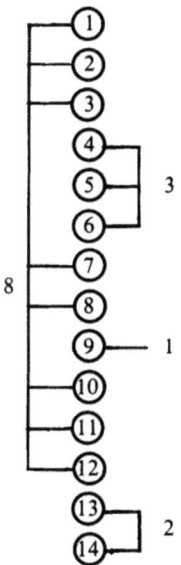

Il y a 8 formes de base qui n'apparaissent qu'une seule fois. Celles qui reviennent plusieurs fois se répartissent, dans l'ordre chronologique des premières entrées, en trois groupes de 3, 1 et 2.

Incidemment nous découvrons aussi que les 31 motifs répertoriés au départ peuvent se subdiviser en 8 motifs qui ne résonnent qu'une fois et 23 qui proviennent des répétitions. En écrivant cela sous la forme 8.1 + 23, nous dégageons une autre référence aux lettres b-a-c-h.

Il devient de plus en plus clair que les motifs « B a c h » dans *L'Art de la Fugue* se conforment rigoureusement à certaines règles. Ce qui témoigne, selon toute évidence, des intentions particulières qui animaient Bach. Il est possible de les rechercher dans la sphère de signatures très subtiles. Ainsi, par exemple, les schémas basés sur le nombre de notes qui composent ces motifs révèlent encore des nombres bachiens parfaits. Afin de préserver la clarté de notre discussion, nous préférons, pour l'heure, ne pas nous arrêter à cet aspect des motifs « B a c h ». En effet, comme l'annonce le titre du présent chapitre, ces motifs sont aussi, et surtout, une clé importante permettant de découvrir la date de la mort de Bach ainsi que l'épitaphe de Christian Rosencreutz.

Pour comprendre cela, il importe d'opérer une distinction entre les motifs « B a c h » utilisés en tant qu'élément passager et ceux qui constituent le sujet d'une ligne thématique. C'est bien sûr la seconde catégorie qui est à l'honneur dans le Contrepoint XIV :

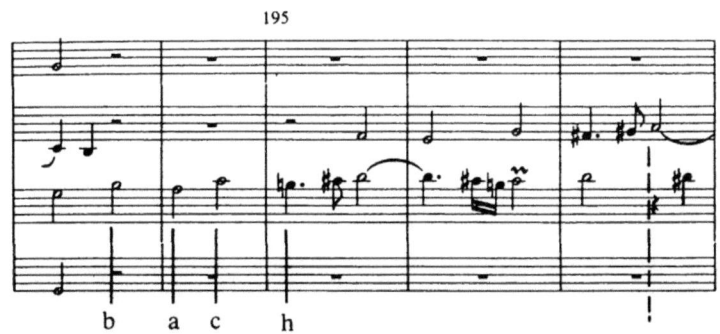

Ceci vaut également, quoique dans une moindre mesure, pour le Contrepoint XI :

Et bien entendu, il en va de même pour le Contrepoint VIII :

Les Contrepoints VIII et XI présentent des similitudes très nettes et peuvent de ce fait parfaitement être associés ; à côté de cela, il existe un rapport entre ces deux contrepoints et le Contrepoint XIV, en ce sens que dans ces trois pièces le motif « B a c h » sert de départ à la ligne thématique :

$$
\begin{array}{ll}
\text{Contrepoint VIII :} & \left.\begin{array}{l}188\\184\end{array}\right\} 372 \\
\text{Contrepoint XI :} & \\
\text{Contrepoint XIV :} & \underline{239} \quad = 238 + 1 \\
& 611
\end{array}
$$

On aperçoit immédiatement que les Contrepoints VIII et XI, si intimement liés, comptent, au total, 372 mesures et qu'ainsi l'année de la mort de Bach, dans l'ère rosicrucienne, est encore une fois signalée. Comme nous l'avons fait remarquer au chapitre précédent, les 239 mesures du Contrepoint XIV peuvent être prises sous la forme 238 (le nombre de mesures complètes) et 1 (le nombre de mesures incomplètes), soit Bch + a.

Ces trois contrepoints forment donc un ensemble cohérent. Toutefois, il nous faut encore pousser un peu plus loin. Car nous pouvons effectivement scinder chacune des trois pièces en deux parties : une première dans laquelle le motif « B a c h » n'a pas encore retenti et une seconde dans laquelle la chose a bien eu lieu.

	Jusqu'au premier thème «B a c h»	A partir du premier thème «B a c h»
Contrepoint VIII :	43 mesures	145 mesures
Contrepoint XI :	89	95
Contrepoint XIV :	192	47
	324 = 9.18.2	287 = 28 7

Les mesures qui précèdent le motif «B a c h» livrent le nombre 324 qui, sous la forme 9.18.2 constitue une indication pour les initiales de Bach : J.S.B.

Les mesures qui suivent la première occurrence du motif révèlent une référence admirable à la date du décès de Bach, 28 7. Il faut bien se rendre compte que ce nombre 287 lui aussi n'est que la conséquence directe du fait que Bach arrêta la notation de son texte musical très précisément à la fin de la mesure 239 du Contrepoint XIV.

Le pas suivant pourrait être l'insertion de ces deux nombres, 324 et 287, dans la structure d'ensemble des mesures de L'Art de la Fugue :

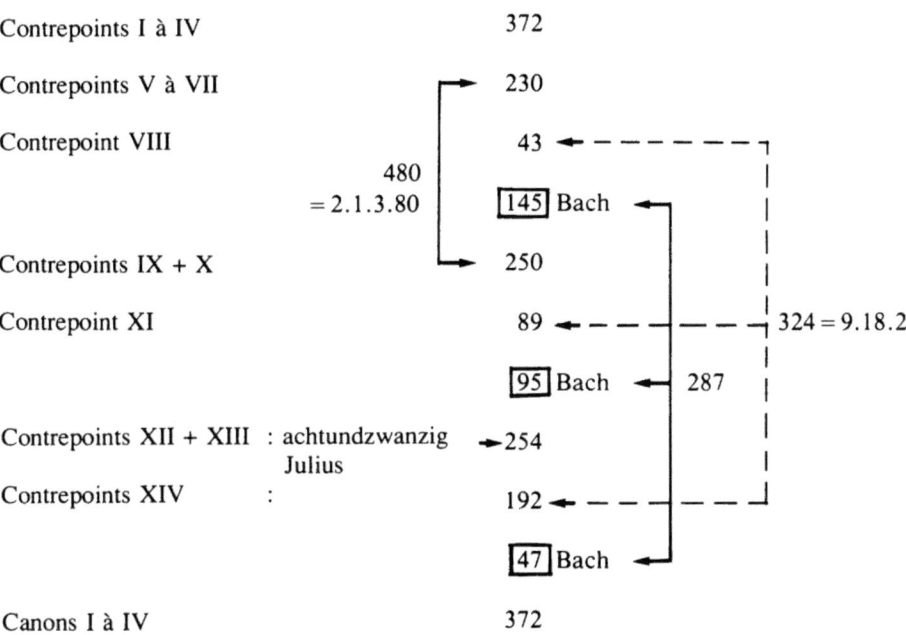

L'Art de la Fugue commence et se termine par un groupe de 372 mesures, c'est-à-dire le nombre qui indique l'année de la mort de Bach dans l'ère Rose-Croix. Les Contrepoints VIII, XI et XIV fournissent les nombres 324 et 287 : le nom de Bach et la date de sa mort. Parmi les autres contrepoints, les deux fugues en miroir donnent 254, ce qui peut être interprété comme «*achtundzwanzig Julius*» (vingt-huit juillet) et représente dès lors une confirmation du nombre 287. Les autres contrepoints viennent encore affirmer le nom de Bach, puisqu'ils totalisent 480 mesures, soit 2.1.3.80 = B.a.c.h.

Cette structure est établie en prenant le Contrepoint XIV tel que noté par Bach, soit 239 mesures. Toutefois, en introduisant les 33 mesures hypothétiques, l'ensemble révèle une autre dimension.

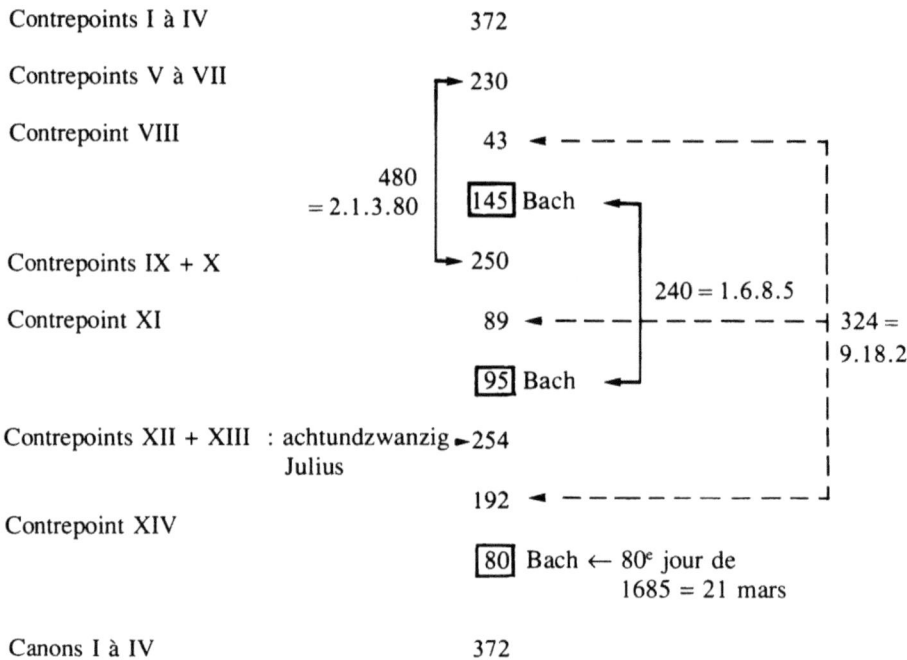

Les 33 mesures hypothétiques sont incorporées à l'ensemble qui commence à la première entrée du motif « B a c h ». Le nombre 47 du schéma précédent devient donc 80, et 287 change en 320. De cette façon, l'année de la mort de Bach disparaît sous sa forme « 287 », mais elle est remplacée par l'année et la date de naissance. Les contrepoints « apparentés » VIII et XI apportent le nombre 240 qui, pris comme 1.6.8.5, est une forme de 1685, tandis que le 80 du Contrepoint XIV constitue une référence bien connue à la date de naissance de Bach, le 21 mars, c'est-à-dire le quatre-vingtième jour de l'année 1685. La référence à la date du décès est strictement réservée, dans ce schéma, aux deux fugues en miroir. Les chiffres relatifs au nombre de mesures de ces deux contrepoints révèlent du reste une particularité quelque peu singulière. En effet, quand les chiffres du nombre de mesures contenues dans les Contrepoints XIIb et XIIIb sont lus inversés, c'est-à-dire à l'image du texte musical en miroir, nous obtenons :

    Contrepoint XII a : 56

    Contrepoint XII b : 65   au lieu de 56

    Contrepoint XIII a : 71

    Contrepoint XIII b : 17   au lieu de 71
                                                                  $\overline{209}$

209 indique le 209ᵉ jour de l'année 1750, soit le 28 juillet, date de la mort de Bach. Ce « double fond » très spécial est en fait assez singulier et peut servir de justification à la lecture de 254 en tant que « *achtundzwanzig Julius* » (vingt-huit juillet). De plus, 209 constitue un excellent pendant à 80. Ainsi, le jour de la mort et celui de la naissance sont signalés de la même manière.

Faisons un dernier pas, pour terminer. Un pas qui nous mène à l'épitaphe de Christian Rosencreutz. Pour ce faire, nous prendrons comme repères les premières entrées des motifs « B a c h » dans les Contrepoints VIII, XI et XIV, là où le nom de Bach sert de sujet à la fugue. Dans le Contrepoint VIII, le premier motif « B a c h » prend deux mesures (les mesures 44/45); dans le Contrepoint XI, deux également (les mesures 90/91) et dans le Contrepoint XIV, trois (les mesures 193/194/195). Ceci fait ressortir un autre schéma d'ensemble encore :

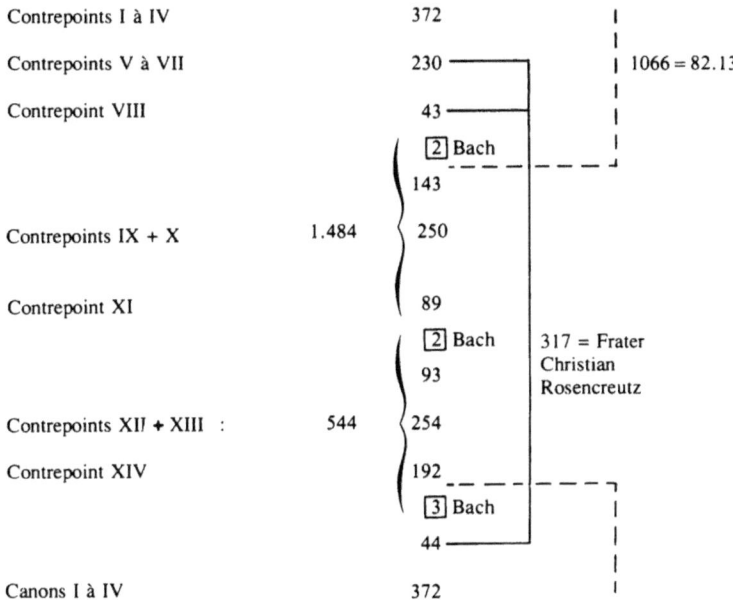

Ici encore, l'année de la mort de Bach dans l'ère rosicrucienne marque le début et la fin de *L'Art de la Fugue*. La distance qui sépare ces points est comblée, de manière particulièrement convaincante, par trois nombres représentatifs de trois éléments importants dans la symbolique des Rose-Croix. Entre l'entrée du premier motif « B a c h » et le deuxième, nous relevons 484 mesures. Sous la forme 1.484, ce nombre indique l'année 1484, l'année de la mort de Christian Rosencreutz. A partir de l'entrée du deuxième motif jusqu'au troisième inclus, il y a 544 mesures, soit le nombre correspondant à l'épitaphe de la *Fama Fraternitatis*, l'inscription funéraire de Christian Rosencreutz. Ce qui reste livre le nombre 317, c'est-à-dire Frater Christian Rosencreutz (65 + 97 + 155). En outre, pour couronner le tout, les mesures qui séparent le début du troisième motif de la fin du premier nous donnent le nom de Bach. La boucle ainsi fermée comprend les deux groupes de 372 mesures. L'indication est fournie par le nombre 1 066, savoir 82.13 : hB.ac.

Cette structure accepte également l'adjonction des 33 mesures hypothétiques :

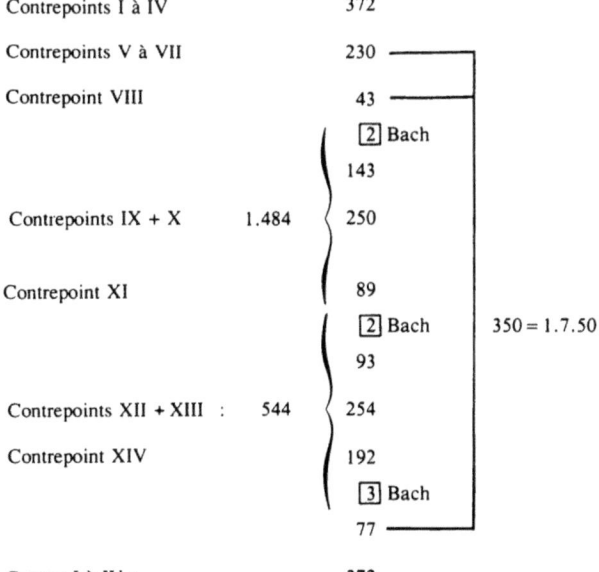

Du fait de cette inclusion, le nombre 1066 qui coiffait l'ensemble disparaît pour devenir 1099. Toutefois le nom Frater Christian Rosencreutz (317) se transforme en 350, soit 1.7.50, l'année de la mort de Bach dans l'ère chrétienne. Le reste est inchangé.

Avec ce dernier schéma, nous avons atteint l'épitaphe de Christian Rosencreutz. Cette inscription funéraire peut être lue d'une façon très exacte, mais pour ce faire il importe de l'examiner de plus près.

La *Fama Fraternitatis*, le célèbre manifeste Rose-Croix daté de 1614, relate que Nomen Nescio ouvrit la porte donnant accès à la sépulture de Christian Rosencreutz. Il y trouva l'épitaphe suivante :

ACRC Hoc Universi Compendium Vivus Mihi Sepulchrum Feci

(Autel de CRC. De mon vivant je me suis fait pour tombeau ce résumé de l'univers.)

Les valeurs gématriques des mots de cette inscription sont :

ACRC	24
Hoc	25
Universi	111
Compendium	107
Vivus	87
Mihi	38
Sepulchrum	129
Feci	23
	544

Dans la première partie du présent ouvrage, nous avons montré que ces huit mots, ou huit nombres, pouvaient être adaptés de façon très concluante dans les ensembles de 544 mesures, notes, etc. Autrement dit, les huit nombres de l'épitaphe sont dissimulés dans de tels ensembles. C'est cela précisément qui rend plausible l'hypothèse selon laquelle ces groupes de 544 mesures représentaient, dans l'esprit de Bach, l'épitaphe de Christian Rosencreutz. Ces huit nombres sont toujours plus ou moins cachés ; jamais ils n'apparaissent directement. Ils ne peuvent être découverts que par un raisonnement logique, un raisonnement que l'on sent bien souvent animé par la volonté de Bach.

Qu'en est-il dans *L'Art de le Fugue*?

C'est le nom de Bach qui constitue la porte donnant accès à l'épitaphe. L'ensemble des 544 mesures est effet balisé de passages dans lesquels ce nom, dans sa forme normale (B-a-c-h), devient le sujet de la composition. Il est dès lors logique que les motifs « B a c h » compris dans ces 544 mesures devront jouer un rôle évident dans la disposition des mots de l'épitaphe. Resituons encore une fois les éléments. Les contrepoints concernés par l'inscription funéraire sont le XI, le XII, le XIII et le XIV :

Contrepoint XI	89	
Début B a c h	[2]	
	93	
Contrepoint XIIa	56	
Contrepoint XIIb	56	
Contrepoint XIIIa	71	544
Contrepoint XIIIb	71	
Contrepoint XIV	192	
Début B a c h	[3]	
	44	

Les motifs « B a c h » sont situés dans les Contrepoints XI et XIV. Il s'agit des numéros 13 à 22 de notre relevé des motifs « B a c h » reproduit en page 258, 259 et 260.

Dans l'ensemble de ces dix motifs, il en est cinq, soit exactement la moitié, qui occupent une place particulière par rapport aux autres. Les motifs 16 et 17 sont les deux seuls à se trouver dans des mesures consécutives (les mesures 110/111, 112/113). Le motif 19 est seul à n'occuper qu'une mesure, tandis que seul le motif 22 s'étend sur trois mesures. Enfin, le motif 21 est l'unique motif « B a c h » à se superposer au Grand Thème :

Une belle confirmation de l'importance de ces motifs « B a c h », de même que de la nécessité de les répartir en « cinq spéciaux » et « cinq ordinaires », nous est apportée par Bach même. Le nombre de notes impliquées dans les différents motifs révèle en effet la structure suivante :

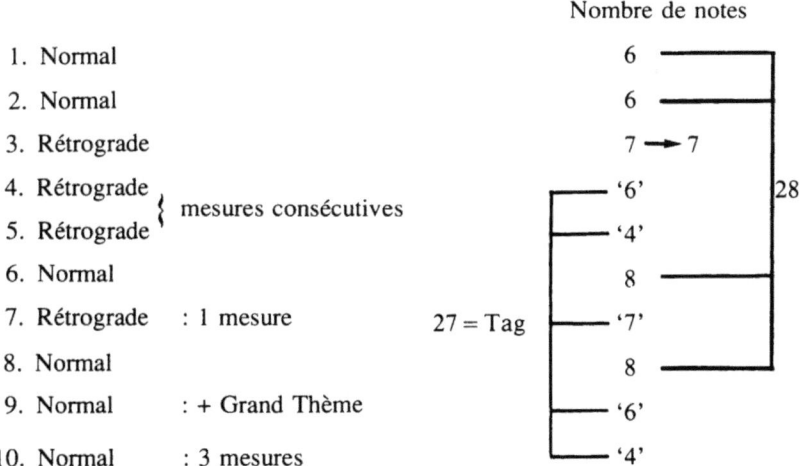

Les dix motifs comportent 62 notes. Les formes spéciales (indiquées entre apostrophes) en comptent 27 au total. Ce dernier nombre peut figurer le mot « *Tag* » (jour) compte tenu de la valeur gématrique de ses lettres (19+1+7). Le jour dont il s'agit nous est précisé par les cinq motifs ordinaires qui comportent 35 notes en tout. Ces 35 notes se décomposent littéralement en 28 et 7 par le fait que sur les cinq motifs, quatre présentent l'ordre normal de lettres et un seul l'ordre inverse. De telle sorte qu'il nous suffit de lire que le « *Tag* » dont il est question, est celui de la mort de Bach, le 28 7, donc le 28 juillet 1750.

Assurés par cette confirmation, nous allons utiliser les mesures des motifs « B a c h » comme repères dans la structure de l'ensemble de 544 mesures. D'emblée, trois mots de l'épitaphe se dégagent dans ce schéma :

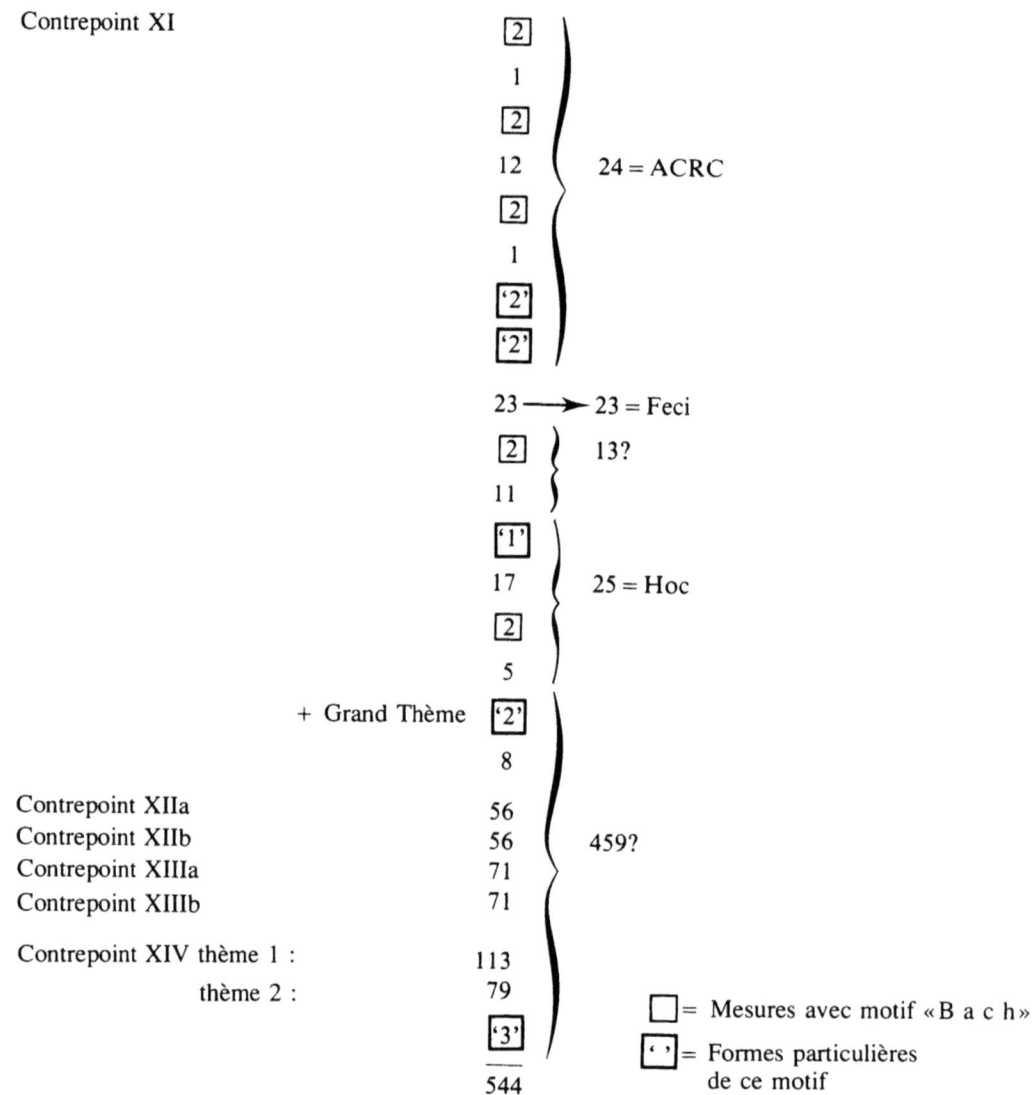

Tout au début des 544 mesures, soit juste à la bonne place, nous avons le chiffre 24 correspondant au commencement de l'épitaphe : ACRC. Ce nombre se termine par le petit groupe particulier de deux motifs « B a c h » dans des mesures consécutives. Vient ensuite le dernier mot de l'épitaphe, *Feci* = 23. Le troisième mot que nous obtenons est *Hoc* = 25, flanqué à son début par le seul motif « B a c h » ne dépassant pas une mesure et à la fin par le motif « B a c h » superposé au Grand Thème.

Jusqu'à ce point, Bach nous a pour ainsi dire guidé à l'aide de son nom. Le schéma d'ensemble nous montre cependant que ce fil conducteur n'est pas suffisant pour aller plus loin. Il nous reste en effet un 13 et un 459 dont nous ne savons que faire. Bien entendu, ce 459 est constitué d'éléments qui se laissent déterminer de manière objective (2, 8, 56, 56, 71, 71, 113, 79, 3), sans pour autant aboutir à une quelconque issue. Aucun de ces chiffres, pas plus que le 13 du onzième contrepoint, ne nous donnera ni le 38 pour le mot *Mihi* ni le 107 de *Compendium*, pas plus que le 111 de *Universi*. Il nous faudra dès lors opérer encore au moins une subdivision si nous voulons avoir une chance d'aller plus loin.

Dans le Contrepoint XIV nous avons scindé les 192 premières mesures en 113 et 79 en fonction d'un développement particulier du premier et du deuxième thème. Le Contrepoint XII permet une approche similaire. L'exposition dans les quatre voix du thème initial de douze notes

est suivie, mesure 21, par l'entrée d'une forme figurée de ce thème en 21 notes.

Cette forme figurée du thème est conservée tout au long de la suite du contrepoint. La forme initiale de douze notes, exposée dans les vingt premières mesures, ne revient plus. Du fait de cette bipartition, apportée par Bach lui-même, le Contrepoint XIIa se compose en réalité de :

– 20 mesures ayant pour sujet le thème en 12 notes ;
– 36 mesures ayant pour sujet le thème en 21 notes.

Dans la partie en miroir du Contrepoint XII (désignée par XIIb) les choses se répètent de la même manière. Dans les deux fugues en miroir les mesures se répartissent donc ainsi :

  Contrepoint XIIa : 20
            36

  Contrepoint XIIb : 20
            36

  Contrepoint XIIIa : 71

  Contrepoint XIIIb : 71

Ces nombres nous offrent les mots *Universi* (=111) et *Compendium* (107) comme sur un plateau :

$$111 = Universi \begin{cases} 20 \\ 36 \\ \left.\begin{matrix} 20 \\ 36 \\ 71 \end{matrix}\right\} 107 = Compendium \\ 71 \end{cases}$$

Les 36 mesures restantes doivent être combinées avec un chiffre 2, c'est-à-dire avec les mesures d'un motif « B a c h », pour arriver au 38 représentant *Mihi*. D'un point de vue purement arithmétique nous disposons à cette fin de deux possibilités, puisqu'il reste encore deux « 2 ». Cependant, en y réfléchissant, nous constatons qu'il n'y a qu'un seul bon rapprochement. Ici encore il faut choisir le « 2 » spécial. La chose est d'autant plus significative, dans ce cas précis, que la particularité de ce motif « B a c h » réside dans le fait qu'il est superposé au Grand Thème, tandis que le nombre 36 du Contrepoint XII nous est donné, lui, par l'entrée d'une remarquable variante du même thème. Une fois ce rapprochement effectué, les deux mots qui nous restent (*Vivus* = 87 et *Sepulchrum* = 129) ne peuvent être placés que d'une seule façon. Voici, dès lors, le schéma complet de l'adaptation des huit mots de l'épitaphe à la structure d'ensemble des 544 mesures :

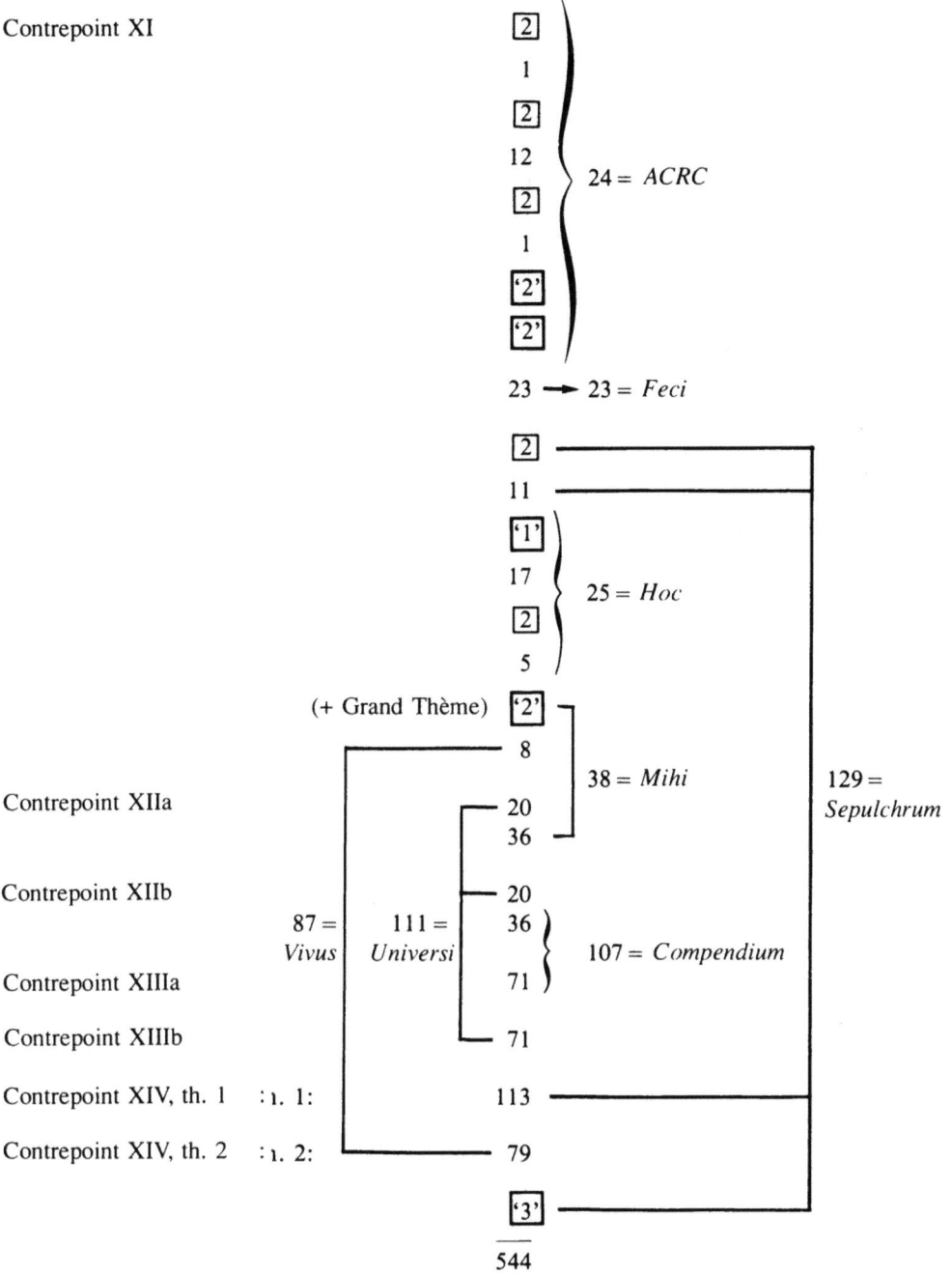

Une particularité vient admirablement confirmer ce schéma : sur les huit mots, quatre comportent des motifs « B a c h » (*ACRC, Hoc, Mihi, Sepulchrum*) et quatre n'en comportent point (*Universi, Compendium, Vivus, Feci*).

Avec motif « B a c h » : *ACRC* : 24 ⎫
                                 Hoc : 25 ⎭ 49 = *Juli*
                                 Mihi : 38 ⎫
                                 Sepulchrum : 129 ⎭ 167 = *achtundzwanzig*
                                         216 = *achtundzwanzig Juli*
                                         ou 3.72

Sans motif «B a c h» : *Universi* : 111
Compendium : 107
Vivus : 87
Feci : 23
328 = 328.1
cBh.a

Les quatre mots sans motif «B a c h» fournissent un nombre bachien, puisque 328 peut être écrit 328.1, soit cBh.a.

Les mots avec motif «B a c h» couvrent 216 mesures. Ce nombre 216 a une double signification. Il peut être écrit 3.72, ce qui indiquerait 372, l'année de la mort de Bach dans l'ère rosicrucienne. Par ailleurs, il peut être pris également pour «*achtundzwanzig Juli*» (vingt-huit juillet) (167+49).

Bach nous montre que dans *L'Art de la Fugue* les huit mots de l'épitaphe, symbolisés par le nombre 544, peuvent être combinés de telle manière qu'ils révèlent, d'une part, un nombre relatif à son nom et, d'autre part, la date de sa mort écrite en toutes lettres. Cela ne devient évident que si l'on procède correctement pour placer les mots de l'inscription funéraire. C'est pourquoi cette confirmation est assez unique. A cela s'ajoute bien évidemment le fait que cette confirmation vient encore souligner admirablement les rapports profonds entre l'épitaphe de Christian Rosencreutz et le moment de la mort de Johann Sebastian Bach.

CHAPITRE IV

Le Grand Thème : épine dorsale de *L'Art de la Fugue*

Le thème de base de *L'Art de la Fugue* comporte douze notes :

Ce thème est fréquemment modifié, non seulement rythmiquement mais encore mélodiquement. A vrai dire, cette phrase mélodique est peu fréquente dans *L'Art de la Fugue* sous sa forme originelle, c'est-à-dire en mouvement direct, commençant sur un *ré* et utilisant exactement les mêmes intervalles. Mais ce « peu » est peut-être juste assez, puisque le thème revient précisément 14 fois dans cette forme mélodique stricte :

Contrepoint I	mesure	1	alto	Contrepoint IX	mesure	35	soprano
		9	basse			59	alto
		23	alto			89	basse
		56	basse				
Contrepoint II	mesure	1	basse	Contrepoint XII	mesure	1	basse
		9	alto			10	alto
		31	basse				
		61	basse				
		79	soprano				

Cette forme primitive du thème adopte donc des apparences diverses tout au long de *L'Art de la Fugue*. Dans l'aperçu général donné au chapitre premier, il est fait une distinction entre transformations accessoires et transformations structurales. Ces dernières désignent les formes thématiques qui deviennent elles-mêmes sujet d'une composition. Parmi les neuf formes thématiques structurales rencontrées dans l'œuvre, il en est deux, outre la forme première, qui occupent une position quelque peu particulière, étant donné que Bach les a utilisées dans plusieurs contrepoints.

a. Dans les Contrepoints V, VI, VII et X :

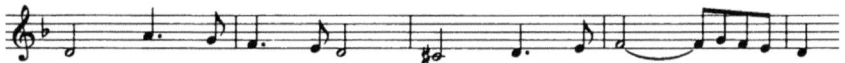

b. Dans les Contrepoints VIII et XI :

Ces deux formes sont particulières d'un autre point de vue encore. Elles sont en effet identiques mélodiquement et comptent dès lors un nombre égal de notes, c'est-à-dire 14! La chose est d'autant plus remarquable qu'aucune des autres formes structurales du Grand Thème ne comporte 14 notes. Dès lors, ces formes auxquelles Bach attacha sa signature numérique sont censément porteuses d'intentions particulières de la part de l'auteur. Ainsi, le fait d'isoler les six contrepoints dont le sujet est l'une des deux formes thématiques de 14 notes met en évidence une confirmation très intéressante de la structure d'ensemble incluant les 33 mesures hypothétiques :

Contrepoints I à IV			372	
Contrepoint V	(14 ♩.♪)	90		
Contrepoint VI	(14 ♩.♪)	79		
Contrepoint VII	(14 ♩.♪)	61		
Contrepoint VIII	(14 ♩♩♩)			188
Contrepoint IX			130	
Contrepoint X	(14 ♩.♪)	120		
Contrepoint XI	(14 ♩♩♩)			184
Contrepoints XII + XIII			254	
Contrepoint XIV (+ les 33 mesures hypothétiques!)			272	
Canons			372	
		350 = 1.7.50	1400 = Bach!!	372 = 1750

Les Contrepoints V, VI, VII et X, basés sur la forme pointée du thème de 14 notes, totalisent 350 mesures. Ce nombre, écrit 1.7.50, fait référence à l'année de la mort de Bach : l'an 1750 de l'ère chrétienne. Les Contrepoints VIII et XI, dont le sujet est la forme thématique de 14 notes qui diffère de la précédente du point de vue rythmique, comptent eux 372 mesures, nombre correspondant à l'année de la mort de Bach dans l'ère rosicrucienne. Les pièces restantes, savoir les contrepoints et canons dans lesquels la forme thématique de 14 notes ne constitue pas le sujet initial, comportent 1 400 mesures : une variante très appuyée (le centuple) de 14, la signature numérique de Bach. Ce chiffre de 1 400 a été obtenu en comptant 272 mesures pour le Contrepoint XIV, c'est-à-dire en incluant les 33 mesures non écrites.

Parmi les neuf formes thématiques structurales, sept sont données tant *rectus* que *inversus*. On peut dès lors étendre le relevé du premier chapitre à seize formes de base. En outre, nous avons vu au chapitre précédent que le Contrepoint XII recèle une forme spéciale. En effet, une des clés nécessaires à la mise en relation avec l'épitaphe réside dans la reconnaissance du fait qu'à partir de la mesure 21, une nouvelle forme thématique de 21 notes fait son apparition et dominera, à elle seule, jusqu'à la fin de ce douzième contrepoint. Dans le Contrepoint XIIb, nous rencontrons également l'*inversus* de cette forme, ce qui nous amène finalement à 18 formes de base. Pour être plus précis, il faudrait parler de 18 formes de bases *mélodiques*, étant donné que les variations rythmiques telles que diminution et augmentation ne sont pas prises en compte. Nous avons considéré les augmentations et les diminutions en tant que développements de telle ou telle forme mélodique de base.

Ces dix-huit formes mélodiques de base produisent à leur tour un schéma d'ensemble bien cohérent. Il s'agit d'un schéma selon le nombre de notes qui composent ces formes de base. La numérotation est faite en fonction du relevé des neuf variantes structurales distinguées au premier chapitre de la seconde partie; la forme spéciale du Contrepoint XII est figurée par 4b.

LE GRAND THÈME : ÉPINE DORSALE DE L'ART DE LA FUGUE

		Forme thématique	Nombre de notes	
			Rectus	*Inversus*
Contrepoint	I	1	12	
	II	(idem)		
	III	1		12
	IV	(idem)		
	V	2,2	14	14
	VI	(idem)		
	VII	(idem)		
	VIII	3		14
	IX	(cf. Cpt. I)		
	X	(cf. Cpt. V)		
	XI	3	14	
	XIIa	4a	12	
		4b	21	
	XIIb	4a		12
		4b		21
	XIIIa	5	35	
	XIIIb	5		35
	XIV	–		
Canon	I	6,6	25	25
	II	7		12
	III	8	54	
	IV	9,9	20	20

216 = 3.72 ou *achtundzwanzig Juli*

156 = 78.2

372 = 1750

Les 18 formes mélodiques de base se composent de 372 notes au total, mettant ici encore en évidence le nombre qui désigne l'année de la mort de Bach dans l'ère Rose-Croix. De plus, ces 372 notes se subdivisent en deux groupes : les 216 notes des quatorze contrepoints et les 156 notes des quatre canons. Le chiffre 156, sous sa forme 78.2, fait référence à la date du décès, 28.7, tandis que 216 contient les deux significations puisqu'on peut y voir soit 3.72, soit « *achtundzwanzig Juli* » (vingt-huit juillet).

La forme mélodique de base du Contrepoint I est aussi utilisée dans le deuxième contrepoint. En outre cette forme revient, augmentée, dans le Contrepoint IX. La forme de base du Contrepoint III est maintenue dans le quatrième contrepoint. Les Contrepoints V, VI, VII et X utilisent la même forme de base, toutefois dans le Contrepoint VI, cette forme apparaît également en diminution et, dans le Contrepoint VII, en diminution et en augmentation. Dès lors, un schéma montrant l'ensemble des formes thématiques structurales utilisées se devra de retenir diminution et augmentation en tant que formes autonomes. A cela s'ajoute que l'on pourra en même temps y relever les répétitions d'une même forme thématique. Il en résulte un schéma de 33 variantes thématiques :

		Forme thématique	Nombre de notes	
			Rectus	Inversus
Contrepoint	I	1	12	
	II	1	12	
	III	1		12
	IV	1		12
	V	2,2	14	14
	VI	2,2	14	14
		2,2 dim.	14	14
	VII	2,2	14	14
		2,2 dim.	14	14
		2,2 augm.	14	14
	VIII	3		14
	IX	1 augm.	12	
	X	2		14
	XI	3	14	14
	XII a	4a	12	
		4b	21	
	XII b	4a		12
		4b		21
	XIIIa	5	35	
	XIIIb	5		35
	XIV	–		

$420 = 3.7.20$

Canon	I	6,6	25	25
	II	7		12
	III	8	54	
	IV	9,9	20	20

$156 = 78.2$

$576 = 32.18$

Le nombre total de notes de ces variantes thématiques est 576. Du fait de la lecture possible 32.18, nous avons là une référence au nom de Bach (cB.ah). Ce total se subdivise, de la même manière que dans le schéma précédent, en deux nombres significatifs. Le 156 des canons — allusion à la date de la mort dans sa variante 78.2 — est resté inchangé. Le chiffre 216 des quatorze contrepoints s'est élargi à 420. Toutefois la signification reste la même, puisque 216 peut être pris comme 3.72, tandis que 420 peut se lire 3.7.20. Dans les deux cas, nous avons une référence à l'année de la mort de Bach dans l'ère rosicrucienne.

Le pas suivant devrait être un relevé de toutes les occurrences du Grand Thème. Si nous hésitons à le franchir, ce n'est pas tellement qu'il s'agit là d'une liste conséquente (nous comptons 246 thèmes), mais surtout parce que cela entraînerait inévitablement des choix. Il ne fait aucun doute que toute grande œuvre dans laquelle le thème est soumis à des variations, présente des situations qui susciteront des opinions différentes. Ainsi par exemple, quelle signification faut-il accorder au ténor des mesures 6/7 du Contrepoint VII?

Faut-il ou non considérer ceci comme un thème fortement transformé ? Des imprécisions de cet ordre s'opposent à tout relevé simple et objectif. C'est pourquoi nous en resterons là, en dépit des résultats intéressants — quoique quelque peu forcés, sans doute — auxquels nous pourrions aboutir.

En guise d'exemple, nous préférons nous occuper des thèmes de l'ensemble formé par les quatre premiers contrepoints. Le nombre de thèmes dans ce groupe ne se prête, en effet, à aucune discussion. Le premier contrepoint comporte 11 entrées du thème de 12 notes, en mouvement direct :

S39

Soprano :   ⌈12⌉   ⌈12⌉   ⌈12⌉

Alto   :   ⌈12⌉   ⌈12⌉

Ténor   ⌈12⌉   ⌈12⌉   ⌈12⌉

Basse   ⌈12⌉   ⌈12⌉   ⌈12⌉

Le sujet du deuxième contrepoint est également le thème en mouvement direct. Les dernières notes de ce thème sont soumises à un changement rythmique :

Toutes les entrées sont claires et nettes. Elles comptent toujours 12 notes, exception faite de l'entrée à l'alto de la mesure 23, où nous relevons 14 notes :

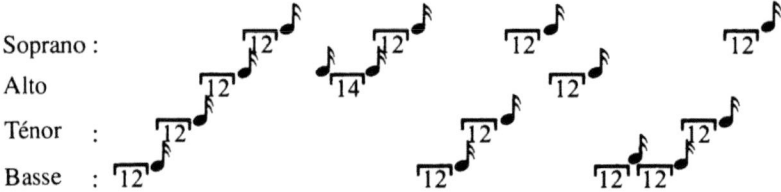

Le Contrepoint III emploie le thème en mouvement contraire. Les trois premières entrées sont normales. L'entrée à la basse, mesure 15, présente une différence à la fin : la terminaison comporte une note supplémentaire. C'est pourquoi nous comptons 13 notes :

A la mesure 23 survient une forme figurée du thème de 15 notes :

A la mesure 58 cette nouvelle forme est quelque peu changée et compte à présent 16 notes :

Le reste ne pose plus de problèmes. Voici dès lors le schéma des thèmes :

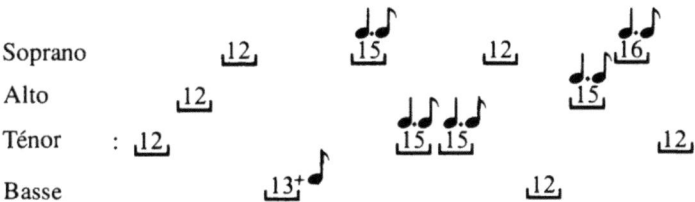

Le Contrepoint IV est, lui aussi, construit sur l'*inversus*. Bien qu'il n'y ait point d'endroit confus, nous relevons une situation quelque peu singulière. A partir de la mesure 107, nous avons quatre entrées, groupées deux par deux en des espèces d'entrées doubles :

Les quatre contrepoints font appel à 55 thèmes en tout. Ces 55 thèmes comptent 679 notes. Lorsqu'on travaille régulièrement avec les nombres de Bach, on finit par acquérir tout naturellement un œil pour les « situations suspectes ». Ainsi le chiffre 679 est la somme de 307 et 372, l'année de la naissance et l'année de la mort de Bach dans l'ère Rose-Croix. Ceci appelle d'emblée la question de savoir si les notes des thèmes des quatre premiers contrepoints peuvent effectivement être subdivisées en nombres qui correspondent à ces deux années.

Voici, en résumé, comment les choses se présentent :

Contrepoint I : 11 entrées normales de 12 notes ;

Contrepoint II : 13 entrées avec une finale changée rythmiquement ;
1 entrée avec, de plus, un changement au commencement ;

Contrepoint III : 6 entrées normales de 12 notes ;
1 entrée de 13 notes (avec note de terminaison supplémentaire)
4 entrées de 15 notes ;
1 entrée de 16 notes ;

Contrepoint IV : 14 entrées normales de 12 notes ;
4 entrées de 12 notes, groupées deux par deux quasi parallèlement.

Cela signifie qu'il y a en tout 31 entrées normales, ne différant entre elles que par quelques changements d'intervalles fortuits. De ce fait, elles comptent toujours 12 notes. Les 24 autres entrées diffèrent soit par la valeur rythmique des notes, soit par le nombre de notes, soit encore par un couplage particulier.

Exprimé en notes cela signifie :

Normal : 31 fois 12 = 372

Différent : 13 fois 12
1 fois 14
1 fois 13
4 fois 15 } = 307
1 fois 16
4 fois 12

Ainsi il apparaît que les notes du thème des quatre premiers contrepoints recèlent l'année de la mort et l'année de la naissance dans l'ère rosicrucienne, ces quatre pièces totalisant en outre 372 mesures! Les 679 notes thématiques renferment d'autres secrets encore. Ainsi la note de terminaison supplémentaire, à la mesure 15 du Contrepoint III, ne se trouve pas à cet endroit sans raison. En réalité, quand on établit un schéma chronologique de l'ensemble des 55 thèmes et qu'on utilise la note supplémentaire comme repère, on obtient le schéma suivant :

Contrepoint I	132	
Contrepoint II	170	①+ 350 = ①+ 7.50
Contrepoint III jusqu'à la note supplémentaire :	48	
note supplémentaire	①	
après la note supplémentaire	①+ 328	112→2.8.7
Contrepoint IV		216→3.72 of
		achtundzwanzig Juli

Il y a 350 notes avant la note supplémentaire. Ce nombre peut s'écrire 7.50 et cela donne, avec la note supplémentaire, une allusion très subtile à l'année de la mort 1750 (1 + 7.50).

Viennent ensuite 112 notes thématiques dans le Contrepoint III et 216 dans le Contrepoint IV. Le nombre 112 peut se lire 2.8.7, c'est-à-dire une référence à la date du décès 28 7. Quant à 216, il indique, comme nous l'avons déjà vu à plusieurs reprises, à la fois l'année et la date de la mort. De plus, la somme des notes thématiques après la note supplémentaire est 328. Tout comme 350 est combiné au 1 pour donner 1 + 7.50, il est possible de relier 328 à ce même 1 pour former une référence au nom de Bach (1 + 328 = a + cBh).

Musicalement cette petite note supplémentaire paraît aller de soi : c'est le début du mouvement du divertissement qui suit. Mais la fonction cachée de cette petite note la fait apparaître comme la clé d'un schéma parfaitement homogène. On pourrait même se demander si Bach ne s'est pas arrangé tout spécialement pour que cette note supplémentaire soit un *a* (la note *la* dans le système allemand). En effet, cela pourrait précisément être un indice pour que la note soit mise à part, toute *seule* : la valeur numérique de *a* est *un*!

CHAPITRE V

...et 4 canons

En dépit du fait que les quatre canons sont bel et bien rattachés aux quatorze contrepoints, puisque chaque canon utilise une variante du Grand Thème, ils n'en occupent pas moins une position indépendante. Ceci est vrai non seulement pour le titre et la technique d'écriture musicale mais aussi pour la structure d'ensemble selon les nombres, où ils se trouvent également relativement dégagés de l'ensemble. La structure hypothétique que nous proposons se rapporte de fait aux seules mesures des quatorze contrepoints. Les 372 mesures des quatre canons forment une espèce de supplément aux 1750 mesures de la structure hypothétique.

D'un autre côté, ils sont également l'image au miroir des 372 mesures des quatre premiers contrepoints. Le premier 372 constitue une composante de l'année de la mort de Bach dans l'ère chrétienne, tandis que le 372 des canons fait pendant en exprimant cette année dans l'ère rosicrucienne. Cette particularité met en évidence une structure symétrique intéressante de l'ensemble des 18 pièces :

4 pièces	: 372 mesures
10 pièces	: 1378 mesures
4 pièces	: 372 mesures

Aussi cette symétrie se marque-t-elle clairement dans différents schémas des chapitres précédents. Les modifications ont lieu, pour l'essentiel, dans les 1345 ou 1378 mesures des dix pièces que flanquent les deux groupes de 372 mesures à la manière de balises. La symétrie s'exprime également dans les thèmes des deux groupes. Ils se reflètent mutuellement très exactement :

Contrepoint I   : ⌒
Contrepoint II   : ⌒
Contrepoint III   : ⌣
Contrepoint IV   : ⌣

Canon I   : ⌣
Canon II   : ⌣
Canon III   : ⌒
Canon IV   : ⌒

Dans les 372 mesures des quatre premiers contrepoints, deux nombres significatifs s'imposent d'emblée à notre attention :

$$\begin{array}{l} \text{Contrepoint I} \\ \text{Contrepoint II} \\ \text{Contrepoint III} \\ \text{Contrepoint IV} \end{array} \quad \begin{array}{l} 156 = \\ 78.2 \end{array} \begin{bmatrix} 78 \\ 84 \\ 72 \\ 138 \end{bmatrix} \; 216 = \textit{achtundzwanzig Juli}$$

Les deuxième et troisième contrepoints totalisent 156 mesures. Ecrit sous la forme 78.2, ce nombre fait référence à la date de la mort. Les 216 mesures du premier et du quatrième contrepoint corroborent cette interprétation, puisque 216 peut être lu *«achtundzwanzig Juli»* (vingt-huit juillet).

Les canons semblent moins clairs à cet égard :

Canon I	: 103
Canon II	: 82
Canon III	: 78
Canon IV	: 109

Une combinaison similaire à celle des quatre contrepoints n'aboutit ici à aucun résultat. Cependant, les 103 mesures du Canon à l'octave et les 78 du Canon à la quinte comportent des signes de reprise. Lorsque nous les introduisons dans la structure d'ensemble des mesures, nous obtenons :

$$\begin{array}{l} \text{Canon I} \quad \begin{array}{|l} 4 \\ \overline{76}_{\cdot\cdot} \\ \overline{23} \end{array} \\ \text{Canon II} \quad 82 \\ \text{Canon III : } \begin{array}{|l} 8 \\ \overline{67}_{\cdot\cdot} \\ \overline{3} \end{array} \\ \text{Canon IV : } \quad 109 \end{array} \quad \begin{array}{l} 256 = 32.1.8 \\ \text{cBa h} \\ \\ 116 = Todesdatum \end{array}$$

Il y a 256 mesures entre le premier signe de reprise et le dernier. Sous la forme 32.1.8, ce nombre fait référence au nom de Bach. Les 116 mesures qui encadrent les précédentes composent le mot «*Todesdatum*» (date de la mort).

Les 372 mesures des quatre canons comportent donc, légèrement voilés, deux nombres qui constituent un complément idéal aux deux nombres donnés par les quatre premiers contrepoints. Dans les contrepoints nous lisons 78.2 et «*achtundzwanzig Juli*» (vingt-huit juillet), tandis que nous trouvons dans les canons l'explication «*Todesdatum*» (date de la mort) de 32.1.8», c'est-à-dire de Bach.

La structure des notes des quatre canons forme un ensemble parfaitement cohérent. Cette structure est d'une rigueur quasi abstraite.

Il est vrai que le canon est une technique très rigoureuse, surtout lorsqu'elle adopte des formes aussi complexes que celles de Bach au cours des dernières années de sa vie. Selon toute évidence, c'est précisément à l'automne de sa vie que Bach semblait fasciné par l'antagonisme entre la plus haute discipline et la liberté qui se dégage du résultat sonore. Effectivement, les canons de *L'Art de la Fugue* ne sonnent nullement «recherchés». Au contraire, ce sont des duos virtuoses, presque badins. Cet antagonisme est sous-jacent partout. Les notes des quatre canons forment un schéma de nombres très cohérent, bien qu'il ne soit pas, en fait, un reflet direct de la réalité musicale. C'est une espèce de disposition d'éléments, un jeu de construction à partir duquel est édifiée la forme musicale extérieure. Pour mettre au jour ce schéma numérique on peut suivre la même méthode rigoureuse, voire quasi abstraite, que celle utilisée dans la première partie de cet ouvrage pour l'analyse de la structure des notes de *Quelques Variations canoniques sur le cantique de Noël Vom Himmel hoch* (voir p. 69). Le principe de cette méthode est que le nombre total de notes peut être réparti dans quelques éléments musicaux. Dans les *Variations canoniques* il s'agit en l'occurrence du *cantus firmus* (la mélodie du choral), des deux voix canoniques, des notes conclusives des voix canoniques et enfin des voix non canoniques. Lorsqu'on groupe les 4463 notes selon ce principe objectif, les nombres bachiens se dégagent d'une manière étonnamment directe de l'ensemble.

Les 5077 notes des canons de *L'Art de la Fugue* peuvent se répartir en quatre groupes :

a. Le thème de *L'Art de la Fugue* (le Grand Thème);
b. Les autres notes canoniques;
c. Des groupes de notes non canoniques bien qu'elles soient répétées littéralement;
d. Le reste, c'est-à-dire les notes non canoniques à l'intérieur des pièces et les notes, non canoniques, conclusives finales.

Avant de répartir les notes selon ces quatre groupes, il convient de parler de la fiabilité du texte musical dans la version imprimée de *L'Art de la Fugue*. Le manuscrit du Canon en augmentation, qui tient en trois feuilles volantes, est la seule source autographe de *L'Art de la Fugue* qui ait été conservée dans sa version définitive. Les autres parties manuscrites datent en effet des années 1739 et 1740 et ne peuvent dès lors pas entrer en ligne de compte comme critère par rapport à la version ultérieure. Des comparaisons graphologiques ont certes démontré que Bach a été impliqué dans la réalisation d'un grand nombre de contrepoints ainsi que des quatre canons, mais ceci ne constitue nullement une garantie quant à savoir s'il a effectivement tout corrigé à la note près. De ce fait, le comptage des notes représente, dans *L'Art de la Fugue*, une entreprise hasardeuse, voire contestable.

Malgré ces incertitudes, nous allons établir la configuration des quatre canons selon les différents groupes de notes. Pour ce faire nous suivrons scrupuleusement l'édition, exception faite d'une double occurrence dans le Canon à l'octave.
L'imprimeur a, selon nous, commis une double négligence, puisqu'aux mesures 65 et 69 il a omis à chaque fois une appoggiature. Une appoggiature qui figure bel et bien à tous les autres endroits, parfaitement comparables, de ce canon. Lors de la discussion de cette pièce nous corrigerons ce passage dans le texte musical.
Dans les schémas d'ensemble des notes, le Grand Thème sera indiqué par le symbole ⎡⎤ pour le *rectus* et ⎣⎦ pour l'*inversus*. Les autres notes du canon sont soulignées, tandis que les groupes de notes répétées mais non canoniques sont indiqués par •••• .
Le premier canon, le *Canon alla Ottava*, est basé sur une forme figurée de l'*inversus* du Grand Thème, en 25 notes :

Cette forme *inversus* se trouve aux mesures 1 (5), 25 (29) et 77 (81). La forme *rectus* survient à la mesure 41 (45), tandis que nous avons, à la mesure 61 (65), une variante étirée de cette même forme.

Nb : à cet endroit l'appoggiature a été omise.

Toutes les notes entre et après ces thèmes appartiennent à la continuation des voix du canon (groupe b), à l'exception des 26 dernières notes du soprano (groupe d) :

Voici la structure d'ensemble des notes :

Le deuxième canon, *alla Decima*, part d'une forme syncopée de l'*inversus* du Grand Thème. Ce thème compte douze notes :

Nous rencontrons ce thème aux mesures 1 (5), 9 (13), 40 (44) et 48 (52). A la mesure 79 nous avons, dans la basse, une variante rythmique de cette forme du Grand Thème :

Les deux dernières notes de cette voix sont non canoniques : elles font partie du groupe d. Ceci vaut aussi pour les notes du soprano des mesures 79 à 82, de même que pour les notes de la basse des mesures 40 à 43. Dans la première partie, le canon va jusqu'à la mesure 35 (39) inclue; dans la seconde, jusqu'à la mesure 74 (78). Les 66 notes des mesures 36 à 39 de la basse et 75 à 78 du soprano concernent le groupe c, étant donné qu'elles sont effectivement répétées mais pas en canon. Dans la continuation du canon, dans la deuxième partie, le soprano compte deux notes de plus que la basse. Ceci est dû au fait que, dans cette voix, il manque une note dans les mesures 67 et 72 par rapport aux mesures 63 et 68 du soprano :

Soprano, mesure 63.   Basse, mesure 67.

Soprano, mesure 68.   Basse, mesure 72.

Ces deux notes supplémentaires du soprano n'appartiennent pas au canon mais aux « notes restantes », c'est-à-dire le groupe d. Dès lors, la structure d'ensemble de ce canon fait apparaître les groupes de notes suivants :

Le troisième canon, *alla Duodecima*, utilise une forme très figurée du *rectus* du Grand Thème :

[partition musicale : Canon alla Duodecima in Contrapunto alla Quinta]

Ce thème de 54 notes se présente dans les mesures 1 (9), 34 (42) ainsi que dans la basse de la mesure 68. Dans la première partie, le conséquent va jusqu'à la mesure 25 (33); dans la seconde partie, jusqu'à la mesure 58 (66). Les notes de la basse, dans les mesures 26 à 34, font partie du groupe c car elles reviennent aux mesures 59 à 67 dans la voix soprano. Les notes de la basse des mesures 35 à 41, les notes du soprano des mesures 68 à 78, de même que les notes de la basse des mesures 67 et 76 à 78 rentrent dans le groupe d, puisqu'il s'agit de « notes restantes ».

Voici la structure des notes de ce canon :

								Total
Soprano:	54	116		54	116	60	69	469
Basse :	54	116	60	46	54	116	8	54	12	520
								989

Et finalement, le quatrième canon, le *Canon per Augmentationem in Contrario Motu*. Le thème en est une nouvelle variante du Grand Thème comptant vingt notes. La basse reprend ces vingt notes en augmentation et en mouvement contraire. A cela est superposé une continuation du canon au soprano :

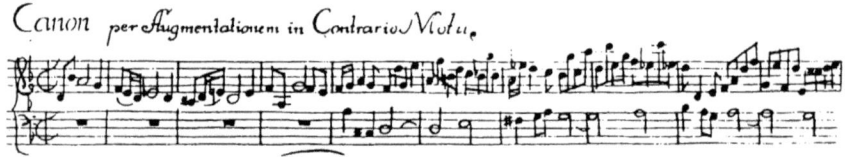

Cette continuation au soprano s'étend jusques et y compris la mesure 24. L'augmentation du renversement de cette continuation, exécutée à la basse, se termine évidemment beaucoup plus tard, à la mesure 52. Les notes du soprano des mesures 25 à 54, y compris le premier temps de la mesure 55, ne font pas partie de la voix canonique. Du fait de la reprise avec échange des voix, à partir de la mesure 53, la musique se répète intégralement depuis la mesure 1. Dès lors, les notes du soprano des mesures 25 à 54 (avec le premier temps de la mesure suivante) sont répétées à la basse dans les mesures 77 à 105, y compris le premier temps de la mesure 106. Elles se rattachent au groupe c. Le thème est encore repris une fois à la mesure 105 du soprano. Les notes de la basse à la mesure 106 ne sont pas canoniques.

Dans ce canon, il faut également accorder notre attention à la signification de quelques notes supplémentaires. Dans la première partie, les notes canoniques au soprano comportent quatre notes de plus que la basse. Ceci provient du fait que les trois appoggiatures des mesures 23 et 24 ne sont pas reprises par la basse dans les mesures 49 à 51 et que, par ailleurs, le *la* de la basse à la mesure 48, est relié au *la* de la mesure suivante par une liaison de prolongation, ce qui n'est pas le cas pour le *ré* à la mesure 22/23 du soprano. Du reste, l'appoggiature rend une telle liaison impossible à cet endroit.

Soprano

Basse

Les trois appoggiatures sont des notes supplémentaires qui ne font pas partie du canon. Après la mesure 52, le tout est repris avec échange des voix. Dès lors, les trois petites notes supplémentaires apparaissent dans la basse, aux mesures 75 et 76. Elles relèvent du groupe c.

Voici donc le schéma de la structure des notes de ce canon :

						Total
Soprano :	⌈20⌉ 168	+ ..3.. 285	⌊20⌋ 167		⌈20⌉	683
Basse :	⌊20⌋ 167		⌈20⌉ 168	+ ..3.. 285 26		689
						1372

Une répartition de l'ensemble des 5077 notes selon les quatre groupes déterminés ci-dessus met en évidence les nombres suivants :

a. Le Grand Thème

Canon I	⌊25⌋ ⌊25⌋ ⌈25⌉ ⌈36⌉ ⌊25⌋	}	272
	⌊25⌋ ⌊25⌋ ⌈25⌉ ⌈36⌉ ⌊25⌋	}	
Canon II :	⌊12⌋ ⌊12⌋ ⌊12⌋ ⌊12⌋	}	108
	⌊12⌋ ⌊12⌋ ⌊12⌋ ⌊12⌋ ⌊12⌋	}	
Canon III :	⌈54⌉ ⌈54⌉	}	270
	⌈54⌉ ⌈54⌉ ⌈54⌉	}	
Canon IV :	⌈20⌉ ⌊20⌋ ⌈20⌉	}	100
	⌊20⌋ ⌈20⌉	}	

$$378 = 1.378$$
$$372$$
$$750 = 1.750$$

Le nombre total de notes appartenant au Grand Thème est 750. Sous sa forme 1.750, ce nombre fait référence à l'année de la mort de Bach : 1750. De plus, ce nombre se décompose en 378 et 372. Le premier chiffre évoque, sous sa forme 1.378, l'année de la naissance de Christian Rosencreutz. Il va dès lors de soi que les 372 notes du Grand Thème dans les Canons I et IV indiquent l'année de la mort de Bach dans l'ère rosicrucienne, une ère dont l'année émergente est 1378.

b. Les autres notes canoniques

Canon I	$\underline{126}$	$\underline{85}$	$\underline{104}$	$\underline{71}$	$\underline{125}$	} 1022
	$\underline{126}$	$\underline{85}$	$\underline{104}$	$\underline{71}$	$\underline{125}$	

Canon II :	$\underline{46}$	$\underline{220}$	$\underline{46}$	$\underline{219}$	} 1062
	$\underline{46}$	$\underline{220}$	$\underline{46}$	$\underline{219}$	

Canon III :	$\underline{116}$	$\underline{116}$	} 464
	$\underline{116}$	$\underline{116}$	

Canon IV :	$\underline{168}$	$\underline{167}$	} 670
	$\underline{167}$	$\underline{168}$	

$$\overline{3218} = \text{cBah}$$

Les « autres notes canoniques » nous livrent le nom de Bach.

c. Groupes de notes non canoniques bien que répétées littéralement

```
Canon II :              |   66  )
                66      |       |
                        |       }  252 = Christian Rosencreutz
Canon III :             |   60  |
                60      |       )

Canon IV :     285      |
                 3      |       )
                        |  285  }  576 = 32.18
                        |    3  )       cB.ah
               ———      |  ———
               414         414
             = 18.23     = 18.23
               ah.Bc       ah.Bc
```

Les 828 notes appartenant à ce groupe peuvent être abordées de deux manières. Elles peuvent être scindées en « notes de l'énoncé » et « notes de la réplique », ce qui nous donnent deux fois 414 : une double référence au nom de Bach. En outre, les Canons II et III totalisent 252 notes dans ce groupe c. A ce nombre, qui symbolise Christian Rosencreutz, le Canon IV oppose un nombre figurant le nom de Bach.

Il est utile de remarquer que le nombre 252 de Christian Rosencreutz apparaît en relation avec le nombre 378 des notes du Grand Thème (groupe a), tandis que le 32.18 du Canon IV est, en principe, parallèle au nombre 372 (également groupe a). De ce fait, Christian Rosencreutz est rapproché de l'année de sa naissance, tandis que Bach se trouve mis en rapport avec l'année de son décès dans l'ère des Rose-Croix.

d. Le reste, c'est-à-dire les notes non canoniques à l'intérieur des pièces et les notes conclusives finales.

	A l'intérieur des pièces	Notes conclusives
Canon I		26
Canon II :	2	38
	52	2
Canon III :	46	69
	8	12
Canon IV :		26
	108	173
	= 3.2.18	= R.C.
	c.B.ah	

Les notes restantes à l'intérieur des pièces fournissent de nouveau un nombre indiquant le nom de Bach, tandis les notes conclusives finales révèlent les initiales de Christian Rosencreutz.

En résumé

a. Le Grand Thème 372 = année de la mort de Bach dans l'ère rosicrucienne (à partir de 1378)

378 = 1.378

750 = 1.750 l'année de la mort de Bach dans l'ère chrétienne

b. Continuation du canon

3218 = Bach

c. Réplique   252 = Christian Rosencreutz

576 = Bach

d. Le reste   173 = R C

108 = Bach

─────
5077

Le fait que les trois nombres du nom de Bach présentent la même forme est assez remarquable :

3218
576 = 32.18   toujours 3 2 1 8
108 = 3.2.18

Au départ d'un ensemble de 5 077 notes parfaitement réparties en quatre groupes, Bach a créé la réalité musicale de la partition sonore. Il n'y a pas beaucoup de sens à se casser la tête pour savoir comment il s'y est pris. Il est clair qu'il était en mesure — et éprouvait le besoin — de se soumettre à cette discipline d'une extrême rigueur, sans que la fluidité de sa musique, pas plus que sa puissance d'expression, ne vienne à en pâtir.

La discipline des nombres est présente dans toutes les œuvres de Bach. De ce fait, l'antagonisme entre discipline et expression présente des implications beaucoup plus profondes chez Bach que chez n'importe quel autre compositeur. Cet antagonisme est poussé à l'extrême dans ses pièces en canon, qu'il s'agisse des *Variations canoniques*, des *Variations Goldberg* ou des canons de *L'Art de la Fugue*.

En guise de point d'orgue

La musique se déploie dans le temps. Lorsque l'expression musicale des quatre canons s'achève, la boucle des 5077 notes est accomplie. A ce moment les notes se redistribuent selon les quatre groupes que nous avons définis. A ce même moment, les nombres de Bach sont pleinement épanouis. A ce moment encore, les 372 mesures sont elles aussi achevées. Ce nombre 372 assure la référence à l'année de la mort de Bach dans l'ère rosicrucienne. Ce nombre est en même temps la suite de l'hypothétique «1750» des quatorze contrepoints; il recèle en outre, à un niveau plus secret, l'allusion à la «date de la mort de Bach» (*Todesdatum*). Ceci, à son tour, éclaire la double allusion à la date de la mort, ce 2.8.7 (28-7) et *achtundzwanzig Juli* (vingt-huit juillet) donnés en sus par la structure interne des quatre premiers contrepoints de *L'Art de la Fugue* (premier groupe de 372 mesures). De cette façon, le cercle est bouclé ici également.

Les nombres de Bach, les nombres de son nom et de sa vie, reliés à la symbolique rosicrucienne, constituent des repères dans un contexte cosmique : les signes d'une unité totale et infinie. Ils sont les sommets visibles de cet univers et dès lors une réalité pour quiconque ne désire pas passer son chemin. *L'Art de la Fugue* aussi est imprégné de ces nombres. Tel un fil rouge, ils marquent les manifestations de cette œuvre, du plus petit détail à l'ensemble complet. Un aspect non négligeable de ces manifestations est le non-achèvement volontaire du Contrepoint XIV. C'est précisément cet élément qui permet la coexistence d'une réalité musicale écrite par Bach et d'une possibilité d'achèvement de l'œuvre dans le domaine de l'esprit. La création de cet antagonisme fut sans aucun doute un acte conscient. C'est en reconnaissant cela que peut germer l'idée qu'il convient d'imaginer exactement 33 mesures au-delà de la dernière note écrite. Ces 33 mesures achèvent la deuxième partie du cycle de sa vie — et c'est à dessein que nous utilisons ici cette même image. La dernière mesure notée est la 1717e. Or, l'année 1717 marque très précisément le milieu de sa vie; elle en est pour ainsi dire le tournant. La suite possible — les 33 mesures hypothétiques — est la continuation conclusive et en même temps le retour à l'instant où la fin rejoint un nouveau commencement. C'est en 1750 que le cercle se referme, et le chemin parcouru depuis le point charnière est de 33 années. Le rapprochement avec l'âge supposé du Christ est-il fortuit, ou faut-il chercher des liens plus profonds? Qui pourrait le dire? C'est une des nombreuses questions que suscite le sujet. Des questions qui doivent rester sans réponse. Du reste, les réponses ne pourraient être formulées qu'au départ d'une connaissance encore plus profonde de Bach et de ses nombres. Il faudra donc attendre que cette connaissance se développe.

TABLE DES MATIERES

PREMIÈRE PARTIE

Préface 5

Introduction 7

CHAPITRE I

Bach : une signature, des indices 11
 1 Les paroles du Christ dans *La Passion selon saint Matthieu* 14
 2 Fugue pour orgue en *sol* majeur 15
 3 Fugue n° 11 du *Clavier bien tempéré* I 15
 4 *Orgelbüchlein*, n° 15 Helft mir Gottes Güte preisen
    et n° 16 *Das alte Jahr vergangen ist* 16
 5 *Invention* n° 8 17
 6 *Invention* n° 14 17
 7 Cantate n° 49 *Ich geh' und such' mit Verlangen* 18
 8 *Invention* n° 6 19
 9 Prélude et fugue n° 1 du *Clavier bien tempéré* 19
10 Prélude et fugue n° 5 du *Clavier bien tempéré* 20
11 *Variations Goldberg* 21
12 *Invention* n° 3 21
13 Prélude de choral *Wer nur den lieben Gott lässt walten* 21
14 Prélude de choral *Ach bleib bei uns, Herr Jesu Christ* 21
15 Prélude de choral *Vor deinen Thron tret' ich* 22
16 *Sinfonia* n° 6 23
17 *La Passion selon saint Matthieu* 23
18 *Orgelbüchlein*, n° 38 *Vater unser im Himmelreich* 25
19 *La Passion selon saint Jean*, n° 54
    Lasset uns den nicht zerteilen 26
20 *Orgelbüchlein*, n° 17 *In dir ist Freude* 27
21 *Sinfonia* n° 3 28
22 Prélude de choral *Vater unser im Himmelreich* 29
23 Les *Inventions* à trois voix (*Sinfoniae*) 30
24 *Variations canoniques sur le cantique de Noël Vom Himmel hoch da komm ich her* 31
25 *La Passion selon saint Jean*, n° 67 *Ruhet wohl* 31

CHAPITRE II

Bach et les Rose-Croix 35
26 *Orgelbüchlein*, n° 23 *Da Jesus an dem Kreuze stund* 39
27 Variation n° 14 des *Variations Goldberg* 40
28 *Invention* n° 8 40
29 *Invention* n° 14 40
30 *Invention* n° 6 40
31 *Chorals Schübler* 41
32 Les *Sonates pour orgue* IV et V 42
33 Les quinze *Inventions* à trois voix (*Sinfoniae*) 43
34 Le *Magnificat* 48
35 Les *Sonates pour orgue* IV, V et VI 52

294 L'ART DE LA FUGUE

CHAPITRE III

Johann Sebastian Bach 21 3 1685 - 28 7 1750 59

36 Les *Inventions* 67
37 *Variations canoniques sur le cantique de Noël Vom Himmel hoch da komm ich her* 69
38 *Les Concertos brandebourgeois* 74
39 L'*Oratorio de Noël* 81
40 *Clavierübung III* (« Messe d'orgue ») 88
41 Les *Inventions* en tant que série autonome 101
42 Les six Sonates pour orgue 104
43 *Les Variations Goldberg* 110
44 Quatorze Canons 115
45 Une possibilité de structure globale pour la *Messe en si mineur* 118
46 La page de titre du *Petit Livre d'orgue* 130
47 Les six Sonates et *Partitas* pour violon seul 134
48 Le chœur d'ouverture de *La Passion selon saint Jean* 137
49 A propos du *Clavier bien tempéré* 144
50 Les paroles du Christ dans *La Passion selon saint Jean* 150
51 Récitatif nº 57 et Aria nº 58 de *La Passion selon saint Jean* 156
52 Les paroles du Christ dans *La Passion selon saint Matthieu* 158

CHAPITRE IV

Le thème « B a c h » 167

53 Les thèmes « B a c h » dans les *Inventions* 172
54 Les thèmes « B a c h » dans les *Variations canoniques* 176
55 Les thèmes « B a c h » dans les *Chorals Schübler* 180

CHAPITRE V

Le nombre 2 3   8 6 9 183

CHAPITRE VI

A propos du commencement et de la fin 191

56 Cantate nº 71 *Gott ist mein König*, 1708 192
57 Le *Petit Livre d'orgue*, 1713-1716...vers 1740 195
58 *Vor deinen Thron tret' ich* 206

Postface 214

DEUXIÈME PARTIE

L'Art de la Fugue 215

Avertissement 216

Avant-Propos 217

Catalogue des nombres utilisés 218

CHAPITRE I

Qu'est-ce que *L'Art de la Fugue*? 220

CHAPITRE II

Pourquoi Bach n'acheva pas le quatorzième contrepoint   243

CHAPITRE III

Le nom de Bach : un accès à l'épitaphe et à la date de sa mort 256

CHAPITRE IV

Le Grand Thème : épine dorsale de *L'Art de la Fugue* 275

CHAPITRE V

...et quatre canons. 284

En guise de point d'orgue 292

Imprimé en Belgique par Pierre Mardaga - Liège